诏安年鉴

（2020）

中共诏安县委党史和地方志研究室　　编

方志出版社
Publishing House of Local Records

图书在版编目（CIP）数据

诏安年鉴. 2020 / 中共诏安县委党史和地方志研究室编. -- 北京：方志出版社，2020.12
ISBN 978-7-5144-4719-4

Ⅰ. ①诏… Ⅱ. ①中… Ⅲ. ①诏安县－2020－年鉴 Ⅳ. ① Z525.74

中国版本图书馆 CIP 数据核字（2020）第 270585 号

诏安年鉴（2020）

编　　者：中共诏安县委党史和地方志研究室
责任编辑：王　娜

出 版 者：方志出版社
地　址　北京市朝阳区潘家园东里 9 号（国家方志馆 4 层）
邮　编　100021
网　址　http://www.zgfzcb.cn
发　　行：方志出版社图书经销中心
电　话（010）67110500
经　　销：各地新华书店
印　　刷：福州力人彩印有限公司

开　　本：889×1194　　1/16
印　　张：17
字　　数：430 千字
版　　次：2020 年 12 月第 1 版　2020 年 12 月第 1 次印刷
印　　数：001 ～ 500 册

ISBN 978-7-5144-4719-4　　定价：200.00 元

诏安县地图
比例尺 1∶280 000
平和县
云霄县
广东
上饶镇
建饶镇
东山镇
秀篆镇
官陂镇
霞葛镇
太平镇
大溪镇
安厚镇
马铺乡
下河乡
和平乡
火田镇
东厦镇
莆美镇
云霄县
G355
G357
G324
S63古平支线
G1523甬莞
灵通山
安厚
下河
火田
东川水库
峰头水库
岭下溪水库
石对坑水库
甘竹水库
洋坑水库
杜塘水库
龙伞岽森林公园
乌山风景区
岭下溪林场
蕉会棠
犁头岽
古井山
黄梁坝
高隐山
石笋山
将军山
乌山
狗头尾
龙伞岽
牛头山
白门山
麻坪里
堀龙
割廷坪
园墩背
楼子
石坝里
上洋
凹背楼
彩山
东径
东坑
上村
陂岭
黄坑
杨梅堂
北坑
焕塘
埔坪
江屋城
玉章寮
三各塘
隔背
长寮
顶安
注湖
上湖
石墩巷
半山
陈龙
白沙坑
朱坑
山下
洋坑角
石东
石沦堀
和莲坑
乾东
寨坪
青龙山
华角
河美
南洞
上屋
磜岭
黄龙坑
溪林
磜下
割埔
马坑
龙坑
上文岗
龙岗
坪坑
天子地
黄麻凹
东坑
大水坑
凤狮
大坪畲
上碗窑
上村
三界门
大边
光坪
吴坑
田美楼
和顺楼
陂头
新坎
官北
长林
下官
罗大田
马安石
陈洋坑
七寨
光亮
割廷坝
林畲
五通
湖洋子
头斜
庵下
上田
陂龙
黄京畲
磜下
嗣昌楼
嗣下
溪东
大片
李子坪
公田
天桥
庄溪
新径
大坪巷
心田
田坑
甲子埔
上洋坑
水美
石桥
霞葛
彩下
坑河
龙磜
银南
下村
旱涧
桐子里
下洋坑
华河
黄茶
新练坑
南坪
地凹
新楼
新径子
窑空
梅子坝
下村
元中
上磜头
六洞
白路盆
林屋
新营
吉坑
火烧龙
榕城
内清
割坪
安坑
进水
大塘腹
文山
麻寮
雪里
坪林
把五背
林塘
河边
上新
下新
科下
火烧屋
新楼
北蔗
白叶
石楼
霞
峰
溪
江
漳
东
金
三
向
南
坪水

编制单位：福建省地图出版社　审图号：漳S〔2020〕009号
资料截至：2019年12月

2019 年 9 月 3 日，副省长李德金（右前三）在诏安调研　　（县委宣传部供图）

2019 年 11 月 20 日，市委书记邵玉龙（右前二）在诏安工业园区调研　　（诏安工业园区供图）

2019 年 12 月 31 日，县委书记陈文聪（前左二）实地检查连润新能源化工有限公司安全生产设施和安全管理情况

（县委宣传部供图）

2019 年 6 月 19 日，县长洪泰伟（左前三）深入深桥、白洋、西潭、建设四个乡镇开展铁路沿线环境综合整治工作调研

（县委宣传部供图）

五四运动

礼赞新中
2019年诏
暨“兴起学习大热潮
不忘初心

1. 2019 年 10 月 9 日，县委领导班子成员到诏安革命历史纪念馆开展“不忘初心、牢记使命”主题党日活动 （县委宣传部供图）
2. 2019 年 10 月 25 日，“礼赞新中国，奋进新时代”诏安县社会科学普及宣传周暨“兴起学习大热潮，十万图书下农村”活动启动仪式 （县委宣传部供图）
3. 2019 年 12 月 31 日，诏安县纪委监委召开第一届特约监察员聘请会议，优选聘请 12 名特约监察员 （县纪委监委供图）
4. 2019 年 9 月 22 日，诏安县纪委监委在红星乡拍摄《我和我的祖国》快闪视频 （县纪委监委供图）

2019 年 1 月 20 日，诏安青梅推介会开幕（许少球摄影）

2019 年 4 月 8 日，县举办第一期精准扶贫专题培训班（县农业农村局供图）

2019 年设立于诏安县太平镇的华达威公司设置就业扶贫专线，帮助附近乡镇的贫困户解决就业问题（县委宣传部供图）

诏安青梅推介会展馆　（2019 年 1 月 20 日许少球摄影）

2019 年 12 月 2 日，全国媒体聚焦“花样漳州”文化旅游新闻摄影诏安采风活动启动仪式
（许少球摄影）

2019 年 12 月，诏安县社会福利中心实行公建民营，正式投入运营

（县委宣传部供图）

2019 年 5 月 31 日，诏安县总医院北区正式投入运营

2019 年 12 月 31 日，城区部分学校重新命名后举行揭牌仪式
（县委宣传部供图）

2019 年 12 月 30 日，诏安县税务局新办税服务厅启用
（县税务局供图）

（县委宣传部供图）

. 2019 年 5 月 17 日，县残联举行诏安安定康复医院电动代步车捐赠仪式

（县残联供图）

2019 年 9 月 28 日，诏安汇通村镇银行梅岭支行开业

（诏安汇通村镇银行供图）

2019 年 6 月 28 日，中共诏安县委离退休干部工委党校举行成立大会暨 2019 年首期支部书记培训班

（诏安老年大学供图）

2019 年 5 月 20 日，经联合国老龄所积极老龄化专家委员会认证，诏安县获得“世界长寿乡”称号

（县委宣传部供图）

北湖公园完成亮化工程

（2019 年 8 月 24 日许少球摄影）

南湖新区

（2019 年 8 月 24 日许少球摄影）

富美渔村梅岭镇田厝村田厝渔港剪影

（2019 年 8 月 28 日朱文丹摄影）

金星乡大棚蔬菜种植基地

桥东镇千亩韭菜基地

（2019 年 12 月县委宣传部供图）

（2019 年 12 月县委宣传部供图）

福建省鼎业生态农业有限公司奶牛场　　（2019 年 12 月梅洲乡政府供图）

2019 年万里生态水系整治诏安东溪流域节点变景点

2019 年 5 月，诏安海域环境整治活动对长袖定置网进行清理

（县海洋与渔业局供图）

2019 年生态水系整治后的诏安梅洲溪

（县委宣传部供图）

（县委宣传部供图）

诏安西潭镇美营村光伏发电基地 （2019年8月28日钟晓桐摄影）

福建省硒龙生态有限公司诏安公田茶园 （2019年4月23日陈文峰摄影）

2019年青年助力农村人居环境整治村庄清洁行动启动仪式

（共青团诏安县委员会供图）

2019 年田厝港一级渔港项目有序推进，图为施工现场　　（梅岭镇政府供图）

2019 年 12 月，诏安工业园区 C 区纵二路项目竣工
（诏安工业园区供图）

2019 年赤石湾中心渔港项目有序推进，图为施工现场 （梅岭镇政府供图）

2019 年诏安完成国道 324 线路面改造沥青摊铺 87 万平方米，图为路面改造后的国道 324 线诏安分水关路段 （漳州市公路事业中心诏安分中心供图）

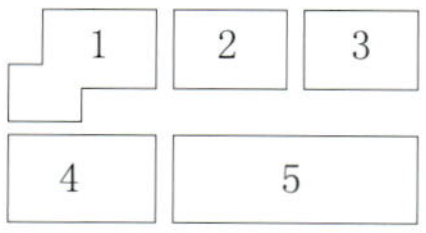
1
2
3
4
5

福建春邦实业有限公司投资协议签约仪式

1. 2019 年 12 月，福建麦凯智造婴童文化股份有限公司二期工程建设项目完成 2 栋厂房建设（诏安工业园区供图）
2. 2019 年 10 月，投资 1.2 亿元的兴业园通用厂房建设项目完成主体工程建设（诏安工业园区供图）
3. 2019 年 12 月，总投资 3 亿元的食品加工企业福建能裕实业有限公司建成投产（诏安工业园区供图）
4. 2019 年 11 月 29 日，福建春邦实业有限公司与诏安工业园区举行签约仪式（诏安工业园区供图）
5. 星辉玩具有限公司玩具生产车间（2019 年县委宣传部供图）

2019 年 2 月 10 日，县美术馆、博物馆举行奠基仪式，中央美院院长、中国美协主席范迪安在仪式上致辞

（许少球摄影）

2019 年 2 月 8—12 日，中央美院院长、中国美协主席范迪安带领一批油画名家到诏安开展写生活动。图为范迪安在写生

（康君孝摄影）

2019 年 1 月 14 日，“白云万顷”清华大学十六教授书画展在诏安沈耀初美术馆开幕。图为开幕式现场

（县文联供图）

2019 年 1 月 15—20 日，诏安画家高继文在国家画院举办“继之以文”高继文中国画作品展。图为开幕式现场

（县委宣传部供图）

2019年4月23日，诏安县“全民阅读 书香诏安”活动赠书仪式在诏安一中举行

（县委宣传部供图）

2019年2月13日，“春至诏安”全国油画名家诏安写生作品展在诏安沈耀初美术馆开幕。图为开幕式现场

（县委宣传部供图）

2019 年全民健身活动在诏安凤狮站举办非物质文化遗产荡秋千运动　　（官陂镇政府供图）

2019 年中国汽车拉力锦标赛在诏安设置赛区

（深桥镇政府供图）

2019 年 10 月 1 日，诏安一中举办庆祝中华人民共和国成立 70 周年我和国旗合个影活动　　（县教育局供图）

2019 年 7 月，诏安闽粤第一城度假区重新改造后开业，并启动国家 AAAA 级旅游景区申报工作

（诏安闽粤第一城度假区供图）

诏安梅岭滨海旅游设施不断完善。图为海滨观光木栈道　　（2019 年 7 月 12 日许少球摄影）

编辑说明

一、《诏安年鉴》以马克思列宁主义、毛泽东思想、邓小平理论、“三个代表”重要思想、科学发展观、习近平新时代中国特色社会主义思想为指导。坚持辩证唯物主义和历史唯物主义的立场、观点和方法。汇集全县年度经济、政治、文化、社会、生态等领域发展状况。

二、《诏安年鉴（2020）》设专记、大事记、县情概览、中国共产党诏安委员会、诏安县人民代表大会、诏安县人民政府、政协诏安县委员会、纪检 监察、群众团体、法治、军事、外事·侨务·台港澳事务、应急管理、经济管理与监督、财政 税务、金融、生态建设与保护、城乡建设、农业农村、工业、交通、邮政 通信、商贸服务、教育 科技、文化 旅游、卫生 体育、社会民生、乡镇（场）、附录等29个类目，约32万字。县情概览部分内容根据需要对历史资料进行适当上溯。

三、《诏安年鉴（2020）》采用规范化语体文记述，力求言简意赅，内容丰富，资料翔实。计量单位以国际法定计量单位为准。

四、《诏安年鉴（2020）》的资料来源主要由全县各党政军机关、群众团体、企事业单位、各乡镇（场）提供，部分来自经核实的新闻报道。个别部门提供的统计数据与县统计局发布的数据略有差异，本年鉴采用统计局发布的数据。

目　录

专　记

大事记

县情概览

中国共产党诏安县委员会

诏安县人民代表大会

诏安县人民政府

政协诏安县委员会

纪检　监察

群众团体

法　治

军　事

外事·侨务·台港澳事务

应急管理

经济管理与监督

财政　税务

金　融

生态建设与保护

城乡建设

农业农村

工　业

交　通

邮政　通信

商贸服务

教育　科技

文化　旅游

卫生　体育

社会民生

乡镇（场）

附　录

专 记

诏安获评“世界长寿乡”

“世界长寿乡”申报

2014年6月，诏安县被中国老年学学会评为“中国长寿之乡”。之后，诏安积极探索提升养老服务水平、增进老年人福祉的有效措施，加快补齐养老服务短板。结合“中国长寿之乡”品牌，诏安县统筹规划建设城乡养老服务设施，加快社区居家养老服务站、农村幸福院标准化规范化建设，探索社区居家养老服务模式，推行“互联网+养老”等服务，积极打造全国知名的“颐养之城”，确保全县老年人共享全面建成小康社会新成果。

2019年2月12日，诏安县申报“世界长寿乡”工作领导小组成立，由县长洪泰伟任组长，分管副县长叶芳为副组长，加强对申报工作的领导。5月18—22日，诏安县人民政府副县长叶芳带队赴马耳他参加“积极老龄化国际会议”。这次国际会议由联合国老龄所主办、积极老龄化专家委员会协办，来自马耳他、加拿大、中国等专家学者出席会议。会上，诏安县有关负责人介绍该县区域长寿的自然与人文因素、康养资源及经验。专家委员会按照国际区域人口长寿指数要求，对诏安县进行科学评估。北京时间5月20日23时30分，经联合国老龄所积极老龄化专家委员会认证，诏安县获得“世界长寿乡”称号。诏安县人民政府副县长叶芳代表诏安县接受联合国老龄所所长马文博士亲自颁发的“世界长寿乡”认证证书和荣誉牌匾。“世界长寿乡”这张含金量极高的国际名片，是对诏安城乡养老生活体系的肯定，也是对当地人与自然和谐共生的肯定。

颐养之城诏安

“七十小弟弟，八十多来兮，九十不稀奇，一百笑嘻嘻。”在诏安乡间流传着这样的顺口溜。生活在这里的老人大多喜笑颜开，做得了家务，下得了农田，锻炼身体、穿针引线、执笔书画统统不在话下。

一方水土养一方人，诏安山清水秀，生态优

势得天独厚，人文环境底深蕴浓，拥有“中国书画艺术之乡”“中国青梅之乡”“中国海峡硒都”“中国长寿之乡”等金字招牌，更是人与自然和谐共生的福寿之地。诏安人长寿历史源远流长，长寿的历史悠久且有据可查。据《诏安县志》记载，明清时期诏安就有百岁寿星8名。除有文字记载外，另有历史文物古迹为证。明万历八年（1580年），诏安县建置“百岁坊”，大额枋书刻“明万历庚辰秋为冠带寿民沈仲选立”，距今400多年仍保存完好。清乾隆时期的沈起龙夫妇寿终均为126岁，为历代罕见，且当时朝廷为褒扬寿星建有“百岁坊”“贞寿坊”5座，“百岁祠”3座。诏安西潭新春村有一座“五代百岁祠”，这是清嘉庆二十一年（1816年）以后，为纪念太学生许瑞钟妻沈氏105岁、五代同堂而立。

青山绿水长寿福地

诏安有优良的生态环境，地理位置好，冬无严寒，夏无酷暑，气候温暖，雨量充沛，素有“闽南大温室”之称，是天然的避暑胜地；诏安生态环境优美，森林覆盖率达65.2%，北部山区森林覆盖率更高达70%，又有乌山国家森林公园，是“天然绿色氧吧”；诏安水资源丰富，亚湖水库是全县的饮用水源，集雨区内无人烟、无耕作、无污染，水不经加工处理就可达国家一级饮用水标准，是全省最优质的饮用水源。县域内地下淡水资源量年均1.33亿立方米。

走进诏安，如同走进一幅纤尘不染的山水画卷，在诏安可以放松脚步、放下身段，充分享受这里的青山绿水。诏安县规划建设“田园都市、生态之城、文化之都”，把生态文明理念全面融入城镇化全过程，这个规划为诏安的科学发展、持续发展作了一个非常好的定位。

2019年年初，中智科学技术评价研究中心、中国科学院地理科学与资源研究所联合成立课题组赴诏安县，深入官陂镇马坑村、秀篆镇隔背村、红星乡进水村和白洋乡八仙山等地进行采集活动，通过专业仪器对土壤、水、空气和农作物进行测验采集以及对长寿人口情况进行实地普查与资料核实，得出的区域长寿指数权数构成显示，诏安的生态环境因素是长寿的主要影响指数，为诏安认证“世界长寿乡”提供了准确翔实的数据。数据显示，2018年年底，诏安县总人口62.54万人。其中，80岁以上高龄人口33713人，占总人口的5.39%；百岁老人71人，每1万人口中有百岁老人1.14人。

“寿”从笔端来

诏安有深厚的文化历史。诏安的书画艺术独领风骚，这在全国绝无仅有。中原文化、闽粤文化交融形成了诏安文化，这里有碑刻文化、宗祠文化、工夫茶文化、养生文化、民俗文化、华侨文化、红色文化、青梅文化。多元厚重的文化是诏安人口长寿的原因，是诏安最宝贵的资源和最重要的特色。

2019年国庆期间，“致敬祖国、翰墨抒情”庆祝中华人民共和国成立70周年书画作品展在诏安沈耀初美术馆开幕。此次书画展参展的70幅书画艺术精品，作者都是70岁以上的画坛书坛前辈，他们与共和国共成长，与新时代齐奋进，长期扎根群众、深入生活，见证了祖国的发展变化。

在素有“中国书画艺术之乡”美誉的诏安，文化的熏陶让诏安人拥有“腹有诗书气自华”的韵味，更成为当地长寿老人内化于心、外化于行的“养生功”。诏安自古文风炽盛，文化底蕴深厚，书画艺术家心平气静的基因也是让诏安人长寿的因素。诏安县书画院名誉会长高继文已90岁高龄。高老平日习惯站着画画，凝神挥毫几笔，再退远感受全局，已然把书画当作是脑力和体力兼备的运动，这不但令他笔墨横姿，也愉悦了身心。

正如陶渊明在《桃花源记》中描绘的理想世界，“黄发垂髫，且能怡然自乐”。在诏安，诗词、民歌、民乐、灯谜、潮剧、铁线木偶戏……老人们的文化生活丰富，闲暇休闲有着多种选择。特别是近年来，诏安县支持老年大学建设，县老年大学逐渐成为诏安老年朋友所学、所乐、所为的一个重要载体。同时，诏安还将敬老形成了一种风尚，将孝道视为一种传承，在深桥镇华表村“追远堂”内，建设孝廉文化教育基地，开展“一镇一孝廉”活动，营造了行孝崇廉的好氛围。

此外，诏安县还相继出台《关于城乡居民社会养老保险制度一体化的实施意见》《被征地农民养老保障制度》等，不断建立和完善各项社会保障制度，为延长城乡居民寿命打下良好的物质基础。全县15个乡镇敬老院和社区居家养老服务站实现基本覆盖。自1999年以来，诏安全县百岁老人还可足额领取长寿补贴金。诏安老龄委也在保障老年人权益、组织老年活动中发挥重要作用。

“硒”世有珍宝

诏安之所以会以长寿闻名，除了优良的环境、多元厚重的文化、健康的饮食、尊老敬老的传统之外，硒，是最值得书写的关键词。诏安土壤硒元素含量为福建省最高，属于“优质、环保、安全”的典型富硒区，盛产的青梅、八仙茶、蔬菜、鸡蛋等农副产品富含硒微量元素。经科学研究证明，硒对提高人体的免疫力，对防癌、抗癌和降低高血压、心血管疾病等具有良好作用。水是生命之源，诏安人的日常用水来自于乌山脚下的亚湖水库，不经加工处理就可达一级饮用水标准。更值得注意的是，经过检测，该天然水含有适量的硒、锶、偏硅酸，长期饮用可助强身健体、延年益寿。其中，硒，被称为“生命火种”，诏安百岁老人日常饮食中的青梅、茶叶、蔬菜、大米、鸡蛋中均含有丰富的硒元素。

（县委宣传部供稿）

诏安县发展富硒特色产业纪略

富硒产业规模效应

2019年，诏安县进一步发挥富硒资源优势，推进富硒特色产业链建设。编制完成《诏安县富硒产业发展规划（2019—2035年）》，并组织实施。扩大富硒种养产业基地面积，培育富硒产品精深加工企业，实现规模经营。新增富硒蛋鸡养殖场10家，新增蛋鸡存栏2.8万羽；新增八仙茶种植面积183公顷，新增八仙茶加工企业10家；建设2个千亩青梅核心示范园，建设6个闽台农业合作核心示范基地、总面积80公顷，农户新增种植台湾新优品种水果213.3公顷。青梅蜜饯类、盐渍类、熏制类、酒类和青梅饮料等五大系列100多个品种的青梅终端产品面市，销往全国各大中城市及日本和东南亚等10多个国家和地区。富硒青梅产业、八仙茶产业、蛋鸡产业，成为诏安县域经济发展的新亮点。

2019年，全县富硒青梅种植面积8867公顷，青梅加工企业138家，其中规模以上企业21家；青梅全产业链产值53亿元，比上年（下同）增长9%；富硒八仙茶种植面积2667公顷，八仙茶产业产值12.5亿元，增长11%；富硒蛋鸡总存栏40.2万羽，产业产值1.52亿元，增长32%；设施蔬菜种植面积1514公顷，产值4.8亿元，增长12%。诏安八仙茶等24项农业品牌在各项产业展评和竞赛中获奖，硒来乐乡约茶园项目获第三届全国创业创新大赛总决赛优胜奖。太平镇（青梅）被农业农村部列为第九批全国“一村一品”示范村镇，秀篆镇礤岭富硒生态茶叶观光园入选“2019年中国美丽茶园”，建设乡福果百香果基地被定为省农科院院士工作站驻地。

富硒品牌打造

2019年1月20日，中国海峡硒都诏安青梅产业推介会在江滨公园隆重举行。福建农林大学副校长、福建省食品工业协会会长郑宝东，市委常委、宣传部长刘伟泽，中国食品报社副主编刘振、省农科院副院长余文权和诏安县四套班子领导参加开幕式。20—24 日，举办青梅产业企业文化展馆展示、八仙茶企业文化展馆展示、全国硒产品展销、诏安特色美食暨名优产品展。

6 月，诏安县组织参加第十一届海峡论坛·第六届海峡（漳州）茶会。会上，硒之缘家庭农场选送的八仙茶样品获得“茶王”称号，现场举行颁奖仪式。会议活动期间，诏安县举行以“青山绿水·好茶诏安”为主题的茶文化文艺节目表演会，展示诏安的富硒八仙茶。

10 月，第四届中国富硒农业发展大会暨第三届中国（湖南·桃源）富硒功能农产品博览会在长沙开幕。博览会由中国农业技术推广协会富硒农业技术专业委员会、中农硒科富硒农业技术研究院、桃源县富硒产业协会共同承办。会议主题为打造富硒品牌、发展功能农业、助力乡村振兴。诏安县组织参加此届大会暨富硒功能农产品博览会。会上，年度优质富硒产品评选结果揭晓，诏安县的福建硒来乐生态农业有限公司、福建公田岽生态农业有限公司、福建硒龙生态农业有限公司等 3 家企业荣获“中国富硒好茶”称号，被授予奖牌和荣誉证书。

2019 年，诏安县富硒青梅、茶叶、大米、禽蛋、水果、蔬菜、中药材、海产品等八大系列富硒产品上市销售，市场占有份额明显上升。富硒禽蛋供不应求，每日生产绿壳乌鸡蛋约 5 万个，单个售价 2 元以上。太平镇雄鸡村成立养鸡专业合作社，由村集体投资创办林下富硒蛋鸡生态养殖基地，采用“村集体+合作社+贫困户”模式，引导农户加入合作社，基地养蛋鸡取得良好的经济效益，实现村财增收，贫困户脱贫。富硒青梅在国内外市场销量俱增，年出口货值超 1 亿美元。富硒茶叶市场价格上扬。富硒水果哈密瓜、百香果，富硒蔬菜，富硒中药材及其饮料新品，富硒海产品虾、蟹、牡蛎等市场畅销价扬。县企业的富硒产品获准恩施硒博会参展，“慕鱼牌”烤虾和“斗山岩牌”鸡蛋被恩施硒博会组委会评为“中国特色硒产品”，福建硒来乐生态农业有限公司的“富硒红茶饼”被评为“名优硒产品”，诏安岩山乌鸡养殖专业合作社的“鲜鸡蛋”获得“特色硒产品”称号。

诏安县大力宣传“中国海峡硒都”品牌，推介诏安富硒产品，吸引投资商恒大集团等企业到诏安投资创办康养项目；福建省农科院等科研机构到诏安进行富硒种养试验；浙江海盐、宁夏吴忠等硒产业发展地区的领导到诏安实地调研。全国及各地富硒论坛、富硒战略协作、富硒产品展销等活动均有诏安参与。县领导在恩施硒博会“中国硒产业发展地区领导人圆桌会议”上作分享发言，并参与签署战略合作协议；诏安硒产业工作总结入选全国发展经验荟萃，刊登硒博会会刊。县富硒办成为中国富硒农业产业技术创新联盟理事单位、中国硒资源开发协作组织成员单位、硒健康创新联盟理事单位、中国硒产业（S20）峰会发起单位，并参与全国硒行业重要活动。

诏安县实施富硒品牌发展战略，组织 69 家富硒农产品种养大户、生产加工企业成立富硒产业协会，发布《中国海峡硒都品牌标志使用管理办法（试行）》《诏安硒产品认定管理办法》，印制“中国海峡硒都诏安硒产品专用标志”，实行“统一标识、统一检测、统一管理”，引导富硒产业向有序、可追溯、规范化方向发展。强化宣传推介。开设“富硒诏安”网站和微信公众号；积极运用央视等媒体和“9·8”中国国际投资贸易洽谈会、福建省“6·18”海峡项目成果交易会、“11·18”海峡两岸农博会、恩施硒博会等展会，推介诏安富硒品牌。诏安连续 11 年举办富硒青梅产业推介会，推介诏安富硒农产品，注重交流提升；参加恩施硒博会，与全国富硒地区签署《关于共同促进中国硒资源交易平台共享战略合作协议》《关于共同推进中国硒产业发展地区硒产业标准化建设战略合作协议》和《关于推进硒产业高质量发展的共同倡议》等文件；组织企业产品参展并参加名优硒产品评选。与省内外硒产业发展地区兄弟市县保持密切交流，相互促进。

富硒产业扶持

2019 年，诏安县完善扶持富硒产业发展政策措施。8月26日，出台《诏安县人民政府关于扶持青梅、八仙茶、富硒蛋鸡产业实施意见补充规定的通知》，对2017年出台的关于扶持青梅产业、八仙茶产业和富硒蛋鸡产业发展的实施意见进行修订，落实县“十三五”现代农业发展规划中关于把“念好富硒产业‘山海经’，创建生态富硒精品”作为重点意见，建设一批富硒种养示范基地，形成“8+1”（青梅、茶叶、水果、蔬菜、大米、禽蛋、中药材、海产品和温泉）富硒产业发展格局。

诏安县组织编制富硒基地创建规划。规划以红星乡、太平镇为重点，富硒青梅种植面积8867公顷，年产量10.5万吨；以白洋乡、建设乡、官陂镇、秀篆镇为重点，富硒八仙茶种植面积2667公顷，年产量1.3万吨以上；以霞葛镇、西潭镇为重点，富硒水稻种植面积1.03万公顷，年产量7万吨；以西潭镇、深桥镇为重点，富硒蛋鸡存栏40.2万羽，年产富硒鸡蛋700吨以上；以太平镇、四都镇为重点，富硒水果种植面积1.6万公顷，年产量24万吨以上；以西潭镇、梅洲乡为重点，富硒蔬菜青椒、大蒜等30多个品种，种植面积2000公顷；以秀篆镇、红星乡为重点，观音串、印度辣木等富硒中药材种植面积667公顷；以梅岭镇、四都镇、金星乡为重点，富硒海产品对虾、青蟹、牡蛎等，年产量43.57万吨。

诏安县组织编制《中国海峡硒都富硒区发展规划》《诏安富硒生态健康产业战略规划》等专项规划，把发展富硒种养产业引入生态休闲、养生长寿理念，形成富硒产品生产、加工、旅游一体化的生态富硒产业集群。邀请福建农科院专家到诏安实地调研，高起点编制富硒产业带发展规划，优化区域布局，重点打造“太平—红星—官陂公田”富硒产业核心示范带。

诏安县搭建硒产业融资平台，利用县支农信贷协会平台，为农户提供贷款服务，累计发放小额贷款3699万元；投资400万元，搭建富硒产业农村电子商务综合服务平台，全县活跃电商卖家300多家、农村淘宝服务站71个、电商企业189家、快递业务企业23家、服务网点200多个，形成遍及县、乡、村三级农村电子商务物流体系；搭建硒产业科技服务平台，与中国营养学会、中国管理科学研究院、福建农林大学、福建农科院等院校建立技术合作关系。太平镇雄鸡村林下养殖基地与北京农业大学对接，推动蛋鸡生态健康养殖和标准化生产。

诏安县积极构建富硒产业营销网络，创设“硒博士众创空间”，搭建硒产业创业孵化器，在入驻富硒产品企业20家的基础上扩大覆盖面。全县在农村淘宝、苏宁云商、京东商场、微小店等各类第三方电子商务平台上注册的商家中，销售富硒产品100多家，全年总营业额超1.8亿元；开设“高铁特卖”诏安馆。依托这些网销平台，将诏安富硒特产销往全国各地。

诏安县加大富硒产业资金扶持，县财政每年安排500万元、1000万元、1500万元资金，分别扶持富硒鸡蛋产业、富硒八仙茶产业、富硒青梅产业发展。在太平、红星等乡镇建设由溜溜果园、梅满天下、福益食品、能裕食品等公司为主体的四大青梅示范园，打造集种植、加工、观光为一体的“三产合一”产业园，建设富硒青梅标准化种植示范基地、富硒青梅深加工示范生产线、富硒青梅系列产品展馆等。培育富硒特色农业。发展富硒八仙茶、富硒中药材、富硒蛋鸡养殖等特色产业。秀篆镇隔背村引进福建裕健龙生态农业有限公司投资1亿元建设金银花、清明茶、山苦瓜等种植基地26.67公顷，带动20多户种植大户参与生产经营。开发富硒生态旅游业。利用乌山国家森林公园、官陂温泉等旅游资源，形成“感验富硒、乌山览胜、红土寻根、温泉蒸浴、遗址访古、农业观光”的旅游体系。初步建成太平大铺山、西潭美营台湾现代农业观光园，官陂公田万亩休闲生态农业产业园和秀篆中药材种植观光园等旅游示范点。2019年，诏安县共接待游客191.18万人次，其中富硒休闲生态游占一半以上。

（县富硒办、省农业厅挂职干部卢永春供稿）

诏安县实施紧密型医共体试点县建设

卫生体制改革创新

2019年，为进一步深化医药卫生体制改革，更好地发挥县域医疗服务体系整体效益，提升基层医疗卫生机构服务能力，健全完善分工协作机制，更好地方便群众就医，减轻患者医药费用负担，诏安县按照国家、省、市关于深化医药卫生体制改革的总体部署，坚持“保基本、强基层、建机制”，坚持以人民为中心的发展思想，按照“政府主导、统筹规划，坚持公益、创新机制，资源下沉、提升能力，便民惠民、群众受益”的原则，以体制机制改革为突破口，以均衡下沉医疗资源、推进分级诊疗为根本目的，建设和发展“县域医疗服务共同体”（简称“县域医共体”），逐步改造和完善医疗服务体系，促进医疗服务模式转变，建立合理就医秩序，实现发展方式由以治病为中心向以健康为中心转变。

2018年2月28日，在全市医改工作会议上，确定诏安县为漳州市县域紧密型医共体试点县之一。4月18—19日，全省世界银行贷款医改项目县域紧密型医共体建设现场会在尤溪县召开。会议提出2018年全面实施世行贷款医改项目建设，遴选50%左右的县开展县域紧密型医共体建设试点，搭建医共体制度组织结构框架并进入实质性运作。诏安县作为40个县域紧密型医共体试点之一参加此次会议。

2018年4月，诏安启动并推进县域内紧密型医共体（诏安县总医院）试点县建设，9月30日出台《中共诏安县委　诏安县人民政府关于印发〈诏安县组建总医院实施方案〉的通知》，明确以县医院为基础，整合县、乡镇医疗机构及公益性村卫生所，组建诏安县总医院，保留诏安县中医院机构建制，实行总医院和中医院“一套班子、两块牌子、一个法人代表、一体化管理”，同时将县妇幼保健院的医疗职能划入总医院。县总医院由县政府管理，承担区域内办医主体职责及公共卫生服务等工作。

2018年10月31日，诏安县总医院揭牌成立。12月5日县总医院各乡镇分院分别挂牌。

2018年11月27日，县总医院与漳州市医疗保障金管理中心诏安管理部签定县域紧密型医共体医保服务协议，加强对县域紧密型医共体医保服务管理；根据《漳州市医保局关于印发县域紧密型医共体（总医院）医保打包支付及医保资金使用考核评价方案的通知》，对县总医院医保资金的使用和管理进行监督及考核。

2019年5月28—31日，诏安县总医院完成北区、南区搬迁工作，实行“一院两区”管理运行模式，初步建立人财物“八统一”和县乡村医疗机构一体化管理运行机制。

2019年8月30日，国家卫生健康委、国家中医药管理局正式发布《关于印发紧密型县域医疗卫生共同体建设试点省和试点县名单的通知》，诏安县被列入全国567个试点县之一。

医疗资源整合共享

2019年，诏安县总医院组建后，根据医院实际业务开展情况及学科建设发展需要，投资约400万元完善信息化建设，投资约300万元用于新院区搬迁增加的工程项目支出及购置办公用品等，投资7650万元（其中5000万元由县政府分期补助）用于新院区大型医疗设备融资租赁采购，投资294.53万元购置费森尤斯血透机、全自动糖化血红蛋白分析仪和粪便分析仪等医疗设备；投资2693.44万元，用于消毒供应中心、心电诊断中心、临床检验中心、病理检验中心、医学影像中心等五大中心建设，不断提高医疗服务水平。

院区整合主要采取非临床科室合并，保留中医药特色科室，中药临床科室名称符合国家相关要求，并加强中医药服务能力和中医特色专科建设，做特做优中医。北区（新院区）以“120”急救指挥中心为核心，设置与之紧密关联的临床医技职能科室，重点承担县域内的急危重病人救治任务，设置有骨科、外科、内科、妇科、产科、ICU、手术室、神经外科、五官科、急诊科、新生儿科和精神专科等科室。南区（原县医院院址）主要设置康复科、中医内科、儿科、老年病科、骨伤科、外科、肛肠科、传染科、肾病科、经典中医门诊和健康管理中心（治未病科）等中医临床科室，组建中医功能相对集中的院区，加挂“诏安县中医院”牌子；同时保留原县医院门诊钢构房专家门诊（内科、外科、儿科、骨科），最大限度地满足城区病人的就医需求，方便病人候诊、就诊，提高医院的服务质量和效率，提升医院的诊疗条件，实现优质医疗服务前移。

建章立制提升服务

2019 年，诏安县总医院在完成科室、人员、设备和医院诊疗信息系统整合的基础上，着手建立总医院行政工作制度、人员管理制度、财务管理制度、绩效分配方案等，逐步推进“八个统一”（统一人力资源管理、统一财务管理、统一资产管理、统一绩效考核分配、统一资源配置管理、统一医疗卫生业务管理、统一集中采购管理、统一信息化建设管理）和县乡村一体化管理的运行机制。

全县医疗服务机构以县总医院整合契机，进一步健全预约诊疗、远程医疗、临床路径与单病种管理、检查检验结果互认、医务社工和志愿者服务等五项制度；继续开展二级以上医疗机构满意度调查，加强医疗废物与生活垃圾分类管理，试点未污染输液瓶集中收集处置管理；强化污染源防控治理和血透室、口腔科、手术室和发热门诊等重点科室医院感染管理；持续推进合理用药和病历质量提升，组织实施国家“4+7”药品集中采购跟进与日常监测。加强区域医疗技术服务平台建设，县总医院消毒供应中心、临床检验中心、病理检查中心、心电诊断中心和医学影像（超声诊断）中心等县域医疗技术平台建成并投入使用。

诏安县总医院在完成院区搬迁整合后，集中优势科室，强化院前急救和 ICU 救治能力建设，先后与解放军联勤保障部队第 909 医院神经外科、厦门大学附属厦门眼科中心共建专科医联体，909 医院神经外科的专家长期轮值总医院参与手术指导、教学查房、疑难病例讨论及门诊坐诊，特别是参与对急危重症脑病患者的救治；通过与厦门大学附属厦门眼科中心组建“张广斌名医工作室”，眼科中心每周固定两天派专家到诏坐诊并开展眼科手术；选派 12 名临床护理医技人员对口支援 10 家乡镇卫生院，配合实施优质服务基层活动。贯彻落实《福建省加强公立医院党的建设工作实施办法》，持续开展医务人员医德医风教育，深入开展平安医院创建和扫黑除恶专项行动，全年未发生重大医疗纠纷或伤医事件。县医院顺利通过二级综合医院年度评价，县中医院顺利通过新一轮二级甲等中医医院评审。县医院、中医院先后被列入全国提升县级医院综合服务能力提升第二阶段 500 家县级医院和 500 家中医医院项目单位、县域紧密型医共体 567 个试点县建设单位。

2019 年，诏安县扎实开展基本公共卫生服务均等化工作，基本公共卫生服务经费标准人均达 69 元，承担公共卫生服务人口 62.54 万人，建立居民电子健康档案 53.64 万份，电子建档率 85.77%。开展家庭医生签约服务，全县常住人口 62.54 万人，累计签约 23.76 万人，签约率 37.99%，重点人数 20.84 万人，重点人群签约 14.34 万人，签约率 68.81%。辖区内 217 个建制村公办村卫生所标准化建设全覆盖，并开通医保终端。

（县卫健局供稿）

大事记

1月

1日　在中国食品名城（漳州）食品交易会上，福建省诏安四海食品有限公司、诏安溜溜果园食品有限公司等28家县企业参加展会，参展产品涉及富硒青梅制品、富硒八仙茶、富硒大米、富硒百香果、富硒鸡蛋、富硒蔬菜、海鲜冻品、面制品等八大类。

14日　“白云万顷”清华大学十六教授书画展在沈耀初美术馆开幕。清华美院院长鲁晓波出席开幕式并致辞。

15日　“继之以文”高继文中国画作品展在中国国家画院美术馆开幕。

19日　首部反映诏安县精准扶贫攻坚、振兴乡村经济的影片《青梅之恋》，在县电影院举行首映仪式。

20日　中国海峡硒都诏安青梅产业推介会在江滨公园开幕。福建农林大学副校长、省食品工业协会会长郑宝东，市委常委、宣传部部长刘伟泽，中国食品报社副主编刘振、省农科院副院长余文权和洪泰伟、沈义和等县领导参加开幕式。

同日　县举办“2019梅乡墨韵·诏安县名家书画拍卖会”。

20—24日　县举办“2019年中国海峡硒都诏安青梅产业推介会——诏安特色美食暨名优产品展”，推介、展示诏安县富硒美食产品，做大做强特色小吃，打造舌尖上的诏安。

21日　县电商办、县电商协会联合举办“魅力诏安·硒望田野”电商沙龙。此次电商沙龙邀请国内知名电商专家：闽南师范大学乡村振兴研究院执行院长、法学与公共管理学院副院长黄耀明、泉州师院创新创业学院常务副院长陈火全、福建商学院流通经济系主任黄珏群、福建商学院流通经济系副教授连捷。县委常委、副县长方晓冬出席沙龙并致辞。县直各相关部门、各乡镇以及电商企业代表共200多人参加。

22日　县举办2019年首届人才与项目对接会。

同日　县举办第二届“咏梅杯”全国灯谜大会。

31日　县总工会在诏安动车站开展“不忘初心·携手筑梦”服务农民工平安返乡志愿活动。

1月　220千伏白洋变电站投入运营，该项目新建220千伏变电站1座，容量18万千伏安，项目总投资1.36亿元，满足工业园区、动车站前一带、白洋乡、西潭镇新增用电需求，提高供电可靠性。

2月

2日　县法院举行“农民工工资执行案款集中发放仪式”，将执行款发放给97名农民工。

10日　县美术馆、博物馆举行奠基仪式。中央美术学院院长、中国美术家协会主席范迪安在仪式上致辞，市委常委、宣传部部长刘伟泽，县在家四套班子领导出席。

8—12日　中央美术学院院长、中国美术家协会主席范迪安带领一批美院教授、全国知名油画家到诏安开展“春至诏安”全国油画名家己亥正月书画艺术之乡采风写生活动。

13日　“春至诏安”全国油画名家邀请展在沈耀初美术馆开幕。画展展出部分“春至诏安”全国油画名家采风写生活动的写生作品。

同日　县2019年春季人力资源招聘会举行。

20日　2019年诏安县工作会召开。县长洪泰伟总结2018年工作，部署2019年工作。

26日　县人武部举办2019年度武装工作会暨民兵练兵比武活动。县四套班子领导、乡镇党政领导、国动委成员单位领导、全县民兵应急分队及民兵连长参加轻武器实弹射击训练。

3月

17日　在第34届福建省青少年科技创新大赛中，诏安县获2项省二等奖和7项省三等奖；县青少年科技辅导员协会获“基层赛事优秀组织单位”；林火平等2名老师分别获第34届福建省青少年科技创新大赛十佳科技辅导员和第17届福建省青少年机器人竞赛十佳优秀教练员。

18—24日　县司法局、县公证处深入辖区新春村开展“法律进乡村”活动。通过设立法律咨询台解答村民的法律咨询，发放《中华人民共和国宪法》《百姓法治宝典》等法治宣传资料和宣传物品。

26日　县扫黑除恶专项斗争工作会召开。

27日　8时33分41秒，在深桥镇境内的北纬23°68′、东经117°10′，发生3.3级地震，震源深度10千米，震中烈度4度。

同日　福建省纪委监委网站通报，诏安县委书记何德发涉嫌严重违纪违法，接受福建省纪委监委纪律审查和监察调查。

同日　台湾青年创业就业协会闽粤（诏安）实训基地、台南市文化协会闽粤（诏安）文化交流基地在漳州云之梵食品有限公司揭牌。

4月

9日　县长洪泰伟带领相关部门深入太平镇、红星乡调研青梅鲜果上市情况。

10日　县政协主席陈一森带领县政协考察组到梅岭镇视察滨海旅游文化。

12日　漳州市抓党建促乡村振兴工作推进会在诏安召开。

同日　海峡两岸投资贸易对接会暨诏安县招商推介会在厦门国际会展中心举行。

17日　县长洪泰伟主持召开2019年第二次县政府常务会、第三次县长办公会。

同日　市政协副主席林俊山、何伟燕带领相关单位到诏安开展小流域水质提升问题专题调研。

18—19日　北京大学调研组到太平镇、霞葛镇开展脱贫攻坚工作调研。

22日　省委巡视二组向县委、县政府反馈巡视情况，传达省委关于巡视工作的指示精神。市委常委、市纪委书记、市监委主任林叶萍代表市委对巡视整改工作提出具体要求。县长洪泰伟主持会议并作表态发言。

24日　县长洪泰伟带领相关部门深入梅洲溪、公子店溪、湖内溪、赤水溪等处巡河，考察水环境整治工作。

同日　省政协副主席杜源生带领省政协调研组到诏安开展“构建多元化纠纷解决机制”专题协商议题调研。

25 日　县委副书记洪泰伟主持召开县委常委会会议，研究部署省委巡视整改工作。

26 日　县委副书记洪泰伟主持召开县委常委会（扩大）会议，部署全县巡视整改工作。

同日　副市长吴卫红带领相关部门深入红星乡开展扶贫产业调研。

同日　县长洪泰伟带领相关人员到厦门市开展招商引资活动。

28 日　县召开打击制售假冒卷烟专项百日行动动员大会。

30 日　县委巡视整改工作领导小组会议召开。县委副书记、县长、县委巡视整改工作领导小组组长洪泰伟主持会议。

同日　县扫黑除恶专项斗争“一办五组”联席（扩大）会暨落实省委巡视反馈意见整改工作部署会议召开。

4 月　泰国嘉泰旅游集团董事长沈文彬到诏安洽谈投建滨海大酒店项目一事。

5 月

6 日　市委副书记、政法委书记阮开森到县督促检查迎接中央扫黑除恶督导回头看准备工作并召开座谈会。县委、县政府相关领导参加座谈会。

7 日　市委常委、宣传部部长刘伟泽到县调研宣传思想文化工作。

8—9 日　市扫黑除恶专项斗争工作调研组到诏安对扫黑除恶专项斗争工作进展情况进行调研。

9 日　县委副书记洪泰伟主持召开县委常委会会议。

10 日　县总工会组织开展 2019 年“中国梦·劳动美”职工纺织缝盘、“四角粽”包制、药品包装打包三项岗位技能比赛以及茶叶加工技能大赛、消防技能竞赛。

同日　县召开劳动模范“红五月”学习座谈会。

同日　县第十七届人大常委会召开第二十八次会议。会议听取和审议通过何德发辞去诏安县第十七届人民代表大会代表职务的请求。

11 日　第十五届漳州市中小学科技运动会（诏安赛区）在怀恩中学举行。

13 日　县召开扫黑除恶专项斗争工作约谈会。县委副书记、县长洪泰伟等县领导对扫黑除恶专项斗争工作相对滞后单位的主要领导进行集体约谈。

15 日　省科协调研组专家一行 7 人到县调研院士专家工作站建设情况。

16 日　县防汛指挥部举办全县中小型水库“三个责任人”及镇村防汛责任人防汛业务培训会。乡镇党政分管领导、水管站工作人员、村级主干、水库管理责任人等共 722 人参加培训。

17 日　诏安、饶平两县扫黑除恶专项斗争合作协议签约仪式在诏安宾馆举行。

20 日　北京时间 5 月 20 日 23 时 30 分，在马耳他“积极老龄化国际会议”上，经联合国老龄所积极老龄化专家委员会认证，诏安县获“世界长寿乡”称号。副县长叶芳代表诏安县接受联合国老龄所所长马文博士颁发的“世界长寿乡”认证证书和荣誉牌匾。

22 日　县总工会举办“诏安县快递员等群体集中入会活动启动仪式”。

24 日　原城北、城南、城内、明宪 4 所小学合并为南诏镇中心小学并顺利完成新校区搬迁工作。

27—30 日　台湾台中市大台中建筑师公会一行 4 名建筑师到诏安，就乡村建设系列课题进行交流，并与梅岭镇洽谈乡村规划建设合作。

28—31 日　诏安县总医院完成北区、南区搬迁工作，实行“一院两区”管理运行模式。

29 日　市委书记邵玉龙到诏安调研。

30 日　全县 217 个建制村、33 个社区和梅州华侨农场服务站共 251 个建制村（社区）退役军人服务站挂牌完成，人员配备到位。

31 日　县委常委会（扩大）会议召开，传达贯彻市委书记邵玉龙到诏安调研指示精神。

5 月　诏安县公交公司候车大厅扩建改造工程全面完工并投入使用，为乘客营造更加舒适安全乘车环境。

6月

6日　诏安县金星乡湖内村入选第五批中国传统村落名录。

同日　县委副书记洪泰伟主持召开县委常委会会议暨县委巡视整改工作领导小组第四次会议，研究部署县委巡视整改专题民主生活会有关筹备工作。

同日　厦门市同安区、诏安县山海协作党政联席会在诏安召开。县长洪泰伟、同安区委书记黄燕添参加会议。

11日　漳州市纪委监委通报，诏安县委常委、常务副县长孙洪强涉嫌严重违纪违法，接受漳州市纪委监委纪律审查和监察调查。

12日　县长洪泰伟带领有关部门负责人，赴厦门市同安区开展对口帮扶交流活动。

15日　第十一届海峡论坛·第六届海峡（漳州）茶会上举行诏安富硒八仙茶品牌专场推介会。

同日　“满园春色”——福清、思明、诏安庆祝中华人民共和国成立70周年美术书法作品联展在厦门市美术馆开幕。

同日　“110”非警务事项警情分流于当日0时正式启动运行，明确“110”　“12345”12348“平台的职能定位、受理事项范围、主要工作流程和使用方法。

16日　台湾台中市日兴宫管委会一行16人首次到诏安县五通宫进香朝拜；7名台湾朱氏宗亲首次到县南诏镇东北社区与朱氏宗亲恳谈、省亲。

18日　在第十七届中国·海峡创新项目成果交易会上，全县征集企业技术需求10个，涉及企业9家。成果对接项目47个，涉及企业22家，项目总投资4亿元。

同日　县法院举行新审判法庭落成暨新址搬迁揭牌仪式。县法院新审判法庭位于南诏镇江滨新区集中办公区西侧，占地1.87公顷，总建筑面积14572平方米，设有智能化的诉讼服务中心、执行指挥中心、大中小型科技审判法庭、安防监控系统等，是一座标准化、现代化、信息化的人民法院审判法庭。

18—20日　第十一届海峡论坛举行漳州系列活动，诏安县5位村党支部书记（村委会主任）与台湾台中市西屯区5位里长对接。

20日　经省扶贫开发领导小组审核，并报省委和省政府研究，同意诏安县2018年度退出省级扶贫开发工作重点县名单。

同日　“中国海峡硒都”诏安富硒产品产销对接会暨“花样漳州　爱荔丰收”荔枝网销大赛启动仪式在诏安举行。

24日　县委副书记、县长洪泰伟主持召开县委巡视整改工作领导小组第五次会议，听取全县巡视整改工作进展情况汇报，研究部署下阶段巡视整改工作。

26日　北京大学中国教育财政科学研究所所长王蓉教授、副所长魏建国及博士后周森、康乐一行，到县开展教育财政科学工作调研。

同日　诏安县收藏学会会长沈耀明家庭荣获国家新闻出版署授予的第三届全国“书香之家”称号。

28日　“长寿诏安　百岁风采——诏安县世界长寿乡”主题摄影展在梅峰公园开幕。

7月

5日　省供销社党组书记、主任张作兴带领调研组到诏安开展“到乡村、进企业、摸实情、解难题，强素质、促发展”主题调研活动。

5—9日　县人大常委会副主任林伍妹带领相关人员到马来西亚参加美里诏安会馆70周年庆典暨招商联谊交流活动。

9日　副市长谢毅泰带领市直相关部门领导，深入霞葛镇指导沈海复线闽粤所省界站撤站改建工作。

同日　漳州市百名书画家描绘富美新漳州采风团到梅岭镇开展写生活动。

10日　市领导刘远、张祯锦、林叶萍、吴文团、谢毅泰、张翼腾、沈志平、吴卫红带队到诏安开展重点项目建设现场推进活动。

同日　第三届“中国海峡硒都”创业创新决赛在县电商大楼举行。

11 日　海峡两岸茶业交流协会会长陈绍军带领调研组到县调研考察八仙茶产业发展情况。

15 日　市委常委、宣传部部长刘伟泽到诏安看望著名画家高继文并向高继文的九十大寿致以生日祝贺和美好祝福。

16 日　县第十七届人大常委会召开第三十次会议。会议听取和审议通过曾华嵩辞去诏安县人民政府科技副县长职务的请求，听取和审议通过孙洪强辞去诏安县第十七届人民代表大会代表职务的请求。

同日　县举行 2019 年福建省全民健身运动会“健身杯”（诏安赛区）游泳比赛。

17 日　县长洪泰伟主持召开第四次县政府常务会、第四次县长办公会。

17—18 日　省贸促会会长陈震带队到县开展“不忘初心、牢记使命”主题教育调研。

25 日　据统计，2019 年高考，诏安一中本一上线人数 320 人，本一上线率 38.69%；本科上线率 96.13%。有 22 位学子被清华大学、北京航空航天大学等“985”高校录取。

26 日　厦门大学副校长邓朝晖带领调研组到诏安调研。

29 日　中共诏安县委第十三届第十次全体会议召开。县委副书记洪泰伟代表县委常委会向全会作工作报告。

30 日　诏安县 2019 年“翰墨薪传”高考奖学金颁发仪式在诏安一中举行。县委常委、宣传部部长曾小玲，副县长蔡溪根，中国美院教育学院院长余丁、造型学院院长张路江出席仪式。2019 年诏安县高考艺术类考生上线喜获佳绩，共有 7 名考生被清华大学美术学院、中国美院、西安美院、天津美院等重点美术院校录取。全县有 22 名考生被 A 批艺术院校录取。

同日　县召开 2019 年征兵工作会议。

31 日　县第十七届人大常委会召开第三十一次会议。

7 月　数字诏安地理空间框架项目设计书通过省级评审。

8 月

1 日　县委副书记洪泰伟主持召开县委常委会会议。

2 日　中国建材集团有限公司投资发展部总经理魏如山带领考察组到诏安金都工业集中区福建猛狮新能源科技有限公司参观考察。

5 日　省工信厅副厅长吴添富带领检查组到诏安督办中央生态环境保护督察重点信访件，深入现场调研督促整改落实。

7 日　“2019 年厦门市同安区与诏安县劳务协作现场招聘会”在县政府广场举办。

15 日　省文化和旅游厅副厅长肖长培带领相关人员到诏安开展文旅融合课题与“十四五”规划前期重大问题调研。

同日　县第十七届人大常委会召开第三十二次会议。会议通过投票表决的方式批准县政府关于任命林向阳为诏安县人民政府科技副县长的提请，投票表决通过县检察院提请相关人事免职事项。

16 日　诏安县、饶平县举行“扫黄打非”区域联防战略合作协议签约仪式。

23 日　县第十七届人大常委会召开第三十三次会议。会议通过投票表决的方式批准县政府关于任命林同池为诏安县人民政府副县长的提请，投票表决通过免去孙洪强诏安县人民政府副县长职务。

24 日　县召开登革热等传染病防控工作会。

26 日　“锡纯艺术奖学金”颁奖仪式在沈锡纯沈冰山纪念馆举行。

同日　县长洪泰伟带队深入秀篆镇石东村、隔背村等，调研地质灾害隐患点防治工作。

27 日　县召开诏安湾海域问题整治工作推进会。

28 日　厦门市同安区委副书记、区长王雪敏带领调研组，到诏安调研山海协作工作。

同日　省人大常委会教科文卫委副主任林尧带领省人大制度研究会课题组，到诏安开展调研活动。

29日　县召开生态环保相关工作推进会。

同日　诏安县脱贫攻坚、农村人居环境整治暨农村集体产业制度改革工作推进会召开。

30日　国家卫生健康委、国家中医药管理局发布《关于印发紧密型县域医疗卫生共同体建设试点省和试点县名单的通知》，诏安县被列入全国567个试点县之一。

8月　设立县立兴实验学校。该校由福建菩提文化传媒有限公司创办，址于白洋乡湖美村湖美1138号。为九年一贯制义务教育阶段的民办学校，设小学教育和初中教育。校园占地面积4公顷。有教职员工60多人，11个教学班，学生500多人。

9月

3日　副省长李德金带队到县调研指导人居环境整治和脱贫攻坚工作。副市长谢毅泰，县长洪泰伟陪同调研。

同日　市委常委、常务副市长张慧德带队到县召开海洋生态环境保护现场办公会。

5日　县第十七届人大常委会召开第三十四次会议。

6日　新建白洋—霞葛双回110千伏线路工程完成投运，总投资6149万元，线路全长41.8千米、139基，历时26个月，破解征地青赔、特别是跨越杭深铁路的难题。该线路改写霞葛等4个山区乡镇长达13年单线供电的历史，提高供电可靠性。

8日　县举行新疆军区新兵入伍欢送仪式。现场为进疆新兵发放入伍通知书和一次性经济补助金。

9日　县委副书记洪泰伟主持召开县常委会（扩大）会议。

同日　县委副书记、县长、县委巡视整改工作领导小组组长洪泰伟主持召开县委巡视整改工作领导小组第七次会议。

15日　南诏镇组织19个社区（村）的电商创业青年、群众等近100人开展电商基础培训。

18日　县委副书记洪泰伟主持召开县委常委会会议暨县委“不忘初心、牢记使命”主题教育领导小组第一次会议。

同日　全县“不忘初心、牢记使命”主题教育工作会议召开。市委第14巡回指导组到会指导。

23日　县2019年农民丰收节活动在红星乡举行。

25日　县处级领导干部“不忘初心、牢记使命”主题教育读书班开班。市委第14巡回指导组到会指导。

26日　召开全县领导干部大会宣布省委任职决定，陈文聪任中共诏安县委委员、常委、书记。

同日　市委常委、组织部部长沈金水看望慰问中华人民共和国成立前老党员、离休干部毛学田。县委书记陈文聪，县委常委、组织部部长陈斌陪同。

同日　副市长吴卫红带领市相关单位领导到诏安调研校园安全、食品卫生工作。

27日　县法院驻企法官工作室在福建暖春酒业股份有限公司、福建猛狮新能源科技有限公司挂牌成立。

30日　县委常委会召开“不忘初心、牢记使命”主题教育第一专题研讨会。研讨会以“谷文昌为镜，践行初心使命”为主题。

同日　县在良峰山烈士陵园举行烈士纪念日公祭活动。

10月

7日　歪嘴寨闽粤边区乌山游击队指挥部旧址入选第八批全国重点文物保护单位。

8日　县委书记陈文聪带领相关部门领导，深入工业园区、金都工业集中区工业企业调研。

9日　县委常委会召开“不忘初心、牢记使命”主题教育第二专题学习研讨会。研讨会以“以乌山革命精神为根、坚定理想信念”为主题。县委书记陈文聪主持会议并讲话。市委巡回指导组到会指导。

12日　县委书记陈文聪主持召开县委常委会会议。会议传达学习贯彻习近平总书记对国家网络安全的重要指示精神及省委、市委常委会等有关会议精神。研究软弱涣散基层党组织整顿、推进扫黑除恶专项斗争和处理信访积案、典型案件等问题。

同日　县委书记陈文聪主持召开县委主题教育领导小组第二次（扩大）会议。

同日　县委书记陈文聪带领相关部门深入霞葛镇开展“不忘初心、牢记使命”主题教育调研活动。市委第14巡回指导组参加调研并作指导。

同日　福建省宝智水产科技有限公司举行省院士工作站揭牌仪式。

15日　县委书记陈文聪在全县基层党组织“不忘初心、牢记使命”主题教育专题培训班上为基层党组织书记上党课。市委第14巡回指导组参加。

16日　县第十七届人大常委会召开第三十五次会议。会议通过投票表决的方式通过邱勇辞去诏安县人民政府副县长职务的请求，免去邱勇县公安局局长职务；批准县政府关于任命林培利为诏安县人民政府副县长、县公安局局长的提请。现场颁发任命书并举行宪法宣誓仪式。

18日　县委常委会召开“不忘初心、牢记使命”主题教育第三专题学习研讨会，围绕“以净化生态为纲，加强政治建设”主题进行讨论。

22日　庆祝中华人民共和国成立70周年——“我和我的祖国”漳州市文艺团体公益巡演在梅岭镇高坑村举行。

23日　漳州市纪委监委通报，诏安县委常委、统战部部长沈某涉嫌严重违纪违法，主动投案，配合漳州市纪委监委纪律审查和监察调查。

24日　县委常委会召开“不忘初心、牢记使命”主题教育第四专题学习研讨会，围绕“以作风建设为本，牢记为民宗旨”主题讨论。市委第14巡回指导组到会指导。

25日　副市长吴卫红带领市直有关部门负责人到诏安开展挂钩扶贫工作调研。

同日　县政府召开第六次县政府常务会、第五次县长办公会。会议研究讨论若干重要事项和问题。

28日　县委书记陈文聪带领相关部门负责人，前往厦门市同安区对接山海协作对口帮扶工作。

28—29日　在第四届中国富硒农业发展大会暨第三届中国富硒功能农产品博览会上，诏安县的福建硒来乐生态农业有限公司、福建公田紫生态农业有限公司、福建硒龙生态农业有限公司等3家企业获“中国富硒好茶”称号，被授予奖牌和荣誉证书。

30日　县委常委会召开“不忘初心、牢记使命”主题教育第五专题学习研讨会。市委第14巡回指导组到会指导。

同日　县召开农村人居环境整治工作推进会。

11月

7日　省、市人大代表调研组一行40人（泉州团30人、漳州10人）到梅岭镇腊洲村调研农村人居环境整治示范村。

8日　县委书记陈文聪主持召开县委常委会（扩大）会议。会议传达学习中共十九届四中全会和省委、市委常委会（扩大）会议精神，并研究贯彻落实意见。

11日　县委书记陈文聪带领县直相关部门和相关乡镇主要领导，开展铁路沿线整治工作调研。

13日　县委常委会召开“不忘初心、牢记使命”主题教育第六专题学习研讨会。市委第14巡回指导组到会指导。

15日　县召开全县领导干部警示教育大会。会议通报何德发、孙洪强、沈英才、李瑞文、林建平五起违纪违法典型案件。

18日　漳州市“水仙花杯”茶王赛暨诏安八仙茶秋季茶王赛颁奖仪式举行。市领导阮开森，县领导陈文聪等出席仪式并为获奖企业颁奖。

同日 县委书记陈文聪在诏安宾馆会见香港漳州总会常务副会长郭绿明一行。

19日 市委副书记、政法委书记阮开森带队到诏安开展主题教育调研。

20日 市委书记邵玉龙带队到诏安调研。市委常委、秘书长张琳光，市人大常委会副主任余溪，县委书记陈文聪等参加调研。

21日 县委巡视整改工作领导小组召开第八次会议。县委巡视整改工作领导小组成员及相关部门负责人参加会议。

同日 县政协召开第十四届第十二次常委会暨县法院、县检察院工作通报协商会。

23日 市委常委、常务副市长张慧德带队到诏安开展自然资源管理工作蹲点调研。

25—27日 省文联副主席范碧云一行到诏安开展文艺创作采风活动。

26日 市政协副主席、农工党漳州市委员会主委何伟燕带领市政协农工党界别委员小组到诏安开展视察调研活动。

同日 县委书记陈文聪带队深入县部分中小学、幼儿园和教育项目建设现场开展教育工作调研活动。

同日 县检察院与县退役军人事务局会签《在开展英雄烈士保护工作中加强协作配合的意见》，建立对侵害英烈名誉荣誉和纪念设施案件的公益诉讼办作机制。

27日 市领导阮开森、沈金水、吴文团、谢毅泰、张翼腾、兰万安带队到县开展全市“三大攻坚战、年底回头看”暨“解难题、促发展”、生态环境突出问题整改落实现场推进活动。

同日 县委召开全面依法治县委员会第一次会议。

28日 副市长吴卫红带领市直有关部门负责人到县召开座谈会，就市政府工作报告征求意见。

29日 县委书记陈文聪主持召开学习贯彻中共十九届四中全会精神市委宣讲团报告会。

11月 金都工业集中区与国家海洋三所合作建设的总投资3000万元、建筑面积2000平方米的“海洋微生物制剂产业开发平台”完成仪器设备安装调试，2000平方米的单体试验车间和实验室装修改造完工并经验收；总投资4000万元，占地面积3000平方米的国家海洋生物遗传资源重点实验室中试基地建成并投入使用。

12月

2日 “2019形象中国·全国百家媒体聚焦花样漳州（第三季）文化旅游新闻摄影采访活动”暨聚焦“翰墨诏安”举行开镜仪式。中国新闻摄影学会会长助理、中国新闻摄影学会地市报分会会长郑石明，县委书记陈文聪等领导和嘉宾参加开镜仪式。之后，来自全国各地100多位报社社长、总编、新闻摄影专家实地开展新闻摄影采访活动。

4日 县委常委会召开“不忘初心、牢记使命”专题民主生活会。市委常委、组织部部长沈金水，市纪委监委，市委第14巡回指导组等到会指导。

同日 县老促会在诏安一中举行黄仲咸老区奖学金和科华育才奖学金发放仪式。受奖学生90人参加，发放奖学金9万元。

同日 县召开卷烟制假机械设备公开销毁现场会。

16日 县政府印发《诏安县人民政府工作规则》，该规则经第七次县政府常务会议通过。

18日 县委常委会会议暨县委主题教育领导小组第六次会议召开。

20日 副市长兰万安带领市直有关部门负责人，到县调研督导交通重点项目建设工作。

同日 中共诏安县委第十三届第十二次全体会议召开。县委书记陈文聪代表县委常委会作工作报告并讲话。

24日 县委书记陈文聪带队到厦门市开展招商引资活动，与厦门诏安商会企业家座谈交流。

25日 县旅游集散服务中心举行揭牌仪式。

27日 110千伏白凤线建成并投入运营，满足诏安中西部地区负荷增长需求，提高220千伏电网供电能力和供电可靠性。35千伏红星2号主变扩建工程完成并投入运营，解决红星偏远地区低电压问题。

28日　“寻根诏安记忆·守护丹诏文物”新年登高活动，在金星乡歪嘴寨和九侯山举行。

30日　市委书记邵玉龙深入挂钩村官陂镇吴坑村走访慰问并调研脱贫攻坚工作。市领导张琳光、余溪，县委书记陈文聪、县委常委蓝文华参加活动。

同日　县税务局办税服务厅正式启用。办税窗口增加至12个，自助办税终端增加至7台，服务能力大幅扩容。

31日　县举行部分学校更名揭牌仪式。其中：诏安县实验幼儿园更名为“诏安县第一实验幼儿园”；诏安一中幼儿园更名为“诏安县第二实验幼儿园”；诏安县幼儿园更名为“诏安县第三实验幼儿园”；诏安县南诏镇幼儿园更名为“诏安县第四实验幼儿园”；诏安县深桥镇中心幼儿园更名为“诏安县第五实验幼儿园”；诏安县实验小学更名为“诏安县第一实验小学”，诏安县南诏镇中心小学更名为“诏安县第三实验小学”；诏安县南城初级中学更名为“福建省诏安县第二实验中学”；诏安县深桥中学更名为“福建省诏安县第三实验中学”。

12月　由县城管局牵头，政府投入资金200万元，对阳光东路县委、县政府原宿舍楼老旧小区进行提升改造，对小区内的市政道路改造、排水排污管网清淤、化粪池、小区绿地改造提升。

同月　总投资80万元、建筑面积300平方米的“诏安金都海洋生物产品质量安全控制及综合评价公共服务平台”完成结题验收。总投资740万元、平台面积300平方米，与国家海洋三所合作建设的“海洋功能生物分子活性筛选平台”建成并投入使用。

同月　《诏安县革命老区发展史》出版发行。该书由诏安县老区建设促进会编纂、厦门大学出版社出版。

县情概览

自然理

【地理位置】 诏安，地处台湾海峡西岸，极福建而临广东。东接云霄县，东南与东山县隔诏安湾相望，南濒东海与南海的交汇处，西、西南、西北邻广东省饶平县，北界平和县。地理坐标北纬23°35′35″~24°10′28″，东经116°55′15″~117°22′01″。县人民政府驻南诏镇玉峰路156号，距漳州市区142千米。

【辖区面积】 2019年，诏安县总面积1566.40平方千米，其中陆域面积1293.88平方千米，海域面积272.52平方千米，海岸线长88千米，境域东西最大距离39.8千米，南北最大距离63.5千米。

【地形地貌】 诏安依山面海，地貌复杂多样，地势由西北向东南倾斜，大致呈狭长状。西北部山峦重叠，中部和东西两半部丘陵起伏，中南部比较低洼，东南濒临诏安湾，海岸线蜿蜒曲折。低丘、平原占总面积的48.9%。

诏安县境受北东向断裂带（泉州—汕头断裂带和滨海断裂带）控制，同时受北西向断裂带（上杭—诏安断裂带）及其活动构造断裂的影响，形成山区地段和沿海地段。河流多呈格子状水系网形式，大部分河流循北西及北东向断裂发育。

诏安境内海拔1000米以上山峰有龙伞岽、乌山、八仙座山、西山岩、犁头岽、石笋山等6座，最高山峰龙伞岽海拔1152米；长88千米的海岸线环拥着诏安湾、大埕湾和宫口湾；海域分布城洲岛、外屿、内屿、大屿、墓屿、鲎尾屿、狮头仔岛等7个岛屿（无居民岛屿6个），总面积1.332平方千米。最大岛屿城洲岛面积0.768平方千米，是福建省海岛生态特别保护区之一。境内山地面积212平方千米、丘陵面积579平方千米、台地面积162平方千米、平原面积253平方千米、盆地面积35平方千米。地表数米以砖红壤性红壤和水稻土为主；水深0~10米的浅海面积109平方千米，主要分布在诏安湾的西南侧及宫口港；形成的滩涂面积27平方千米，各段滩长200~600米不等；溪流、水库、塘、埭等淡水水面面积45平方千米。

【资源】 *土地资源* 2019年，诏安县土地利用面积11.35万公顷，占总面积的87.88%。耕地面积2.13万公顷。全年批准各类建设用地面积（含农村批次用地）69.94公顷。落实城乡建设用地增减挂钩指标，实施旧村复垦，通过省、市验收旧村复垦项目37个，完成增减挂钩指标21.13公顷，新增耕地面积21.13公顷，有偿转让增减挂钩指标21.13公顷；正在实施旧村复垦项目7个、面积5.03公顷，可产生增减挂钩指标5.03公顷。

水资源 2019年，县境内地表水资源量11.00亿立方米，由平和等县流入的客水量1.70亿立方米，共12.70亿立方米。地下水资源量1.33亿立方米。人均拥有水量2196立方米。

矿产资源 县内金属类矿产主要有钛锆砂、铅、锌、钨4种。其中，钛锆砂分布于桥东西霞、洪洲村和梅岭宫口村一带，以宫口港西岸为主，C1+C2级储量，锆英砂5772吨、钛铁矿18150吨，兼有独居石、磷钇矿、金红石1069吨；铅锌矿分布于官陂马坑、地凹村和红星六洞、五洞村及秀篆石东、青龙山村一带。官陂地凹老矿峒5平方千米内，铅、锌、银平均品位银122.1克/吨、铅4.59%、锌1.54%，矿体厚度大于20米；钨矿分布于秀篆隔背等，储量1920吨，品位65%~72%。非金属类矿产主要有花岗石、硅砂（标准砂）、建筑用河砂、高岭土、矿泉水、温泉6种。花岗石分布于桥东、深桥、梅岭、官陂、红星、白洋等乡镇，裸露地表的岩体有3527万立方米；硅砂分布于梅岭田厝—下河的海滨，面积3平方千米，储量360万吨，石英含量96%~98%，为国家水泥检测标准用砂粗砂源基地；河砂分布于东西溪，储量5000万立方米，中粗砂为主；高岭土分布在四都、秀篆、官陂、深桥、霞葛等乡镇，储量580多万吨，其中深桥矿区3平方千米储量300万吨；矿泉水分布于诏安城区、工业园区、西潭新春、官陂下官、梅州侨场、秀篆北坑的二长花岗岩裂隙构造带，为富含多种矿物质和微量元素的偏硅酸类优质矿泉水；温泉分布于官陂下官、龙岗和西潭新春，为具硫黄味、无色透明等水化性质的温泉点。

生物资源 野生陆上动物有兽类12科16种，鸟类40科180种，爬行类9科21种，两栖类5科12种；海水动物有鱼类107科近225种，贝类198种，节肢类66种，其他60种；淡水鱼类49种，甲壳类、爬行类、两栖类、贝类共14种。野生植物有维管植物184科694属1176种，蕨类植物24科39属61种，裸子植物90科21属35种，被子植物151科634属1124种，藻类植物5科58属91种。

森林资源 2019年，诏安县林地面积8.54万公顷，森林面积8.31万公顷，森林覆盖率65.2%。森林面积中：乔木林面积8.04万公顷，占96.7%；竹林面积0.17万公顷，占1.99%；国家特别规定灌木林面积780公顷，占0.94%；非林地上片林面积270公顷。活立木蓄积443.1万立方米，其中：森林蓄积440.93万立方米，占99.51%；疏林蓄积2.35万立方米，占0.53%；散生木蓄积1.65万立方米，占0.37%；非林地上片林5260立方米，占0.12%。天然林面积1.17万公顷，其中：乔木林面积1.09万公顷，占93.65%；竹林面积500公顷，占4.29%；疏林地面积130公顷，占1.15%；灌木林地面积110公顷，占0.93%。人工林面积7.24万公顷，其中：乔木林面积6.95万公顷，占96.04%；竹林面积1150公顷，占1.59%；疏林地面积290公顷，占0.4%；灌木林地面积820公顷，占1.13%；人工造林未成林地面积610公顷，占0.84%。

海洋资源 诏安县捕捞海域总面积1.8万平方千米，分成3个作业区，沿岸小型作业区，0~20米等深线海域，位于北纬23°21′~23°47′、东经117°10′~117°21′，地处县之南，面积约180平方千米，占渔场总面积1%；近海机帆船作业区，位于北纬22°30′~24°00′20~80米等深线范围内海域，闽南渔场—台湾浅滩渔场、粤东的南澳—南澎渔场，总面积1.78万平方千米，占渔场总面积99%；外海作业区，位于水深80米以上至大陆坡边缘的深海。县境海岸线长88千米。浅海水域（水深0~10米）面积108.53平方千米，其中可利用养殖面积44平方千米。主要分布在诏安湾西南侧及宫口港，北至竹港湾，南至洪洲铁湖港、城洲岛。全县利用浅海水域面积24平方千米。诏安湾滩涂南起桥东洪洲铁湖港，北止四都东葛头，潮间带滩涂总面积27.33平方千米，其中可供养殖面积25.73平方千米。高潮区已围建虾池11平方千米，低潮区如四都林头外乌礁滩、金星田朴外大礁滩已建成栏网养殖区。2019年，全县登记在册机动渔船155艘，渔港码头11座。其中，赤石湾渔港由一级渔港上升为中心渔港，田厝渔港由二级渔港上升为一级渔港。

【气候】 诏安属南亚热带海洋性季风气候，春季多阴雨；夏季无酷暑，多雷阵雨，常受台风影响；秋季天气凉爽；冬季无严寒，少雨干旱。夏季盛行东南风，冬季盛行西北风。多年平均气温21.7℃。1月平均气温13.9℃，极端最低气温-1.3℃（1999年12月23日）。7月平均气温28.3℃，极端最高气温39.2℃（1982年7月28日和2004年7月2日）。最低月均气温11.8℃（1984年1月），最高月均气温29.6℃（2007年7月）。平均气温年较差14.4℃，最大日较差20.1℃（2008年12月10日）。无霜期年平均348天，最长366天，最短297天。年平均日照时数2015.3小时。0℃以上持续期365天（一般为1月1日至12月31日）。年平均降水量1519.6毫米，年平均降雨日数126天，最多166天（1983年），最少98天（2009年）。极端年最大雨量2253.5毫米（1983年），极端年最小雨量920.4毫米（1964年）。降雨集中在每年4—9月，6月最多。

2019年，年平均气温22.5℃，比常年偏高0.8℃，属显著偏高。年总降雨量1290.8毫米，比常年偏少228.9毫米，距平百分率-15.1%，属偏少年份。年日照时数2024.6小时，比常年偏多14.7小时，属正常。年内台风、暴雨、短时强降水、雷暴、大雾、大风、干旱等灾害性天气均有出现，气候年景偏差。

年内，极端最高气温37.6℃（8月9日）；极端最低气温4.8℃（12月8日）。全年无霜，无倒春寒和五月寒，前汛期降水正常，后汛期雨量偏少，暴雨日数4天，属偏少。台风影响个数正常偏少。

【水文】 诏安境内河流属东南诸河流域水系。河流总长246.2千米，河网密度0.19千米/平方千米，径流总量12.9亿立方米。集雨面积50平方千米以上的河流8条，其中，四级河东溪为境内最大河流。东溪发源于平和县大芹山，经大溪镇由县北入境，向西南流经赤岭村，经官陂镇径口至霞葛镇，汇秀篆庵下溪为东溪干流，再经南折东，至太平镇行仔村，有金溪汇入，继续以东南向流经西潭镇溪东、新安等地，集长田、塘干诸溪水，至县城分出浒溪支流，干流绕县城经澳仔头有西溪汇入，浒溪经林家巷、洋尾，两溪于下游甲洲汇合经宫口湾出海。东溪干流全长93.3千米，流域总面积1066.9平方千米，河道平均坡降2.4‰，流域形状系数0.13。诏安水文站多年平均流量32.8立方米/秒，枯水季节平均流量11.4立方米/秒左右。多年平均径流总量10.35亿立方米，最大径流量14亿立方米，最小径流量4.7亿立方米。历史调查最大洪峰流量4230立方米/秒（1943年9月24日）；实测最高水位7.32米，相应流量2780立方米/秒（2006年7月16日）。多年平均输沙量46.3万吨/年。五级河为梅洲溪、石碑面溪、庵下溪、金溪、湖内溪、赤水溪、西溪，总长145.5千米。

东溪流域洪水属降雨成因型。4—6月，冷气流南下带来的锋面雨，由于东溪流域的地理位置、地形条件、水利工程等影响，一般不会造成太大洪水。6—10月，台风带来的暴雨，东溪流域上游的大溪至秀篆一带因山脉阻挡，易形成暴雨中心，一次台风暴雨过程降雨量可达300~500毫米。由于台风暴雨降水量大，加上东溪上游地处山区，河流短、坡度陡，汇流时间短，造成东溪洪水具有峰高、量大、突发性强等特点。上游洪水倾泻至下游河道时，常受到宫口湾的潮水顶托，易造成下游地区洪水泛滥。

地下水分布与降雨量相反，由南而北递减。地下淡水主要类型为松散型岩类孔隙水和风化带网状裂隙水，分布在境内中、南、东部的丘陵、台地及北部山间盆地边缘地带，面积为620.51平方千米，占全县总面积的49.75%，含水层厚度大部分在10米以内，局部可达20米。地下水主要处于沙土、黏沙土、含泥质沙砾卵石层的孔隙中，含水性较均匀，水力联系较好，一般属潜水，水位埋深0.5~4米。较好的含水层为冲积沙砾卵石层、风积砂，钻孔最大涌水量10升/秒以上。地下咸水分布在东南盆地边缘海岸地带。虽有松散岩类孔隙水，但因水量贫乏，又受海潮影响，含咸量较大，不宜开发利用。全县地下水资源量年平均 1.33 亿立方米，其中平水年（P = 50%）13235.8 万立方米、偏枯水年（P=75%）12774 万立方米，枯水年（P = 90%）12406.9 万立方米。每平方千米土地年被侵蚀模数为 200~500 吨。

诏安海潮汐属不正规的半日潮，平均潮差 1.74 米；平均涨潮历时 7 时 5 分，平均落潮历时 5 时 21 分；平均海面 0.51 米，平均高潮位 1.36 米，平均低潮位-0.37 米。

【地震活动】 据中国地震台网测定，3 月 27 日 8 时 33 分 41 秒在诏安县深桥镇（北纬 23°68′、东经 117°10′）发生 3.3 级地震，震源深度 10 千米，震中烈度 4 度。室内大多数人、室外少数人有感，悬挂物摆动，不稳器皿作响。

人文地理

【建置沿革】 诏安在秦时属南海郡，为纳入中央版图之始。西汉元鼎六年（111 年），属南海郡揭阳县。东晋咸和六年（331 年）在南海郡东部析置东官郡，东晋义熙九年（413 年），分东官郡立义安郡，析揭阳县置绥安县，诏地属之。隋开皇十二年（592 年），随绥安并入龙溪，属龙溪县。唐垂拱二年（686 年），地方属漳州辖下的怀恩县，时为南诏保。唐开元二十九年（741 年），并入漳浦县。宋为南诏场，元置屯田万户府。

明嘉靖九年（1530 年），从漳浦县析出二都、三都、四都、五都置诏安县，此后至清终皆属漳州府。入民国，先后辖于福建省西路、汀漳道、龙汀省和第六、第五行政督察区。1950 年起，属龙溪地区（专区）。1985 年，撤区设市，诏安隶属漳州市。2019 年仍属之。

【政区划分】 2019 年年末，诏安县辖南诏、四都、梅岭、桥东、深桥、西潭、太平、霞葛、官陂、秀篆 10 个镇；白洋、建设、红星、金星、梅洲 5 个乡；西山、金星、红星、建设、梅州 5 个农场；1 个国有防护林场（福建省诏安国有防护林场）；2 个工业园区（福建省诏安工业园区、金都工业集中区）。辖区有 217 个村民委员会、33 个居民委员会。

2019 年诏安县行政区划表

表 1　　单位：个

乡镇名称及驻地	建制村、社区名称	建制村、社区数	自然村数
南诏镇（梅园北路）	东关社区、南关社区、东城社区、北关社区、东北社区、东门社区、城内社区、西门社区、澹园社区、文峰社区、光良社区、秀峰社区、康华社区、华峰社区、边城社区、南湖社区、北湖社区、五一村、梅峰村	19	10
桥东镇（桥头）	牙头村、林中村、西山村、下寮村、内凤村、外凤村、甲洲村、桥头村、林巷村、林家村、桥园村、溪雅村、澳头村、西沈村、西浒村、村东村、村中村、村西村、仙塘村、含英村、西霞村、东霞村、洪洲村	23	63
梅岭镇（林厝）	东门村、南门村、赤石湾村、宫口村、悬钟村、腊洲村、田中央村、下傅村、田厝村、林厝村、下河村、高坑村、石城村、峰岐村、寮雅村	15	20
四都镇（外埕）	四都社区、东峤村、上湖村、田美村、西峤村、石溪村、林墘村、四都村、外埕村、马城村、城楼村、奇材村、后港村、西梧村、东梧村、港口村、西张村、林头村、山后村、盐仓村、东葛头村	21	27

续表 1

乡镇名称及驻地	建制村、社区名称	建制村、社区数	自然村数
金星乡（鹿食坑）	古关社区、丁寮社区、霞都社区、田朴村、湖内村、黎明村、新东亭村、公子店村、院前村、邱城村、蟳寮村	11	29
梅洲乡（松仔埔）	梅溪村、梅山村、梅洲村、梅东村、梅西村、梅北村、梅南村	7	16
深桥镇（新寨）	深桥村、赤水溪村、凤寮村、万田村、港头村、后林村、新寨村、庄上村、西坑村、双港村、考湖村、径尾村、郭寮村、溪南村、上寨村、埔上村、白厝村、新溪村、寨口村、岸屿村、平屿村、仕江村、大美村、溪园村、下园村、后埔村、树美村、华表村、樟朗村、上营村、后岭村	31	61
西潭镇（西潭口）	橘林村、新春村、潭光村、潭东村、新厝村、后陈村、龙坑村、山河村、岑头村、上陈村、军寮村、新安村、青山村、美营村、沈寨村、东上营村、福兴村	17	32
白洋乡（阳山）	湖美村、东山村、塘西村、桥安村、兰里村、麻园村、阳山村、白石村、深湖村、下径村、玉楼村、上蕴村、汀洋村、旧宙村、搭桥村	15	37
建设乡（江亩坑）	建华社区、建光社区、赤田社区、牛场尾社区、兴港社区三林村、江亩坑村、马头村、坪路村、长埔村、月港村、水头村、万石溪村	13	25
红星乡（许寮）	东埔社区、西埔社区、朱厝社区、芹山社区、五洞社区、许寮社区、下河社区、庙兜村、圆林村、进水村、坪林村、六洞村、新林村、石楼村、楼仔村	15	28
太平镇（太平墟）	新营村、榕城村、文山村、元中村、雪里村、河边村、麻寮村、林塘村、科下村、太平村、白叶村、新楼村、雄鸡村、景坑村、厚径村、新联村、大布村、山前村、走马村	19	77
官陂镇（下官）	龙岗村、马坑村、凤狮村、光坪村、大边村、官北村、新坎村、吴坑村、下官村、光亮村、陂龙村、新径村、彩霞村、地凹村、龙磜村、公田村、林畲村	17	162
霞葛镇（洋岽）	五通村、溪东村、溪林村、南陂村、天桥村、庄溪村、司下村、庵下村、坑河村、华河村	10	75
秀篆镇（陈龙）	上洋村、堀龙村、东径村、埔坪村、彩山村、焕塘村、北坑村、顶安村、陈龙村、寨坪村、河美村、磜岭村、青龙山村、乾东村、石东村、隔背村、注湖村	17	150

【人口】 2019年年末，诏安县总户数167706户，户籍人口685540人，城镇人口256556人。统计局人口抽样调查，常住人口62.80万人，城镇化率47.0%；人口出生率14.8‰，人口死亡率6.3‰，人口自然增长率8.5‰。

【语言】 诏安境内流行汉语方言主要是闽南方言，但有一些地区也有说客家方言。诏安的闽南方言属闽南方言漳州片下的一个分支。由于诏安县距漳州市区较远而跟广东饶平县相邻，历史上，诏安跟饶平等县的往来较为频繁，因而受潮汕方言中饶平话的一些影响，诏安县的闽南方言与漳州市区的闽南方言差别显得大一些。

【民族】 诏安县有汉族、畲族、壮族、土家族、侗族、苗族、蒙古族、回族、维吾尔族、藏族、彝族、满族、布依族、瑶族、京族、黎族和白族、哈尼族、傣族、土族、仫老族等20多个民族。少数民族以畲族人口最多，有3个民族村（港头畲族村、美营畲族村、汀洋畲族村），其他少数民族一般因工作、移民安置或婚嫁而迁移，散居在诏安县各乡镇、农场。

【宗教】 2019年，诏安县累计登记造册的宗教活动场所52处。其中佛教42处，天主教2处，基督教8处。民间信仰28处。有佛教比丘30人、比丘尼30人、居士258人；基督教牧师3人、道教道士3人；天主教神甫1人、传道5人。

【华侨】 诏安是福建省重点侨乡。2006年，侨情调查，诏安旅居海外的诏籍华人华侨205079人，其中华人200296人，华侨4724人，出国人员59人。主要分布在亚洲的新加坡、马来西亚、泰国、越南、印度尼西亚、缅甸、文莱、日本、柬埔寨、菲律宾；美洲的美国、加拿大；欧洲的英国、瑞典、法国、德国；大洋洲的澳大利亚、新西兰等国家，其中以新加坡、马来西亚、泰国、越南、印度尼西亚居多。

【台胞】 诏安移居中国台湾地区的姓氏有张廖、张、廖、王游、王、游、李、邱、黄、吕、沈、林、陈、程、许、谢、钱、钟、杨、赖、卢、涂、吴、江、田等近50个。据统计，诏籍先人在台繁衍的后裔人口约80万，有的姓氏成为泱泱大族。其中，张、张廖氏人数约35万人，分布在台中市、台中县和云林、台北、南投县；王、王游氏人数约12万人，在宜兰、桃园、彰化、台南、台北、基隆、台中、高雄等县市；沈氏人数约10万人，在台南、嘉义、苗栗、台北、基隆、云林、桃园等县市；黄氏3.5万人，在桃园、台北、彰化县；李氏3万多人，在桃园、宜兰县和基隆、台北市；林氏约2.6万人；邱氏2.3万人；吕氏1.5万人；程氏1.3万人。在台湾游氏人口中，以诏籍占大宗；在福建迁台的吕姓人口中，诏安秀篆居第二位。至2019年，诏籍台胞有100多万人。

【港澳同胞】 2019年，诏安旅居中国香港同胞7962人、澳门同胞416人。诏籍港澳同胞分散居住于香港岛、九龙半岛和新界，以及澳门半岛。

【名胜古迹】 诏安境内有新石器时代和商周时期的遗址，唐宋元明清又出现众多的石刻、木刻、府第祠堂、寺庙宫观、书院、楼堡、牌坊及名人墓葬，还有辛亥革命后大量的革命文物史迹及纪念建筑。县内有133处县级文物保护单位，7处省级文物保护单位。2019年10月，诏安县歪嘴寨闽粤边区乌山游击队指挥部旧址入选第八批全国重点文物保护单位。这是诏安县第一个国家级文物保护单位。

诏安文物古迹与自然景观相辅相成，山海名胜，相得益彰，是资源丰富的旅游胜地。清康熙版《诏安县志》、民国版《诏安县志》记载“诏安廿四景”：南山石塔、良峰古庙、樟朗春云、长湖秋水、黄塘荷香、赤溪腻涨、初稽玉泉、西峤海月、钓屿临江、龙桥亘渚、钟门巨浪、渐岳晴岚、丹诏金墉、九侯石室、腊屿祥麟、七贤榴洞、斗山道观、龙山蓍室、西港夜蟾、岐岫紫烟、真武石井、东屿石塔、虎崆滴玉、九仙山宫等。

2019年，诏安境内国家级管理旅游资源有国家森林公园乌山、国家海洋公园城洲岛、全国红色旅游经典景区中共闽粤边区特委机关旧址暨乌山革命遗址、国家AAA级旅游景区九侯山；中国传统城镇南诏镇；中国传统村落山河村、湖内村；国家级生态村田厝村。省级管理旅游资源有：省级森林公园暨省级风景区九侯山；省级文物保护单位乌山闽南革命根据地旧址、南诏镇明代石牌坊群、文昌宫、城隍庙、悬钟守御所城、五通宫、七贤庵、南诏许氏家庙、岑头威惠庙、分水关功覃闽粤坊、东城明宪祖祠、龙潭家庙、南诏沈氏家庙、山河震山祖和南诏东岳庙；省级非物质文化遗产沈氏艺圃剪瓷雕、黄金兴（咸金枣、宋陈咸橄榄、梅灵丹）、“庆源号”彩绸庄彩扎、铁枝木偶戏；省级历史文化名村山河村。市级管理旅游资源有：市级文物保护单位肥窑瓷窑窑址、侯山窑址、腊洲山遗址、长林寺、古烟墩、怀恩古井、七贤庵、临江亭、凤山报国寺、分水关、广南桥、斗山岩、金马台塔、祥麟塔、朝天宫、文昌宫、慈云寺、东岳庙、父子进士坊、护济宫、龙山书社、青云寺、天宠重褒坊、文庙、五通宫、碧霞元君庙、澹园寺、盛衍堂、玄天上帝宫、真君庙、功臣庙、在田楼、仙陂、灵侯庙、梅洲城堡、五通陂、镇龙庵、万古庙、岑头威惠庙、后溪庙、金环塔、明灯寺、昭应侯庙、九侯山、望洋台、石泉山石刻、中共工农红军第11军第6师第48团驻地、中共闽粤边工作委员会、红九团与潮澄饶红三大队会合旧址、中共云和诏县委机关旧址、中共闽粤边特委机关旧址、中共闽南地委机关旧址、革命烈士墓、中山纪念堂。县级管理旅游资源有县级文物保护单位133处。

经济社会发展

【概况】 2019年，诏安县坚持“大抓工业、抓大工业”，出台加快工业发展的政策措施，以工业的发展提升第二产业档次，调整优化三次产业结构。实施乡村振兴战略，发挥富硒资源优势，培育壮大富硒特色产业链，助推精准扶贫脱贫。持续发展电子商务，增强农特产品市场竞争力。加快社会事业建设，落实社会保障政策，增进民生福祉。

全年地区生产总值284.87亿元，比上年（下同）增长4.4%。其中，第一产业增加值51.66亿元，增长4.1%；第二产业增加值138.21亿元，增长8.3%；第三产业增加值95.01亿元，下降1.2%。三次产业比重由上年的17.8：47.7：34.5调整为18.1：48.5：33.4。人均地区生产总值45456元，增长3.7%。居民人均可支配收入22732元，增长9%；居民人均生活消费支出16921元，增长9.3%。

【工业经济】 2019年，诏安县新增东裕食品、楠宝湾食品等规模工业企业10家，累计规模工业企业153家。优化营商环境，制定出台加快工业发展、促进民营企业加快发展、加强招商引资工作等惠企文件。破解企业发展难题，促成8家银行与35家企业融资签约5.26亿元。完成22个工业项目征地扫尾工作，为工业企业补办不动产权权属登记证54宗。51个工业项目建设完成投资额24.3亿元，麦凯智造二期、培基渔具等42个项目开工建设，能裕食品、德武玩具等30个项目竣工投产。聘请71名招商专员，拓展招商资源，促成嘉康水产、威昭卫浴等19个工业项目正式签约，总投资额23.67亿元。

【农业经济】 2019年，诏安县持续深化农村改革，基本完成经营性资产股权量化改革，实现村级经济合作社全覆盖。信息进村入户试点工作走在全省前列，建设174个益农信息社。特色产业加快发展，优化扶持青梅、八仙茶、富硒蛋鸡产业发展政策，青梅全产业链产值53亿元，增长9%；八仙茶全产业链产值12.5亿元，增长11%；富硒蛋鸡产业产值1.52亿元，增长32%；设施蔬菜产值4.8亿元，增长12%。诏安八仙茶等24项农业品牌在各项产业展评和竞赛中获奖，硒来乐乡约茶园项目荣获第三届全国创业创新大赛总决赛优胜奖。太平镇（青梅）被农业农村部列为第九批全国“一村一品”示范村镇，秀篆镇礤岭富硒生态茶叶观光园入选“2019年中国美丽茶园”，建设乡福果百香果基地被定为省农科院院士工作站。全面巩固脱贫攻坚成果，排查“两不愁三保障”突出问题13.4万户59.8万人，解决905户2673贫困人口安全饮水问题。经省委、省政府批准，诏安县达脱贫退出条件，成功脱贫摘帽，正式退出省级扶贫开发重点县名单。

【商贸旅游】 2019年，诏安县电子商务持续发展，推出诏安八仙茶、网红芭乐、黄金百香果、富硒鸡蛋等十几种富含地方特色网销产品，借助电子商务“全天候、零距离、低门槛”方式，线上线下深度融合，提升农特产品知名度。全年电子商务交易额18.9亿元，增长23%；网络零售额15.4亿元，增长21%。旅游业发展加快，重点突出九侯山景区开发、梅岭滨海文化休闲度假旅游基础设施“一山一海”项目建设。发挥诏安书画艺术特色，在九侯山、红星梅园等地打造书画写生基地。首次开通旅游专线，提升游客体验度和美誉度。全年接待国内外游客191.18万人次，增长17%，旅游总收入23.28亿元，增长25%。

【城区建设】 2019年，诏安县全面完成江滨公园、梅峰公园及中兴大道、江滨路等9条市政主干道景观提升工程，推进丹诏大道、旧国道诏安大桥至诏安东高速入口段绿化景观提升改造，完成梅园北路、中山西路等5条道路“白改黑”工程建设。市政配套设施不断完善，实施31个市政公共配套项目建设，县城区新建改造公厕29座。启动“城市双修”工作，实施“纵一路、横一路”等道路及配套管网工程建设，完成县城区污水处理厂扩建工程建设，南湖、北门塘、南门塘黑臭水体有效整治。在全市首推“双街长”制，城区各主干道“门前三包”治理水平提升。

【生态环境】 2019年，诏安县抓好中央生态环境保护督察反馈问题及信访件整改，全面开展污染源排查整治工作，出台《诏安县污染源整治实施方案》及九大源头治理方案，强化“一源一策”治理，完成污染源整治629个，环境空气质量保持位居全市前列。全面开展全流域水质提升综合整治行动，东溪水质稳定Ⅲ类标准，赤水溪、公子店溪、梅洲溪等流域水质逐步改善，水流域环境质量提升。

【乡村振兴】 2019年，诏安县编制出台《诏安县乡村振兴战略规划（2019—2022年）》，编制梅洲乡梅西村、四都镇田美村等14个村新村建设规划。诏安被列为乡村振兴省级挂钩联系重点县，太平镇、梅岭镇被列为全省乡村振兴特色乡镇，深桥镇树美村、西潭镇山河村等14个村被列为全省乡村振兴试点村，霞葛镇司下村被省农业农村厅推荐为全国乡风文明建设优秀典型案例。筛选70个村作为农村人居环境整治试点村，探索出“党建+人居环境整治”、“3456”建房模式等经验做法，四都镇西梧村入选全省人居环境提升示范名单。开展“十镇百村”绿化美化行动，种植绿化苗木3.65万株。实施“百路千村”“两违”综合治理专项行动，建成“四好农村路”20千米，拆除“两违”面积95.3万平方米。

【社会事业】 2019年，诏安县行政服务中心业务用房等10个为民办实事项目全年完成投资额4.43亿元。教育基础设施持续完善，20所中小学、幼儿园补短板项目开工建设，南诏镇中心小学搬迁新校区，诏安职校新址、阳光特校新校区（一期）基本完工。教育质量稳步提升，75名高考生被“985”“211”等重点院校录取。诏安获评“漳州市高中教育教学质量达标县”。“翰墨薪传”政策持续开花结果，137名学生被本科艺术院校录取，其中7名被清华美院、中国美院等知名美术院校录取，人数创历史新高。医疗资源持续扩容，白洋乡卫生院门诊综合楼基本完工，四都镇、红星乡、太平镇、秀篆镇卫生院门诊综合楼建成投用，新增医疗床位330张，新增卫技人员199名。全面深化医药卫生体制改革，完成县总医院整合、总体搬迁，诏安被列入县域紧密型医共体全国试点县。养老补短板稳步推进，县福利中心投入运营，建成40家农村幸福院。推动社保卡办理提速，在全市率先采取统一批量办卡模式，有效解决“办卡难”问题。成功举办“春至诏安——全国油画名家诏安写生展览活动”，支持高继文等诏籍书画名家外出办展，扩大诏安书画品牌影响力。首部数字电影《青梅之恋》成功上映。诏安县歪嘴寨闽粤边区乌山游击队指挥部旧址入选第八批全国重点文物保护单位。成功举办环东山湾·中国汽车拉力锦标赛诏安赛区赛事。推进扫黑除恶专项斗争，社会大局安定稳定。

品牌诏安

【中国书画艺术之乡】 诏安书画之风始于唐，兴于明，历代名家佳作层出不穷。清代沈锦洲、汪志周、谢琯樵、沈瑶池等诏安画家群起，形成颇具地方风格的“诏安画派”。清末民初马兆麟、林嘉等人融入海派画风，为诏安画派带来了全新气象。民国时期，谢丰年、沈汉桢、沈耀初、沈锡纯等画家纷纷外出，接受新美术教育，使诏安画坛气象日新。中华人民共和国成立后，诏安书画人才辈出，诏籍书画家林林、沈福文、沈柔坚、李木教、沈一丹、董希源等分别担任中国书协、中国美协副主席、常务理事、理事等职。林仰峥、沈锡纯、韩柯等书画家在全国颇具影响。旅台画家沈耀初被评选为“台湾十大美术家”，并获台湾画学会最高荣誉“金爵奖”。其晚年回家乡创建的沈耀初美术馆是中国当代22家书画名家馆之一。改革开放以后，诏安书画展览交流活动和书画艺术市场盛况空前。1993年，诏安县被文化部命名为“中国书画艺术之乡”。2019年年底，诏籍书画家中共有中国书协会员26名，中国美协会员21名。有画廊300多家，书画产业从业人员3000多人。

【中国青梅之乡】 诏安青梅果大、皮薄、肉厚、核小、质脆细、酸度高、富含人体所需的多种氨基酸，具有特有酸中带甜的香味，特别是富含果酸及维生素C，是诏安名优特水果。诏安县红星青梅栽培历史悠久，品种丰富，“白粉梅”“青竹梅”为两大独具特色的品种。“诏安红星青梅”先后通过了国家原产地标记注册认证、国家质量证明商标及绿色食品标志认证。2001年，诏安被国家林业局评为“中国青梅之乡”。2019年全县青梅种植面积8867公顷，产量10.5万吨。青梅加工企业138家，其中规模工业企业21家，青梅全产业链产值53亿元，是全国最大的青梅生产和加工基地。青梅产业成为县域经济发展的重要产业。

【海峡硒都】 硒对提高人体的免疫力、防癌、抗癌和降低心血管疾病及高血压、心脏病的发生率具有良好作用。诏安土壤硒含量≥0.40毫克/千克（属于无中毒危害的硒含量范围）的富硒土地面积达5.08万公顷，占县域面积的39.27%，土壤硒元素含量最大值为1.71毫克/千克，最小值为0.05毫克/千克，平均值0.42毫克/千克。富硒土壤主要分布于红星乡、太平镇、官陂镇、秀篆镇、霞葛镇、金星乡、梅洲乡等地区。乌山山脉富硒土壤特高含量区面积为全省最大，属于“优质、环保、安全”的典型富硒区，具有极高的开发利用价值，在海峡西岸经济区内极具代表性。诏安盛产的青梅、八仙茶、蔬菜、鸡蛋等农副产品富含硒微量元素。2013年7月1日，中国营养学会授予诏安“中国海峡硒都”称号。2019年，全县富硒青梅种植面积8867公顷，富硒八仙茶种植面积2667公顷，富硒蛋鸡总存栏40.2万羽。

【原中央苏区县】 诏安县有着光荣的革命传统，在土地革命时期，先后有中共饶大特委、中共闽粤边工委和饶和埔诏县委、县苏维埃政府在此成立。1930年12月，中共饶和埔县委成立，统一领导饶平、平和、大埔、诏安4个县的工作。1931年3月，饶和埔县委、县苏维埃政府转移到诏安县。同月，中共饶和埔县委改名为中共饶和埔诏县委，开展以诏安为重点的饶和埔诏苏区斗争。1932年6月，成立饶和埔诏县苏维埃政府，诏安为其斗争活动中心区域。饶和埔诏县苏维埃政府先后在中共闽西特委、闽西苏维埃政府和福建省委、省苏维埃政府直接领导下，开展土地革命和武装斗争。诏安苏区不断扩大，成为中央苏区的组成部分、前哨阵地、联系外部的重要通道。2009年5月4日，中共中央党史研究室正式发文确定诏安县属于原中央苏区范围。

【世界长寿乡】 诏安人长寿历史源远流长，长寿的历史悠久且有据可查。2014年6月，诏安县被中国老年学学会评为“中国长寿之乡”。2019年年初，中国科学院地理科学与资源研究所等对诏安进行实地普查与资料核实，为诏安认证“世界长寿乡”提供了准确翔实的数据。2019年5月18—22日，在马耳他召开的由联合国老龄所主办、积极老龄化专家委员会协办的“积极老龄化国际会议”会上，专家委员会按照国际区域人口长寿指数要求，对诏安县进行科学评估。北京时间5月20日23时30分，经联合国老龄所积极老龄化专家委员会认证，诏安县获得“世界长寿乡”称号。2019年年末，全县户籍人口685540人，其中百岁老人70人。

（县气象局、水文局、地震办、林业局、民政局、民宗局、统计局、县委史志室等供稿）

中国共产党诏安县委员会

执政纪要

【思想政治建设】 **全面贯彻落实习近平总书记在参加十三届全国人大二次会议福建代表团审议时重要讲话精神** 2019年，中共诏安县委在认真学习领会、广泛宣传发动、深入开展调研、多方征求意见的基础上，于7月29日召开县委十三届十次全会，研究出台贯彻落实决定，研究制定革命老区中央苏区脱贫奔小康工作、营造有利于创新创业创造良好发展环境、全面推进新时代党的建设、探索海峡两岸融合发展新路等4个实施意见。严格按照省委要求，对习近平总书记每一个重要讲话、重要指示批示，都及时召开常委会会议、专题会议、理论学习中心组学习会等认真学习领会，扎实推动习近平总书记重要讲话、重要指示批示精神落地见效。

中共十九届四中全会精神的学习宣传贯彻 中共十九届四中全会召开后，县委将宣传贯彻全会精神作为一项重大政治任务，及时召开县委常委会（扩大）会议进行传达学习。县委常委带头开展调研宣讲，带动掀起学习宣传贯彻热潮，推动中共四中全会精神进企业、进农村、进校园、进社区、进网络。认真筹备县委十三届十二次全会，研究制定县贯彻落实意见，确保中共十九届四中全会精神落地生根。

“不忘初心、牢记使命”主题教育 坚持在学深悟透习近平新时代中国特色社会主义思想上下功夫，开展“以谷文昌为镜，践行初心使命”“以乌山革命精神为根，坚定理想信念”等专题研讨，举办县处级领导干部读书班以及3期6个班次基层党支部书记主题教育专题培训班，以点带面，引导全县各级党员干部学深、悟透、做实习近平新时代中国特色社会主义思想。坚持在解决群众实际困难上下功夫，县级领导班子带头深入一线开展调查研究、深刻检视问题，解决群众最急最忧最盼的问题，示范带动各参学单位边学边查、立行立改。如针对群众反映强烈的社保卡办理难问题，县委及时组织召开专题协调会，明确整改措施和整改时间，经过多方采取措施，有效解决办卡难等问题。

【全面从严治党】 **党建创新引领** 2019年2月20日，诏安县委召开全县工作会议。会议明确指出，2019年全县总体工作重点要围绕两条主线。第一条主线，坚定不移抓好省委巡视整改。加强党的政治建设。领导干部要带头落实好双重组织生活，全县各级党组织要规范落实好党内政治生活制度；加强党的思想建设。持续兴起“大学习”

热潮，主动自觉以新思想武装头脑、指导实践、推动工作；加强党的组织建设。持续深化党建品牌创建，推进机构改革，树立正确的选人用人导向；加强党的作风建设。重点围绕转变干部工作作风，聚焦巡视整改自查的八项规定落实不彻底、“四风”问题有所反弹、干部作风不够扎实等问题，组织开展“作风建设年”活动；要着力加强党的纪律建设。坚持严管与厚爱相结合，持之以恒正风反腐。12月13日，县委召开全县机关党建暨农村、城市基层党建工作推进会。会议强调，要提高政治站位，准确把握新时代党建工作要求。准确把握新时代党建工作的基本遵循、新时代党建工作的重要意义和新时代党建工作肩负的使命任务；要聚焦重点任务，全面提高新时代党建工作质量。紧抓政治建设这个核心，永葆政治忠诚，加强政治自律，严守政治纪律和政治规矩。要用好理论武装这个法宝，严肃党内政治生活，深入开展学习型党组织建设。要突出增强组织力、战斗力这个重点，机关党建要坚持走在前、做表率，农村党建要突出抓队伍、强集体，城市党建要紧扣优服务、促治理。要围绕服务发展这个大局，把握从严治党这个关键，弘扬优良作风，强化日常监督，净化政治生态。要加强组织领导，压紧压实新时代党建工作责任，做到压紧责任抓落实、创新机制抓落实、强化保障抓落实，为实施“工业强县、山海兴县、文旅名县、富美新城”，营造良好的政治生态、人文生态、产业生态、自然生态，实现底部起跳、晋位争先，提供坚强的政治保证。创新推行“党建引领农村人居环境整治”模式，充分发挥“党委聚力发动、支部发力推动、党员助力带动”作用，深入开展党支部主题党日活动助推农村人居环境整治活动，合力推动农村人居环境整治取得新成效。创新完善农村基层党组织设置，积极推行“强村带弱村”模式，逐步形成“横向联合、纵向析分”的党组织设置新格局。全年全县有41个村级党组织升格为党委。

干部和人才队伍建设　做好选人用人专项检查巡视整改工作，制定出台《关于切实加强干部队伍建设进一步规范选人用人工作的通知》等文件，建立健全长效机制，提升干部管理工作规范化水平。召开县委新时代新担当新作为工作领导小组会议，加大对“干事创业精气神不够、患得患失、不担当不作为”问题专项整治力度，认真抓好关心关爱基层干部有关政策的落实，激励干部担当作为，提振干部干事创业精气神。1月22日，举办2019年诏安县首届人才项目对接会，组织20多家企事业单位随团赴东北、西南等地区参加高校和各类人才对接会。新建省级院士专家工作站3家，柔性引进12名专家莅诏技术攻关。

意识形态工作　强化主体责任落实，严格落实意识形态工作责任制，召开县委常委会会议等，研究部署意识形态工作，及时向上级党委报告意识形态领域的重大情况。坚持意识形态“六个纳入”，充分发挥督查考评、专项巡察、主体责任检查、干部考核在意识形态工作上的推动作用。强化舆论宣传引导，加强和改进党的新闻舆论工作，深化媒体融合发展，加强县融媒体中心规范建设，创新融媒体宣传。国庆节期间，围绕庆祝中华人民共和国成立70周年主线，组织开展“壮丽70年·奋斗新时代”等主题宣传。深化精神文明建设，结合省级文明县城创建工作，深入开展移风易俗专项治理，重点加大对党员干部参加歪风陋习行为的查处力度，广泛弘扬社会主义核心价值观。

党风廉政建设　坚持不懈纠“四风”、树新风，深入开展“天价烟”、利用名贵特产特殊资源谋取私利、办公用房超标及虚假整改等问题治理，严肃查处违反中央八项规定精神问题31起49人次，整治敷衍塞责、弄虚作假等形式主义、官僚主义突出问题23起45人次。坚决站稳人民立场，扎实开展漠视侵害群众利益问题、非法违法采矿等专项整治，严肃查处扶贫领域、民生领域、涉黑涉恶腐败、移风易俗等群众身边的不正之风和腐败问题46起101人次。持续保持反腐败高压态势，2019年全县新立案190件，比上年增加5.56%，其中科级干部案件20件，移送司法机关5人。深入挖掘具有诏安特色的文化元素和文化产品，开展“寻孝廉、话孝廉、学孝廉、树孝廉”活动，建成孝廉文化基地9个，开设全市首场“孝廉文化讲堂”。

政治生态建设 坚持把净化政治生态作为重要的政治任务来抓，11月15日，召开县委常委会会议和全县领导干部警示教育大会，专题传达《中共福建省委办公厅关于诏安县委原书记何德发严重违纪违法案的通报》精神，通报剖析违纪违法典型案件，充分利用身边典型案件开展警示教育，深刻吸取教训，以案示警、以案肃纪，切实增强党员干部不敢腐、不能腐、不想腐的行为自觉和思想自觉。研究制定《诏安系列案件案后整改事项及任务分解方案》，提出20条整改措施，推动建章立制、堵塞漏洞，强化权力运行的制约和监督，重点在常和长、严和实、深和细上下功夫，努力营造风清气正的良好政治生态。

巡视巡察整改 突出坚持问题导向，认真做好省委巡视诏安、市委机动式巡察等整改任务以及配合做好十届省委巡视漳州的有关工作，重点在全面整改上持续发力，在整改重点上严格把关，在强化监督上下足功夫，不断推动整改工作落地见效、巡视巡察成果落地生根，坚决防止问题反弹回潮，以实际成效取信于民。

【改革发展】 **发展战略制定** 2019年12月20日，中共诏安县委十三届十二次全会召开。全会强调，要坚定不移地把中共十九届四中全会精神转化为推动诏安发展的强大动力。全县工作要坚持以习近平新时代中国特色社会主义思想为指引，认真贯彻落实中共十九届四中全会精神，围绕省委、市委决策部署，立足诏安产业基础和资源禀赋，实施“工业强县、山海兴县、文旅名县、富美新城”，营造良好的政治生态、人文生态、产业生态、自然生态，实现底部起跳、晋位争先的发展战略，努力开创诏安经济社会发展新局面。

扶持政策制定 研究制定出台《关于加快工业发展的若干措施》《关于促进民营企业加快发展的若干措施》《关于加大招商引资工作的若干意见》《诏安县服务企业用工奖励补助暂行规定》等四份扶持意见，重点在工业项目加大投资强度、企业增资扩产、加大招商引资和解决企业用工难等方面给予鼓励和支持，扶持工业企业发展。全年新增东裕食品、楠宝湾食品等规模工业企业10家，全县累计规模工业企业153家。食品加工、婴童文化、海洋生物、新能源等四大主导产业实现工业产值221.7亿元，比上年增加16.2%。

帮扶服务优化 从规模企业中筛选出20家重点企业，分别由县处级领导挂钩帮扶，组织开展“百日访百企”活动，大干100天时间，研究制订“一企一策”帮扶措施。优化审批服务，坚持一手抓审批事项、时限“瘦身”，一手抓跟踪落实。在行政服务中心设立企业服务中心，从重点审批部门和工业区抽调人员组建审批队伍，专门负责工业企业项目审批，采取主动上门、联评联审等方式，确保审批各阶段、各环节无缝衔接，为企业提供“找得到、信得过、全方位”的服务。

基础建设强化 坚持把基础设施建设作为园区开发建设的重中之重，多渠道筹措建设资金，建成金都工业集中区552路（二期）、工业园区C区纵二路、城东污水处理厂及一期配套管网工程等配套设施，启动实施城东污水处理厂提标改造、城西污水处理厂及配套管网工程等项目前期工作，切实完善园区基础设施，为入园项目建设、生产提供有力保障。

项目攻坚突破 坚持工作抓具体、具体抓项目，全面加快项目落地、开工、投产速度，以项目大突破带动经济大发展。加快项目建设。全年215个县级以上在建重点项目完成投资额147.74亿元，占年度计划投资额94.02%。其中，9个省级在建重点项目，完成投资额19.54亿元；40个市级以上在建重点项目，完成投资额85.76亿元；全县60个“五个一批”项目，完成投资额123.1亿元。强化要素保障。组建2个工作专班，集中开展征迁扫尾和破除项目前期要素保障工作，为加快项目落地扫清障碍。全县征地25.47公顷，拆迁面积3.81万平方米，完成22个项目的征迁扫尾任务，其中工业项目14个。南诏镇多年久拖未决的南雅园棚户区改造项目，通过集中攻坚，征迁扫尾任务全部完成。破除涉及施工许可、环保等要素保障问题18个。强化招商引资。组织人员赴北京、深圳、厦门等地开展招商活动。举办青梅产业推介会、海峡两岸投资贸易对接会暨诏安县招商推介会等活动。完善招商考核办法，明确全县招商引资任务指标是指工业项目，营造“大抓工业、抓大工业”气氛。年内，全县正式签约项目24个，计划总投资额31.97亿元，其中亿元以上项目13个。

【生态建设与乡村振兴】 **生态文明建设** 2019年，诏安县委以提升城区治理水平和发展质量为重点，以实施乡村振兴战略为总抓手，加快提升城乡建设质量，打造生态宜居的富美新诏安。推进创建省级文明县城。强化规划引领作用，加快《诏安县城乡总体规划（2017—2030）》报批工作，组织编制江滨路以北、南湖公园以南用地控制性详细规划和梅园北路以西、法院东路以东用地控制性详细规划。加快景观提升改造。全面完成江滨公园、梅峰公园及中兴大道、江滨路等九条市政主干道景观提升工程，推进丹诏大道、旧国道诏安大桥至诏安东高速入口段绿化景观提升改造，完成梅园南路、梅园北路等五条道路“白改黑”改造，城区道路更加美观。提升城市管理水平。在全市首推“双街长”制，城区各主干道“门前三包”治理水平得到提升。实施老旧小区改造工程，用100天时间完成6个老旧小区的排污、燃气、硬化、绿化、亮化改造。积极开展城区“两违”综合治理，全年拆除县城区违建抢建面积10.8万平方米。大力倡导文明出行。全面开展“礼让斑马线”活动和文明停车治理，有力净化县城道路交通环境。开展文明交通志愿者劝导活动，加强对出租车从业人员不使用文明用语、车容车貌不整洁、标志不齐全等不文明行为的劝导教育。开展文明旅游知识普及，大力倡导维护环境卫生、遵守公共秩序、爱护文物古迹、爱惜公共设施等文明旅游行为。10月30日，县委召开全县农村人居环境整治工作推进会。会议强调，要统一思想、提高认识，进一步增强做好农村人居环境整治工作的责任感和紧迫感。聚焦重点、突破难点，坚决打赢农村人居环境整治硬仗。压实责任、狠抓落实，统筹推进农村人居环境整治工作取得新成效。会议要求，各乡镇各部门要按照市委提出的“更加强烈的无限责任的责任感、更加强烈的勇于担当的使命感、更加强烈的时不我待的紧迫感”，坚持因势利导，强化督查考核，发动群众参与，扎实推进农村人居环境整治工作。

乡村振兴推进 制定扶持特色产业发展，优化青梅、八仙茶、富硒蛋鸡产业发展政策。全县青梅产业全产业链产值53亿元，比上年增长9%；八仙茶产业产值12.5亿元，增长11%；富硒蛋鸡产业产值1.52亿元，增长32%；设施蔬菜产值4.8亿元，增长12%。诏安八仙茶等24项农业品牌在各项产业展评和竞赛中获奖，硒来乐乡约茶园项目荣获第三届全国创业创新大赛总决赛优胜奖。人居环境明显改善。出台农村人居环境整治试点村实施方案、农村人居环境整治村庄清洁行动方案等文件，安排2100万元作为启动资金，推动70个农村人居环境整治试点村建设，探索出“党建+人居环境整治”等经验做法，四都镇西梧村入选全省人居环境提升示范名单，农村人居环境得到有效改善。环境治理成效明显，扎实开展“百路千村”综合治理环境提升专项行动，全年全县申报的39条道路均通过验收。整治农村面貌，完成拆除违章建筑整治7882宗、面积41.7万平方米，完成脏乱整治3947处，清运垃圾4333车。

污染防治整改 强化反馈问题整改，把环保督察问题整改作为一项重大政治任务、重大民生工程、重大发展问题来抓，深化推进第二轮中央生态环境保护督察整改工作。第二轮中央生态环境督察交办的44件信访件，已整改完成42件，其他2件加紧依法立案查处。督察组现场指出的三个问题，全部整改完成。着力突出源头整治，按照市委关于污染源头治理工作相关部署要求，坚持溯源排查、动态跟踪、精准治理，全县排查出各类污染源1872个，全年整治629个。

【民生福祉】 **扶贫开发持续** 2019年6月，福建省委、省政府正式宣布：诏安县于2018年度退出省级扶贫开发工作重点县名单，顺利实现贫困县摘帽。按照脱贫不脱政策、不脱责任、不脱帮扶、不脱监管要求，持续推进巩固提升。围绕“两不愁三保障”情况，不定期开展“回头看”，查缺补漏，确保脱贫成效稳定巩固、防止返贫。全面落实医疗叠加保险政策，全年医疗扶贫报销5307.71

万元，有效减轻贫困户医疗负担。全面落实产业扶贫保险政策，各级共投入保险金额 2142.41 万元，为贫困户发展产业投保，消除后顾之忧，提高发展生产积极性。

民生短板补齐 重点围绕上学难、看病难、养老难、出行难和公共配套差等“四难一差”问题，着力加大民生领域项目推进力度，进一步改善群众就医、就学和出行等生活条件。教育基础设施持续完善，20 所中小学、幼儿园补短板项目全部开工建设，南诏镇中心小学完成搬迁，诏安职校、阳光特校新校区（一期）基本完工。医疗资源持续扩容，白洋乡卫生院门诊综合楼基本完工，四都镇、红星乡、太平镇、秀篆镇卫生院门诊综合楼建成投用，新增医疗床位 330 张，新增卫技人员 199 名。全面深化医药卫生体制改革，完成县总医院整合和总体搬迁工作，被列入县域紧密型医共体全国试点县。养老补短板稳步推进，县福利中心投入运营，建成 40 家农村幸福院。

扫黑除恶专项斗争 按照“一年治标、两年治根、三年治本”的要求，进一步加大线索摸排力度，以中央督导组“回头看”为契机，加大对重点领域、重点行业、重点地区的深入摸排，确保线索排查无遗漏、无死角、全覆盖，推动扫黑除恶专项斗争取得新实效。中央扫黑除恶专项斗争第四督导组督导福建及督导“回头看”反馈意见中，诏安均未出现个性问题。全县在扫黑除恶专项斗争中，先后打掉黑社会性质组织 1 个、恶势力犯罪集团 2 个、恶势力团伙 6 个，破获案件 115 起。

重大风险防范化解 着力加大金融风险防控，控制不良贷款率，12 月末不良贷款率 0.58%，与年初持平。全力做好信访工作，紧扣中华人民共和国成立 70 周年大庆安保等重大工作，针对重点人群、重点人员、重点场所、重点问题等“四大重点”全面开展“拉网式”排查，确实做好安保维稳工作。严格落实《地方党政领导干部安全生产责任制规定》，紧盯道路交通、消防安全、建筑领域、森林防火、海上安全等重点领域工作，安全生产保持稳定态势。2019 年，各类事故四项指数呈“两升两降”态势，没有发生较大安全生产事故，控制在市政府下达的安全生产责任目标之内。

【机构改革】 **党政机构改革** 2019 年，诏安县委制定出台《诏安县县级机构改革实施方案》，明确县机构改革组织实施的方法步骤、目标任务和相关要求，在中央和省委规定的机构限额内因地制宜设置机构，构建系统完备、科学规范、运行高效的机构职能体系，共设置党政机构 36 个，其中：对应中央和省调整优化设置的机构 16 个，与中央和省基本对应的其他机构 13 个，因地制宜设置的机构 7 个。严格对照《诏安县县级机构改革实施方案》要求，按时完成上级要求的班子配备、工作交接、人员划转、新机构挂牌等工作。对各部门上报的“三定”初稿进行严格审核把关，形成送审稿提交县委编委会议研究审议，并报县委、县政府批准，于 2019 年 3 月 29 日正式印发施行。通过职责划转对各涉改部门职责进行调整优化整合，进一步明确和划清上下级部门之间和同级部门之间的职责权限，理顺部门职责关系，解决部门间职责交叉的问题，将县人力资源和社会保障局承担的公务员考录调配、考核奖惩、培训和工资福利等公务员管理职责划给县委组织部；将县委编办承担的行政审批制度改革相关职责划给县发改局；将县政府办公室承担的侨务工作职责划给县委统战部；将县政府办承担的法制工作职责划给县司法局；将县民政局承担的退役军人优抚安置职责划给县退役军人事务局；将原县国土资源局、原县城乡规划建设局、原县农业局、县水利局、县海洋与渔业局承担的自然保护区、风景名胜区、自然遗产、地质公园等管理职责划给县林业局等。同时做好职责和人员编制划转交接工作，确保工作不断档、不出现监管空白，确保职责正常履行。

事业单位改革 根据部门职责划转情况，坚持优化协同高效，按照“编随事走、人随编走”的原则，将县农业综合开发服务中心（原县农业综合开发领导小组办公室）、县库区移民开发中心（原县库区移民开发管理局）、县园林绿化服务中心（原县园林管理处）等事业单位随职责划转调整隶属关系；坚持政事分开原则，积极稳妥推进承担行政职能事业单位“还政于政”，将承担行政职能、作为权责清单的实施主体或责任主体的39个事业单位全部纳入改革范围，全面清理事业单位承担的行政职能；规范事业单位名称，将78个事业单位名称中含有“委”“办”“局”“处”“管理”“监督”“指导”等字样进行规范更名；加大对“职能弱化”或职能相近的事业单位进行整合，提升编制资源的科学合理利用，将县技工学校整合并入县职业技术学校，将县建筑设计院、县规划设计院并入县建设工程造价站，将县广播电视台、县丹诏乡讯社整合设立县融媒体中心；加强对生产经营类事业单位的改革，坚持“成熟一家改革一家”，稳步推进生产经营类事业单位改革，全县7家经营类事业单位改革方案已经县委编委会会议研究通过，按时完成经营类事业单位改革任务。

综合行政执法改革 结合本地区实际，积极主动配合相关部门，深入开展市场监管、文化市场、交通运输、农业等4个领域综合执法改革工作。认真审核4个领域主管部门上报的关于行政执法改革的请示，经上下沟通协调，正式印发关于市场监管、文化市场、交通运输、农业4个领域综合执法改革有关事项的通知，构建权责统一、权威高效的综合行政执法体制，提升整体执法水平。

乡镇机构改革 根据中央关于构建简约高效的基层管理体制的要求，为扎实推进乡镇机构改革工作，积极组织人员深入部分乡镇调研座谈，公开征求乡镇机构改革意见建议，为即将开展的乡镇机构改革做好准备、打好基础。

重要会议

【县委全体会议】 **县委第十三届第十次全体会议** 2019年7月29日，中共诏安县委十三届十次全会在诏安宾馆召开。会议主要任务是，以习近平新时代中国特色社会主义思想为指导，深入学习贯彻习近平总书记在参加十三届全国人大二次会议福建代表团审议时的重要讲话和对福建工作的重要指示批示精神，全面落实省委十届八次全会和市委十一届九次全会部署，动员全县干部群众牢记重托、奋勇争先，坚持高质量发展落实赶超，加快建设富美新诏安。

全会强调，深入学习贯彻习近平总书记重要讲话精神总的要求是：坚持以习近平新时代中国特色社会主义思想为指导，深入学习贯彻党的十九大精神和习近平总书记对福建工作的重要讲话重要指示批示精神，统筹推进经济建设、政治建设、文化建设、社会建设和生态文明建设“五位一体”总体布局，协调推进全面建设小康社会、全面深化改革、全面依法治国、全面从严治党“四个全面”战略布局，坚持稳中求进工作总基调，坚持新发展理念，坚持高质量发展落实赶超，做好稳就业、稳金融、稳外贸、稳外资、稳投资、稳预期工作，统筹做好稳增长、促改革、调结构、惠民生、防风险、保稳定工作，主动融入闽西南协同发展区建设，突出抓好营造良好发展环境、推动两岸融合发展、做好老区苏区脱贫奔小康工作、加强新时代党的建设等工作，谱写富美新诏安建设新篇章。

全会要求，要自觉运用马克思主义世界观、方法论，提升政治站位、政治能力、政治担当，坚持问题导向，不折不扣推动各项任务落地见效。要凝心聚力，坚定不移大抓工业、抓大工业；要激发动力、释放活力，全力营造良好发展环境；要发挥优势、深化交流，助力探索两岸融合发展；要精准帮扶、全面振兴，加快老区苏区脱贫奔小康。要坚持党要管党、全面从严治党，旗帜鲜明讲政治，严管厚爱抓队伍，固本培元抓基础，正风肃纪树形象，率先垂范带好头，不断提高党的建设质量，为富美新诏安建设提供坚强保障。

全会讨论《关于营造有利于创新创业创造良好发展环境的实施意见》《关于探索海峡两岸融合发展新路的实施意见》《关于做好革命老区中央苏区脱贫奔小康工作的实施意见》《关于全面推进新时代党的建设的实施意见》4个具体实施意见，审议通过《中共诏安县委关于深入学习贯彻习近平总书记在参加十三届全国人大二次会议福建代表团审议时重要讲话精神的决定（草案）》和《中国共产党诏安县第十三届委员会第十次全体会议决议（草案）》。

县委第十三届第十二次全体会议 12月20日，中共诏安县委十三届十二次全会在诏安宾馆召开。全会强调，要把贯彻落实习近平总书记的重要讲话重要指示重要批示精神与推进治理体系和治理能力现代化紧密结合起来，切实把中共十九届四中全会精神和省委、市委全会精神落实到富美新诏安建设全过程各方面，力争在治理体系和治理能力现代化建设上先行先试、走在前头。坚持和完善党的领导制度体系，提高党科学执政、民主执政、依法执政水平。坚持和完善人民当家做主制度体系，发展社会主义民主政治。坚持和完善中国特色社会主义法治体系，提高党依法治国、依法执政能力。坚持和完善中国特色社会主义行政体制，构建职责明确、依法行政的政府治理体系。坚持和完善社会主义基本经济制度，推动经济高质量发展。坚持和完善繁荣发展社会主义先进文化制度，巩固全体人民团结奋斗的共同思想基础。坚持和完善统筹城乡的民生保障制度，满足人民日益增长的美好生活需要。坚持和完善共建共治共享的社会治理制度，保持社会稳定、维护国家安全。坚持和完善生态文明制度体系，促进人与自然和谐共生。坚持和完善“一国两制”制度体系，推进祖国和平统一。坚持和完善党和国家监督体系，强化对权力运行的制约和监督。

全会强调，要坚定不移地把中共十九届四中全会精神转化为推动诏安发展的强大动力。当前和今后一个时期，全县工作要坚持以习近平新时代中国特色社会主义思想为指引，认真贯彻落实中共十九届四中全会精神，围绕省委、市委决策部署，立足诏安产业基础和资源禀赋，实施“工业强县、山海兴县、文旅名县、富美新城”，营造良好的政治生态、人文生态、产业生态、自然生态，实现底部起跳、晋位争先，努力开创诏安经济社会发展新局面。

全会要求，全县各级党委（党组）要切实扛起责任，把方向、管大局、保落实，科学谋划、精心组织，远近结合，整体推进，有力有效地推进新时代富美新诏安治理现代化。要完善责任体系，构建覆盖各级各领域的制度机制、责任体系，确保责任全链条、治理全覆盖。

全会决定，将2020年作为诏安的“生态建设年”，对“政治生态、人文生态、产业生态、自然生态”四个方面，严格按照表单化、清单化、项目化、责任化要求，逐一推进落实。要推行闭环管理，做到有部署、有督查、有落实、有反馈，确保干一件成一件、抓一项成一项。要坚持依法依规，运用法治原则和方法开展治理，在制度的轨道上推进各项事业，做到依法行政、依法用权、依法办事。要营造良好氛围，带动全社会形成自觉尊崇制度、严格执行制度、坚决维护制度的良好氛围。

全会审议通过《中共诏安县委贯彻落实〈中共中央关于坚持和完善中国特色社会主义制度、推进国家治理体系和治理能力现代化若干重大问题的决定〉的实施意见》和《中国共产党诏安县第十三届委员会第十二次全体会议决议》。

【县委常委会（扩大）会议】 2019年4月26日，诏安县委召开常委会（扩大）会议。县在家四套班子领导及其他副处级领导、各乡镇党委书记、县直各单位主要负责人参加会议。会议就全县巡视整改工作进行部署。

会议强调，全县巡视整改工作进入了集中整改阶段。各有关单位要提升政治站位，增强巡视整改的思想自觉和行动自觉，要把整改工作作为当前重要政治任务、作为难得的机遇、作为必须打赢的一场硬仗抓好抓实，敢于动真格、硬碰硬，坚决整改到底。要建立健全“组织领导、责任落实、工作推进、督促检查”四个机制，强化巡视整改工作保障，切实抓好巡视整改工作。要强化责任担当，层层压实巡视整改的政治责任。全县的整改工作，由县委担负主体责任，对巡视整改负总责、负主责。在全部整改项目中，各责任领导要以身作则、各负其责，明确整改任务的目标要求、具体措施和完成时限，全面掌握情况，及时跟踪问效，动态推动工作。具体整改事项涉及的部门和乡镇要承担起主体责任，充分发挥“牵头抓总”作用，研究工作方案，细化整改举措，加强对责任单位整改工作的协调、督促、检查、推动，确保整改任务落细落实落到位。要明确时间节点，迅速全面启动巡视整改工作。各责任领导、各牵头单位、责任单位要按照整改任务与分解方案，倒排时间节点，第一时间抓好整改落实。要坚决标本兼治，切实扩大和巩固巡视整改成果。对巡视反馈问题，要根据问题性质和整改要求分类处置，对不同性质的问题要采取不同的措施和办法。同时建立健全解决问题、推动发展的长效机制，做到以制度管权管事管人，切实从源头上堵塞漏洞，防止类似问题重复发生。巡视整改时间紧，任务重，各相关单位要统一思想、明确责任、压实任务、从严整改，坚决打好巡视整改工作这场硬仗，确保各项整改任务落地见效，以严查实改的丰硕成果向巡视组交出一份满意的答卷。

会议还强调部署动物防疫、安全生产、打击制售假烟等重点工作。

6月24日，县委常委会（扩大）会议召开。会议传达学习《中国共产党党务公开条例（试行）》，中共福建省委印发《福建省贯彻〈中国共产党党务公开条例（试行）〉实施细则》，中共漳州市委关于贯彻落实《中国共产党党务公开条例（试行）》的实施方案，《中国共产党党员教育管理工作条例》，中国共产党中央纪律检查委员会赵乐际书记在市县巡察工作推进会上的讲话精神等文件和讲话精神，研究《关于把党的政治建设摆在首位落深落细落实全面从严治党主体责任的实施意见》、《中共诏安县委关于落实省委巡视二组〈关于对诏安县委巡察工作开展专项检查的情况报告〉反馈问题整改情况的报告》、《诏安县委巡察人才库管理办法（试行）》、学校党建工作、县委表彰“两优一先”名单、全省人大系统先进集体和先进工作者表彰对象等事项，并对部分县处级领导工作分工进行调整。

会议指出，推进党务公开，对于发展党内民主，加强党内监督，推进全面从严治党具有重要意义，要抓紧牵头制订诏安县的具体贯彻实施方案，确保落实到位。关于形式主义、官僚主义方面，要切实汲取通报案件的深刻教训，做到“两个维护”，树牢正确的政绩观，持续推动作风建设，营造干事创业良好氛围。落实巡视整改工作，要提高政治站位，强化纪律意识，持之以恒正风肃纪，扎实推进全面从严治党向纵深发展、向基层延伸。全县上下要提高政治站位，认真学习领会、加强督促指导、紧密结合实际，切实加强党员教育管理，提高党员教育管理工作现代化水平。关于学校党建工作，有关部门要抓好中小学校党建各项重点任务的贯彻落实，要注重将人财物等资源向农村偏远地区和党建基础薄弱的中小学校倾斜，不断提升全县中小学校党建工作整体水平。

会议强调，县委巡察工作要紧跟形势，认真学习领会市县巡察工作推进会精神，突出巡察工作重点，在营造良好的政治生态上发力，在营商环境上发力，在干部任用上发力。强化巡察成果运用，对违规违纪问题严肃查处，绝不手软。

10月12日，县委书记陈文聪主持召开县委常委会会议。会议传达学习贯彻习近平总书记对国家网络安全宣传周作出的重要指示精神及省委、市委常委会等有关会议精神，研究县整顿软弱涣散基层党组织、扫黑除恶、信访积案和典型案件等整改方案。

11月8日，县委召开常委会（扩大）会议。会议传达学习中共十九届四中全会和省委、市委常委会（扩大）会议的主要精神，并研究县贯彻落实意见。会议强调，要认真学习、深刻体会精神实质，准确把握总体要求、目标任务，不断增强“四个意识”，坚定“四个自信”、做到“两个维护”，不折不扣推动全会各项决策部署在诏安落地生根、开花结果；要坚定信心、保持定力开拓进取，立场坚定、把牢方向，全面加强党的领导，切实把党的领导贯彻落实到推进治理体系和治理能力现代化的各领域、各方面、各环节。对标对表，落实落细，强化问题导向、原因导向、结果导向、目标导向，强化系统思维、整体思维、闭环思维，加快形成一批务实管用、长治长效的制度创新成果。不折不扣、坚决执行，严格遵守和执行制度，切实强化制度意识，构建全覆盖的制度执行监督机制；要精心组织，掀起学习热潮，组织抓好学习培训，结合“不忘初心、牢记使命”

主题教育，制订学习计划，集中开展宣讲活动，积极发挥媒体优势宣传解读全会精神，联系实际抓好贯彻，以高质量发展落实赶超的实际成效体现学习贯彻的成果。

【专题会议】 **全县工作会议** 2019年2月20日，全县工作会在诏安宾馆召开。会议总结2018年工作，并对2019年工作进行部署。会议指出，2018年全县经济社会各项事业发展延续良好势头，5项经济指标排名全市前三名，连续3年多项经济指标增幅位居全市前列，再次上榜全省“县域经济发展十佳县”；三大攻坚战成效显著，全县建档立卡贫困人口和贫困村全部实现脱贫，获评“2018年度中国十佳脱贫攻坚与精准扶贫示范县”。

会议明确，2019年全县总体工作重点要围绕两条主线。第一条主线，是坚定不移抓好省委巡视整改。加强党的政治建设。领导干部要带头落实好双重组织生活，全县各级党组织要规范落实好党内政治生活制度。加强党的思想建设。持续兴起“大学习”热潮，主动自觉以新思想武装头脑、指导实践、推动工作。加强党的组织建设。持续深化党建品牌创建，稳妥推进机构改革，树立正确的选人用人导向。加强党的作风建设。重点围绕转变干部工作作风，聚焦巡视整改自查的八项规定落实不彻底、“四风”问题有所反弹、干部作风不够扎实等问题，组织开展“作风建设年”活动。加强党的纪律建设。坚持严管与厚爱相结合，持之以恒正风反腐。第二条主线，是坚持高质量发展落实赶超。攻坚落地开工和招商引资工作。抓企业服务，不折不扣落实实体经济扶持政策，为民营企业排忧解难。抓乡村振兴，加快实现产业兴旺，加快推进乡村建设，推进农村综合改革。抓新增长点，围绕“长寿富硒之乡，生态颐养之城”的发展定位，推动健康养生产业、旅游产业和文化产业发展。抓三大攻坚，打好防范化解重大风险攻坚战、精准脱贫攻坚战和污染防治攻坚战。抓民生保障，补齐城区路网、教育、医疗卫生、养老等方面短板。抓社会稳定，统筹推进安全生产、维稳工作，纵深推进扫黑除恶专项斗争。

全县农村人居环境整治工作推进会 10月30日，全县农村人居环境整治工作推进会在诏安宾馆召开。县委书记陈文聪出席会议并讲话。县委副书记窦希铭主持会议。县领导林同池、林惠溪参加会议。

会议强调，抓好下阶段农村环境整治工作，统一思想、提高认识，增强做好农村人居环境整治工作的责任感和紧迫感；聚焦重点、突破难点，坚决打赢农村人居环境整治硬仗；压实责任、狠抓落实，统筹推进农村人居环境整治工作取得新成效。

会议要求，各乡镇各部门要按照市委提出的“更加强烈的无限责任的责任感、更加强烈的勇于担当的使命感、更加强烈的时不我待的紧迫感”，坚持因势利导，强化督查考核，发动群众参与，扎实推进农村人居环境整治工作。

全县机关党建暨农村、城市基层党建工作推进会 12月13日，全县机关党建暨农村、城市基层党建工作推进会在诏安宾馆召开。

会议强调，要提高政治站位，准确把握新时代党建工作要求。准确把握新时代党建工作的基本遵循、把握新时代党建工作的重要意义和新时代党建工作肩负的使命任务。要聚焦重点任务，全面提高新时代党建工作质量。紧抓政治建设这个核心，永葆政治忠诚，加强政治自律，严守政治纪律和政治规矩。要用好理论武装这个法宝，严肃党内政治生活，深入开展学习型党组织建设，要突出增强组织力、战斗力这个重点，机关党建要坚持走在前、做表率，农村党建要突出抓队伍、强集体，城市党建要紧扣优服务、促治理。围绕服务发展这个大局，把握从严治党这个关键，弘扬优良作风，强化日常监督，净化政治生态。要加强组织领导，压紧压实新时代党建工作责任，做到压紧责任抓落实、创新机制抓落实、强化保障抓落实，为诏安县实施“工业强县、山海兴县、文旅名县、富美新城”，营造良好的政治生态、人文生态、产业生态、自然生态，实现底部起跳、晋位争先，提供坚强的政治保证。

（县委办供稿）

组织工作

【概况】 2019年，诏安县有33个党组，34个基层党委、57个村（社区）党委，4个县委派出工委，49个党总支，1076个党支部，党组织共1267个，党员26942人。

党的组织工作以习近平新时代中国特色社会主义思想为指导，全面贯彻中共十九大，十九届一中、二中、三中、四中全会精神和全国、全省、全市组织工作会议精神，以实施“工业强县、山海兴县、文旅名县、富美新城”为目标，围绕县委中心工作、服务改革发展大局，统筹推进领导班子和干部队伍建设、基层党组织和党员队伍建设、人才队伍建设，推动组织工作全面过硬，为建设“活力诏安、魅力诏安、生态诏安”，实现底部起跳、晋位争先，提供坚强的组织保障和人才支持。

2019年，县委组织部获评福建省第“十三届”文明单位。

【干部队伍建设】 **一线干部考察** 2019年，诏安县委组织部发挥党组织的领导和把关作用，严格落实干部政治廉洁表现“双鉴定”“双签字”制度。严格执行干部选拔任用工作全程纪实制度，对干部选拔任用全过程进行监督。加大考察力度，按照干部管理权限，分层级开展一线干部考察工作，从组织部抽调23名干部，组成6个考察组，由部领导担任组长，重点考察干部参与“大抓工业、抓大工业”“三抓三比、十项竞赛”、农村人居环境整治、防治污染攻坚战等重点工作情况；注重县乡联动，乡镇同步考察，共享考察成果。加强干部日常跟踪管理，持续深化“实时跟踪、实地走访、实绩比较、实名推荐”为主要内容的“四实”干部考察，近距离、多角度、全方位考察，考准考实一线干部实绩和表现。搭建一线平台，有计划、有步骤地把干部选派到急难险重岗位参与中心工作，在实践中磨炼意志、增长才干。全年共选派71名干部参与农村人居环境整治和企业服务中心等工作。注重在攻坚一线考察干部，提振干事创业精气神，推动中心工作落实、持续抓好百个项目、41个因征迁任务未完成而导致建设进度迟缓的项目和存在VOCs指标不全等5类问题18个项目的跟踪考察，及时将农村人居环境整治工作、铁路沿线环境综合整治等重点工作纳入一线考察。全年考察组下一线考察干部43批次，考察干部560人次，收集责任清单4569份，核实成绩单4569份，掌握问题清单39份。

干部教育培训 根据《2019—2022年福建省干部教育培训规划》文件精神，以培养一支忠诚干净担当的干部队伍为目标，围绕党性教育、专业化能力培训两大重点，分层次、分领域、分类别加强和改进干部教育培训工作。积极同市组对接，完成省、市下达的调训27期113人次任务，其中处级干部11期14人次，科级干部16期98人。坚持按需培训、精准调训，举办2期精准扶贫专题培训班和1期“大抓工业，抓大工业”专题研讨班。改进教育培训方式，举办1期科级干部进修班，组织学员前往长汀、古田、江西瑞金等地，开展异地教学1周。全年共培训科级干部290人次。印发《关于开展诏安县帮扶干部培训工作的通知》，分级对全县帮扶干部轮训1次。

引才聚才 举办县首届人才项目对接会，现场签订13个人才合作项目，促成5个意向合作项目、64名中高级人才达成就职意向。组织20多家企事业单位随团赴东北、西南等地，参加该地区高校和省、市各类人才对接会，招聘人才5批次，与人才达成初步合作意向26人次。围绕产业技术升级，柔性引进12名专家抵诏技术攻关。带领企业走出去与院士专家精准对接。全年新增市级院士专家工作站1家，省级院士专家工作站3家。推动台湾青年创业就业协会在云之梵食品建立闽粤（诏安）实训基地和文化交流基地，吸引20名台湾人才到诏安就业创业。制定出台《诏安县服务工业企业用工奖励补助暂行规定》和《关于加强社会工作专业人才队伍建设的激励办法》，为新入职高校毕业生和社会工作者提供各类补助。同时，在县行政服务中心设立高层次人才一站式服务中心，实行专员、专线、专窗服务。全年共指导、协助申报各类人才项目43个，为39名市级及以上优秀人才提供免费健康体检。

干部管理 把好股级干部任免及干部出国（境）审批关，审核审批办理41名股级干部任免手续，因公出国（境）人员5批13人次。做好科级干部退休和挂职期满、试用期满考核工作，办理24名科级干部退休手续，对41名扶贫挂职科级干部进行期满考核和2名科级干部试用期满转正考核。落实县以下机关公务员职务与职级并行工作，办理18名干部晋升职级，其中，晋升副科级8人、正科级7人、副处级3人。6月，执行新修订的《公务员职务与职级并行规定》，对264名干部的职级进行套转，对2名干部进行职级晋升。

干部监督 落实干部选拔任前公示和征求意见制度，公示1批2人次。加强领导干部请示报告监督。全县178名领导干部报告涉及房产、婚丧喜庆等个人重大事项。协助43名处级领导干部、四级高级法官、检察官完成年度领导干部个人有关事项报告表的填写和上报工作。抓好干部学历、学位变更管理工作，共审核批复64名干部的学历、学位变更申请。通过摸底调查、走访慰问等方式，抓好组织部门信访维稳工作。落实省委巡视组反馈问题整改工作，清理违规在企业兼职的领导干部5人。委托县审计局对南诏镇、梅岭镇、妇幼保健院、县方志委等4个单位的领导干部进行任期和离任经济责任审计，对县林业局进行自然资产资源离任责任审计。

干部档案 做好省委巡视反馈整改工作，审核认定2000多份事业干部档案，布置填写《干部履历表》3849份，补充制作入党材料10份，完善档案目录56份。制定出台《关于进一步完善干部人事档案管理工作的意见》，健全完善档案管理工作。开展档案专审“回头看”，复核档案1547份，发出催缴单1547份，纠正信息10处。调入档案267份，调出40份；接收入党、学籍等材料243份，归档材料1万多份。提供档案查阅500多人次。

公务员表彰奖励 为推进经济建设和社会各项事业发展，激发公务员的工作积极性，对上年度表现突出的公务员进行表彰奖励，给予陈毅楠等56名公务员记三等功，对林惠栋等291名年度考核优秀的公务员给予嘉奖。

干部工资审批 做好公务员、参公人员的工资晋级、晋档、退休、死亡抚恤等工作。处理梅岭镇长期失踪公务员李炎光的工资、编制历史遗留问题。做好乡镇机关工作人员收入高于县直机关同职级人员10%、20%，以及乡镇机关事业干部发放交通补贴等的工资测算等工作。

【党员教育管理】 **乡村党校建设** 2019年，诏安县委组织部举办“乡村党校”讲师培训班，围绕教学技巧、三农政策、党风廉政教育和学习中共十九大精神，对65名“乡村党校”讲师进行授课，提高“乡村党校”讲师思想素质和业务水平。实施农村党员提质工程，223所“乡村党校”开设党性教育+“三农”专题党课，提高1.6万多名农村党员的政治思想水平和带头致富能力，培养一批带动农村发展的领路人、组织创业的带头人，助力乡村振兴。

发展党员质量提升 按照“控制总量、优化结构、提高质量、发挥作用”的总要求，落实《漳州市发展党员工作全程纪实办法》，推行《关于在全县发展党员工作中推行“三述三评三票决”制的意见》和《关于建立诏安县发展党员工作“五项制度”的通知》等制度，严格发展党员工作程序，规范党员档案材料，落实发展党员责任制，坚持政治标准，严把“入口关”，严肃发展党员工作纪律，进一步优化党员结构，提升发展党员质量。全县全年发展党员375名。

村级组织活动场所建设 按照《中共诏安县委组织部关于进一步严格规范村级组织活动场所管理使用的通知》要求，规范各村（社区）党组织办公场所的牌匾悬挂、上墙内容、功能布局和管理使用，发挥村级组织活动场所综合作用，加强党在农村基层组织阵地建设。争取财政补助资金250万元，用于村级组织活动场所规范化建设。全年有202个村级组织活动场所实现规范化建设，占总数80.8%。

党内表彰 根据《中国共产党党内功勋荣誉表彰条例》《福建省贯彻〈中国共产党党内功勋荣

誉表彰条例〉实施办法》，以及市委组织部的文件要求，以庆祝中国共产党成立98周年为契机，开展“两优一先”表彰活动，32个市级先进对象，178个县级先进对象受表彰，激励引导党员主动担当作为，营造党员模范带头、干事创业的良好氛围。

党员管理 春节期间，发放党员慰问金80.976万元。慰问困难党员1078人，发放慰问金3.1万元；以关心关爱资金慰问省级申报对象8名、市级申报对象31名。严格做好组织关系转接登记管理，为返乡大学生和退役军人办理组织关系转接手续，及时准确更新维护“党员e家”系统党内基本信息，有效防止“口袋”党员和失联党员的发生。

【党的基层组织建设】 **党建工作责任制落实** 2019年，诏安县委组织部坚持将农村基层党建工作纳入年终目标责任考核和绩效考评内容，作为考核领导班子抓基层党建工作责任制落实的重要依据。按照省市委要求，组织开展乡镇党委书记抓基层党建工作述职评议考核工作；严格落实村主干“双述双评”制度，全面推行村主干向乡镇党委、政府和党员群众述职工作，督促指导各乡镇做好村级班子和村干部年度考核工作，全面了解村级组织工作开展和干部履职情况，将村两委干部考核结果与绩效工资挂钩，强化考评结果运用。

党建引领农村人居环境整治 探索推行“党建+”模式，从组织建设、队伍建设、机制建设入手，创新“三三”工作机制，发挥乡镇党委、村级党组织、农村党员作用，提升农村基层党组织组织力，为加快补齐农村人居环境突出短板，实现农村人居环境整治目标提供坚强组织保证。诏安县推行“党建+”模式，全力打好农村人居环境整治“攻坚战”的经验做法在《八闽快讯》（交流版29期）专版刊发。

党建促脱贫攻坚、促乡村振兴 结合开展“村支书微讲坛”，打造“线上+线下”基层党建经验交流平台，提高村级党组织书记履职能力，结合学习贯彻“两个条例”、主题教育等专题学习培训，加强村级党组织书记集中轮训，提高基层党组织带头人党性修养；按照“有利于党员管理、有利于活动开展”的原则，指导各乡镇结合实际，对现有基层党组织设置进行调整升格，进一步完善农村基层党组织设置，全县有41个村级党组织升格为党委；制定出台《关于扶持发展壮大村级集体经济的若干意见》，举办农村集体经营性收入核算和统计业务培训班，持续推动发展壮大村级集体经济，确保消除年经营性收入5万元以下薄弱村。紧盯年收入10万元以上的村达到50%的目标，提前谋划申报村级集体发展项目。2019年全市抓党建促乡村振兴工作推进会在诏安召开。

软弱涣散基层党组织整顿 制定《开展软弱涣散基层党组织等问题专项整治工作方案》，29名县领导班子成员带队走访全县建制村，经过摸排，确定16个软弱涣散村党组织。县委常委会多次召开会议专题研究部署，审核通过“一村一策”整顿工作方案，建立“四个一”挂钩联系软弱涣散村党组织工作机制，协调16个先进村党组织参与结对帮扶，形成合力推进整顿工作。统筹推进其他领域党组织整顿工作，同步摸排社区、机关事业单位、国有企业、非公企业和社会组织、学校等其他领域软弱涣散基层党组织共11个，逐一建立整顿工作台账，上级党委委员挂钩指导，力促整顿转化取得实效。

净化村级干部队伍 建立村级组织换届“回头看”长效机制，向县纪委监委、法院、检察院、公安局等16个单位发函，商请及时通报涉及相关涉黑涉恶问题被查处的农村党员干部情况，一经发现，及时处置，2018年村级换届以后，对新成立社区两委干部和届中调整的新进村“两委”成员全部落实县级联审，对曾受过刑事处罚、涉嫌违法犯罪或违规违纪正在立案调查等问题的村（社区）“两委”干部及时进行清理，把不符合条件的人员挡在村级干部队伍“门外”。

“达标创星”活动 组织全县基层党委的组委组干到县检察院、南诏镇梅峰村等基层党支部达标创星示范点参观学习，开展基层党支部达标创星专项调研，督促各级党组织按照“巩固先进、推动一般、整顿后进”的要求，落实整改方案措施，推动转化提升。同时，对照基层党建工作重点任务，及时修订达标创星“六个基本”建设内容考评标准，把达标创星活动与加强基层党组织建设有机结合，为推动各项工作打牢组织基础。

各领域基层党建工作推进　巩固和拓展“1263”机关党建机制建设成果，持续开展机关党建绩效考评工作，结合年度《党建工作责任清单》和县委、县政府年度绩效考评要求，完善机关党建考评的项目内容、分值设置和考评办法。7月，投入140万元建设南诏镇党群驿站，打造综合性党群服务阵地；推动71个驻区单位与社区签订共建协议，定期召开党建联席会议，共同开展各类公益活动，协调推进城市基层党建各项任务。提升非公企业和社会组织党建工作水平。组织19个涉企部门开展“党建强企”联合行动，提出18条具体举措，梳理41条服务清单，推动15个涉企部门与15家非公企业党组织结对共建，开展20多次惠企政策宣传和17场政企交流会，共梳理企业诉求56条，现场解决22条。引导18家非公企业与18个村开展村企共建助推脱贫攻坚，取得良好的社会效应。持续推动学校党建工作。8月，组织党组织书记参加2019年市级党组织书记培训、全国中小学校第三期网络培训等，提高党组织带头人业务素质；组织教育系统中层以上党员干部开展为期3个月的“知敬畏守底线　有情怀敢担当”学习教育活动，分阶段开展“十个一”系列活动，提升业务骨干党性修养。

【主题教育活动】　2019年9月18日，根据省委、市委统一部署，诏安县“不忘初心、牢记使命”主题教育正式启动。参加这次主题教育的党组织有1171个，参学单位83个，参学党员26127人。9月18日，召开县委常委会会议暨领导小组第一次会议，专题研究实施方案、机构组成和相关人员、职责。先后召开6次领导小组会议、县委巡回指导组和教育办全体人员会议暨业务培训会、专项整治工作部署会、专项整治牵头单位协调会和推进会、主题教育工作推进会、宣传协调推进会、巡回指导组业务培训会和工作交流会等，跟进部署工作。制订全县主题教育宣传方案，精选宣传标语，在全县进行广泛宣传；精选诏安乌山革命历史遗址、诏安县革命历史纪念馆、“月港事件”纪念馆等作为宣传红色文化的重要阵地，丰富主题教育“元素”。举办县处级领导干部读书班，县级层面举办3期6个班次，基层党支部书记主题教育专题培训，参训人员788人。全县各级领导干部讲党课564场，累计举办主题教育专题读书班35场，邀请专家教授开展专题讲座23场；同时，依托“三会一课”、主题党日等，组织基层党员读原著、学原文，确保学习全覆盖。挖掘诏安红色资源，修订发放《诏安革命史影册》《诏安革命史简况》等书籍，围绕“以谷文昌为镜，践行初心使命”“以乌山革命精神为根，坚定理想信念”“以净化生态为纲，加强政治建设”“以作风建设为本，牢记为民宗旨”“以斗争精神为基，主动担当作为”“以时代楷模为尺，严明纪律规矩”等6个专题开展学习研讨。全县各级领导班子共开展学习研讨1333次。修缮“月港事件”纪念馆、饶和埔诏革委会旧址（文圃学堂）等场所。结合庆祝中华人民共和国成立70周年活动，线上与线下结合，运用各种载体开展学习教育。县纪委监委、红星乡党委政府、团县委等单位在红星梅园举办快闪活动，组织300余名党员干部和群众共同深情演绎《我和我的祖国》，献礼中华人民共和国成立70周年华诞。至12月25日，各级领导班子成员累计调研课题913个，调研天数926.5天，召开座谈会681场，入户走访666次。15个县委巡回指导组沉入一线指导，共把关动员讲话稿73篇，责令修改完善各类计划方案、情况报告等165份，纠正改进工作不足或偏差165个，协调解决工作遇到的困难问题24个，访谈科级干部443人次。下发专项整治工作方案，针对整治问题，加强对上请示和对下释疑，建立清单，督促整改落实。全县聚焦中央专项整治八个方面突出问题，共查找问题200个，已完成整改的有199个；聚焦省委提出的“找差距、抓落实、解难题、化积案”7个方面问题共查找难题积案17件，已完成整改15件；聚焦市委部署专项行动，共查找问题12个，已全部完成整改。组织县纪委监委、公安、教育、民政、卫健、住建、发改等县直单位及有关乡镇，成立工作专班，定期会商研讨，深化整治措施，建立牵头单位和工作专班制度、日常联系制度、督查整治制度、上下联动制度等四项工作制度，持续抓好专项整治工作。在主题教育中从人民群众普遍关注、反复出现的问题背后查找制度弊端，合计新建制度 24 项，修订完善制度 14 项，废止制度 1 项。

（县委组织部供稿）

宣传工作

【概况】 2019 年，诏安县宣传思想文化工作围绕县委实施“工业强县、山海兴县、文旅名县、富美新城”，营造良好的政治生态、人文生态、产业生态、自然生态，实现底部起跳、晋位争先，努力开创诏安经济社会发展新局面的决策部署，服务大局、积极主动担当作为，各项工作都取得了新的进展，巩固发展积极健康、向好向上的工作态势，为加快建设富美新诏安提供坚强思想保证和强大精神力量。深入学习宣传贯彻习近平新时代中国特色社会主义思想，制订 2019 年诏安县党委（党组）中心组理论学习计划和 2019 年全县理论学习计划安排意见，组织县委理论学习中心组开展学习 19 场次。开展“不忘初心、牢记使命”主题教育，深化分层次、分领域学习教育。做好《习近平新时代中国特色社会主义思想学习纲要》学习宣传工作。大力运用“学习强国”学习平台，举办庆“七一”“学习强国”学习竞赛活动，“线上+线下”开展党内应知应会知识学习，在全县持续兴起“大学习”热潮。组织学习贯彻中共十九届四中全会精神县委宣讲团分赴全县各地开展宣讲活动，推动党的创新理论“飞入寻常百姓家”。运用 H5、短视频等新技术新应用，开展分众化差异化互动化传播，推出《脱贫不忘总书记》《变祠堂为学堂 传家训扬家风》《访古问今话新风》等接地气、有温度的理论宣传产品，线上线下广泛宣讲，受众面和覆盖面不断扩大。

【社会宣传】 2019 年，诏安县委宣传部坚持团结稳定鼓劲、正面宣传为主，持续深化中共十九大，中共十九届二中、三中、四中全会精神宣传，宣传阐释庆祝改革开放 40 周年大会精神，深入宣传全国、省、市“两会”和全县工作会议精神，深入开展“不忘初心、牢记使命”主题教育、“大抓工业、抓大工业”、“三抓三比、十项竞赛”、扫黑除恶专项斗争、三大攻坚战、“2019 年环东山湾·中国汽车拉力锦标赛”等重要主题和重大活动宣传。深化媒体融合发展。做好纪念五四运动 100 周年、纪念古田会议召开 90 周年等重要活动的宣传报道。2020 年度党报党刊征订工作在全省率先完成。

精心组织庆祝中华人民共和国成立 70 周年宣传教育，开展“壮丽 70 年·奋斗新时代”重大主题宣传，组织“我和我的祖国”等群众性宣传教育活动，县委宣传部组织拍摄的短视频《我和我的祖国》在“学习强国”学习平台展播。广泛开展基层宣讲、成就展览、学习体验、文化展演等教育活动，举办庆祝中华人民共和国成立 70 周年文艺演出、征文比赛、书画展、摄影展等系列文化活动，生动展示中华人民共和国成立 70 年以来的生动实践、伟大成就和宝贵经验，共同营造共庆祖国华诞、共享伟大荣光、共铸复兴伟业的浓厚氛围。深化中国特色社会主义和中国梦宣传教育，广泛组织“七五”普法、“平安诏安”“法治诏安”建设宣传，统筹做好总体国家安全观、食药安全、环境保护、劳动就业、安全生产、交通安全、防震减灾、卫生健康、科学普及、人民防空、统一战线、双拥国防、禁毒等社会宣传工作。

【对台宣传】 2019 年，诏安县委宣传部开展海峡两岸宗亲交流、文化交流、乡村建设课题交流等活动。6 月，策划采访拍摄两岸书画文化渊源纪录片《诏安画派在台湾的传播》。大力推介诏安县“书画艺术之乡”“世界长寿乡”“中国青梅之乡”“中国海峡硒都”等名片。

【文化发展指导】　2019年，诏安县委宣传部加强文艺精品创作，围绕改革开放40周年、中华人民共和国成立70周年等重要时间节点，推出一批讴歌党、讴歌祖国、讴歌人民、讴歌英雄的“诏安精品”，完成《诏安故事》二辑编撰工作，男声四重唱《墨香诏安》获漳州市庆祝中华人民共和国成立70周年文艺晚会暨2019年“九龙江杯”群众文艺展演活动声乐选拔第一名。大力实施优秀传统文化传承发展工程，持续与中国美协合作举办“‘春至诏安’全国油画名家邀请展”，晋京举办“继之以文——高继文中国画作品展”，借助艺术厦门（经典）博览会举办“庆祝中华人民共和国成立70周年诏安艺术家联展”“中国书画艺术之乡”名片影响力持续扩大。“翰墨薪传”扶持政策成效提升，7名考生被中国美术学院等知名美院录取，文化自信得到彰显。加强文物保护工作，实施悬钟所城墙、七贤庵、祥麟塔修缮工程。加强传统村落文化资源保护，金星乡湖内村入选第五批中国传统村落，深桥镇仕江村入选第六批省级历史文化名村，歪嘴寨闽粤边区乌山游击队指挥部旧址入选第八批全国重点文物保护单位。实施文化惠民工程，深入开展“三下乡”、10万图书下农村、农村公益电影放映、社科普及宣传周、“奋进新时代　送福进万家”——百名书家义写春联等惠民活动，拍摄制作2则精准扶贫公益广告在各级媒体展播，广泛开展“全民阅读·书香诏安”系列活动，加快推进诏安县美术馆、博物馆、基层综合性文化服务中心等为民办实事项目建设，不断提高基本公共文化服务的覆盖面和适用性。实施文化产业龙头促进计划，新增4家规上文化企业，1家文化企业入选市“文化企业十强”；鼓励文化企业积极参展参赛，省级非遗彩扎“庆源号”彩绸庄和市级非遗的诏安黄金漆画亮相厦门旅博会，漳州艺圃剪瓷雕工艺有限公司的剪瓷摆件入选第15届深圳文博会。规划发展民宿和书画写生创作基地，出台《诏安县全域旅游发展三年行动计划（2018—2020年）》《诏安县推动旅游业高质量发展的六条措施》。

【融媒体中心建设】　2019年，诏安县委宣传部加强县融媒体中心规范建设，推进组织架构、业务流程、平台渠道、管理机制等改革重塑，完成“三定”（定机构、定编制、定职能）方案。坚持移动优先和一体化发展方向，加快采编发流程再造，推动各种媒介资源、生产要素有效整合，微信公众号“诏闻天下”、官方微博“诏安宣传”、官方抖音号“硒望田野·梅好诏安”、诏安新闻网等县级主流媒体宣传矩阵影响持续扩大，形成“全媒共享、多端发布、集中发力、多元呈现”宣传格局。

【网络舆情引导】　2019年11月，诏安县委网络安全和信息化委员会成立，加强对网络安全和信息化工作的领导。贯彻落实《中华人民共和国网络安全法》，开展网络安全专项检查。精心办好“国家网络安全宣传周”系列活动，推动网络安全宣传教育活动常态化、制度化。深入开展“网络生态治理”专项行动，对网站、微信公众号、手机WAP网等开展联合整治行动。强化正面发声和平台建设，组建网评员队伍，提高业务能力。贯彻落实中央全面深化改革委员会第九次会议审议通过的《关于加快建立网络综合治理体系的意见》，依法依规加强网络传播阵地管理，初步形成党委领导、政府管理、网民自律等多主体参与的综合治网格局。加强网络舆情态势、网络行为趋势分析研判，健全网络舆情应对处置工作机制，风险预警能力和处置水平提升。

（县委宣传部供稿）

统一战线

【概况】　2019年，诏安县实施机构改革方案，调整充实县委统战部部务委员会成员，明确新时代统战工作方向、重点，健全完善工作机制。坚持大团结、大联合，统筹做好统战调研，为加快诏安经济社会建言献策；重视党外人士培养举荐，有外地诏安商会16名代表被招聘为县招商顾问；推进民族村发展，四都畲族民俗馆被列县文明乡风工程；维护宗教和谐；加强非公党建工作，全县有非公企业党建组织128个，党组织覆盖率98.88%，助推民营企业发展。

【统战调研】　2019年，诏安县委统战系统按照县委、县政府坚持高质量发展，落实赶超的决策部署，认真参与“三抓三比、十项竞赛”活动，县工商联、侨联、台联、宗教界的县政协代表，深入社区、校园、企业调研，了解社情民意，积极参加县政协组织的调研活动，以真知灼见，提出意见和建议，部分提案、调研报告得到县领导批示，部门单位采纳。组织泉州诏安商会、深圳诏安商会和厦门诏安商会分别深入挂钩帮扶村精准脱贫，打赢脱贫攻坚战。防止反弹，健全完善精准帮扶措施，组织本部干部深入挂钩村庄溪村调研，在就医、就学，人居环境整治方面给予重点支持，以巩固脱贫成果。

【党外人士培养举荐】　2019年，诏安县委统战部组织党外人士到市委党校培训，加强统战理论学习和实践观摩，促进基层统战工作的开展。积极配合市委统战部联络县内6名新的社会阶层人士。做好党外干部的推荐和党外人士队伍建设，在各乡镇场和县直各单位推荐的基础上，筛选德才兼备、有发展潜力的人选，建立和保持一支党外后备干部队伍。上半年，县工业与招商工作推进会召开。会上，县人民政府宣布聘请县工商联6个异地商会代表16人为县招商顾问。

【团结各界人士】　2019年，诏安县委统战部发挥牵头抓总作用，督促、指导县台联、侨联、工商联，按照各自职责，各司其职，各负其责，互相配合，共同推动统一战线各项工作的有序开展，为富美新诏安建设营造良好氛围。12月，县新的社会阶层人士联谊会成立。随后召开县新的社会阶层人士联谊会第一次会员大会，进一步加强县新的社会阶层人士统战工作。

【民族村发展】　2019年，诏安县委统战部贯彻习近平总书记“全面实现小康，少数民族一个都不能少”的指示，落实少数民族村扶贫优惠政策措施，向上争取项目资金60万元，投入少数民族村人居环境、生态环境和农业水利基础设施建设，增强民族地区造血功能，助推社会事业补短板。落实少数民族学生中考加分政策，做好相关材料审核工作，及时办理少数民族考生证明115份。8月，资助民族村11名应届高考被录取大学生，颁发奖学金每人4000元。突出民族特色，组织民族村按照乡村振兴战略的要求，汇总和上报文化产业项目，为补齐社会事业短板提供依据。支持四都村畲族民俗馆建设项目资金5万元，该项目被列入县文明乡风建设工程项目。

【宗教管理】　2019年，诏安县委统战部建立健全民族宗教工作县、乡镇、村（社区）三级管理网络和乡镇、村（社区）两级工作责任制，落实宗教活动场所分级监管机制，围绕中华人民共和国成立70周年和传统重大节日，对宗教场所开展安全隐患综合整治。印发《诏安县宗教活动场所消防安全管理工作记录手册》147本分发各宗教活动场所，完善消防工作台账。严禁宗教教职人员在校园进行传教活动。县民宗局与公安局、应急局等部门建立联合检查制度，定期不定期对宗教场所开展检查、督查。加强对开设网站、微信公众号的宗教活动场所管理，与宗教场所签订信息安全承诺书，建立信息发布审核审批制度。

支持宗教界参与反邪教工作，开展揭批邪教宣传和活动，配合做好邪教人员教育转化工作。

协调解决宗教活动场所在日常管理等问题上由于误解而产生的摩擦，及时化解矛盾。加强南诏基督教堂西潭点“堂带点”的规范管理，以及上湖聚会点被依法取缔后的跟踪管理。贯彻落实国家宗教局等12个部门《关于进一步治理佛教道教商业化问题的若干意见》精神，重视群众反映宗教场所的有关问题，加强管理，规范运行。落实《关于规范和整治宗教、民间信仰活动场所建设的意见》，对大型露天宗教造像进行排查，针对存在的问题，督促落实整改。规范和加强殡葬骨灰存放寺庙管理，做好违法违规私建“住宅式”墓地等问题。对宗教活动场所非法出版物常规化检查督查。加强教风教规建设，推动文明敬香、安全管理。依法管理大型宗教活动，防止盲目攀比、争相“办会”“办节”。

【非公党建】 2019年，诏安县委统战部组织人员深入非公企业，了解非公企业党建工作，收集非公企业党建工作相关信息，对符合条件建立党组织的，指导会员企业单位主动联系所在地党委，推进非公企业的党组织建设；对尚不具备条件成立党组织的会员企业单位，主动联系所在地党委，选派党建指导员进驻企业。年内，全县非公企业176家，组建128个党组织，党员662名，党组织覆盖率98.88%；社会组织26家，党员54名，党组织覆盖率80.57%。全县选聘158名党员干部担任党建指导员挂钩204家“两新”组织，党的工作覆盖率达100%。

树立“围绕生产抓党建，抓好党建促生产”的思想意识，通过抓党建，助推企业做大做强，一批建立党组织的非公企业生产经营效益俱增。东欣食品、乐尔康药业2家非公企业获市级党建示范点称号；润科生物、合口味食品、鑫展旺化工、铭兴食品4家非公企业获县级党建示范点称号。

【促进民营企业发展】 2019年，诏安县委统战部参与“三抓三比、十项竞赛”活动，走访诏安异地商会，依托商会平台、招商联络处，宣传推介诏安发展战略、发展重点、发展规划、发展布局。牵线搭桥，招商引资。出台《关于建立诏安县引才联络站工作方案》，参与组织部人才选拔引进工作。发挥广州诏安商会、北京诏安商会、深圳诏安商会、厦门诏安商会、泉州诏安商会、福州诏安商会等6个异地商会的作用，以商引商，引带外地客商来诏安考察洽谈投资项目。3月，县委统战部、县工商联以“2019福州市诏安商会年会庆典”为平台，邀请在榕的诏安籍企业家参与县招商引资工作，为诏安经济的发展发挥桥梁纽带作用。

（县委统战部供稿）

精神文明建设

【概况】 2019年，诏安县精神文明建设以习近平新时代中国特色社会主义思想为指导，全面贯彻中共十九大，十九届二中、三中、四中全会精神，践行社会主义核心价值观，精神文明建设取得新成效。

12月，县机构改革，将县精神文明建设办公室的职责划入县委宣传部，为其内设科室，对外加挂诏安县委精神文明建设办公室牌子。县精神文明建设办公室原内设机构诏安县未成年人思想道德建设办公室更名为诏安县未成年人思想道德建设中心。人事、财务转隶入县委宣传部。

【思想道德建设】 **践行社会主义核心价值观** 2019年，诏安县委文明办以践行社会主义核心价值观为工作要点，广泛开展“讲文明·树新风”公益广告征集活动，筛选原创作品79件，在政府广场的LED电子屏和各级文明单位宣传播放，在县融媒体中心刊登、刊播。宣传道德模范、身边好人的先进事迹。推荐10名参加“中国好人、福建好人”评选活动。表彰县第二届道德模范15人。7—10月，与县妇联联合开展寻找2019年度“最美家庭”活动和评选“五好家庭”活动，评选出“最美家庭”70户和“五好家庭”70户。开展“我们的节日”庆祝活动，挖掘本地传统文化，舞狮、舞鸟、公背婆、潮剧演出、放焰火、“火把节”以及灯谜竞猜、书画作品展等活动民俗文艺活动活跃。各乡镇组织志愿者进入社区（村），为空巢老人、孤寡老人、留守儿童、残疾人和生活困难的群众送去节日开展义务服务活动。

移风易俗树新风 县移风易俗以党员、干部、职工带头示范为突破口，以党风带民风，以落实省委巡视二组反馈问题整改为契机，广泛宣传教育，提高群众知晓率和参与率。1月30日，县移风易俗工作推进会召开，会议部署全县移风易俗工作，强调要把移风易俗作为创建省级文明县城的重要内容，切实抓出成效。3月20日，县委理论学习中心组到霞葛天桥村、司下村，开展移风易俗工作调研活动；6月10日，全县乡风文明建设暨移风易俗工作推进会召开。会议要求各级文明单位深化文明共建、文化共享的结对帮扶活动。安排60个省、市级文明单位结对帮扶乡村振兴示范村，支持示范村完善文化设施，开展文化活动。在县电视台、丹诏乡讯、诏闻天下及各乡镇微信公众号等主流媒体，持续开设“弃陋习·树新风”专题专栏，加大媒体宣传力度。利用村镇综合文化站、广场（公园）、主要路口、农村集市、主要餐饮场所、各类宣传栏、宣传墙、宗祠家庙等场所，开展宣传教育，提升村民精神境界和道德素养。结合“一镇一孝廉”实施方案，编印移风易俗宣传册、移风易俗倡议书；县纪委编印《诏安县古代孝廉人物》第一辑；西潭镇党委政府和东湖中学联合编印《弘扬孝廉文化校园读本》；东湖中学编印《廉洁文化校本教材》。利用民俗节日、墟日和庆典活动等时机，进村入户宣传移风易俗，做到家喻户晓。突出党员干部带头，以党风引领乡风。贯彻落实《关于转发漳州市移风易俗工作领导小组〈关于全市党员、干部和公职人员带头开展移风易俗弘扬时代新风的通知〉的通知》。号召全县党员、干部和公职人员签订党员、干部和公职人员带头移风易俗弘扬时代新风承诺书，据实填写操办婚丧喜庆有关事宜报告表和备案表，严格落实申报备案制度。

【精神文明创建活动】 2019年6月10日，诏安县精神文明建设暨创建省级文明县城工作推进会召开。会上，县长洪泰伟强调，要把省级文明县城创建活动同精神文明建设有机结合起来。各级各部门要提升认识，切实增强“创城”工作的紧迫感责任感，充分认识“创城”的重要意义，全面把握“创城”的困难挑战。6月14日起，每周1次，由县领导四名领导分别带领县创城办工作人员及创城相关职能部门的主要领导深入城区考察点进行实地督查调研，按照《福建省文明县城测评体系》的要求，加强文明县城（37类型141个）实地考察点的检查、指导，对未达标的考察点发出整改通知书，限期整改，确保省市暗访合格。

做好文明单位届中考评工作，对31个省级文明培育对象（单位、村镇、校园、社区），85个市级文明培育对象（单位、村镇、校园、社区）进行届中考核，并对344个县级文明单位（村镇、校园、社区）抽查考核，提升全县文明创建水平。

【未成年人思想道德建设】 *主题活动* 2019年，诏安县委文明办落实立德树人根本任务，以培育和践行社会主义核心价值观为主线，加强未成年人思想道德建设，引导未成年人向善崇德、知行合一。根据省、市文明办《关于开展“扣好人生第一粒扣子”主题教育实践活动的通知》的要求，县委文明办联合县教育局在全县中小学和职校组织开展“扣好人生第一粒扣子”教育实践活动。培育和宣传一批新时代好少年。开展“清明祭英烈”“向国旗敬礼”“童心向党”“童谣征集与传唱”等一系列教育活动。

“关爱青少年月”活动 颁发《关于继续组织开展“心手相牵·情暖诏安”关爱青少年活动月的通知》，组织全县未成年人思想道德建设联席会相关成员单位，在春节期间集中一个月开展“关爱青少年”系列活动。县关工委、残联、教育局等单位相继组织进村入户，对丧失单亲或双亲的特困家庭子女，孤儿院、福利院的孤、残儿童进行走访慰问，向其赠送慰问金、节日慰问品和学习用品共30.7万元。由县妇联牵头，与教育局、关工委等部门的“爱心妈妈”组成“代理家长”，开展“大手拉小手，团圆过新年”活动。由政法系统组织开展法律援助送回归活动，对有吸毒史、刑满释放等失足青少年进行帮教，并提供法律援助。对权益受到侵害的青少年，开展法律维权活动。组织“五老”关爱工作团、老年文艺宣传队、帮教宣传队，走进中小学校，看守所、戒毒所，以文艺演出、讲座报告，深化“中国梦”主题教育，引导广大青少年树立和践行社会主义核心价值观。发挥学校综治副校长、校外辅导员、网吧监督员等队伍的作用，对中小学生进行法制和安全教育、思想道德品质教育、远离网吧教育以及心理健康教育等，预防青少年误入歧途。对染有

偷、赌等恶习的青少年，通过基层派出所、司法办、治保会等组织，进行摸底排查，加强法制宣传教育，预防他们走上犯罪的道路。开展春风行动送就业活动，对大中专毕业生和返乡青年农民工，开展多种形式的宣传教育，做好思想引导工作，帮助他们树立正确的就业观念，同时通过举办培训会、招聘会，拓宽就业渠道，帮助他们就业、创业。开展“育新人　展形象”文明校园创建主题实践活动。县委文明办联合教育局开展“推进文明校园创建　助力乡风文明建设——读好书　育新人”活动，将《第一粒扣子》《新编古今故事》《公共生活好习惯》《文明礼仪手册》等4套书籍共610本，发放到15个乡镇，覆盖所有乡村振兴示范乡镇中心校。

乡村学校少年宫建设　县委文明办联合县教育局和财政局，对6所获得中央彩票公益金支持的乡村学校少年宫进行常态化管理和年终考核评估，总结乡村学校少年宫建设成效、经验做法，在全县乡村学校少年宫加以推广。9月21日，组织各少年宫参加“时代好少年　放飞中国梦”漳州市少年宫成果展示。“六一”国际儿童节期间，各乡村学校少年宫均开展学校少年宫成果汇报展演。其中，四都小学少年宫的《播种梦想　共筑童年》活动信息在市文明网刊发。年内，6所少年宫分别获得省财政划拨3万~6万元不等的经费支持，共24万元。

【志愿服务活动】　2019年，诏安县委文明办加强志愿者注册工作，通过完善“志愿云”网上注册，加强基层服务队伍建设。广泛开展各级各类志愿服务活动。指导各级文明单位与社区联合开展敬老助残、结对帮扶、维权帮教、心理辅导等志愿服务，促进社会和谐。围绕服务社会主义新农村建设，组织志愿者进村入户对孤寡老人等贫困户开展维修、赠送家用电器，用电常识介绍等服务；对留守儿童、孤儿赠送慰问金及心理疏导。春节期间，县妇联、总工会、团县委、公交公司等单位协调各有关单位，在诏安动车站开展志愿服务活动；清明节期间，县民政局组织志愿者，为群众赠送祭拜鲜花，倡导宣传文明祭祀方式。防控登革热，做好防蚊灭蚊工作，县志愿者协会向全县志愿者发出倡议，倡议志愿者在全县开展防蚊灭蚊志愿服务活动。县委文明办制定颁发《关于在全县开展防蚊灭蚊、防控登革热志愿服务活动的通知》，要求各级文明单位（村镇、社区、校园）、各志愿服务组织在9月26日至10月31日，开展防蚊灭蚊、防控登革热志愿服务活动。

（县委文明办供稿）

机构编制

【概况】　2019年，诏安县委机构编制委员会办公室下设县事业单位登记管理局和县机构编制信息中心2个事业单位。按照县机构改革方案规定，行政审批职能划转县发展和改革局。2019年，县委编办加强机构编制管理，开展事业单位登记，推进党政机构改革，同步推进事业单位、综合行政执法改革。

【编制管理】　**实名制监督管理**　2019年，诏安县委编办做好机构编制网络实名制系统的数据同步更新及维护，人员招录、调动、退休等及时更新，确保机构、编制、人员信息准确无误。全年共办理人员流动1108人次，数据均同步更新到福建省机构编制信息管理系统。依托机构编制实名制管理平台，对机构、人员、增减编等实行动态监督管理，加强监督检查和机构编制统计工作，增强机构编制法定化实效。

用编事前审核制度　全年经审核同意各类用编计划262名。其中：县委组织部公开考录公务员9名、县人社局公开招聘事业单位工作人员71名、县卫健局公开招聘医疗卫生技术人员50名、县教育局公开招聘新任教师100名、县农业农村局农业技术人才定向委培生2名、县卫健局定向培养医学人才21名、县教育局赴省外招聘硕士以上学位研究生9名。

编制资源配置　严格按照规章制度管理行政机构，确保党政工作机构和行政编制（含专项编制）总量不突破限额，县直党政工作机构不挪用政法专项编制和乡镇层级的行政编制；严格按规定核定领导职数，确保科学规范配备、使用领导职数。严格控制机关工勤人员编制，贯彻执行“机关工勤人员编制只减不增”的原则，对各级党政机关的工勤编制，实行按机关工勤实有人员调动、退休、死亡等自然减员，人退编收。是年，县机关工勤人员编制82名，比2015年113名减少31名。事业单位管理，始终坚持“严控总量、盘活存量”原则，用好用活事业编制资源，严格执行机构撤一建一、编制内部调剂，重点向促进、改善民生和社会事务发展的公共机构倾斜。加快融媒体建设，统筹调剂67名事业编制组建县融媒体中心；加强学前教育，调剂22名事业编制，设立秀篆镇、官陂镇、金星乡等3所中心幼儿园；推进食品安全工作，统筹调剂8名编制，设立县食品快检中心。

【事业单位登记】 登记管理 2019年，诏安县委编办按照中央、省、市统一部署，扎实做好事业单位登记、变更、法人年度报告公示工作，落实事业单位登记管理服务标准化规范制度，提高网上办公效率，开展事业单位登记管理系统网上登记，进一步缩减工作环节。全年有307个事业单位完成年度报告，设立登记的事业单位3个，变更登记的事业单位55个，补领事业单位法人证书的事业单位1个，均按规定予以公告。

赋码换证 按照机构改革方案，先行梳理新组建的部门、变更机构名称的部门和不再保留的部门名单，依托事业单位登记管理系统，对在赋码范围内的部门，严格按照程序依法办理，对不在赋码范围内的部门，积极做好政策解析工作，确保涉改机关、群团新、旧证书平稳过渡，办理设立登记的机关单位3个，变更登记的机关单位13个，撤销的机关单位2个。

（县委编办供稿）

信访工作

【概况】 2019年，诏安县的信访工作坚持以依法及时就地解决群众合理诉求为目标，推进信访工作制度改革，打造阳光信访、责任信访、法治信访，提升专业化、法治化、信访化水平，开展信访矛盾化解攻坚战，增强防范风险能力，维护群众合法权益。全年县领导接访群众46次。受理群众来访587批1114人次（其中，重复信访278件，涉法涉诉类56件，揭发控告类14件，意见建议类23件），应化解行政类诉求信访件216件，解决群众合理诉求件206件，化解率95.4%。群众通过信函投送到国家、省、市信访部门的信访件288件，信访总量比上年增加。

2019年，诏安县被国家信访局评为信访工作“三无”达标县。

【案件办理】 2019年，诏安县委信访局受理群众来访587批1114人次，分别比上年上升56.5%和41.4%；其中，集体访34批368人次，分别上升36%和18.7%。群众通过信函投送到国家信访局108件，比上年下降3.6%；进京访4批4人次；进京到非接访场所滋事扰序2批2人次；群众通过信函投送到省140件，比上年上升5.3%，越级到省上访11批16人次，分别比上年上升83.3%和128.6%；群众通过信函投送到市40件，比上年下降13%，越级到市上访38批44人次，分别比上年上升245.5%和300%。没有越级到市、省、北京集体访。信访总量比上年增加。县委信访局把好信访办理关，注重初访“最多投一次”和群众满意度。会同县机关效能办对群众评价不满意件进行督办整改，提升群众的满意率，维护党和政府的公信力。

（县委信访局供稿）

老干部工作

【概况】 2019年初，诏安县有离休干部32人、“5·12”退休干部26人、处级（含军转团级）退休干部37人。落实基础保障、制度保障、经费保障，对全县离退休干部及遗偶进行精细调查摸底，建立离退休老干部及遗偶和离退休干部党组织的信息库。出台实施《诏安县加强离退休干部党组织建设的实施办法》，建立健全党工委主要职责、党工委书记和副书记主要职责以及离退休干部党支部主要职责、工作制度、“五好”离退休干部党支部及党员的标准，规范离退休干部党组织建设。按照省《关于进一步做好离休干部精准服务工作的通知》的精神，加强指导和督促落实。争取县财政预算年度党工委工作经费10万元、县直机关离退休党支部工作经费和工作补贴33万元，为离退休干部精准服务和党组织建设提供有力保障。

【离退休老干部服务保障】 *政治待遇服务保障* 2019年，诏安县委老干部局组织老干部开展政治学习，把思想政治工作摆在首位，坚持每月20日开展政治学习，及时传达学习中央、省市和县委、县政府的重要会议精神和重大决策部署，让离退休老干部了解形势、政策，思想上与时俱进。

组织老干部参加会议，如参加人大、政协“两会”以及全县性的重要会议和活动，强化思想政治教育。县坚持半年召开一次工作通报会，向处级老干部通报县委、县政府工作情况和全县经济社会发展情况，征求老同志的意见建议，调动老同志为县委、县政府助力的积极性。

为老干部订阅报刊，《福建老年报》《闽南日报》《丹诏乡讯》，人手一份，通过“送学上门”，举办读书班、主题宣讲等，调动老干部党员参加“不忘初心、牢记使命”主题教育的积极性。10月17日，按照省委老干部局的安排部署，全省离退休干部“不忘初心，永远跟党走”主题巡回宣讲报告团应邀为诏安的老干部作“台海局势与两岸关系”主题宣讲报告，让老干部把握大局大势，增强维护祖国统一大业的决心和使命担当。

组织离退休干部党员代表参观县社会福利中心、闽粤第一城康养项目等社会民生事业，听取相关情况介绍，感受诏安新发展新变化，支持和参与富美新诏安建设。

生活待遇服务保障 2019年，诏安县委老干部局持续“六必访”（生病住院、重大节日、生活困难、重要寿辰、矛盾纠纷、丧葬大事必访）活动，春节期间，省市县各级领导纷纷开展走访慰问离退休老干部活动，为他们送上慰问金和节日的祝福。县委老干部局党员干部分成5个小组，对近百名离退休老干部逐一登门入户，慰问谈心、倾听诉求。走访慰问生病老干部，全年到县、市医院看望住院老干部40多人次，协助解决住院床位、医疗费报销等。走访3名家庭发生变故的老干部。参加12名逝世老干部、老干部遗偶逝世的送别仪式，并慰问其家属。为12名90岁以上老干部送上生日蛋糕和祝福。

重阳节、国庆节，市县领导走访慰问中华人民共和国成立前入党或参加革命工作的老党员、老干部，为他们佩戴由中共中央、国务院、中央军委颁发的庆祝中华人民共和国成立70周年纪念章并送上慰问金和节日祝福。县委老干部局组织党员干部分组走访慰问离退休老干部。

县委老干部局想方设法让老干部充分享受相关政策待遇，及时做好64名困难企业财政统筹老干部、遗属的工资发放，为3名去世的破产企业离休干部办理一次性困难补助金和2名“5・12”退休干部办理抚恤金及一次性困难补助金，为13名符合条件的生活不能自理的老干部办理护理费审批手续。同时，及时做好破产或困难企业老干部的综治平安奖金和春节过节费等的申请发放工作。

落实医疗待遇服务，确定在每月14日、15日两天集中为老干部办理医疗费报销工作。7月，组织老干部参加一年一次的健康体检，建立健康档案。对体检中发现问题症状的老同志，组织医生会诊，使他们得到及时治疗。

因人施策精准服务，针对独居、行动不便的离休干部，探索与养老家政公司合作，首批为7名老干部购买理发、剪指甲、整洁卫生等上门服务。建立老干部及遗偶信访接待和倾听诉求制度，设立接待室，通过接访、电话反映、入户走访、座谈等形式，畅通老干部及遗偶反映问题渠道，解决其合理诉求。全年共协调解决老干部、遗偶各类诉求15个，为离休干部刘甦、王亚豆补发“庆祝中华人民共和国成立70周年纪念章”，为“5・12”退休干部张忠文退休证遗失给予办理。

【老干部活动】 2019年，诏安县委老干部局组织老干部进行主题教育活动，开展老干部开展“传承红色基因、讲好诏安故事”和“读一本好书、讲一堂党课、建一良言”等系列活动，开展“三比较一算账五作为”（即通过党与党、国与国比较，让老干部进一步深刻感受到共产党领导的社会主义中国好，坚定理想信念；通过纵向比较，让老干部感受发展变化，坚定拥护支持改革发展的行动自觉；通过横向比较，让老干部感受家乡的美好，增强满足感和幸福感；通过“一算账”，让老干部感受社会主义的优越性，从内心上拥护党的领导，以实际行动回报社会和群众；通过“写、讲、唱、传、谏”等形式，展现老有所为）活动，引寻老干部为党和人民的事业增添正能量。据不完全统计，全年全县离退休干部党员开展各类主题活动10多场次，为当地党委、政府建言献策20多条。

老干部志愿服务活动，按照“党支部+志愿服务队”的模式，依托机关党委和离退休干部党支部，建立“银发人才库”，组织党建指导服务队、孝廉传导服务队、文化传承服务队、关爱下乡服务队等12支老干部志愿服务队，围绕助力乡村振兴战略、创建省级文明县城等重点工作，开展志愿服务活动。志愿服务队先后进入桥东溪雅村、西潭龙坑村、金星乡和霞葛镇等开展多种宣传活动。依托长江支队研究会展厅，组织老干部志愿服务队机关团体学校开展主题教育系列活动。全年老干部志愿服务团共开展各类志愿服务活动8场次，服务对象约6000人次，在社会上引起广泛响应。

全年组织举办全市老年大学学员书法作品展览、文艺会演、座谈会等纪念活动5场次，引导老干部点赞新中华人民共和国、助力“中国梦”。

（县委老干部局供稿）

【老年大学】 2019年，诏安县老年大学贯彻落实省《老年教育发展规划》，开展老年人喜闻乐见的文娱活动，丰富1200多名学员们的晚年精神文化生活，促进老年人继续融入社会，服务社会。9月20日，由漳州市老年教育协会、漳州市书法家协会、漳州市老年大学举办，县老年大学承办的“庆祝中华人民共和国70华诞”暨“黄道周书法奖”第二届老年大学学员书法大赛作品展，在诏安县沈耀初美术馆开幕，展出作品共118件，并编印成册。9月27日，县老年大学在多功能厅举办“庆国庆，迎重阳”文艺晚会，歌颂伟大祖国丰功伟绩，唱响时代主旋律。

以“老有所教、老有所学、老有所乐、老有所为”的目标，通过多种形式的教学模式激发学员的学习热情。春节期间，书法班开展义写春联活动。3月，音乐班参加县妇联庆“三八”联欢旗袍秀活动。9月，参加县“全民健身活动”。国画班走出校门，到大自然中写生，参加县举办的画展。保健班与有关单位合作举办保健知识咨询活动。灯谜班在各大节日举办“灯谜竞猜”活动。潮剧班积极参加校外活动，参加社区潮剧演出。拳功班配合县太极拳推广中心到福利中心为老人献爱心义演。摄影班积极参与各项摄影展，并完成大型活动拍摄任务。

县老年大学“潮州大锣鼓”参加2019年福建老年教育新媒体电视平台“我看中华人民共和国成立70周年新成就”全省老年大学文艺展播活动，获一等奖。书法班老师组织学员参加“黄道周书法奖”第二届全市老年大学学员书法大赛，吴运依、白文泉2人获“十佳作品奖”，3名学员获“优秀作品奖”，8名学员获“入围作品奖”。拳功班老师沈钦华、沈少华参加省太极拳比赛国家新编太极“八法五步”，分别获金奖第一，金奖第二，学员李建华得铜奖。

（县老年大学供稿）

党校工作

【概况】 2019年，诏安县委党校、县行政学校以习近平新时代中国特色社会主义思想为指导，全面贯彻中共十九大和中共十九届二中、三中、四中全会精神，始终把党的理论教育和党性教育作为主业主课，努力提升党校培训的质量和成效，发挥党校理论宣传主渠道的优势，深入基层开展送教活动，加大调研力度，提升科研能力和咨政水平。全年举办各类培训班18期，受训党员干部1300多人次；开展“五进”（进机关、进农村、进社会、进学校、进企业）送教活动46场次，受众4000多人次。县委党校年获得“漳州市先进基层党组织”称号。

【干部培训】　2019年，诏安县委党校履行干部教育培训主体责任，坚持党校姓党，始终把党的理论教育和党性教育作为主业主课。在干部教育培训中，坚持创新思路方法，充分发挥教师个人专业特点，在主体班、短期班和专题研讨班教学上开展模块式研讨、体验式教学等教学模式，开辟异地教学，提升党校培训的质量和成效。全年共举办各类培训班18期，培训党员干部1300多人次。其中，县第20期科级干部培训班38人次；县精准扶贫专题培训班2期120多人次；县“大抓工业、抓大工业”专题研讨班1期72人次；县村（社区）主干培训班“两个条例”专题学习培训班3期408人次；机关入党积极分子培训班1期72人次；县四套班子领导干部“不忘初心、牢记使命”主题教育读书班1期；“不忘初心、牢记使命”基层党支部书记培训班4期471人次和县直机关基层党组织书记培训班1期233人次。首次承接省委党校骨干管理培训班（第8期）和省委党校校院机关工会干部及“双代会”“传承红色基因、坚守初心使命”培训班现场教学工作，实现县委党校教育培训史上的新突破，也为对外培训工作做了有益的探索。

【基层宣讲】　2019年，诏安县委党校按照高质量推进、高标准落实的要求开展主题教育，开发18个主题教育精品课，融入培训教学。发挥党校理论宣传主渠道的优势，深入开展“五进”（进农村、进社区、进机关、进企业、进校园）送教活动，累计送教46场次，受众4000多人。

围绕教学、科研、后勤服务、咨政等科学设置调研专题，增强调研针对性、实用性。通过实地调研，汇总梳理调研发现的问题和意见，分析问题症结，提出解决问题的意见措施。发掘本地特色资源，建立乌山红色教育等6个现场教学点，实施“课堂+基地”教育培训模式。

【师资建设】　2019年，诏安县委党校有教职工24人，全为大学本科以上学历。其中，专职教师17人（高级讲师5人、讲师7人）。

落实理论学习制度，在原有每周集中政治学习教育的基础上，增加上级党委、政府重要决策部署学习传达内容，确保每一名教师都能及时了解县委、县政府的重要会议精神，了解县域县情，推动提高理论联系实际和教学针对性。

提升教学业务水平，党员干部学习与党校业务紧密结合，教师备课以新专题作为学习主题，每周的政治学习开展新课试讲，其他党员和教师进行评课，提高教师的教学水平和质量，形成校领导班子带头作学习辅导、专任教师轮番主讲的良好学习局面。

强化师资培训，先后派出教师4人次到省委党校、市委党校培训，1人到省委党校跟班，不定期组织到市委党校听课，多渠道提升党校讲师的素质和能力。通过定期召开党支部会议、观看警示教育片、先进模范人物事迹，以及参加党员志愿者活动等，增强干部队伍的党性意识。

【教研成果】　2019年，县委党校针对影响和制约县经济社会发展的热点和难点问题，加大专题调研力度，提升科研能力和咨政水平。《进一步发展壮大诏安民营经济的研究》《诏安打赢精准脱贫攻坚战稳定提质行动相关问题研究》《新时期统一战线的理论、政策与实践问题研究》《关于建设高素质专业化干部队伍的研究》等4个课题获得市委党校立项结项，按时完成省委党校2个课题结项，较好地发挥县委党校咨政服务作用。

（县委党校供稿）

党史和地方志工作

【概况】　2019年，诏安县委党史和地方志研究室

（简称党史方志室）制定全县党史和地方志工作计划，组织、指导、协调全县党史和地方志工作。

年内编纂完成《中共诏安历史专题研究·下册》《诏安革命史影册》《诏安革命史简况》。利用革命历史纪念馆、“诏安史志”微信公众号等开展党史宣传。修复后岭村启佑堂、建设乡月港事件纪念馆达三祠堂、饶和埔诏革命委员会旧址霞葛文圃学堂、饶和埔诏县苏区政府旧址敦敬堂革命遗址，建设党史教育基地，传播红色文化。编纂出版《诏安年鉴（2019）》《诏安民间文学》，校对修订和重新排版《诏安乡谭》等，并为县政府、县纪委等提供地情资料服务。

【党史研究和宣传】 2019年，诏安县委党史方志室编撰完成《中共诏安历史专题研究·下册》，重点研究中华人民共和国成立后至1978年的党史，共设21个专题，与2018年印刷出版的《中共诏安历史专题研究·上册》奠定诏安党史二卷正本的编纂基础。对原《诏安革命史影册》收集补充材料、完善书稿。全书105页，共收录400幅图片，再现诏安人民在中国共产党的领导下开展革命斗争的历史，提高群众的思想认识。印发《诏安革命史简况》，以宣传册页的形式讲述诏安革命历史，弘扬诏安红色精神。

党史文化“进机关、进社区、进学校、进农村”，向县直机关单位、乡镇、学校等发放宣传折页2000余份。其中，向教育局发放1000份，对中小学生进行红色教育、爱国教育，发挥史志室资政、育人、存史的作用。县革命历史纪念馆接待县委办、县政府办、县人大、县政协、县纪委等91个机关党委和团体共1978人次（包括县四套班子领导），散客146人次，进行诏安革命历史教育，发挥党史教育基地的作用。“诏安史志”微信公众号普及诏安县情，传播红色文化，全年发表文章60篇，点击量达到30.75万次/2.05万人。

【革命遗址修复和党史教育基地建设】 2019年，诏安县委党史方志室助力云和诏革命活动据点后岭村启佑堂、建设乡月港事件纪念馆达三祠堂、饶和埔诏革命委员会旧址霞葛文圃学堂、饶和埔诏县苏区政府旧址敦敬堂的修缮和展馆布置工作。为展馆提供革命史料，审核布展内容，指导展厅布局、展板制作设计。启佑堂和达三祠堂完成布馆并对外开放。

【年鉴编纂】 2019年3月，诏安县委党史方志室部署《诏安年鉴（2019）》编纂工作。10月，完成编纂工作。12月，书稿交付排版印刷。该书分特载、专记、大事记和县情概况等26大类，全面客观地记述2018年度诏安自然、经济、政治、文化、社会发展状况。

4月，按照省、市要求，完成《福建年鉴（2019）》和《漳州年鉴（2019）》诏安部分资料稿的编写和报送工作，对接完成省、市年鉴诏安条目编写工作。

【地情资料编纂】 2019年，诏安县委党史方志室对1984—1988年陆续编印的7期《诏安乡谭》，进行校对修订和重新排版，形成《诏安乡谭》（合订本），于12月出版。全书共341页30万字，内容立足于诏安本土，既有严肃的史料考证也有饶有趣味的故事传说，既有知识性、资料性又有趣味性，传承家乡文化，留住乡愁。

编纂出版《诏安民间文学》，分《民间故事》《歌谣　谚语》两册。《歌谣　谚语》收录《中国歌谣集成　福建卷　诏安分卷》九大类歌谣700首和《中国谚语集成　福建卷　诏安分卷》八大类谚语2795条，增补客家歌谣类50首和客家谚、俗语类212条，共367页30万字。《民间故事》收录《中国民间故事集成　福建卷　诏安分卷》240篇民间故事，增补57篇民间故事，共441页40万字。

【地情资料开发利用】 2019年，诏安县委党史方志室协助县政府申报国家级文物保护单位。党史方志室配合文旅局做好明代悬钟所城、明清石牌坊群和歪嘴寨闽粤边区乌山游击队指挥部旧址等申报资料的收集整理工作。在国家文物局复核时，为复核人员作讲解。歪嘴寨闽粤边区乌山游击队指挥部旧址被确定为国家级重点文物保护单位，实现诏安国保单位零的突破。

配合县纪委做好孝廉文化建设。为各乡镇挖掘寻找孝廉人物事迹提供史志资料，指导家风堂的内容设置。搜集整理优秀族训家训和乡规民约，弘扬传承优秀传统文化，收集整理的《梅洲吴氏梅洲家范》《沈氏家训》《深桥华表叶氏家训》《九侯山护林公告碑》《深桥仕渡堡通族会禁》等被《福建家训》《福建乡规民约》《漳州家训乡规民约》等书收录。

为县老干局评选市级“离退休干部党员传承红色基因教育基地”提供县革命历史纪念馆材料。为市国家安全局、市委党史和地方志研究室、金星乡湖内村歪嘴寨等单位和社会团体提供相关党史资料等300多份。

助力“全民阅读·书香诏安”活动。编纂出版的康熙版《诏安县志》、《诏安民间故事》、《诏安名优特产》入选为推荐书目。向诏安各中小学赠送750本书籍，为广大青少年普及县情，让学生们更好地了解家乡，热爱家乡。

（县委党史方志室供稿）

保密工作

【概况】 2019年，诏安县保密工作着重提升各级领导干部和涉密人员保密意识，加强保密管理和行政执法职能，提高规范定密水平，加大涉密领域国产化替代工作力度，加强保密技术监管平台建设，增强网络窃密泄密发现处置能力，推动形成基本防控能力，确保不发生重大失泄密事件。

【保密宣传】 2019年，诏安县保密局加强保密宣讲，针对性进行保密教育。开展系列保密宣传讲座，围绕如何做好保密安全工作，从保密法律知识以及互联网、移动存储介质、传真机、打印机、复印机等现代办公设备安全保密管理等进行宣传。6月，县委分管领导在县委党校科级干部培训班给学员上专题保密课，听课70人。结合“七五”普法宣传，扩大保密法律法规宣传覆盖面。开展保密宣传，与相关单位领导干部进行面对面地交流探讨，完善各单位保密工作制度，切实加强各单位的保密工作。

【保密管理】 2019年，诏安县保密局坚持把涉密人员的管理作为保密工作的重点来抓。坚持“先政审，后上岗”的原则，对重点单位的涉密人员进行相关保密培训，做好涉密人员岗前审查工作，要求相关单位按照《保密工作简明手册》的要求，做好《保密工作人员上岗保密承诺书》的签订工作。

【保密检查】 2019年，诏安县保密局开展保密专项检查，对全县各单位的涉密文件管理情况进行专项检查，督促各单位把握好收发、登记、保管、传阅、清退、销毁等环节，切实加强涉密文件保密管理工作，确保涉密文件运转有序、安全保密。

开展网络保密检查，充分认识网络安全保密管理的重要性和艰巨性，始终把网络安全保密管理作为保密工作的重要环节，坚决落实内外网物理隔离，保证上网不涉密，涉密不上网。加强移动存储介质和信息发布的保密管理，凡涉密存贮介质都必须单独使用，内部信息未经审查严禁上互联网。

全面保密巡查，根据市委《关于开展2019年度机关、单位保密自查自评工作的通知》文件的要求，5月下旬至7月上旬，组织对36个县直重点涉密单位进行保密工作检查。重点对各单位计算机、移动存储介质的使用管理、涉密载体的清理、相关制度的建设、保密承诺书的签订管理等的情况进行全面检查。通过检查，找出各单位保密工作存在的管理漏洞，提出整改意见，并督促其整改到位。

（县国家保密局供稿）

诏安县人民代表大会

重要会议

【县人大常委会会议】 2019年，诏安县人民代表大会常务委员会共召开会议13次。

1月22日，县第十七届人大常委会召开第二十六次会议。会议审议有关人事任职事项；审议有关县人大代表辞去代表职务的事项；听取并审议县政府《关于2018年诏安县环境状况和环境保护工作开展情况的报告》。

3月28日，县第十七届人大常委会召开第二十七次会议。会议听取并审议《诏安县人民政府关于提请提前下达部分2019年新增政府债务限额及债券资金安排使用预算调整方案的议案》，表决通过《诏安县人大常委会关于批准提前下达部分2019年新增政府债务限额管理及新增政府债券资金安排使用预算调整方案的决议》；举行县第十七届人大第三次会议当选的县检察院检察长的宪法宣誓仪式。

5月10日，县第十七届人大常委会召开第二十八次会议。会议审议有关县人大代表辞去代表职务的事项；审议有关人事免职事项。

5月20日，县第十七届人大常委会召开第二十九次会议。会议审议有关市人大代表辞去代表职务的事项；审议有关人事免职事项。

7月16日，县第十七届人大常委会召开第三十次会议。会议审议有关人事免职事项；审议有关县人大代表辞去代表职务的事项；听取并审议县"一府两院"上半年工作报告以及发改局、财政局、审计局工作报告；听取和审议《诏安县人民政府关于提请诏安县本级2019年第二批新增债务限额管理及新增政府债券资金安排使用预算调整方案（草案）的议案》，表决批准《2018年诏安县公共财政决算》，表决通过《诏安县人大常委会关于批准诏安县本级2019年第二批新增债务限额管理及新增政府债券资金安排使用预算调整方案的决议》。

7月31日，县第十七届人大常委会召开第三十一次会议。会议审议有关人事任免事项；听取和审议县公安局关于提请县人大常委会许可对有关县人大代表采取刑事强制措施的报告，许可县公安局采取刑事强制措施，并暂停其代表职务。

8月15日，县第十七届人大常委会召开第三十二次会议。会议审议有关人事任免事项。

8月23日，县第十七届人大常委会召开第三十三次会议。会议审议有关人事任免事项；听取和审议县公安局关于提请县人大常委会许可对有关县人大代表采取刑事强制措施的报告，许可县公安局采取刑事强制措施，并暂停其代表职务。

9月5日，县第十七届人大常委会召开第三十四次会议。会议审议有关人事免职事项。

10月16日，县第十七届人大常委会召开第三十五次会议。会议审议有关人事任免事项。

12月2日，县第十七届人大常委会召开第三十六次会议。会议审议有关人事免职事项；听取和审议县政府关于提请2019年公共财政一般预算调整方案的议案，表决通过《诏安县人大常委会关于批准诏安县2019年公共财政一般预算调整方案的决议》；听取和审议《诏安县人民政府关于县海洋环境保护工作情况的报告》；审议县第十七届人大第四次会议有关事项；审议确定补选代表选举日；审议通过补选县第十七届人大代表及补选名额、选区安排方案。

12月13日，县第十七届人大常委会召开第三十七次会议。会议听取和审议县政府关于县第十七届人大第三次会议代表意见建议办理情况的报告；听取和审议县政府《关于调整诏安县2019年地区生产总值等主要经济指标的议案》，表决通过《诏安县人大常委会关于批准诏安县2019年地区生产总值等主要经济指标调整的决议》；审议县第十七届人大第四次会议有关名单草案；审议县第十七届人大第四次会议代表议案办法草案。

12月25日，县第十七届人大常委会召开第三十八次会议。会议审议补选市第十六届人大代表事项；听取和审议县政府关于2020年财政收支预算具体安排方案的报告；审议县第十七届人大专门委员会有关事项；听取代表（补选）资格的审查及代表变动情况的报告；审议县人大常委会工作报告；书面审议县第十七届人大第三次会议代表意见建议办理情况的报告。

【县人大常委会主任会议】 2019年，诏安县人民代表大会常务委员会共召开主任会议19次。

1月22日，县第十七届人大常委会召开第三十九次主任会议。会议审议有关人事任职事项、个别县人大代表辞去代表职务以及县政府环境状况和环境保护工作开展情况等报告；讨论研究市人大代表（诏安团）在市人代会上提出的对诏安工作意见建议的办理办法；确定召开县第十七届人大常委会第二十六次会议的有关事项。

2月22日，县第十七届人大常委会召开第四十次主任会议。会议审议县人大常委会2019年工作要点；讨论研究县人大代表异地履职学习培训有关事项。

3月27日，县十七届人大常委会召开第四十一次主任会议。会议审议县政府关于提请提前下达部分2019年新增政府债务限额及债券资金安排使用预算调整方案的议案；讨论研究县人大常委会增加集体学习议程的有关事项；确定召开县十七届人大常委会第二十七次会议的有关事项。

4月26日，县十七届人大常委会召开第四十二次主任（扩大）会议。会议听取县人大常委会有关委办关于市人大常委会水污染防治法执法检查组全体会议、市人大社会建设委员会工作座谈会和市人大监察司法工作座谈会等会议精神的汇报。

5月10日，县第十七届人大常委会召开第四十三次主任会议。会议审议个别县人大代表辞去代表职务和有关人事免职事项的报告；确定召开县第十七届人大常委会第二十八次会议的有关事项。

5月20日，县第十七届人大常委会召开第四十四次主任会议。会议审议个别市人大代表辞去代表职务和有关人事免职事项等报告；确定召开县第十七届人大常委会第二十九次会议的有关事项。

5月31日，县第十七届人大常委会召开第四十五次主任（扩大）会议。会议讨论研究《诏安县人民代表大会常务委员会主任会议议事规则》。

6月6日，县第十七届人大常委会召开第四十六次主任（扩大）会议。会议审议全县工业发展情况的视察报告和《中华人民共和国水污染防治法》执法检查报告。

7月3日，县第十七届人大常委会召开第四十七次主任（扩大）会议。会议审议《中华人民共和国森林法》和《福建省森林条例》执法检查报告以及刑事侦查工作调研报告；讨论研究集中联系代表工作。

7月15日，县第十七届人大常委会召开第四十八次主任会议。会议审议有关人事任免事项以及县“一府两院”、发改局、财政局、审计局上半年工作报告；审议县政府2019年第二批新增债务限额管理及新增政府债券资金安排使用预算调整方案（草案）的议案；确定召开县第十七届人大常委会第三十次会议的有关事项。

7月30日，县第十七届人大常委会召开第四十九次主任会议。会议审议有关人事任免事项的报告；讨论研究县“一府两院”、发改、财政、审计等工作报告的审议意见；讨论研究县人大书画院注销社会团体和部分档案资料移交县档案馆等有关事项；确定召开县第十七届人大常委会第三十一次会议的有关事项。

8月14日，县第十七届人大常委会召开第五十次主任会议。会议审议有关人事任免事项的报告；确定召开县第十七届人大常委会第三十二次会议的有关事项。

8月22日，县第十七届人大常委会召开第五十一次主任会议。会议审议有关人事免职事项、县公安局关于提请许可对有关县人大代表采取刑事强制措施的报告；确定召开县第十七届人大常委会第三十三次会议的有关事项。

9月5日，县第十七届人大常委会召开第五十二次主任会议。会议审议有关人事免职事项的报告；确定召开县第十七届人大常委会第三十四次会议的有关事项。

10月10日，县第十七届人大常委会召开第五十三次主任会议。会议讨论研究农村人居环境整治工作情况调研报告。

10月16日，县第十七届人大常委会召开第五十四次主任会议。会议审议有关人事任免事项的报告；确定召开县第十七届人大常委会第三十五次会议的有关事项。

12月2日，县第十七届人大常委会召开第五十五次主任会议。会议审议有关人事免职事项、海洋环境保护工作情况等报告以及县政府关于提请2019年公共财政一般预算调整方案的议案；讨论研究管道燃气运行管理工作情况调研报告；讨论研究县第十七届人大四次会议有关事项；讨论研究补选代表选举日以及补选县人大代表及补选名额、选区安排方案；确定召开县第十七届人大常委会第三十六次会议的有关事项。

12月12日，县第十七届人大常委会召开第五十六次主任会议。会议审议县政府代表意见建议办理情况的报告以及调整诏安县2019年地区生产总值等主要经济指标的议案；讨论研究“创新社会治理，加强社区矫正工作”调研报告、农业特色产业扶持政策实施情况调研报告、“诏安画派”传承和发展调研报告、公办幼儿园发展情况调研报告以及县政府海洋环境保护工作情况报告的审议意见；听取有关委办关于参加全省监察司法培训情况的汇报；讨论研究县第十七届人大四次会议有关事项；确定召开县第十七届人大常委会第三十七次会议的有关事项。

12月24日，县第十七届人大常委会召开第五十七次主任会议。会议审议县政府关于2020年财政收支预算具体安排方案的报告；讨论研究补选市人大代表和设立县人大专门委员会等有关事项；审议代表（补选）资格的审查及代表变动情况、代表意见建议办理情况以及县人大常委会年度工作等报告；确定召开县第十七届人大常委会第三十八次会议的有关事项。

主要工作与活动

【法律监督】 2019年，诏安县人大常委会按照宪法和法律赋予的职权，对“一府两院”开展法律监督，推动其依法行政、公正司法，有力维护社会公平正义和人民群众根本利益。牢固树立和践行“绿水青山就是金山银山”的绿色发展理念，5月，对诏安县贯彻实施《中华人民共和国森林法》与《福建省森林条例》开展执法检查，提出加强树种结构调整、守住生态保护红线、强化队伍能力建设等意见；借力省市县人大三级联动，对《中华人民共和国水污染防治法》贯彻实施情况开展执法检查，要求县政府坚持水环境污染“症结在水中，根源在岸上，核心是管网”的理念，严格落实污染源控制措施和黑臭水体治理策略，全力推动打造“水清、河畅、安全、生态”的治水新格局；配合市人大执法检查组，对全县实施

《中华人民共和国中小企业促进法》及《福建省促进中小企业发展条例》情况开展自查，促进全县中小企业健康稳定发展。6月，开展《中华人民共和国教师法》三级联动执法检查和公办幼儿园发展情况视察，实地查看学校教学设备、教学办公环境，了解师德师风建设、教师评先评优等情况，有针对性提出意见建议，促进全县教育事业持续发展。7月，深入晓丰农业科技项目、劳动就业管理中心、真方便配送中心和硒博士众创空间等单位开展《中华人民共和国就业促进法》执法检查，提出完善就业创业扶持体系、大力发展职业培训、推动公共就业服务下沉等意见建议，推动全县促进就业各项工作做细做实。加强规范性文件备案审查工作，8月，初步形成落实《福建省各级人民代表大会常务委员会规范性文件备案审查规定》的实施意见，推动备案审查工作规范化、制度化建设，维护全县法制统一。

【审议决定重大事项】 2019年，诏安县人大常委会紧紧围绕发展这个主题，根据县委确定的工作目标和中心任务，依法行使重大事项决定权。不断加强全口径预算决算审查监督，着力深化计划与预决算审查监督，3月，审查批准提前下达部分2019年新增政府债务限额管理及新增政府债券资金安排使用预算调整方案。7月，听取县政府上半年国民经济和社会发展计划执行情况等报告，及时开展经济运行情况调研和经济形势分析，准确把握经济发展动态，着重针对优化营商环境、扶持实体经济发展提出审议意见，促进经济可持续发展；听取和审议预算执行、决算、审计工作等报告，审查批准县本级2019年第二批新增债务限额管理及新增政府债券资金安排使用预算调整方案。12月，审查批准2019年公共财政一般预算调整方案，推动县政府及职能部门完善预算管理体系、规范政府性债务管理，提升资金使用效率。

【人事任免】 2019年，诏安县人大常委会坚持党管干部原则和依法行使任免权的有机统一，做好人事任免工作。全年共依法任免国家机关工作人员26人次，接受辞去县第十七届人大代表职务3名，暂停县第十七届人大代表职务3名，补选漳州市第十六届人大代表1名。

1月22日，县第十七届人大常委会第二十六次会议决定任命洪耀荣为诏安县人民政府副县长（挂职），接受陈舜彬辞去诏安县第十七届人民代表大会代表职务的请求。

5月10日，县第十七届人大常委会第二十八次会议决定接受何德发辞去诏安县第十七届人民代表大会代表职务的请求，免去沈瑾瑜诏安县监察委员会委员职务。

5月20日，县第十七届人大常委会第二十九会议决定接受何德发辞去漳州市第十六届人民代表大会代表职务的请求，免去吴远航诏安县人民检察院检察员职务。

7月16日，县第十七届人大常委会第三十次会议决定接受曾华嵩辞去诏安县人民政府科技副县长职务的请求，接受孙洪强辞去诏安县第十七届人民代表大会代表职务的请求，免去陈剑雄、李剑鸣、林建伟诏安县人民检察院检察员职务。

7月31日，县第十七届人大常委会第三十一次会议决定免去傅杰明县人大常委会教育科学文化卫生委员会主任职务，免去沈秀珍县人大常委会华侨台胞民族宗教委员会主任职务，免去李典春县人大常委会财政经济委员会副主任职务，免去沈娟娟县人大常委会人事代表工作委员会副主任职务；任命傅杰明为县人大常委会华侨台胞民族宗教委员会主任，任命沈秀珍为县人大常委会教育科学文化卫生委员会主任，任命李典春为县人大常委会人事代表工作委员会副主任，任命沈娟娟为县人大常委会财政经济委员会副主任；许可县公安局对林绍坤、何顺喜采取刑事强制措施，同意暂停林绍坤、何顺喜执行诏安县第十七届人民代表大会代表职务。

8月15日，县第十七届人大常委会第三十二次会议决定任命林向阳为诏安县人民政府科技副县长，免去田呈武诏安县人民检察院副检察长、检察委员会委员职务，免去沈少敏诏安县人民检察院检察委员会委员、检察员职务。

8月23日，县第十七届人大常委会第三十三次会议决定任命林同池为诏安县人民政府副县长，免去孙洪强的诏安县人民政府副县长职务；许可县公安局对何华泗采取刑事强制措施，同意暂停何华泗执行诏安县第十七届人民代表大会代表职务。

9月5日，县第十七届人大常委会第三十四次会议决定免去林建平诏安县教育局局长职务。

10月16日，县第十七届人大常委会第三十五次会议决定接受邱勇辞去诏安县人民政府副县长职务的请求，免去邱勇诏安县公安局局长职务，任命林培利为诏安县人民政府副县长、公安局局长。

12月2日，县第十七届人大常委会第三十六次会议决定免去吴少清诏安县人民法院审判员职务。

12月25日，县第十七届人大常委会第三十八次会议补选陈文聪为漳州市第十六届人民代表大会代表。

【议案办理】 2019年，诏安县人大常委会高度重视代表意见建议办理工作，通过召开会议集中交办、常委会领导牵头督办、各工作委员会分类跟进、履职服务网络平台监督问效、听取办理情况报告等举措，不断强化办理实效。县第十七届人大第三次会议期间，代表共提出44件意见建议。所有代表意见建议经分类整理后分别交给县政府办、交通、水利、住建等15个部门或单位承办并负责答复代表。代表们所提问题得到解决或部分解决的29件，占65.9%；已纳入规划或需要逐步解决的9件，占20.5%；已上报待批或转请有关部门及单位统筹解决的3件，占6.8%；因条件限制或其他原因不能解决，已向代表说明的3件，占6.8%。所有交办代表建议的承办单位均在法定时间内办理答复完毕，办复率达100%。

【调研视察】 2019年，诏安县人大常委会聚焦改革发展稳定大局和人民群众普遍关心的热点难点问题，突出精准有效监督，开展一系列调研视察活动。5月14日，深入四海食品、京丰婴儿用品、猛狮新能源科技等重点工业项目视察调研，推进全县“大抓工业、抓大工业”目标任务落实和“工业强县”发展战略实施。5月29日，开展刑事侦查工作调研，向公安机关提出加强理想信念教育、狠抓侦查能力建设、强化扫黑除恶宣传等意见建议，助力深化“平安诏安”建设。6月，开展“诏安画派”传承与发展专题调研，着力推动书画文化品牌优势转化为产业优势和发展优势。8月28日，深入西梧、林中、腊洲等村，开展农村人居环境整治工作情况调研，向县政府及有关部门提出加大宣传教育力度、做好顶层规划设计、健全管理运营机制等意见，助推农村人居环境整治工作提质增效。9月，对县政府2017年出台的扶持青梅、八仙茶、富硒蛋鸡三大产业发展的实施意见执行情况开展调研，针对扶持政策实施中存在的问题，提出对策建议，助推特色产业发展。10月，开展台资企业发展情况专题调研，前往荣祺食品、安邦水产等台资企业，实地了解企业生产经营状况和存在问题，提出深化诏台交流合作、完善基础设施配套、优化投资服务等意见建议，促进在诏台资企业创新发展。10月23日，开展“海上五台”筹建工作情况专题调研，督促相关单位各司其职、密切配合，依法做好各项筹备工作，加快项目建设步伐。11月13日，开展管道燃气使用与管理情况专题调研，详细了解全县城乡管道燃气的发展规划、设施建设、普及运用等情况，积极献计出力，促进洁净能源的有效普及，推动美丽新诏安建设和乡村振兴战略实施。11月14日，开展“创新社区治理，加强社区矫正工作”专题调研，督促完善社会治理制度建设，推动社区矫正工作法制化进程。

【信访受理】 2019年，诏安县人大常委会把受理和接待群众来信来访作为了解社情民意、促进社会和谐、增强监督实效的重要抓手，坚持以人民为中心，积极探索改进信访工作方式，加大信访案件的转办督办力度。通过责任心强、群众信赖的代表参与听取、了解、解决群众的诉求，有效化解了一些信访积案和苗头性、倾向性问题。全年共受理群众来信24件，来访6批6人次。

（县人大办供稿）

诏安县人民政府

综 述

【经济总量】 2019年，诏安县实现地区生产总值284.87亿元，比上年（下同）增长4.4%。其中：第一产业增加值51.66亿元，增长4.1%；第二产业增加值138.21亿元，增长8.3%；第三产业增加值95.01亿元，下降1.2%；人均地区生产总值45456元，增长3.7%。规模工业总产值382.51亿元，增长9.7%；规模以上工业增加值112.06亿元，增长9.4%。农林牧渔业总产值91.77亿元，增长4.5%。固定资产投资额69.15亿元。社会消费品零售总额135.18亿元，增长10.0%。外贸出口额33.65亿元，增长2.8%。实际利用外资额2.17亿元，增长5.1%。一般公共预算总收入10.31亿元，其中：地方一般公共预算收入6.36亿元。城镇居民人均可支配收入32124元，增长8.6%；农村居民人均可支配收入17734元，增长9.2%。

【正式脱贫摘帽】 2016年，诏安举全县之力，打响3年脱贫攻坚战，各地认真落实精准扶贫“三扶三到”（扶持谁，对象建档要到人到户；谁来扶，责任落实要明确到人；怎么扶，措施办法要精准到位），采取科技扶贫、产业扶贫、金融扶贫、设施扶贫、教育扶贫、医疗扶贫、兜底扶贫等措施，加快脱贫攻坚进度，至2018年年底，全县7个欠发达乡镇、41个重点贫困村，建档立卡贫困人口6104户17702人全部脱贫，并通过省、市验收。2019年6月，省委办公厅、省政府办公厅发布公告，经省委、省政府研究同意，诏安县于2018年度退出省级扶贫开发重点县名单。诏安县正式脱贫摘帽。

2019年，诏安县巩固提升3年脱贫攻坚成果，按照脱贫不脱政策、不脱责任、不脱帮扶、不脱监管要求，继续对脱贫地区予以政策、技术、资金的扶持，切实解决“两不愁三保障”问题，防止出现返贫。

【获评“世界长寿乡”】 2014年6月，诏安县被评为“中国长寿之乡”。2019年，诏安县加强生态环境建设，统筹城乡养老服务设施建设，加快社区居家养老服务站、农村幸福院标准化规范化建设，探索社区居家养老服务模式，推行“互联网+养老”等服务，积极打造全国知名的“颐养之城”。

5月18—22日，诏安县人民政府副县长叶芳带队赴马耳他参加“积极老龄化国际会议”。来自马耳他、加拿大、中国等积极老龄化专家学者出席会议。会上，诏安县有关负责人介绍该县区域长寿的自然与人文因素、康养资源及经验。专家委员会专家按照国际区域人口长寿指数要求，对诏安县进行科学评估。北京时间5月20日23时30分，经联合国老龄所积极老龄化专家委员会认证，诏安县获得“世界长寿乡”称号。副县长叶芳代表诏安县接受联合国老龄所所长马文博士亲自颁发的“世界长寿乡”认证证书和荣誉牌匾。

重要会议

【县政府全体会议】 2019年1月22日，诏安县人民政府全体会议暨廉政工作会议召开。县长洪泰伟，副县长林惠溪、陈龙跃、叶芳、邱勇、程小彬、吴文泽、谢良辉、洪耀荣、林志盛及县政府成员单位负责人出席会议。会议对政府工作进行总结部署，对政府部门廉政工作提出新要求。

【县政府常务会议】 **诏安县人民政府第一次常务会议** 2019年1月24日，县长洪泰伟主持召开第一次县政府常务会议。县政府班子成员出席会议。县人大、县政协有关领导及县直有关部门主要负责人列席会议。会议研究9个议题：关于《诏安县2019年度乡镇（区）绩效考评工作方案（送审稿）》、关于2019年主要经济指标目标任务分解方案、关于《2019年诏安县招商引资考核办法（送审稿）》、关于《2019年乡镇（区）工信工作考评办法（送审稿）》、关于《诏安县城东污水处理厂配套管网工程可行性研究报告》修编事项、关于《诏安县地下水警戒保护蓝线划定报告（送审稿）》、关于《诏安九侯岩景区旅游总体规划（报批稿）》和《漳州市诏安九侯岩景区控制性详细规划（报批稿）》、《关于诏安县石脚桶景区开发挂牌方案（送审稿）》、关于诏安县城西污水处理厂及配套管网项目实行整体工程事项。

县政府第二次常务会议 4月17日，县长洪泰伟主持召开第二次县政府常务会议。县政府班子成员出席会议。县人大、县政协有关领导及县直有关部门主要负责人列席会议。会议研究7个议题：关于《统筹推进县域内城乡义务教育一体化改革发展的实施意见（送审稿）》、《关于加强和完善城乡社区治理的实施意见（送审稿）》、关于《福建省诏安县矿产资源总体规划（2016—2020年）（报批稿）》、关于诏安县房地产综合开发有限公司股权转让有关事项、关于诏安县南湖公园片区及配套用地建设项目建设范围调整等相关事项、关于《诏安县全域旅游发展三年行动计划（送审稿）》、关于《诏安县提升城市供水水质三年行动方案（送审稿）》。

县政府第三次常务会议 5月23日，县长洪泰伟主持召开第三次县政府常务会议。县政府班子成员出席会议。县人大、县政协有关领导及县直有关部门主要负责人列席会议。会议研究7个议题：关于《诏安县关于加快工业发展的若干意见（送审稿）》、关于《诏安县关于促进民营企业加快发展的若干意见（送审稿）》、关于《诏安县关于加大招商引资工作的若干意见（送审稿）》、关于授权诏安工业园区、金都工业集中区签订招商引资项目合同事项、关于《诏安县服务工业企业用工奖励补助暂行规定（送审稿）》、关于《诏安县农村人居环境整治试点村实施方案（试行）（送审稿）》、关于《诏安县乡村振兴战略规划（2019—2022年）（送审稿）》。

县政府第四次常务会议 7月17日，县长洪泰伟主持召开第四次县政府常务会议。县政府班子成员出席会议。县人大、县政协有关领导及县直有关部门主要负责人列席会议。会议研究10个议题：关于《扶持青梅、八仙茶、富硒蛋鸡产业实施意见补充规定（送审稿）》、关于《诏安县2019年度县直机关绩效考评工作方案（送审稿）》、关于2018年度乡镇、县直机关绩效奖励上浮有关事项、关于提高村（社区）“两委”干部基本报酬有关事项、关于调整县直机关辖区内差旅住宿费标准等有关事项、关于《诏安县富硒产业发展规划（2019—2035年）（送审稿）》、《关于进一步加强政府投资项目管理的意见（送审稿）》、关于诏安金都海洋生物产业园基础设施建设项目可行性研究报告进行修编事项、关于《诏安县鼓励大学生应征入伍实施意见（送审稿）》、关于《2019年上半年政府工作报告（送审稿）》。

县政府第五次常务会议 9月27日，县长洪泰伟主持召开第五次县政府常务会议。县政府班子成员出席会议。县人大、政协有关领导及县直有关部门主要负责人列席会议。会议通报给予孙洪强开除党籍、公职处分的决定。

县政府第六次常务会议 10月25日，县委常委、常务副县长林同池主持召开第六次县政府常务会议。县政府班子成员出席会议。县人大、县政协有关领导及县直有关部门主要负责人列席会议。会议研究5个议题：关于《诏安县灰鹅养殖污染整治实施方案（送审稿）》、关于《诏安县废弃矿山综合治理规划（2018—2025年）（送审稿）》、关于诏安工业园区自来水厂建设用地事项、关于《诏安县污染源整治实施方案（送审稿）》、关于《诏安县2018年度机动渔船油价补贴资金发放工作方案（送审稿）》。

县政府第七次常务会议 11月7日，县委常委、常务副县长林同池主持召开第七次县政府常务会议。县政府班子成员出席会议。县人大、县政协有关领导及县直有关部门主要负责人列席会议。会议研究6个议题：关于调整南湖湿地公园改扩建工程（B区）投资规模的事项、关于《诏安县人民政府工作规则（送审稿）》、关于诏安县机关食堂建设和运营有关事项、关于2宗国有建设用地以划拨方式供地事项、关于诏安县城西污水处理厂一期工程项目概算修编事项、关于诏安县2020年部门预算安排口径事项。

县政府第八次常务会议 12月2日，县委常委、常务副县长林同池主持召开第八次县政府常务会议。县政府班子成员出席会议。县人大、县政协有关领导及县直有关部门主要负责人列席会议。会议研究12个议题：关于调整诏安县2019年地区生产总值等主要经济指标事项、关于2019年主要经济指标预计完成情况及2020年计划指标安排、关于2020年《政府工作报告（送审稿）》、关于2020年县委县政府为民办实事项目、关于向漳州市交通发展集团有限公司申请借款用于与央企、市属国企合作支持福建猛狮新能源科技有限公司恢复生产的事项、关于《诏安县养殖水域滩涂规划（2018—2030年）（修编稿）》，关于诏安县田厝渔港投资有限公司营业执照及股权变更的事项、关于《诏安县康养产业发展规划（2019—2030年）（送审稿）》，关于诏安县生活垃圾填埋场存量陈腐垃圾筛分整治方案、关于《诏安县农村保洁员管理暂行办法（送审稿）》，关于《诏安县2019年畜禽粪污资源化利用整县推进项目实施方案（送审稿）》，关于解决金星乡古关等15个社区运转经费、服务群众专项经费及社区“两委”干部基本报酬事项。

县政府第九次常务会议 12月23日，县委常委、常务副县长林同池主持召开第九次县政府常务会议。县政府班子成员出席会议。县人大、县政协有关领导及县直有关部门主要负责人列席会议。会议研究7个议题：关于《诏安县2019年国民经济和社会发展计划执行情况与2020年国民经济和社会发展计划的报告（送审稿）》，关于《诏安县2019年预算执行情况及2020年预算草案的报告（送审稿）》，关于收储福建诏安工业园区建设发展公司地块产权的事项，关于诏安县城区部分幼儿园、小学、中学布局调整及命名的方案、关于诏安县金星乡黎明村、四都镇大梧村新农村建设用地农转用的事项，关于2宗国有建设用地以划拨方式供地事项，关于兑现2018年工业经济奖励事项。

【县长办公会议】 **第一次县长办公会** 2019年1月24日，诏安县人民政府县长洪泰伟主持召开第一次县长办公会。县政府班子成员出席会议。县直有关部门主要负责人列席会议。会议研究关于实施划转部分安置补助费作为被征地农民社会保障资金标准的事项。

第二次县长办公会 3月5日，县长洪泰伟主持召开第二次县长办公会。县政府班子成员出席会议。县直有关部门主要负责人列席会议。会议研究关于诏安技工学校移交给县教育部门管理有关问题。

第三次县长办公会 4月17日，县长洪泰伟主持召开第三次县长办公会。县政府班子成员出席会议。县直有关部门主要负责人列席会议。会议研究6个议题：关于收回天恒达电工科技股份有限公司国有土地使用权的事项，关于1宗国有建设用地以划拨方式供地的事项，关于办理工业用地土地使用权合并与分割适用相关规定的事项，关于《诏安县推动旅游业高质量发展的六条措施（送审稿）》，关于启动诏安县城区供水管网改造（三期）工程项目事项，关于《诏安县建筑垃圾、砂石运输处置管理规定（送审稿）》。

第四次县长办公会 7月17日，县长洪泰伟主持召开第四次县长办公会。县政府班子成员出席会议。县直有关部门主要负责人列席会议。会议研究7个议题：关于将恒大物流园项目相关服务管理、配套建设划归诏安工业园区的事项，关于收储福建汕龙水产有限公司国有土地使用权的事项、关于收回诏安县科学技术委员会车间及库房国有土地使用权的事项，关于1宗国有建设用地以划拨方式供地的事项，关于3宗国有建设用地以划拨方式供地的事项，关于1宗国有建设用地以划拨方式供地有关问题，关于诏安城东污水处理厂及配套管网移交金都工业集中区管理的事项。

第五次县长办公会 10月25日，县委常委、常务副县长林同池主持召开第五次县长办公会议。县政府班子成员出席会议。县直有关部门主要负责人列席会议。会议研究2个议题：关于申请追加人民调解专项补贴经费预算的事项、关于诏安县反走私综合治理重点工作的事项。

【县政府专题会议】 2019年，诏安县人民政府召开专题会议36次。会议专题研究关于诏安法院新审判法庭物业管理用房项目、关于2019年春运重点路段整治工作、关于福建省诏安职业技术学校实训设施项目（江滨校区）公摊用地补偿问题、关于诏安动车站站前广场及丹诏大道景观工程（连站大道段）绿化项目移交工作有关问题、关于中农批·诏安农产品电商物流园项目东侧道路工程——华林北路征迁问题等36个议题。

政务服务

【公文处理】 2019年，诏安县人民政府办公室办理各种公文357件，其中：诏政综117件，诏政地84件，诏政函37件，诏政办95件，诏政办函24件。通过省、市政府公文平台接收办理公文信息1438件，内部明电密码电报32件，收存办理公文存档228份，管理政府档案600多卷，办理传阅党政文件300多件；办理各类机要文件100多件，办理各种文件用印1万多份。

【政府督查】 2019年，诏安县人民政府办公室落实各类督查任务，先后开展重点项目、扶贫攻坚、污染防治、防汛备汛、农村生活垃圾、农村生活污水治理、非洲猪瘟防控等专项督查。开展为民办实事项目督查，加大教育、卫生、养老、文化等为民办实事项目的督查力度，确保高质量完成县委、县政府为民办实事项目。跟踪办理县领导批示件100余件，件件有回音。办理人大代表建议、政协委员提案114件。其中：市人大代表建议5件、市政协委员提案1件；县人大代表建议44件、县政协委员提案64件。开展办公用房和公务用车检查，每季度开展一次以上常规检查。

【信息工作】 2019年，诏安县人民政府办公室与中共诏安县委办公室合作，编发《诏安信息》正刊23期，增刊14期，其中在《诏安信息》正刊、增刊开辟的《大抓工业、抓大工业》专栏、专刊，起良好的宣传推动作用；编发的信息“县地震办获评全省防震减灾工作综合考核县级先进单位系全市唯一”，获县委书记陈文聪批示。全年向市政府办信息科报送政务信息370多条，被市政府办采用112条，省政府办采用54条，其中《当前民营医院发展面临的突出困难问题》《养老保险基金统筹和使用情况、面临困难问题以及意见建议》等28条信息被国务院办公室采用。政务信息总得分1838分，连续两年位列全市各县（市、区）第一名。

【电子政务建设】 2019年，诏安县人民政府加强门户网站责任栏目的内容保障，发挥县政府门户网站在深化政务公开、回应社会关切、引导政务舆情、改进政务服务的作用，维护政府公信力。积极开展政府网站“在线访谈”工作，有12名部门领导参与在线访谈。在市对县绩效考评中，诏安县“政府信息公开及时率”连续六年位居全市第一名。全面推行电子政务。以提升政府信息化服务水平为目标，党政OA系统运行正常。加强政务平台管理。政府网站与政务新媒体工作绩效提升较快，被省政府办公厅通报表扬。健全完善网站安全运维、后台发布操作、信息审查审核、应急事件处理、季度定期通报等各项规章制度，加强网站安全防范意识，完善信息编辑发布流程，充实完善频道栏目内容，严格信息发布审核程序，确保网站内容发布权威准确。清理整顿、规范政务新媒体管理工作。在全市率先开通本级政府微信公众号，通过对在第三方平台上开设的政务账号摸底排查，明确坚决关停注销各乡镇（区）、县直部门政务新媒体（包括在第三方平台注册的所有账号及自建应用）。仍保留的政务新媒体集中到政务新媒体统一管理平台备案、发布。抓好全县视频会议室管理、指导和督查工作，各乡镇分会场经整改后，从全市最差跃入全市最好行列。强化网络与信息安全保障。按市统一部署，建设政务信息网安全管控防护平台。着力提升“互联网+政务服务”水平。推动全县所有审批服务事项网上办理，实现网上咨询、网上申报、网上预审、网上受理、网上反馈“全程在线”服务。

（县政府办供稿）

机关效能建设

【概况】 2019年，诏安县机关效能建设工作贯彻落实县委、县政府和市效能办要求，运用效能督查问责、绩效管理等法定手段，加强行政效能和项目督查，加大对机关工作人员的问责力度，为全县各级机关持续改进工作作风，提高行政效能，优化发展环境，提供组织、纪律保障，着力做好群众投诉受理工作，及时为群众排忧解难，取得较好成效。年内，县机构改革，县效能办机构编制被取消，6名专职从事机关效能建设工作人员的编制划转入县政府办。

【效能督查】 2019年，诏安县效能办按照“依法督查、突出重点、分级负责、实事求是、注重实效”的原则，围绕县委、县政府中心工作开展督查，推动各项工作落实。4月，配合市效能督查组开展专项农田建成高标准农田建设项目督查，发现四都镇、太平镇2个项目主体工程在未完工的情况下，却向市农业农村局填报已完工，存在虚报进度问题，县分管领导立即对相关科局和乡镇分管领导和经办人进行约谈，并对3名责任人进行问责。5月，根据《诏安县进一步加强非洲猪瘟防控工作实施方案》，会同县政府督查室开展非洲猪瘟专项督查，落实疫情巡查巡检全覆盖，保障生猪生产和肉制品有效供应。7月，以中央环保督察为契机，组织农业农村局、海洋与渔业局等部门重点开展牛蛙和畜禽养殖专项督查，采用无人机拍摄及人工地面核实交叉进行的方式，对排查出来的违规养殖场，督促属地乡镇限期进行整治，有效解决牛蛙和畜禽养殖造成的环境污染问题。8月，开展重点建设项目及赶超项目督查，重点督查强化项目库统筹管理，力促储备项目转化落地，加大招商引资跟踪力度，紧盯国有企业重大项目和战略投资；加大资金筹措力度，积极寻求上级资金支持，引进社会投资，鼓励外地投资和民间投资以多种形式参与项目建设，完善重点项目推进机制，加大考核力度，推动项目建设。9月，开展登革热等蚊媒传染病防控工作督查，通过现场抽查提问、进村入户实地考察环境卫生整治、实地指导开展清除蚊媒滋生地等方式，对各乡镇开展登革热等蚊媒传染病防控工作进行督导，提高广大群众预防登革热的意识和能力，切实做到群防群控。11月，开展机关工作纪律大督查，对机关工作人员遵守日常工作制度和上下班纪律情况进行督导，促进各乡镇、县直各单位切实加强内部管理工作，提高服务效能，对发现问题的乡镇、县直单位给予通报并责令整改。

【问责机制】 2019年，诏安县效能办运用问责手段，整治不作为、慢作为、乱作为和“慵、懒、散、拖”等现象，形成震慑力。全年共印发《督查通报》文件4份，通报问题10个。5月，组成联合检查组对全县流域沿线“四场”养殖进行核查，推动形成禁养区内“四场”进行打击的高压态势，对未去功能化的分管领导和包村责任领导进行约谈，对驻村干部和村书记、村主任进行问责；对未完成清栏清场的相关责任领导进行约谈，限期整改。8月，对部分乡镇便民服务中心工作作风和工作状态进行暗访。发现个别单位材料交接没有及时登记、工作牌在人不在、便民服务中心人员着装很随意、上班迟到等问题，立即要求存在问题的乡镇要高度重视，对相关责任单位和责任人进行问责，采取有效措施抓好整改；通报要求全县行政服务窗口单位进一步完善内部管理机制，强化窗口服务意识，持续提升服务效能，为企业和群众提供更加优质高效便捷的服务。2019年，问责机关工作人员8人，其中诫勉教育6人，通报批评1人，效能告诫1人，涉及科级干部6人，7名科级干部被责令作出书面检讨。

【接访】 2019年，诏安县效能办坚持以服务群众为宗旨，解决群众反映的热点难点问题，化解社会矛盾，维护人民群众的根本利益。全年共受理效能投诉件18件、诉求件13件。投诉件、诉求件，件件办结，办结率均为100%。

（县机关效能办供稿）

行政服务

【概况】 2019年，诏安县行政服务中心秉承“马上就办，真抓实干”的理念，紧扣效率、服务重点，履行工作职责，为社会公众提供优质的政务服务。构成一体化服务平台，全年网上办理10.19万件，网上申报率83.71%，即办率92.11%；优化办事流程，提高办事效率，取消项目开工备案等12个事项，从项目开工到竣工所需申报材料由293项精简为97项；公共资源中心通过招投标，交易项目96宗，增收节支1.29亿元。中心主任科员陈淑贞获省总工会授予“福建省五一劳动奖章”。

【行政服务中心建设】 *服务平台一体化* 2019年，诏安县行政服务中心建成以省网上办事大厅和市统一行政服务云平台为主的网上办事大厅、自助终端和智能查询一体机及各部门自助终端为主的智能服务大厅、省网上办事大厅微信公众号、“漳州通”App、“闽政通”App、“福建办事”App为主的手机服务终端所组成的“一端全办”服务平台，并纳入县、乡镇所有的审批服务事项。推动全县所有审批服务事项网上办理，实现从网上咨询、网上申报、网上预审、网上受理、网上反馈的“全程在线”服务。全年网上申报101929件，网上申报率83.71%，即办率92.11%。

服务指南模板统一 将统一服务指南模板纳入省、市文件要求添加的审查标准、通办范围、物流快递等内容，对所涉及内容提出统一要求，如办理流程统一为“受理→审查→决定”，承诺时限压缩到法定时限40%以内等，并开展服务指南专项检查行动、事项名称匹配专项行动，各进驻部门整改到位。联合县直各部门对乡镇进驻事项制定统一服务指南模板，明确收件材料、办理流程、办理事项等各项内容，确保各乡镇同事项同标准、无差别审批。

工作人员培训 组织全体工作人员进行全面、系统的业务培训、综合素质培训，让窗口工作人员的服务理念由“你找我办事”转变为“我为你服务”，让窗口工作人员熟悉审批的各个环节，缩短审批时间，使中心全体工作人员进一步树立大局意识、服务意识，不断认识到自身工作的重要性，践行优质服务、微笑服务，扑下身子做好服务群众工作。

便民中心建设 继续加强对分中心及乡镇便民服务中心的业务指导和监督检查，进一步梳理、规范服务事项，优化流程，提高办事效率，同时

加强审批视频监控，及时了解掌握各分中心及便民服务中心工作开展情况，打通服务群众“最后一公里”。

【环境优化服务群众】 **审批精简** 2019年，诏安县行政服务中心优化项目建设审批流程，将投资项目审批流程整合为立项用地规划许可阶段、工程建设许可阶段、施工许可阶段、竣工验收阶段4个阶段，实行统一受理、并联审批、统一发证和实行联合验收。允许把用地预审材料或土地出让合同作为土地权属证明材料，申请办理工程建设项目的规划审批手续，用地批准手续在施工许可前完成即可。通过精简审批事项，压缩审批时限，合并审批事项，转变管理方式，调整审批时序，取消开工备案等19个事项及履约保函等115项审批前置条件，进一步压缩审批时限200多个工作日。从项目立项到竣工验收全过程所需的申报材料由293项精简至97项，材料精简33.1%，达到一张表单整合材料，简化审批效果。

审批时限压缩 印发诏安县投资项目审批简要流程表，上墙公布投资项目审批流程图。房屋建筑、市政工程项目从法定时限440个工作日压缩到承诺时限109个工作日，压缩到法定时限的24.77%；社会投资项目从法定时限295个工作日压缩到承诺时限97个工作日，压缩到法定时限的32.88%。交通，水利工程项目压缩至90个工作日以内。企业开办时间压缩到2个工作日以内。

【行政审批效率提高】 2019年，诏安县行政服务中心窗口受理件共20766件，办结20766件，办结率100%，群众满意率100%。公共资源中心受理建设工程、政府采购、产权（物权）等，完成交易96宗，合计中标总价20.19亿元，预算总价21.11亿元，增收节支1.29亿元。其中建设工程招投标66宗，中标总价14.80亿元，预算总价15.89亿元，节约资金1.10亿元，节约率6.9%；政府采购11宗，中标总价1392.77万元，预算总价1466.12万元，节约资金73.36万元，节约率5%；产权交易19宗，中标总价5.26亿元，预算总价5.07亿元，溢价1839.48万元，溢价率3.62%。

（县行政服务中心供稿）

政协诏安县委员会

综　述

【参政议政】　2019年，诏安县政协聚焦经济建设，响应县委“大抓工业，抓大工业”的工作部署，6月，组织企业界委员认真领会《诏安县关于加快工业发展的若干意见》等文件，鼓励、引导委员为招商引资牵线搭桥。7月，组织委员分赴北京、福州、泉州、厦门、深圳、广州等地开展招商推介考察活动，拜访驻地商会，走访诏籍创业委员，宣传、推介诏安加快工业发展的决心和举措，营造社会力量参与招商引资的氛围；以八仙茶产业发展等为课题，开展调研协商，提出对策，提案《关于诏安县八仙茶产业发展的建议》被采纳。县政府于8月26日颁发《关于扶持八仙茶产业发展实施意见补充规定》，出台系列措施扶持八仙茶产业，安排农业发展专项资金，对新茶园、现代茶园建设、加工厂清洁化改造、更新加工设备、品牌营销等明确补助标准。聚焦文旅融合，委员《关于推进“文化+旅游”尝试融合发展的建议》，得到县主要领导的批示。以开发梅岭滨海旅游为调研课题，常委会于2—7月组织课题组开展挖潜、搜寻、收集、考证梅岭旅游资源的艰辛工作，提出17条建议意见，推动“文化+旅游”融合发展。

【提案工作】　2019年，诏安县政协各界别委员和各参加单位通过调研视察，提交提案76件，立案67件。其中，4件作为年度重点提案呈报县主要领导批示，8件作为年度优秀提案获得表彰。“努力改善县停车环境，解决城市交通拥挤、停车难问题”的提案，为县政府重视，由政府分管领导牵头协调城市管理局、交警部门多次整治，交警大队根据道路人流量，规划增加停车位，仅在嘉盛小区、边城社区、闽粤大市场、南洋新加坡、通济桥至南环城路、中兴大道、华林中路等路段新增设停车位2000多个，使城区停车难问题得到初步缓解。

重要会议

【县政协第十四届委员会第十次常务委员会会议】　会议于4月10日召开，会期半天。诏安县政协主席、副主席及十四届政协常委出席会议。政协主席陈一森主持会议。会议通过政协机构改革有关事宜和相关人事任免事项。

会后，陈一森带领政协视察组，到梅岭镇开展滨海旅游文化工作视察，副县长程小彬，县政协副主席均参加活动。

视察组一行先后察看梅岭镇海岸线、田厝一级渔港工程项目部、腊洲村及龙湫庙、傍江书院等。听取相关工作人员汇报、讲解，了解当地旅游景点现状和开发情况。陈一森对梅岭镇滨海旅游文化开发与保护取得的成效表示肯定，同时指出，梅岭镇要扎根实际，充分展现独特的滨海文化魅力。要加大力度保护好海岸线，充分利用现有的滨海资源，打造出亮点；腊洲村及海岸沿线各村要将富美乡村建设与打造滨海渔村有机结合，同时加强龙湫庙及傍江书院的开发与保护，将历史传承与旅游开发相结合，在挖掘海滨文化的同时，融合当地历史文化，提升旅游附加值。田厝一级渔港工程建设对诏安未来的发展至关重要，要加快施工进度，保质保量完成建设任务。

【县政协第十四届委员会第十一次常务委员会会议】 会议于8月20日召开，会期半天。诏安县政协主席、副主席及十四届政协常委出席会议。县委副书记窦希铭，县委常委、副县长方晓冬列席会议。

会议通报县人民政府和公安局2019年上半年工作情况；表决通过有关人事任免；听取城市管理局关于推进城市精细化管理，助力城市品质全面提升的情况汇报。各相关单位及部分政协委员围绕加强城市管理提出有针对性的意见和建议。陈一森对城市管理工作给予充分肯定，并综合政协常委的意见建议，要求各相关单位结合会议提出的意见建议，加强宣传教育，齐抓共管，落实责任制，对出台的有关城市管理方面的措施、细则要认真贯彻落实，提升城市管理和公共服务水平。

会前，组织视察城区管理情况，先后视察良峰公园、南湖一号A区、五一市场、中山路、外马路、江滨公园和梅峰公园等处，通过实地察看、听取汇报，详细了解市容市貌整治、物业管理、经营管理和提升建设情况。

【县政协第十四届委员会第十二次常务委员会会议】 会议于11月21日召开，会期半天。诏安县政协主席、副主席出席会议，副县长林向阳及相关部门负责人列席会议。

会议听取县“两院”工作汇报。与会政协委员肯定“两院”工作，认为“两院”贯彻习近平新时代中国特色社会主义思想，围绕全县中心工作，依法履行审判、检察职能，服务大局精准有力，改革创新亮点纷呈，群众满意率持续提升。与会委员建议，“两院”要充分利用法治思维、法治方式，更加自觉地围绕中心、服务大局，全面履行宪法和法律赋予的各项职能，为全县发展提供有力的司法保障；要坚持司法为民，顺应新形势，让人民群众在每一个司法案件中感受到公平正义。

会议听取农业农村局、住建局关于农村人居环境整治工作汇报。会议指出，2019年，全县上下深入贯彻落实中央、省市关于农村人居环境整治的决策部署，坚持把农村人居环境整治作为实施乡村振兴战略的一场硬仗，积极开展试点村创建活动，以点带面，分线分片，全面推动农村人居环境明显改善。

会前，县政协组织视察组视察金星乡院前村、梅岭镇东门村、桥东镇林中村的农村人居环境整治工作。副县长林向阳、县政协副主席陈炎林参加视察活动。

【县政协第十四届委员会第十三次常务委员会会议】 会议于12月11日召开，会期半天。诏安县政协主席、副主席出席会议。副县长林向阳列席会议。

会议听取副县长林向阳代表县政府所作的关于2019年政协提案办理情况通报；听取审议并表决通过政协诏安县第十四届委员会常务委员会工作报告（草案）和提案工作报告（草案）；通过政协诏安县第十四届委员会第四次会议议程、日程安排（草案）；会议审议通过2020年县政协工作计划；会议表决通过有关人事任免事项。会议要求，全体政协常委要早谋划、早部署、早落实，把各项工作做细做实。要勇于担当，认真履职，共同为诏安经济社会高质量发展添砖加瓦。

会前，组织对安居小区停车场、人民市场消防安全设施、垃圾处理厂建设和闽粤第一城“文化+旅游”融合等开展考察。

主要活动

【调研考察】 2019年，诏安县政协组织开展调研考察。全年共开展调研视察活动19次，形成《关于提升县城市管理水平的视察报告》《关于开发梅岭滨海旅游的调研报告》《关于县人居环境整治情况的视察报告》等3份常委会考察报告和《关于县医改运行情况的调研报告》等16份专委会调研视察报告、建议。县政协将提升城市管理水平作为常委会重点调研课题，于6—11月组织委员进社区、老城区、物业公司、贸易市场以及相关部门，开展多阶层、多方位调研、征求意见，形成《关于提升县城市管理水平的视察报告》，就城市规划、旧城管网及道路改造等提出10多个方面的意见、建议。委员还形成《关于做好城市道路美观及安全的建议》《强化小区物业行业管理》《新旧城区建设管理存在的问题和建议》《环保和市容部门应该加大对居民小区的管理监控执法力度》等建言献策，得到县领导和职能部门的肯定和采纳。

【联谊活动】 2019年，诏安县政协加强与台港澳同胞及侨胞联系，鼓励、引导台港澳委员及侨胞委员在各种会议发声，通过大会发言、委员提案、考察调研等，为家乡建设建言献策。10月17日，组织委员考察涉台文物保护情况，提出发挥涉台文物史迹在诏台文化交流中的桥梁纽带作用等建议；以开漳圣王文化联谊会为平台，增进与台港澳同胞和海外侨胞的联谊交流；多形式拓展与台港澳同胞和海外社团、海外侨胞的联谊交流。全年参与接待到诏的及新加坡、泰国、马来西亚等海外社团10个，台港澳同胞、海外侨胞10批185人次。

【文史资料】 2019年4月，诏安县政协召开文化文史工作专题协商会议，部署推进全年文化文史工作；7月17日，组织调研县潮剧的发展历程及现状，并就如何进一步保护、传承与发展提出思考、建议；9—10月，组织撰写《民宅中发现的清代地契》《清代陈嘉将军出生地的发现》等具有重要价值的史料文章，分别被《闽南日报》、《福建文史》采用刊登；10月，修订《诏安民间文学》（即原来的《三套集成》），完成《诏安乡谭》汇编工作；12月，与厦门大学签订《诏安海丝文化研究》科研项目合同，推动还原诏安海丝之路出海口的史实；12月，出版《诏安文史资料》第39期、《诏安文史资料21～30期合订本》和《诏安历代楹联荟萃》，推进《诏安县古时二十四景》征编工作；还挖掘了1979年诏安县参与编写《汉语大辞典》的重要史料、唐代“江南第一宰相”钟绍京在古怀恩的活动轨迹以及长林寺天地会等史料；协助县政府申报“世界长寿乡”、中国美协莅诏举办画展、省美协到诏安为百岁老人写生等活动。

（县政协办公室供稿）

纪检　监察

党风廉政建设

【纪检监察组派驻】　2019年，诏安县健全基层纪检监察组织制度，向15个乡镇派出监察机构，推动监察职能向基层延伸。全面推进派驻机构改革，设立14个派驻纪检监察组和1个派出纪检监察工委，赋予相应监察权。

【政治监督】　2019年，诏安县纪检监察机关深入开展“不忘初心、牢记使命”主题教育活动，着力把教育成果转化为坚定理想信念、砥砺党性初心、践行“两个维护”的思想自觉和行动自觉。认真按照省委“三四八”贯彻落实机制，围绕党中央重大决策部署和省委、市委、县委工作要求，加强对打赢三大攻坚战、高质量发展落实赶超、减税降费、“五个一批”重大项目等落实情况的监督检查，督促中央环保督查和省委巡视、市委机动式巡察反馈问题整改到位。协助县委抓好主体责任落实情况检查，加强省委、市委反馈问题整改督查。认真贯彻执行问责条例，对1个党组织、35名干部实施党内问责。

【日常监督】　2019年，诏安县纪检监察机关统筹推进纪律监督、监察监督、巡察监督和派驻监督，综合运用线索处置、谈心谈话、列席民主生活会等举措，做实近距离常态化监督。运用“四种形态”处理干部649人次，其中第一、第二种形态占90%，做到惩处极少数、教育大多数。立足教育提醒，加大谈话函询力度，督促党委（党组）经常性开展谈话提醒，推动主体责任与监督责任在“治未病”上协同发力，使“咬耳扯袖、红脸出汗”成为常态。推进检举举报平台建设，开展分级录入扫描试点工作，持续深化开门接访、全员接访、带信下访、入户走访活动，畅通信访举报渠道。把监督力量下沉到基层一线，完善村级党风监督员、“微权力”清单等制度，促进村干部廉洁履职。

【组织建设】　2019年，诏安县纪检监察机关坚持党对反腐败工作集中统一领导，严格履行请示报告制度，规范审批程序，自觉接受上级纪委、监委和县委双重领导。12月31日，县监委召开第一届特约监察员聘请会议，优选聘请12名特约监察员。开展履职能力提升行动，建立全员培训、全员接访、全员巡察、全员办案机制。

巡　察

【巡察监督】　2019年，诏安县委巡察机构高标准高质量完成省委巡视专项检查和市委“机动式”

巡察25个整改任务，全年共开展3轮5批次巡察，完成13个单位党组织、61个村（社区）的常规巡察、3个村（社区）的延伸巡察，并对5个已巡察单位党组织开展首次巡察“回头看”，反馈问题184个，督促各级党组织建章立制60项，巩固拓展整改成果。坚持未巡先改、边巡边改、集中反馈等有效做法，推动被巡察单位全面查找党建、财务、违反中央八项规定精神等7个方面的共性问题，对标对表主动整改，制定印发《关于进一步加强县委巡察机构与县纪委监委协助配合实施意见（试行）》，建立健全纪检监察机关和巡察机构协作机制，确保巡察“后半篇文章”落深落细落实。

【巡察保障】 2019年，诏安县落实巡察主体责任，强化巡察保障，巡察机构由“一办两组”扩大到“一办四组”，改造提升办公场所和巡察驻地，着力实现食、宿、办公一体化。

惩治腐败

【“四风”纠正】 2019年，诏安县纪检监察机关持续加压发力，紧盯关键节点，开展明察暗访、专项督查、“1+X”监督检查，深入整治“天价烟”、利用名贵特产类特殊资源谋取私利，以及办公用房整改形式主义、官僚主义等突出问题，从严查处违反中央八项规定精神问题31起49人。开展漠视侵害群众利益问题、非法违法采矿等专项整治，持续深化“四个专项治理”，不断增强群众获得感、幸福感、安全感。查处扶贫领域腐败和作风问题20起53人，护航县脱贫摘帽；查处护黑护恶7起7人、失职失责6起6人；查处民生领域突出问题31起60人。拓展移风易俗专项治理，及时制止和纠正大操大办婚丧喜庆和民俗节庆活动20起。牵头开展主题教育专项整治，推动全县各级各部门整改问题226个。督促各级各部门规范整合各类检查考核、精简文件会议，严肃查处不作为、慢作为、乱作为等形式主义、官僚主义突出问题23起45人，通报典型案例2起10人。

【案件查处】 2019年，诏安县纪检监察机关全力配合省、市纪委专案组查处张镇城、何德发等腐败案件，严肃查处中共十八大后不收敛不收手、中共十九大后不敬畏不知止的案件，全年新立案190件，其中科级干部案件20件，移送司法机关5人。加强政策感召和思想动员，共有50多名党员干部主动说明问题，3名涉案干部投案自首。坚持惩前毖后、治病救人，审慎稳妥处置系列案件涉及人员，对主动投案者依规依纪依法从宽处理，办理全市首例留置后不移送司法机关的案件。落实“三个区分开来”，批评教育不实举报人员1名，为受到诬告错告的干部澄清正名38人，回访教育受处分干部28人。以修复净化政治生态为目标，系统推进系列案件整改，牵头制订案后整改方案和政治生态建设方案，协助县委召开全县领导干部警示教育大会，组织观看《魂兮归来》警示片，发出纪检监察建议书6份，责令发案单位党组织建章立制、堵塞漏洞，督促职能部门完善工程建设、土地开发、组织人事等方面制度机制，促进个案查处向生态修复转变。发挥县委反腐败协调小组作用，建立与审计、房产、医保等单位信息查询和共享机制，完善与公检法等单位协作配合机制，促进审查调查工作整体提升。

廉政教育

【警示教育】 2019年，诏安县纪委、监委组织“中共十九大精神”“规则规定”等集中培训16期1181人次、知识测试5场505人次。注重警示教育。11月15日，在诏安宾馆召开全县领导干部警示教育大会。会议通报何某、孙某、沈某、李某、林某5起违纪违法典型案件。

【孝廉文化】 2019年，诏安县纪委、监委深入挖掘具有诏安特色的文化元素和文化产品，通过“寻孝廉、话孝廉、学孝廉、树孝廉”，掀起“一镇一孝廉”活动创建热潮，全县建成孝廉文化教育基地9个，整理编印叶亹等本地孝廉人物典型事迹29名，在微信公众号发布《寻找诏安县古代孝廉人物》专栏故事13期。3月26日，在县深桥镇华表村叶氏宗祠举办全市首场“孝廉文化讲堂”。拍摄《我和我的祖国》快闪点击量破6万人次，并在学习强国刊播，持续营造风清气正的良好氛围。 （县纪委监委供稿）

群众团体

诏安县总工会

【概况】 2019年，诏安县总工会独立工会组织21个，发展会员1816名，职工入会率96%，数据库内预置企业工会组建率和职工入会率动态保持在95%。县总工会组织人员对乡镇工会组织进行摸底调查，跟踪指导非公企业依法建会；开展企业“集体协商要约行动月”活动，发出要约书40份，覆盖企业518家，履约率95%，工资集体协商工作迈入规范化；加强工会经费管理，组织开展专项经费督查暨工会经费规范使用培训班，组织县内各机关企事业单位250名工会主席、财务人员参加培训；举办工资集体协商培训讲座，邀请市总工会李溪华授课。

【就业招聘】 2019年，诏安县总工会联合人社局举办“2019年春季公益性人力资源招聘会”，提供岗位3972个；举办“2019年厦门市同安区与诏安县劳务协作现场招聘会”，39家企业参与现场招聘，提供就业岗位2107个，183人达成就业意向。

【职工权益维护】 2019年，诏安县总工会组织人员进园区、入企业、到班组开展活动，发放宣传材料，现场接受职工咨询，向企业员工解答事关职工切身利益的法律问题，成立职工法律援助站，聘请律师免费提供咨询，开通全县职工法律维权热线，提升职工的法律意识和依法维权能力。

【职工技能提升】 2019年，诏安县总工会向省总工会推荐8个“五小”（小革新、小发明、小改造、小设计、小建议）创新项目和8名创新能手参加省举办的劳动竞赛，其中2个创新项目获二等奖，5个创新项目获三等奖，7名创新能手获评定。5月，举办“中国梦·劳动美”职工纺织缝盘、“四角粽”包制、药品包装打包岗位技能比赛、茶叶加工技能大赛、消防技能竞赛等。

【职工文化建设】 2019年，诏安县总工会召开迎新春劳模座谈会、红五月劳模座谈会、重阳节劳模座谈会等；举办庆妇女节“魅力女性，精彩人生”专题讲座；开展“三下乡活动”。开展丰富多彩的职工文化活动，举办“推进移风易俗，创建文明县城”元宵灯谜晚会、“庆祝中华人民共和国成立70周年，讲文明、树新风”灯谜晚会、“迎国庆·庆中秋”灯谜晚会以及“庆祝中华人民共和国成立70周年职工象棋团体赛”等。

【劳模评选宣扬】 2019年，诏安县总工会培育先进典型，评选出省五一劳动奖章获得者陈淑贞；推送县公安局交警大队车管所参评“福建省五一先锋号”荣誉称号并获评。

2019年，县总工会在《丹诏乡讯》开辟劳模专版，编撰10个劳模故事，邀请劳模代表林森象到霞葛镇天桥村绍兴小学为留守儿童讲劳模故事，发挥劳模在价值观教育的示范引领作用；组织劳模分组学习参观梅岭镇腊洲村、县社会福利中心等，营造全社会崇尚劳模、学习劳模、争当劳模、关爱劳模的浓厚氛围。

全年，县总工会组织慰问省、市劳模93人次，发放慰问金17.79万元。

【慰问帮扶】 2019年春节期间，诏安县总工会对在档的77名困难职工帮扶，发放资金共20.37万元；对25名困难劳模给予生活和医疗救助，金额共11.75万元；慰问环卫、园林、公交等单位节假日期间坚守岗位的一线职工500余人，慰问金达9万多元（含物折款）。夏季，诏安县总工会安排专项资金约5万元，购买防暑降温物品，慰问环卫、电力公司和县示范企业和重点建设工程项目的一线职工共1000多人。9月，县总工会开展金秋助学活动，慰问困难职工子女就学8人，帮扶资金共3万元。

（县总工会　供稿）

共青团诏安县委员会

【概况】 2019年，共青团诏安县委员会以“凝聚青年、服务大局、当好桥梁、从严治团”为主线，夯实基层基础、活跃直属组织、突出特色亮点、寻求突破创新，深化团的各项工作。全县在福建数字共青团综合管理系统录入基层团委41个，团总支21个，团支部564个。乡镇“大团委”建设工作覆盖率100%。全县青年12.6万人，共青团员11340人，占比9%。

【基层组织建设】 2019年，共青团诏安县委员会深化全团带队工作，强化学生会、中小学少先队建设，完善少先队工作考评体系、辅导员队伍管理体系；组织开展庆祝中华人民共和国成立70周年、纪念五四运动100周年、中共共产主义青年团建团97周年、建队70周年等主题团日队日活动，举行新团员入团宣誓、少先队建队仪式等各类主题实践活动40场次。

【青年志愿者服务】 2019年，共青团诏安县委员会健全基层青年志愿者服务队伍，组建乡村振兴青年志愿服务队伍16支。在数字共青团综合管理系统登记注册青年志愿者1723名，开展各类扶贫帮扶、教育宣传主题活动130次。组织青年志愿者参与服务“保护生态环境行动”“科技文化卫生三下乡”等主题活动，开展“青春志愿行，温暖回家路”“暖冬行动”“美化城乡环境，共建生态诏安”亲子植树活动、“小河长”志愿护河行动、“三下乡”大学生暑期社会实践活动、“青春之光”爱老计划和防治登革热等志愿服务活动。

【青春扶贫】 2019年，共青团诏安县委员会下派驻村第一书记帮扶挂钩贫困村，制定“团县委扶贫工作方案”“贫困村帮扶三年发展规划”，推进“青春扶贫”行动，争取资金13万元，发展产业扶贫示范项目，助推产业精准扶贫，帮助贫困村增加村财收入，带动31户贫困户增收，助推118户贫困户378人脱贫。

【青少年帮扶】 2019年，共青团诏安县委员会建设平台阵地——“青年之声”，交流传递党的意见主张、回应青年需求、解决青年难点问题。该平台浏览量达80万余次。团县委官方微信公众号“青春诏安”聚焦时政热点，开展线上活动，关注人数5337人，发布信息600余条，总浏览量突破25万次。团县委举办“法治进校园”、禁毒宣传讲座等宣传教育，发放“法治教育小故事”笔记本300本、禁毒宣传教育手册1500份、禁毒宣传教育水杯550个；协同相关部门开展闲散青少年、有不良行为或严重不良行为青少年、流浪乞讨未成年人、服刑在教人员未成年子女、农村留守儿童等五类青少年群体的排查摸底工作；开展“青少年维权岗在行动”，成立诏安县涂兰树青少年社会工作服务中心，招聘2名团属社工；加强对闲散青少年、不良行为青少年的服务帮教管理。

2019年，团县委创建西潭镇山河村等6所“留守儿童之家”，配备11个“亲情联络室”“阳光心灵室”，采用“团干+社工+志愿者”模式，每周末安排书画志愿者上书画课，为农村留守儿童搭建学习生活实践基地，开办音乐舞蹈、美术书画、灯谜等主题兴趣班30个，丰富留守儿童的暑期生活。

【青年成才引领】 2019年，共青团诏安县委员会举办第三届“海峡硒都”创业创新大赛、公职考试考前公益培训班，助推青年就业创业。全年举办公职考试考前公益培训6次，编写出版《强化服务，引领青春起航——诏安团县委积极推进青年就业创业工作》被《漳州信息》（交流版）和《八闽快讯》（交流版）刊登。暑期期间，团县委举办返乡大学生就业创业参观活动，组织40余名返乡大学生赴县两工业园区7家企业参观，发挥反哺乡梓、助力乡村振兴的作用。

【青年创业创新大赛】 2019年，共青团诏安县委员会推报诏安优秀青年企业参与第三届“海峡硒都”创业创新大赛、“漳州市青年英才优秀创业项目”等比赛。开展省、市创业大赛项目申报专项培训20余次，提升青年创业者的综合技能，并为企业争取到创业扶持资金。其中，地方特色中药材产业规模化项目（负责人叶盛）和兴复生态兔子产业+产业精准脱贫项目（负责人涂河生）获得2019年漳州市青年英才优秀创业项目；地方特色中药材产业规模化项目（负责人叶盛）获得第六届福建省“创青春”青年创新创业大赛农业农村成长组三等奖；共计获奖金21万元。

【关爱行动】 2019年，共青团诏安县委员会深入乡村（居委会）、学校，帮扶困难青少年群体，积极争取资金，开展共青团关爱行动，筹集资金5.2万元，争取希望工程助学金7.5万元，合计12.7万元，帮助贫困学子圆大学梦。联合漳州团市委，开展“2019年漳州‘青春扶贫行动’之共青团爱心图书角及微心愿爱心书包捐赠活动”，向金星乡湖内小学捐赠书包188个，向官陂镇陂龙小学、红星乡朱厝希望小学、建设乡进宝希望小学、秀篆镇北坑希望小学等学校捐赠图书角24套、图书4800册。

【县青少年宫】 2019年，诏安县青少年宫配合党、政、团等部门及团队中心开展活动，并在第十四届“水仙韵·龙江情”漳州市校外教育文艺会演活动中获得优秀指导教师奖。举办暑期“南大门公益童声合唱团”和小主持人培训班，与社会办学机构联合举办吉他、舞蹈、爵士鼓、武术等秋季特色公益培训班，元宵、“五四”青年节、“六一”国际儿童节、暑期等节假日期间，组织开展青少年书画、声乐、器乐、舞蹈等文艺活动。

（团县委　供稿）

诏安县妇女联合会

【概况】 2019年，诏安县妇女联合会下设乡（镇、区）妇联15个，村妇联217个，社区妇联33个。县妇联以“巾帼心向党、巾帼建功、巾帼暖人心”为中心，建立“好厝边”基层妇女组织助力乡村振兴，打造妇联工作新亮点；做好妇女儿童维权，慰问贫困妇女和困境儿童，组织带动妇女就业创业，展示新时代女性风采。

【基层组织建设】 2019年2月，诏安县妇女联合会召开十四届六次执委（扩大）会议。会议传达学习全国妇女十二大和漳州市妇女十七大精神，部署开展“党群共建达标创星”活动和各级执委培训，建设规范化基层妇联示范点等工作。各基层妇联建设有声有色，涌现一批先进集体和先进个人：县法院诉讼服务中心获得“福建省级巾帼文明岗”称号、县双澜蔬菜专业合作社获“福建省级巾帼示范基地”称号、官陂镇凤狮村妇联获

“福建省先进村妇联”称号、黄妙龄荣获“全国巾帼建功标兵”称号。

【政治思想建设】 2019年，诏安县妇女联合会召开“以谷文昌为镜，践行初心使命”“以乌山革命精神为根，坚定理想信念”“以生态净化为纲，加强政治建设”等八个专题研讨会，依托“丹诏女声”公众号、“妇联通”和“一呼百万”微信工作群，利用“妇女之家”“儿童之家”“巾帼创业示范基地”公开栏、LED显示屏等阵地进行集中宣传，营造浓厚的学习和舆论氛围。

【巾帼文明行动】 2019年，诏安县妇女联合会推荐张威邦、张阿岭家庭和沈大柄、高剑珠家庭参评省“最美家庭”，都获评。在县内开展评选70户县“最美家庭”和70户县“五好家庭”活动并联合推荐省、市道德模范人选。

2019年，县妇联深入基层开展“巾帼文明”活动。在深桥镇华表村开展“孝廉文化讲堂”录播活动、“亲子学家风，一起承家训”亲子共学活动，引领广大家长和幼儿传家训、立家规、扬家风，营造积极向上、健康和谐的书香家庭。桥东镇妇联参与在桥东镇西浒村举办“弘扬历史名村文化，树立移风易俗新风”文艺演出，展示巾帼文明风采。县妇联在学校、村、社区成立34所“示范家长学校”；在白洋乡玉楼村等51个村建设“儿童之家”，普及家庭教育知识，推广家庭教育的成功经验，帮助和引导家长树立正確的家庭教育观念，掌握科学的家庭教育方法，提高科学教育子女的能力；在江滨公园举行迎“三八”主题旗袍秀活动；在官陂镇凤狮村开展“寻找最美的自己——魅力巧妇养成计划”主题活动，展现妇女风采。

【参与社会活动】 2019年，诏安县妇女联合会组织基层妇女致力乡村振兴工作，组织巾帼志愿者到桥东镇仙塘村开展人居环境整治；组织金星乡妇女干部开展“九侯山环保志愿服务”活动。南诏镇妇联开展登革热防控志愿活动；赤石湾村妇联分发清洁家园倡议书并清扫街道，营造优美环境；司下村妇联开展农村人居环境村庄清洁活动。凤狮村、石东村、桥园村三个“基层妇女致力乡村振兴示范村”妇联组织妇女开展乡风文明、人居环境整治、家庭文明创建、文化传承，彰显巾帼作为，分别获市妇联和市委乡村振兴办公室4万元、1万元和1万元的奖励金。

【妇女儿童维权】 2019年，诏安县妇女联合会组织开展妇女维权法治宣传和妇女儿童关爱行动。在深桥镇树美村、金星乡新东亭村、南诏镇东北社区开展反家暴、送爱心等系列活动；在怀恩中学、第二实验小学分别开展“爱心护蕾，临界预防”家长学校专题讲座；在官陂镇下官小学开展“爱心护蕾，发进校园”未成年人预防性侵害专题讲座；在西潭镇山河书屋开展“立德树人，从家出发”专题讲座，向各位家长讲授科学家教方法。同时对无户籍儿童和困境儿童的安全发展问题开展调研。

【巾帼关爱行动】 2019年春节期间，诏安县妇女联合会慰问贫困妇女和困境儿童共83人，发放慰问金4.15万元；“六一”国际儿童节期间，慰问困境留守儿童37人，发放慰问金7400元。全年县妇联帮助春蕾女童申请助学金5人次。四都镇妇联开展“关爱留守儿童和留守老人”慰问活动。桥东镇澳头村妇联为留守儿童开展“儿童快乐家园”科普体验活动。

2019年，县妇联举行“母亲健康1+1”公益募捐活动，募集善款9.75万元；慰问全国“两癌”贫困妇女2名，省“两癌”贫困妇女59名；慰问患病建档立卡贫困户并送去安康保险理赔金7万元；为全县符合16~60岁建档立卡3751名贫困妇女购买特定疾病保险，共计37.51万元。

【妇女就业创业服务】 2019年2月，诏安县妇女联合会与县人社局、县总工会共同举办“2019年春季人力资源招聘大会暨大中专毕业生供需见面会”，联系金融部门开展“巧妇贷”助力巾帼创业，服务乡村振兴活动。梅岭镇妇联举行“专家快车农村行”海产品养殖技术培训班，有效增强

农村妇女自我发展能力。　　（县妇联　供稿）

诏安县科学技术协会

【概况】　2019年，诏安县科学技术协会协调、指导乡（镇）科协及其他专业协会、研究会开展科技研究、科普宣传和青少年科技活动等工作；全年新增院士工作站3个，居全市首位，全县累计院士工作站4个。诏安师生参加第34届福建省青少年科技创新大赛成绩不俗。

2019年，诏安县科学技术协会所属县级学会（协会、研究会）17个，会员2110人，其中中级职称以上212人；乡（镇）科协16个，工作人员30人；农村专业技术研究会5个，企业科协14个。

【院士工作站建设】　2019年，诏安县科学技术协会指导福建宝智水产科技有限公司、福建省福果农业综合开发有限公司和福建绿洲生化有限公司申报省级院士工作站；指导福建大北农水产科技有限公司做好省级示范院士工作站申报工作。福果农业综合开发有限公司、宝智水产科技有限公司、绿洲生化有限公司通过评审，核准同意设立“2019年省级院士专家工作站”。诏安县新增省级院士专家工作站位列全市第一。

【青少年科技教育】　2019年，诏安县青少年科技辅导员协会组织辅导员参加县级全员培训，推荐优秀辅导员参加省市级培训，开展福建省百场科普报告进校园活动。3月17日，在第34届福建省青少年科技创新大赛中，诏安县师生2个项目获二等奖、7个项目获三等奖，县青少年科技辅导员协会获“基层赛事优秀组织单位”；林火平获“十佳科技辅导员”称号。7月19日，在第十七届福建省青少年机器人竞赛中，徐珅爽获“十佳优秀教练员”称号。

【普及科学技术】　2019年，诏安县科学技术协会开展“三下乡”活动，发放科技图书6000多册，科普宣传资料3万多份，展出科普展板1100余面次，播放科普宣传片350多次，受益人数2.5万多人次。组织科普日、科技周、科技工作者日等科普进乡村活动。继续在《丹诏乡讯》开辟《科普专栏》，推送和发布科协工作动态、科普小知识。及时更新县内185个科普宣传栏挂图内容，为群众提供优质的科普服务。

（县科协　供稿）

诏安县文学艺术界联合会

【概况】　2019年，诏安县文学艺术界联合会组织人员开展艺术创作，举办形式多样的艺术展和丰富多彩的群众文化活动。音乐、舞蹈、灯谜、书法、绘画全面开花。书画展为文联的重头戏。

2019年，新增中国美术家协会会员2名，中华灯谜学术委员会会员2名，多个项目参加省级以上比赛获奖。

【助力青梅推介会】　2019年青梅推介会期间，诏安县文学艺术界联合会在沈耀初美术馆县协办“白云万顷——清华大学十六教授书画展”；与诏安书画院联合举办“诏安书画院诏安画派作品陈列展”；诏安书画院、县美协、县书协承办“中国书画艺术之乡——诏安”书画教学体验活动。县文联下属灯谜协会承办第二届“咏梅杯”全国灯谜大赛；摄影协会承办“梅香飘逸，富美诏安——2019年诏安县青梅产业推介会摄影展”及梅园采风活动；县美协承办“聊赠一枝春——诏安县名家画梅作品邀请展”。以上活动展现诏安风采，有力助推青梅推介会。

【书画展览】　2019年由诏安县文学艺术界联合会协办，在沈耀初美术馆开展的活动有：1月18日至2月9日，“白云万顷—清华大学十六教授书画展”；2月7日“姹紫嫣红花正开”迎新春书画作品展；2月13—17日“春至诏安”全国油画名家己亥正月书画艺术之乡采风写生展；6月29日至7

月6日“满园春色——福清、思明、诏安三地庆祝中华人民共和国成立70周年美术书法联展”；8月30日至9月8日“庆祝中华人民共和国成立70周年”书画作品展。11月23日，由县美协协办的“艺术厦门——诏安艺术家联展”在厦门国际会展中心开展。

【写生采风】 2019年2月8日，“春至诏安”全国油画名家己亥正月书画艺术之乡采风写生活动走进诏安县，中国美术家协会主席、中央美术学院院长范迪安带领一批油画名家到诏安县多处景点开展采风写生活动；3月15日，在诏安文体中心举行了“春至诏安——重走全国油画名家创作之路”启动仪式，由县美协承办“春至诏安”——重走全国名家诏安写生之路活动，组织会员前往诏安县梅岭镇、深桥镇、红星乡、金星乡等乡镇进行写生。

7月18日，县美协协办“庆祝中华人民共和国成立70周年——漳州市百名书画家描绘富美新漳州（诏安站）”采风写生活动。

【音乐舞蹈】 2019年5月25日至9月30日，诏安县音乐协会承办县“歌唱家乡，颂我诏安”歌曲传唱活动。6月1日，诏安县舞蹈协会承办“我们是共产主义接班人——诏安县庆祝六一国际儿童节”文艺会演。

【群众活动】 2019年1月27—28日，诏安县文联开办“丹诏书画讲堂”，邀请沈亮光讲授“王羲之圣教与其行书体系”，张瑞欣讲授“篆刻入门漫谈”。县文联组织“丹诏大讲堂”开办。2月26日，邀请刘墨做“如何理解中国传统文化——过去、现在和未来”讲座。5月9日，邀请林继中举办“王维打开了哪扇门——漫说诗画禅”讲座。

1月14日，县书法家协会组织诏安县百名书家开展“奋进新时代，送福进万家”义写春联义写店名活动。6月28日至7月1日县摄影协会在梅峰公园举办“长寿诏安，百岁风采”主题摄影展。10月，县灯谜协会编辑出版《怀恩谜苑9——诏安第二届“咏梅杯”全国灯谜大会专辑》，全年县灯谜协会共举办20场谜会，丰富群众文化生活，活跃节日氛围。

【主要文艺创作成果及荣誉】 2019年，诏安县灯谜协会理事沈加兴和郭惠彬成为中华灯谜学术委员会会员，全国会员人数增至9名。2月，第六届中华灯谜文化节在合肥召开，郭惠彬获女子个人赛优胜奖，其谜作获命题创作佳谜奖；沈睿恒谜作获自荐百科佳谜奖。

2019年，县美协沈逸舟、沈瑞安2位会员加入中国美术家协会；吴建福、郑其玮2人两件作品入选中国美术家协会第十三届美展；许惠玲、沈君发等9人国画作品多次入选中国美术家协会主办的国家级展览。县书协沈汉波、张池山、陈添荣3人5件书法作品入选中国书法家协会第十二届国展；孙航、沈渝泓、李艺斌的作品入展福建省第五届新人展。

6月26日，沈耀明家庭获国家新闻出版署授予的第三届全国“书香之家”称号及铜匾。9月22日，县舞蹈协会广场舞队参加“全闽共舞·礼赞新中国——福建省第三届广场舞大赛”，获一等奖。

（县文联　供稿）

诏安县残疾人联合会

【概况】 2019年，诏安县残疾人联合会履行“代表、服务、管理”的职能，加强残疾人权益保障，关心残疾人康复、就业创业和助学帮扶工作，营造和谐社会的良好环境。

2019年，全县残疾人约3.9万人，占总人口的6%。县残联全年核发办理残疾人证1.15万份，其中重度残疾8073人，轻度残疾3452人。

【残疾人权益保障】 2019年，诏安县残疾人联合会为近400名瘫痪在床、难以前往医院评残的重度残疾人开展入户评残工作；召开第三代残疾人证换发工作业务培训会；通过“中国·诏安”微信公众号、丹诏乡讯、县电视台等媒体刊发残疾人证管理实施细则、三代证换发工作指南，扩大残疾人证换发工作的影响力。全年有1.29万人次享受“两项补贴”，其中7568人享受重度残疾人护理补贴，5334人享受困难残疾人生活补贴；8715名重度残疾人享受基本医疗保险个人缴费部分的全额补助。

【残疾人帮扶】 2019年，诏安县残疾人联合会扶持残疾人就地就近开店个体经营或发展种植养殖业、家庭手工业，滚动发放小额贷款20万元；为76名精神残疾人发放机构托养补助，补助金额38万元；完成591件辅具补贴报销工作，补贴金额91.4万元；为30名困难残疾儿童送去每人200元的春节慰问金；继续开展帮扶挂钩太平镇雄鸡村困难群众7户。全年完成361名困难残疾人对象的调查、审核、公示、上报工作，发放补助金额共99.2万元；131名残疾人享受年度社保缴纳补贴，补贴金额共48.05万元；完成15户危房户的改造，发放补助金额45万元；对6户残疾人家庭无障碍项目进行改造提高。春节期间，县残联组织访贫问苦，发放慰问物资米、油57组，衣服、鞋子等204件，发放慰问金7.95万元。

【残疾人康复】 2019年，诏安县残疾人联合会审核98名0~7周岁残疾儿童为抢救性康复训练补助对象，确定8名7~14周岁残疾儿童为康复训练补助对象，推介75名残疾儿童到市残联康复中心、市妇幼保健医院等康复机构进行抢救性康复治疗。县残联还出台《诏安县残联购买残疾人精准康复服务实施方案》，为50名60周岁以上有康复需求残疾人提供为期3个月的居家精准康复服务。

【扶残助学】 2019年，诏安县残疾人联合会为268名困难残疾学生和残疾人家庭子女发放扶残助学补助资金共43.7万元；为52名困难残疾大学生及残疾人家庭子女发放“圆梦行动”补助资金共32.1万元。

【残疾人就业服务】 2019年4月，诏安县残疾人联合会组织6名有就业意向的残疾大学生参加2019年漳州市残疾人就业招聘会，协调工业园区管委会举办残疾人就业招聘会，有18名残疾人与用人单位初步达成就业意向。8月16日和19日县残联举办残疾人实用技能培训班，县内15个乡镇的90名残疾人参加培训。

【残疾人数据更新】 2019年8月20—23日，诏安县残疾人联合会开展为期4天的2019年残疾人基本服务状况和需求信息数据动态更新工作培训，15个乡镇残联理事长、联络员、村残协委员及县直工作人员近300人参加培训。此次动态更新数据手机App录入达100%。

【残疾事业宣传】 2019年7月19—22日第十三次“全国特奥日”活动期间，诏安县残疾人联合会以运动会的形式邀请13个残障孩子家庭参加，营造全社会共同关注关爱智力障碍者群体的氛围。县残联依托有线电视、报纸、网络等媒体，借助“残疾人在线”“中国·诏安”微信公众号等网络平台和公告栏、宣传栏、电子滚动屏、宣传横幅等，宣传保障残疾人文化权益的政策、措施，加快发展残疾人事业，加强残疾人文化服务。全年县残联发布信息42篇。

（县残联　供稿）

法　治

政法委及综治

【概况】　2019年，诏安县政法系统坚持以习近平新时代中国特色社会主义思想为指导，认真落实中央决策部署和省委、市委、县委工作要求，以中华人民共和国成立70周年大庆安保维稳为主线，以防范化解风险隐患为重点，以改革创新为动力，以队伍建设为保障，统筹抓好防风险、保安全、护稳定、促发展等工作，平安诏安、法治诏安建设取得丰硕成果，群众安全感率达99.16%，为实施“工业强县、山海兴县、文旅名县、富美新城”创造安定稳定的社会环境。

【扫黑除恶专项斗争】　2019年，诏安县委、县政府始终将扫黑除恶专项斗争作为“头号政治工程”来抓，围绕三年总体目标和阶段性目标，动员全县人民群众共同参与，压实各级各部门责任，不断强化工作举措。及时调整县扫黑除恶专项斗争领导小组成员，完善“一办五组”组织架构。多次召开专项斗争工作会、整改工作会和领导小组成员（扩大）会议，使专项斗争按节点有序推进。建立县领导挂钩乡镇制度，成立县督导专员队伍，对扫黑除恶工作不力的乡镇、县直有关部门下发警示函、提醒单，加强对基层督导指导，有效传导工作压力。对尚无摸排到有效线索的成员单位实行“签字背书”制度，由县领导对工作相对滞后的单位进行集体约谈。将专项斗争工作作为县直单位和乡镇年终综治考评、县直平安单位考评的重要依据，将扫黑除恶工作纳入全面从严治党主体责任和县纪检监察机构绩效考评中，传导压力，倒逼责任落实。建立完善政法部门工作信息专报机制，出版专项斗争工作简报23期，及时向党委、政府报告情况，重点难点问题，第一时间提请县扫黑除恶专项斗争领导小组协调解决。5月17日，诏安、饶平两县在诏安宾馆签订扫黑除恶专项斗争合作协议，推动扫黑除恶专项斗争“打伞破网”深入开展，对涉黑涉恶的新动向形成压倒性的雷霆打击之势，共同维护诏、饶两地和谐稳定。

按照中央、省市的部署和县委的安排，制定《关于深化扫黑除恶专项斗争的实施方案》，按时序节点推进扫黑除恶工作。围绕省委巡视二组反馈意见指出的问题和提出的意见建议，按照县委要求，成立整改工作领导小组，制定细化措施，强化整改落实，如期完成整改任务。

至2019年年底，全县专项斗争共打掉黑社会性质组织1个、恶势力犯罪集团2个、恶势力团伙6个，抓获涉黑恶类犯罪嫌疑人248人，破获案件

117起，扣押冻结涉案资金2455.45万元，扣押涉案汽车7部，房屋3套，地磅1套，移动板房4间，手机8部，网络硬盘录像机1台。其中，一审宣判恶势力团伙案件2起；一审宣判恶势力犯罪集团案件1起；一审宣判黑社会性质组织案件1起。

【平安诏安建设】 *社会持续和谐稳定* 2019年，诏安县政法机关不断增强政治敏锐性，严格落实意识形态工作责任制，坚决捍卫政治安全。持续推进反邪教工作。以全国“两会”、“一带一路”高峰论坛和庆祝中华人民共和国70周年等重大活动反邪教安保为主线主责，积极顺应反邪教职能划转的新形势、新任务、新要求，勇于担当，主动作为，开展反邪教宣传活动。加强风险防控。以做好“两节”“两会”安全为重点，狠抓各项安保工作措施的落实。持续开展信访矛盾化解攻坚战。持续改善治安环境。致力服务经济发展。县检察院召开“检察护航民企发展”专题座谈会，聘请15名代表担任首届“特约检企联络员”，畅通检企联系渠道。依法打击盗窃、哄抢、诈骗企业财产，侵犯企业人员人身安全、侵犯知识产权损害商业信誉等破坏企业发展的各类刑事犯罪，批捕26件48人，起诉42件63人。

治安问题专项治理 开展矛盾纠纷排查调处活动。持续开展拉网式矛盾纠纷排查，及时化解因民间纠纷特别是邻里矛盾纠纷、婚姻家庭纠纷等可能引发的“民转刑”案件的发生。充分发挥大调解、多元化调解平台作用，全县建有行业性、专业性人民调解委员会共14个。制定出台相关文件，设立“诏安县访调对接工作室”，有专兼职调解员11名，实现公调对接、访调对接、诉调对接三个全覆盖。畅通和规范群众诉求表达渠道。实行网上受理信访制度，全面推进信访信息化建设。拓宽群众诉求受理渠道、实现窗口前移和重心下移，规范初信初访和复查复核工作，解决重大疑难复杂信访问题。完善特殊人群服务管理。加强严重精神障碍患者救治救助管理。加大精神卫生工作专项经费投入工作，推动精神专科医院建设，诏安县总医院精神科（含瑞康精神专科医院）正式运行，配备床位200张，开始接收病人。签订以奖代补协议81份，有71人协议到期、有效履行协议，按期领取足额奖励金。强化社会治安重点整治工作。从3月中旬至12月底，深入开展社会治安重点地区排查整治活动，全县有3个省级重点整治点和14个县级重点整治点。县委、政法委实行派驻工作队和建立挂钩督导制度，实行每月一督查，每季一考评，年终检查验收。各乡镇对本级重点整治点也成立工作队，建立相应的工作制度，采取有效措施进行整治。开展黄赌毒专项整治。

社会治理改革创新 8月开始，县委政法委牵头深入调研、高位谋划，积极布局、主动作为，推进城乡社区网格治理工作，城乡社区网格化管理体系促进社会的和谐稳定。9月12日前，县内15个乡镇全部启动该项工作，并投入运行。至年底，全县共配备网格员236名，警员299名；组建治安巡防队15支、巡防员621人，法律服务队15支、调解员98人，开展巡防326次，排查化解风险隐患34件。完善社会共建共治共享机制。县、乡、村综治中心实体化建设全面覆盖，实现组织机构、标识名称和场所建设、运行机制等规范统一。实现所有村（社区）网格平台全覆盖。深入开展平安园区、平安铁路、平安乡镇、平安示范村等系列创建活动。在原有“平安边界”基础上进一步加强合作，完善矛盾纠纷联调、社会治安联控、突出问题联治、重点人员联管、突发事件联处、平安建设联创等措施，防范和打击边界地区违法犯罪活动。加强校园安全监管工作，县委政法委与公安局、教育局联合出台《诏安县2019年中小学、幼儿园“护校安园”行动方案》，校园及周边在上、放学等重点时段，均有佩戴警用器械的保安和统一着平安志愿者红马甲、小红帽的平安志愿者开展巡防，保障校园及周边安全。抓好园区社会治安，建立涉企案件快侦快破机制，打造安全稳定工业园区；抓好安全生产，落实“党政同责、一岗双责”责任制，严把招商引资安全生产关。加强安全隐患排查整治；全力化解矛盾纠纷；加强环境污染监管和执法，为企业营造宜居宜业环境。

政法领域改革深化 加快信息化和智慧化建设。县法院通过审判流程管理、电子卷宗、数字法庭、数字化审委会系统等，为法官提供智慧办案支持；运用执行指挥中心、点对点网络查控系统、单兵作战系统等，监控、查询、指挥、部署“一站式执行”；全面应用案卷档案管理、人事管理、财务管理等办公信息化系统，实现办公政务管理数字化。重点强化安检大厅、诉讼服务中心、审判、办公区域的监控、门禁和安检系统，并加载人脸识别系统，提升人员管理信息化水平。规范执法办案，提高执法质量。优化执法质量考评机制，严格落实案件审批制度，提高案件质量；完善受立案制度改革，设立案管中心，挂靠法制大队，根据“两统一”的要求进行工作部署并开始运作。规范涉案管理，严格按照省公安厅、市公安局有关要求，做到涉案财物管理实行办案与管理相分离的原则，对涉案财物实行统一管理，确保涉案物品交接规范、安全，涉案物品有序、有效管理。

（县委政法委供稿）

法治政府建设

【概况】 2019年，诏安县各级政府各部门以习近平新时代中国特色社会主义思想为指导，深入贯彻中共十九大和中共十九届二中、三中、四中全会精神，深刻领会习近平总书记全面依法治国新理念新思想新战略，增强“四个意识”、坚定“四个自信”、做到“两个维护”，全面落实《中共中央关于全面推进依法治国若干重大问题的决定》、中共中央、国务院印发的《法治政府建设实施纲要（2015—2020年）》和《福建省法治政府建设实施方案》，围绕县委、县政府的重大决策部署，服从服务中心工作，坚持把法治政府建设作为贯穿政府工作的主线，完善工作机制，规范行政行为，增强政府公信力和执行力，扎实推进法治政府建设和依法行政各项工作，促进全县经济社会持续快速发展。

【全面依法治县】 **法治机构健全** 2019年，诏安县党政机构改革中，将依法治县领导小组改为县委全面依法治县委员会，作为县委议事协调机构。主要职责是贯彻落实中央和省、市依法治国（省、市）的方针、政策，研究县全面依法治县的重大事项，根据中央和省、市统一部署统筹协调、整体推进、督促落实全面依法治县各项工作。

法治宣传 积极利用宣传日、纪念日等开展宣传活动，举办“春季宣传月”“禁毒日”“消费者权益保护日”以及“三下乡”等活动日进行法治宣传，全年配合开展宣传活动9次，分发各类宣传材料7000多份。推进宪法宣传主题日活动，在四都镇西梧村举办“12·4”宪法宣传周暨科技文化卫生三下乡活动。邀请18个单位开展法治宣传，并举办法治文艺会演。建立完善法治宣传教育基地。在南诏镇南湖社区、深桥镇平屿村建立法治宣传教育基地，在基地举办4场法治宣传教育活动。在“诏安普法”微信公众号及诏安普法网站新开辟“一周一法”栏目，普及法律知识。全年在民营企业开展法治宣传6场次，服务企业员工1000多人次，通过部门联动协商机制为台商解决诉求1件，为企业营造良好的营商环境。

法律公共服务体系建立 逐步完善法律服务平台，在诏安荣华食品有限公司以及县委台港澳工作办公室各成立1个人民调解委员会，初步建成1个公共法律服务中心、15个乡镇公共法律服务站、3个法律服务站、6个法律援助站、2个涉企涉台调委会、251个建制村（社区）法律服务点的法律服务圈，实现法律服务零距离，随时就地解决群众遇到的法律问题。通过与非公企业进行“党建强企”结对共建，建立由律师、法律服务工作者以及公证员等组成的民营企业法律服务团，健全法律服务多部门联动协商机制等工作方式，多方式为民营企业提供法律服务。为弱势群体的法律援助“尽援优援”。基层法律援助站共引导11个案件，比上年增长42.9%，切实为弱势群体提供法律援助，成功为1起乡医工伤死亡申请医疗保险赔偿提供法律援助。

“放管服”改革深化 强化社会管理和服务职能，切实解决人民群众最关心最直接最现实的利益问题。结合诏安实际，因地制宜设置机构，构建依法行政的政府治理体系，为加快建设“活力诏安、魅力诏安、生态诏安”提供强有力的体制机制保障。制定县政府工作规则，政府运行更加规范高效。成立企业服务中心，优化投资项目审批流程和服务质量。提升“互联网+政务服务”水平，建成“一端全办”服务平台，推动全县所有审批服务事项网上办理，更快更好方便企业和群众办事创业。强化重点领域、关键环节、重要岗位权力运行监督，持续规范政府采购、行政审批、工程招投标、土地出让等领域工作，将权力关进制度的“笼子”。推进“智慧村务”建设，强化村级小微权力监督。提升“互联网+政务服务”水平。推动审批服务事项网上办理，实现从网上咨询、网上申报、网上预审、网上受理、网上反馈的“全程在线”服务。进一步优化建设审批流程，将投资项目审批流程整合为立项用地规划许可阶段、工程建设许可阶段、施工许可阶段、竣工验收4个阶段，实行统一受理、并联审批、统一发证和实行联合验收。

廉洁高效政府建立　县政府党组开展“不忘初心、牢记使命”主题教育，加强政治建设。全面加强依法行政，行政监督、审计监督得到加强。严格执行政府工作规则，有令则行、有禁则止，不讲条件、不搞变通，为高质量发展落实赶超提供坚强政治保证。严格落实全面从严治党主体责任，加强党风廉政建设和反腐败工作，强化意识形态工作责任制。高标准做好省委巡视“后半篇文章”，深入推进案后整改，全面开展警示教育。11月15日，召开全县领导干部警示教育大会。县委书记陈文聪、县人大常委会主任沈义和、县政协主席陈一森等县四套班子领导等参加会议。会议通报何德发（诏安县委原书记）、孙洪强（诏安县委原常委、县政府原常务副县长）、沈英才（县公安局原副局长）、李瑞文（金都工业集中区管委会原主任）、林建平（县教育局原局长）5起违纪违法典型案件。通过警示教育，提高领导干部廉洁自律的自觉性。巩固省委巡视整改成果，加强巡视巡察结果运用。坚定不移反腐倡廉，深入抓好以案促改，坚决铲除滋生腐败的土壤，营造良好的政治生态。加强纪律教育和执行，让政府公务人员知敬畏、存戒惧、守底线，形成政通人和、政治清明、政府清廉的良好氛围和生动局面，在群众中树立政府工作人员清正廉洁良好形象。加强效能问责力度，坚决整治“庸懒散拖”行为，效能问责处理8名党员干部。自觉接受人大、政协和社会监督，办理人大代表建议49件，政协委员提案65件，满意率100%。

【群众合法权益依法保障】　**社会矛盾纠纷多元化解**　2019年，诏安县积极发挥人民调解第一防线的作用。全县共排查各类矛盾纠纷544件，调处成功544件，涉及标的总额164.39万元。多元调解中心共处理23起诉前调解、14起医患纠纷、20起交通事故赔偿纠纷，涉及标的总额613.26万元。建立对接分流机制。县司法局12348与公安110建立联动处置纠纷机制，即开展人民调解与“110”非警务事项对接分流工作。通过建立24小时值班制度，补充完善《漳州市网格化管理平台培训——司法网格》，制定“对接分流”“拒绝调解”等登记表，进一步提高分流对接的工作质量，切实把矛盾化解在基层。全年对接95起（其中转接5起），调解成功51起。

行政复议、行政诉讼　积极探索构建人民调解与行政复议的有机融合工作机制。多元调解中心共处理23起诉前调解，比上年增长43.8%。全年行政复议申请15件，立案受理12件，不予受理3件，审结6件，未审结6件。审结的案件中，因调解而终止4件，维持1件，责令履行1件。全年受理行政诉讼案件32件，新增29件。审结26件，未审结6件。审结案件中，撤销3件，驳回21件，确认违法1件，责令履行1件。探索建立政府法律顾问制度，通过全面建立政府法律顾问制度，充分发挥政府法制部门、司法行政部门工作的职能作用，积极发挥律师的专业知识优势，聘任2个律师事务所共5名律师为顾问团成员。

社区矫正中心规范化建设　年内，建成集监管指挥中心、入矫登记、心理矫治、教育培训以及矫正宣告等多个功能室的社区矫正中心，总建筑面积530平方米。成立社区矫正检察官办公室，形成法律监督与矫正监管合力。开展特殊节日、百日安全以及攻坚行动排查督导9个轮次。召开特赦评审会议，对17名符合条件的社区矫正对象进行特赦宣告，累计接收社区矫正对象2605人，累计解除矫正对象2121人。全县刑满释放人员2225人，实现一人一档管理。以政府购买方式委托闽南师范大学对社区矫正对象进行心理矫正；委托漳州市芗城区方博职业培训学校对社区矫正对象和刑满释放人员进行职业技能培训等，帮助社区矫正对象和刑满释放人员尽早实现经济独立、融入社会。

信访渠道依法畅通和规范 全年共受理群众来访587批1114人次，分别比上年上升56.5%和41.4%。其中，集体访34批368人次，分别上升36%和18.7%；群众写信投送到国家信访局108件，比上年下降3.6%；进京访4批4人次；进京到非接访场所滋事扰序2批2人次；群众写信投送到省140件，上升5.3%，越级到省上访11批16人次，分别上升83.3%和128.6%；群众写信投送到市40件，下降13%，越级到市上访38批44人次，分别上升245.5%和300%。县信访部门会同县机关效能办对群众评价不满意件进行督办整改，不断提升群众对信访工作的满意率，维护党和政府的公信力。

（县委全面依法治县委员会办公室供稿）

公 安

【概况】 2019年，诏安县公安机关在县委、县政府和上级公安机关正确领导下，坚持以习近平新时代中国特色社会主义思想为指导，深入贯彻中共十九大和中共十九届二中、三中、四中全会精神，紧扣中华人民共和国成立70周年大庆安保工作主线，以学习宣传新时代“漳州110”精神活动为契机，聚焦风险防控，突出改革创新，强化能力建设，全力保障诏安经济社会发展大局，各项公安工作和队伍建设呈现良好发展态势，为全县经济社会发展和人民群众安居乐业创造安全稳定的社会环境、公平正义的法治环境和优质高效的服务环境。

【公安法治】 2019年，诏安县公安局坚持以提升执法公信力为重点，全力推进执法规范化建设，全年网上办理案件2588起，开展网上个案考评案件2588起，网上办理案件率100%。

县公安局完善执法制度建设，细化集体研究审议实施办法，形成会议纪要附卷；成立案管中心，对案件进行集中受理审查，开展案件卷宗评比活动。加强执法主体建设，坚持全警培训制度，挑选办案能手、优秀法制员组建基层执法质量服务队，鼓励民警参加国家司法考试和高级执法资格考试。严密执法审核把关，明确“五级案件审核把关制”，确保执法办案质量；严格落实“每案必查、每案必评”制度，组织开展涉案财物管理、办事服务窗口管理等专项整治，及时发现和纠正执法偏差。严格执法监督管理，落实公安部“四个一律”等规定，建立涉案财物管理中心，提升涉案财物管理信息化、规范化水平。

【警务改革】 2019年，诏安县推进“社区（乡村）110”建设，坚持共建共治共享的社会治理理念，把推动“社区（乡村）110”工作作为优化城乡社区网格治理工作的有力抓手，坚持“党委主导、政府主责、基层主力、社会协同、公众参与”的治理模式，优化运作机制，整合各方资源，汇聚多方力量，提升“社区（乡村）110”网格治理工作质效。全县15个乡镇均完成城乡“社区（乡村）110”建设工作。

县公安局落实网格化一级接处警，“诏安110”启动接处警以后，城区见警率显著提升，人民群众获得感、幸福感、安全感显著增强。制订出台《“1、3、5分钟快速反应圈”划定处置工作方案》，严格落实24小时动中备勤和接处警工作，切实加大巡逻密度，做好应急处突准备工作，确保快速反应，高效处置。抽调经验丰富的青年民警充实到“诏安110”，配备剑齿虎装甲车等高精尖车辆武器装备，购置巡逻摩托车、通信头盔、臂盾、骑行服等装备器材。

推进非警务事项对接分流，充分利用广播、电视、报刊、互联网、微信等公共媒体平台，广泛宣传“110”“12345”“12348”平台的职能定位、受理事项范围、主要工作流程和使用方法，引导人民群众选择正确有效的求助渠道，增强人民群众“找专业部门解决专业问题”意识。

【治安管理】 2019年，诏安县公安局受理查处治安案件901起，完成大型活动安保工作13场次，二级警卫和三级警卫各1次。

县公安局严管严查危爆物品从业单位，对县内民用枪支制造企业、1家民爆公司、2家烟花爆竹批发企业开展安全检查，督促企业落实安全生产主体责任。加强对县内28家加油站、4家燃气公司、2家危险化学品生产企业的安全监管检查，严格落实相关法规规定。加大危险物品“一体化”安全监管信息平台指导应用，指导辖区派出所和相关职能部门开展安全检查，并将检查情况录入危险物品“一体化”安全监管信息平台。

强化公共行业场所管理，定期召开娱乐业、旅馆业、机修业场所三大重点场所治安管理会议和业务培训，对全县15个乡镇的旅馆落实旅客入住信息实名登记，进行明察暗访，对无证旅馆进行查处。

突出重点整治，保持对“黄赌”违法犯罪的严打高压态势，建立健全涉赌问题打击整治及倒查问责等长效机制。严厉打击“食药农环烟”领域违法犯罪，对食品、药品、农资、环境、烟草领域的违法犯罪案件逐案盯办、逐案查处，健全联席会议等长效工作机制，形成齐抓共管、综合治理的格局。

【户政管理】 2019年，诏安县公安局完成居民二代身份证办理37982人，制作临时身份证2181张，办理港澳台居住证共139张；核实清理重复户口80对，清理注销18周岁无相片人员55人，经过核查办理18周岁无相片人员105人。完成全县167706户685504人的人口统计工作。加强对重点人口2513人（其中社区矫正370人、前科人员1034人）的管控工作。扎实有序推进创新流动人口管理专项工作，登记出租房屋5304户，流动人口12181名。全县标准二维码地址清理298637处，清理率99.99%，安装大中小门牌264499张，覆盖率96.85%，地址饱和度100%、标注率97.53%、访查率97.86%。

【监所管理】 2019年全面推进监所安全建设，加强物防、技防，打好设施设备隐患治理攻坚仗。严格按照《关于进一步加强看守所安全工作的指导意见》，全面排查整治监所设施设备（含防灾防疫设施）隐患。深入推进智慧监管建设，筑牢安全防护设施。全年安全无事故。

【刑事侦查】 2019年，诏安县公安局始终坚持“打击犯罪是主业、命案侦破是龙头”的指导思想，全面提升公安机关驾驭复杂治安局势的能力。全年共立刑事案件1296起，破683起，破案率52.7%，追缴赃款赃物折合人民币1670多万元。完善侦查、技术专业队设置，强化物证提取、鉴定等手段建设和刑事技术室、专业实验室规范化建设，完善“现场必勘察、质量必保证、鉴定必准确”的现场勘查运行机制，健全情报搜集、加工、侦查经营机制，充分发挥“专、精、深”的优势。全年勘查刑事案件1240起，勘查率100%。

【经济犯罪打击】 2019年，诏安县公安局共立经济犯罪案件（刑事）40起，破案45起，抓获犯罪嫌疑人70名，移送起诉犯罪嫌疑人59名；查处治安行政案件11起，处罚违法人员16名。主动联合县劳动监察大队开展清理拖欠农民工工资工作，立恶意欠薪案件2起，抓获犯罪嫌疑人3名，追回涉案资金250万元归还被欠农民工，取得较好工作成效和良好的社会效果。

【出入境及往来港澳台管理】 2019年，诏安县公安局共受理、审核、颁发各类出入境管理证件21324人次，其中：大陆居民因私出国护照5872本、往来港澳通行证5874本、签注13414人次、往来台湾通行证2038本、签注1987人次、前往港澳通行证 21 本；台湾居民来往大陆通行证 8 本。

【禁毒】 2019 年，诏安县公安局共抓获涉毒刑事犯罪嫌疑人 19 人，查处吸毒人员 49 人。强化毒品源头管理，严防毒品流入非法渠道，开展涉毒公共娱乐场所专项整治行动，重点对城区内的公共娱乐场所进行全面检查清理，开展形式多样的禁毒宣传活动，提升社会民众对毒品知晓率及防范意识。

【森林公安】 2019 年，诏安县森林公安工作以保护森林资源安全、促进林业经济发展、维护林区治安稳定为己任，相继开展扫黑除恶专项工作斗争、全国“两会”期间林区维稳工作、严厉打击象牙、犀牛和虎及其制品非法贸易专项行动、打击整治枪支爆炸物品违法犯罪、打击破坏野生动物资源犯罪专项行动、林区禁种铲毒工作、卷烟打假“百日攻坚”“夏季攻势”行动、清理整治野味餐馆专项行动、集中打击破坏生态环境犯罪“昆仑 4 号”行动、秋冬打击森林火灾违法犯罪专项行动等，严厉打击各类破坏森林资源的违法犯罪活动，维护县内林区治安秩序的安定稳定。全年受理各类森林案件 18 起，查处（破）18 起。

【道路交通管理】 2019 年，诏安县公安局交警大队排查整治道路安全隐患，完成省市为民办实事项目 2 处、县为民办实事项目 2 处交通道路整治。完成国道 324 线花墩路口、天山加油站路口、三角点交叉路口 3 个灯控路口和南环城路双港村路口、华林路口、南湖一号路口等 5 个灯控路口建设，改善国道 324 线和南环城路的交通管控能力，对国道白改黑工程中缺失部分交通设施进行完善。

加大交通纠违力度，每月定期开展交通治安专项整治，以国道 324 线、省道 309 线、县道下宫线、县道城铁线为重点区域，重点查处、整治国道酒驾、醉驾、大中型货车超载、涉牌涉证违法、电动车超员、不戴安全头盔、三轮车违法载人等交通违法。全年共查处各类交通违法行为 77569 起，严重交通违法行为 25221 起，其他违法行为 52348 起。持续开展“周末夜查”统一行动专项整治，共查处酒后驾驶 504 起、醉酒驾驶 140 起，严重交通违法行为 5474 起。

强化道路运输车辆动态监管，持续深化文明交通进驾校“五个一”活动，规范机动车驾驶人违法记分满分教育和审验教育；加强“两客一危”源头整治，“营转非”大客车、大型公路客车、大型旅游客车、危化品运输车、校车检验率注销率达 100%。

提升窗口服务水平，以“抓规范、促服务、创一流”为目标，积极推行“一次办、马上办、网上办、就近办”等工作措施，车管所推行 20 项交通管理“放管服”改革措施全面启动，由原来的复杂申请材料减免至简单的身份证明；由原来的一个工作日办理时限承诺至马上办或半个工作日等，真正做到精简申报材料、压缩办理时限，最大限度地减少群众往返次数、缩短等候时长。

【边防保卫】 2019 年，诏安县公安局海防大队落实市公安局部署的“净海专项行动”、乡镇船舶和“三无”（无船名船号、无船舶证书、无船籍港）船舶专项整治工作、打击整治涉砂违法犯罪、盗采红珊瑚违法犯罪打击防范、沿海防区基础勘查等专项工作，共出动警力 460 余人次，车辆 106 辆次，检查渔港澳口 561 次，重点部位 36 处，船舶 1479 余艘次，走访渔船民 6700 余人并发放宣传单 5000 份。

【网络安全管理】 2019 年，诏安县公安局对全县 43 个网站及信息系统（其中政府类 12 个、企业及个人类 31 个）、74 个公众号（其中政府类 61 个、社会类 13 个）加强管理，确保网络安全。检查网站 80 家次，下发整改通知书 15 份，全面落实上网人员有证上网、上网消费者实名登记、网吧安全管理员有证上岗管理制度。

【警务保障】 2019 年，诏安县公安局以深化警务保障改革创新为动力，以保障服务“基层建设和科技强警”为主线，站位全局、服务中心、突出重点、主动保障，为全县公安工作科学发展提供更加有力的保障和服务。

全力保障重点项目建设，加强与发改、财政部门的沟通协调，积极抓好社会治安防控体系建设工作，在南诏镇主城区建设良峰岗亭和综合大市场岗亭2个巡特警反恐大队治安巡逻防控执勤点，在国道324线33号交通治安岗亭建设“诏安县林则徐禁毒教育基地”，对县看守所、拘留所存在的安全隐患进行改造。完成县公共安全视频监控建设联网系统，对出入省际的车辆、人员信息进行有效的监控。

健全应急保障机制，制定出台《诏安县公安机关应急物资储备管理办法》，进一步健全完善应急物资储备更新调拨机制，加强应急物资储备，开展实战演练。应急储备仓库有铁壳冲锋舟、橡胶冲锋舟、救生圈、救生衣、手电、铁锹、雨衣、麻袋、口罩、单兵帐篷、充气床垫、班帐篷、救生绳、医用药箱等，应急队配备中巴车、通信车、指挥车。

（县公安局供稿）

检　察

【概况】 2019年，诏安县人民检察院以习近平新时代中国特色社会主义思想为指导，落实司法体制改革，按上级检察院统一部署，推进内设、直属机构改革。实行捕诉一体，增设综合业务部，对案件实行统一管理，整合综合行政部门，提高工作效率。

【打击黑恶势力犯罪】 2019年，诏安县人民检察院依法严惩黑恶势力犯罪，批捕涉黑涉恶案件2件5人。严把案件质量，是黑恶犯罪一个不放过、不是黑恶犯罪一个不凑数。经审查，不认定为黑恶犯罪2件4人。加强综合治理，对黑恶势力易于滋生地区、行业、领域，开展专项整治行动5次；做好舆论引导，深入乡村、社区、企业等，开展扫黑除恶专题法律宣传活动11场次，张贴、发放各类宣传材料1500多份。

【刑事检察】 **审查批捕** 2019年，诏安县人民检察院全面贯彻宽严相济刑事政策，忠诚履行审查批准逮捕职责，准确把握逮捕条件，切实提高批捕案件质量，促进社会和谐稳定。新增受理公安机关提请批准逮捕犯罪271人，经审查后，批捕238人，其中批捕“两抢一盗”、诈骗、敲诈勒索等侵财类犯罪70人，批捕制售假冒伪劣产品、侵害知识产权、非法经营等破坏社会主义市场经济秩序犯罪51人，批捕故意杀人、故意伤害、寻衅滋事、聚众斗殴、强奸等侵害人身安全犯罪71人，批捕黄赌毒犯罪35人，批捕破坏生态环境资源犯罪15人；不捕34人，其中事实不清、证据不足不捕24人，无逮捕必要而不捕13人。

审查起诉 坚持慎诉新理念，严格把握起诉条件。新增受理公安机关和监委移送审查起诉犯罪669人，经审查后，决定起诉589人，其中起诉危险驾驶、交通肇事犯罪162人，起诉黄赌毒犯罪126人，起诉故意伤害、强奸、聚众斗殴、寻衅滋事等严重侵害人身安全犯罪84人，起诉制销假冒伪劣产品、侵害知识产权、非法经营等破坏社会主义市场经济秩序犯罪69人，起诉“两抢一盗”、诈骗、敲诈勒索等侵财类犯罪92人，起诉污染环境、非法占用农用地、非法采矿等破坏生态环境资源犯罪10人。法院判决578人，均有罪判决；不诉14人，同意公安机关撤回起诉13人，移送市检察院或其他检察院起诉41人。

刑事诉讼监督 受理监督立案案件线索10件，审查后，对应当立案而没有立案的，监督公安机关立案2件；对不应当立案而立案的，监督公安机关撤案8件。纠正漏捕14人，纠正漏诉32人，纠正侦查活动违法7件，提请抗诉1件。提出量刑建议293人、法院采纳229人，量刑建议采纳率为78%。认真落实检察长列席审委会工作制度，检察长亲自列席审判委员会2次，对3起案件发表意见并得到法院的采纳。

认罪认罚从宽制度 全面探索对认罪认罚被告人提出确定刑量刑建议。全年适用认罪认罚从宽制度206人，其中起诉197人，不诉9人。建议法院适用速裁程序19件，提出量刑建议175人，其中幅度量刑建议167人、确定刑量刑建议8人，法院对检察院量刑建议采纳率100%。一审判决148人，提出上诉3人。

【民事行政检察】 2019年，诏安县人民检察院注重从关联案件中发现案件线索，推动民事生效裁判监督工作质效提升。针对未依法将被执行人纳入失信被执行人名单等问题，向法院提出检察建议，督促依法规范开展执行工作。受理各类民事诉讼监督案件3件，发出检察建议3件，全部得到法院采纳。开展行政非诉执行检察监督专项活动，督促相关部门依法向人民法院申请强制执行，促使行政机关的行政处罚得到确实履行。加强行政督促履职工作，对行政机关怠于履职情形及时发出检察建议，推动问题整改。发出行政非诉执行检察建议2件，发出督促履职检察建议1件，全部被采纳并整改完毕。

【未成年人检察】 2019年，诏安县人民检察院深化未成年人检察工作，对依法应当从严惩戒的犯罪未成年人，批捕9人、起诉12人，对涉嫌轻微犯罪并有悔罪表现的不捕1人，附条件不起诉2人。制定《关于“落实一号检察建议，建设平安校园”工作实施方案》，院领导、业务部门骨干挂钩担任县8所学校“法治副校长”和“法治辅导员”，开展专题教育讲座7场，受教育师生1500余人次。针对娱乐场所违规吸纳未成年人问题，向有关部门发出《检察建议书》2份，促成对全县娱乐场所开展专项整治活动。

【控告申诉检察】 2019年，诏安县人民检察院受理各类控告信访案件78件，申诉类案件9件。严格按照“7日内程序性回复、3个月内办理过程或结果答复”的要求，做到7日内程序性回复率100%、3个月内办理过程或结果答复率100%。办理司法救助案件2件2人，发放救助金10万元。

【生态检察】 2019年，诏安县人民检察院服务打好污染防治攻坚战，加大惩治破坏生态环境资源犯罪力度，批捕9件15人，起诉10件11人；联合县河长办制定出台《关于强化诏安县河湖水域生态资源保护的实施意见》，设立亚湖水库司法环境保护示范区，推进水环境综合治理。

【公益诉讼】 2019年，诏安县人民检察院认真履行公益诉讼检察职能，立案刑事附带民事公益诉讼案件1件，办理行政公益诉讼案件21件，向行政机关发出诉前检察建议21份，均整改回复。探索建立公益保护协作机制，与县退役军人事务局会签《关于在开展英雄烈士保护工作中加强协作配合的意见》，形成英烈保护工作合力。结合案件办理，推动共性问题整治。

【监所检察】 2019年，诏安县人民检察院开展监督维护在押人员合法权益专项活动，在监管场所开展安全防范检察16次，开展严管、禁闭、警戒具检察8人次，向监管机关提出《纠正违法通知书》5份，发出《检察建议书》1份。做好风险防控，对身体存在疾病、涉黑涉恶等在押人员进行独立建档重点关注，及时发现并联合县看守所对因患有严重疾病不适合继续羁押的3名在押人员暂予监外执行。受理羁押必要性审查案件21件22人，经审查，不予立案1件1人，立案审查20件21人，立案后提出变更强制措施建议20件21人，办案机关采纳20件21人，全部得到采纳。在县司法局设立社区矫正中心检察官办公室，针对社区矫正存在的问题发出纠正违法通知书6份，有效防止脱管、漏管。

（县检察院供稿）

法 院

【概况】 2019年，诏安县人民法院围绕“努力让人民群众在每一个司法案件中感受到公平正义”的目标，服务发展大局，狠抓办案执法，便民服务，加强队伍建设，各项工作取得新成效。全年受理各类案件5445件，比上年上升34.28%，其中新收5253件，上升35.14%；审结5320件，上升37.82%。

【刑事审判】 2019年，诏安县人民法院审结刑事案件416件，判处罪犯572人。维护社会公共安全，审结交通肇事、危险驾驶罪案件155件。严惩职务犯罪，审结贪污等犯罪案件3件3人。坚持“生态+”司法理念，审结破坏森林资源、矿产资源、重大环境污染事故等危害生态的各类刑事案件10件，判处罪犯16人，单处及并处罚金30.8万元。加大知识产权刑事保护力度，审结非法制造、销售非法制造的注册商标标识罪等案件23件35人。其中，吴某犯非法制造注册商标标识罪一案，入选福建法院知识产权司法保护十大案例。向县卫健局发送司法建议1份，得到该局的积极回应，有效促进非法行医案件的行政执法与刑事司法的无缝对接。

【涉黑涉恶犯罪案件审理】 2019年，诏安县人民法院把扫黑除恶专项斗争作为一项重要政治任务，列为“一把手”工程，摆到工作全局突出位置，有计划、有步骤地持续推动扫黑除恶专项斗争向纵深发展。定期开展专题学习研讨会，对扫黑除恶专项斗争的最新法律法规，进行深入学习研讨，提升干警扫黑除恶专项斗争的业务水平。加强全面摸底排查工作，向县公安局扫黑办移交涉黑、恶线索1条。落实漳州市涉黑涉恶案件相对集中管辖机制，抽调1名法官挂职参与办理指定涉黑涉恶案件。宣判1起恶势力犯罪案件，以开设赌场罪等罪名，分别判处被告人许某等9人有期徒刑三年至八个月不等。

【民商事审判】 2019年，诏安县人民法院审结民事案件3094件。妥善审理交通事故、劳动争议、人身侵权案件等涉民生权益案件221件，支持赔偿补偿金额2369.12万元。落实家事审判改革工作，审结离婚、赡养等婚姻家庭纠纷案件558件。审理涉“三农”案件和推进乡村振兴、城乡融合发展过程中产生的纠纷案件53件。依法保护债权，审结民间借贷纠纷案件774件。维护金融生态环境，审结金融借款、信用卡等纠纷案件346件，标的金额2078.2万多元。优化营商环境。贯彻落实市委、县委“大抓工业，抓大工业”的决策部署，妥善审结涉企案件1109件。依托金融合议庭，依法审理诏安城投集团有限公司金融不良债权追偿纠纷案件200余件。在福建暖春酒业股份有限公司、福建猛狮新能源科技有限公司设立“驻企法官工作室”，抽调资深审判团队定期开展现场调研、法律咨询、法治座谈，帮助企业健全防范金融风险。

【行政审判】 2019年，诏安县人民法院强化司法与行政的良性互动，审查行政非诉执行案件36件；主动进机关解读、释明法律法规，助推行政机关依法行政；针对规范“两违建筑”整治向行政机关发送司法建议2份，依法维护土地管理和城乡规划建设秩序。

【执行工作】 2019年，诏安县人民法院新收执行案件1695件，比上年增长72.96%；已结1766件，增长89.28%；执行结案率97.19%，执行质效综合得分91.0，位居全省第五。巩固“基本解决执行难”成果，继续保持执行工作高水平运行，确保执行质效不降低、执行措施不减弱。突出执行的强制性，公布失信人员名单1009人，拘留18人，限制高消费1502人次，限制出境2人次。移送拒执犯罪线索案件5件5人，到案4件4人，作出有罪判决3件3人，营造强大声势，扩大和发挥打击拒执罪的影响力和威慑力。网络司法拍卖成交8件，成交额545.67万多元，标的物成交率66.67%，溢价率25.45%，实现标的物拍值最大化。12月11日，集中发放涉爰家置业执行款232件390余万元，获得群众好评。立足执行职能服务大局，历时2个月，分别开展涉民生、金融专项执行行动，执行到位178万多元。情法并用，善意执行，在执行台籍当事人申请大陆房产案件中，考虑到双方当事人系堂兄妹，虽然矛盾尖锐、腾房难度大，通过院领导多次深入现场、多次约谈，做细双方当事人工作，晓之以理、动之以情，终于成功化解涉台家庭成员之间多年房产纠纷，实现法律效果、社会效果相统一。

【司法调解】 2019年，诏安县人民法院推进“诉源治理减量行动”，依托多元化解纷机制，诉前化解机动车交通事故责任、医疗损害赔偿、保险合同纠纷等案件122件；完善海洋渔业诉调对接工作机制，诉前化解涉渔纠纷32件；组建涉企纠纷调解小组，调解漳州市爱家置业有限公司商品房预售合同纠纷案件262件。抽调资深审判团队定期开展现场调研、法律咨询、法治座谈，帮助企业防范金融风险。

【管理机制创新】 2019年，诏安县人民法院建立科学管理机制，主动做好审判管理信息平台深度运用，以均衡结案和诉源治理相结合的工作模式为指引，通过大数据分析，提前做好诉调对接工作、提前预警审判态势、提前调配整合审判力量，确保质效稳步提升。加强案件流程监管，实现从立案到结案等工作环节全部纳入流程节点管控，法定审限内结案率100%。召开专业法官会议7场，组织审委会讨论疑难、复杂、重大案件69件。全力打造审判流程、执行信息、庭审直播、裁判文书公开“四大平台”，及时向当事人发送审判流程和执行关键节点短信，庭审直播381场，公开各类裁判文书4022篇。

深化为民诉讼机制，严格落实立案登记制，当场登记立案率达100%；切实执行跨域立案规定，办理跨域立案11件。加大司法救助力度，为9名确有困难的当事人减、免、缓交诉讼费3.25万元，为14名确有困难的申请执行人提供司法救助资金35.1万元。回应土地流转、农村基础重大项目、产业等方面的司法需求，联合梅岭镇政府完成对37户渔民新一轮涉虾池承包合同的法律咨询和法律引导，有效助力当地集体经济活动的平稳推进。5月，设立速裁团队，合理分流繁简案件，共办结案件227件，平均审理期限7天。

为解决山区群众存在的诉讼难、立案难问题，在山区片相对中心点的霞葛镇设立漳州市首个“诉讼服务站”，配备工作人员2名及自助服务终端机1台，并建立相关机制，引导当地群众自助立案、网上立案、开展法治宣传、提供法律咨询等，快捷、高效化解矛盾纠纷，有效满足山区群众的司法诉求。

【智慧法院建设】 2019年7月，诏安县人民法院正式启用集现代化、信息化、规范化于一身的新审判法庭。新审判法庭设有智能化的诉讼服务中心、执行指挥中心、11个大中小型科技审判法庭、15个调解室等，改变原审判法庭基础设施老旧滞后的情况，满足新时代人民群众对司法服务信息化、现代化的新需求。积极推进诉讼服务转型升级，全方位拓展诉讼服务功能，优化空间布局，合理设置十大功能分区，上线自助立案登记、跨域立案、“12368”诉讼服务热线，配备3D导诉、便民文书书写电脑、案件信息查询、诉讼风险评估等一体化自助服务终端，“线上线下”全面延伸诉讼服务空间，为当事人打造“一站式、全方位、互动式、多层次”司法为民工作平台，提供诉前分流、立案受理、诉调对接等“门诊式”服务。

根据中央、最高院司法改革相关文件精神，做好机构撤并、人员重组工作，由14个内设机构整合为8个内设机构。通过审判流程管理、电子卷宗、数字法庭、数字化审委会系统等，为法官提供智慧办案支持。全年一线法官人均结案186.8件，日均审理0.72件，分别比上年增长20.83%和22.03%。全面应用档案管理、人事管理、财务管理等办公信息化系统，实现办公政务管理数字化。重点强化安检大厅、诉讼服务中心、审判、办公区域的监控、门禁和安检系统，并加载人脸识别系统，进一步提升人员管理信息化水平。

（县法院供稿）

司法行政

【概况】 2019年，诏安县司法行政工作以“不忘初心、牢记使命”主题教育工作为契机，开展法治宣传，做好社区矫正与安置帮教，加强人民调解，预防和化解矛盾纠纷，完善公共法律服务，以不断增强人民群众的获得感、幸福感和安全感，全面推动司法行政工作。

【普法与依法治理】 **法治宣传教育活动** 2019年，诏安县司法局利用宣传日、纪念日等开展宣传活动，配合县里举办的“春季宣传月”“禁毒日”“消费者权益保护日”，以及“三下乡”等活动日进行法治宣传。全年配合有关部门开展宣传活动9次，分发各类宣传材料7000多份；推进宪法宣传主题日活动。在四都镇西梧村举办“12·4”宪法宣传周暨科技、文化、卫生“三下乡”活动。活动中，邀请18个单位开展法治宣传，通过举办法治文艺会演、发放宣传资料、开展法律咨询等进一步弘扬宪法精神。

法治宣传教育基地 在南诏镇南湖社区、深桥镇平屿村建立法治宣传教育基地，在两个基地举办4场法治宣传教育活动，为法治诏安建设营造良好的氛围。

法治宣传教育媒介 在“诏安普法”微信公众号及诏安普法网站新开辟“一周一法”栏目，大力普及法律知识；以司法部举办的评选“中华人民共和国成立70周年十大原创金曲”活动为契机，创作法律服务为主题的《司法为民》微视频，该视频被福建省司法厅推送到司法部参加司法部组织的微信全国投票，让更多人知道法律服务，享受法律服务。

【人民调解】 2019年，诏安县司法局强化人民调解队伍建设，完善人民调解工作机制。在朝华律师所新增1个律师调解工作室；在南诏镇、白洋乡分别新增县党代表、县政协委员调解工作室各1个；新培养1个县级金牌调解工作室；并按照要求在全县每个乡镇配齐2名专职调解员，逐步完善壮大人民调解队伍，充分发挥人民调解在预防和化解矛盾中的第一道防线作用。全县共排查各类矛盾纠纷544件，调处成功544件，涉及标的总额164.39万元。多元调解中心共处理23起诉前调解、14起医患纠纷、20起交通事故赔偿纠纷，涉及标的总额613.26万元，诉前调解比上年增加43.8%；建立对接分流机制。县司法局“12348”与公安“110”建立联动处置纠纷机制，即开展人民调解与“110”非警务事项对接分流工作。通过建立24小时值班制度，补充完善《漳州市网格化管理平台培训—司法网格》，制定“对接分流”“拒绝调解”等登记表，进一步提高分流对接的工作质量，切实把矛盾化解在基层。全年对接95起（其中转接5起），调解成功51起。

【社区矫正与安置帮教】 2019年，诏安县司法局推进社区矫正中心规范化建设。建成集监管指挥中心、入矫登记、心理矫治、教育培训以及矫正宣告等多个功能室建筑面积530平方米的社区矫正中心，改善社区矫正工作的监管教育条件；加强对社区矫正对象和刑满释放人员（以下简称“两类”人员）的管理。建立刑罚执行一体化工作机制。揭牌成立社区矫正检察官办公室，形成法律监督与矫正监管合力；开展特殊节日、百日安全以及攻坚行动的排查督导9个轮次；召开特赦评审会议，摸排特赦工作情况，对17名符合条件的社区矫正对象进行特赦宣告，切实做好“两类”人员的监管工作。累计接收社区矫正对象2605人，累计解除矫正对象2121人；全县刑满释放人员2225人，实现一人一档管理。创新“两类”人员的帮扶教育。组织社区矫正对象参与县综治平安三率、法治宣传、巡河等宣传志愿工作，将社区矫正和回报社会相结合，提高“两类”人员的社会责任感和公德心；组织“两类”人员50余人参加在官陂镇举办的“电商基础”培训；以政府购买方式委托闽南师范大学对全县的社区矫正对象进行心理矫正；委托漳州市芗城区方博职业培训学校对全县的“两类”人员进行职业技能培训等，切实帮助“两类”人员尽早实现经济独立、融入社会。

【公共法律服务】 **法律服务全覆盖** 2019年，诏安县司法局完善法律服务中心、窗口、站、室、点的建设，打造全方位法律服务圈。在诏安荣华食品有限公司以及县委台港澳工作办公室各成立1个人民调解委员会，逐步完善法律服务平台，初步建成1个公共法律服务中心、15个乡镇公共法律服务站、3个法律服务站、6个法律援助站、2个涉企涉台调委会、251个建制村（社区）法律服务点的法律服务圈，实现法律服务零距离，随时、就地解决群众遇到的法律问题；开展“党建+法律服务”活动，推动法律服务护航民营经济。通过与非公企业进行“党建强企”结对共建，建立由律师、法律服务工作者以及公证员等组成的民营企业法律服务团，健全法律服务多部门联动协商机制等工作方式，多方式为民营企业提供法律服务。全年共到民营企业开展法制宣传6场次，服务工人群众1000多人次，通过部门联动协商机制为台商解决诉求1件，为企业营造良好的营商环境；不断优化提升法律服务质量。完成公证处、律师事务所、基层法律服务所的“互联网+监管”系统监管数据登记录入工作；优化公共法律服务中心、“互联网+法律服务”、各便民服务窗口、公共法律服务站（室）的咨询服务功能，提升法律服务质量，为群众及企业提供线上线下全方位法律服务。

弱势群体法律援助 有序衔接认罪认罚法律帮助和刑事法律援助全覆盖工作。共办理认罪认罚法律帮助162件，刑事法律援助全覆盖2件。通过强化基层法律援助站的引导作用、及时为建制村（社区）开具家庭困难证明的低收入群体进行援助审查等措施，进一步降低法律援助门槛。全年基层法律援助站共引导11个案件，比上年增加42.9%，切实为弱势群体提供法律援助。扩大法律援助范围，将工伤死亡纳入法律援助范围，成功为1起乡医工伤死亡申请医疗保险赔偿提供法律援助。

法律服务队伍管理 完成全县251个建制村（社区）的法律顾问政府购买工作，真正实现一村（社区）一法律顾问；通过对基层法律服务所及其工作的人员的年度考核及“双随机”抽查等手段，强化对基层法律服务的管理。全县基层法律服务所共代理民事诉讼案件181件，比上年增加48.4%；参与化解矛盾纠纷80件，增加6.67%；代写法律文书97件，增加44.78%；优化公证服务，提升公证效率。通过优化网上申请审批程序、细化公证证明材料清单以及增加主动上门服务等措施，全面优化公证服务，提升公信力。县公证处共办理各类公证事项1081件，增加3.34%。

（县司法局供稿）

军　事

人民武装

【概况】 2019年，诏安县人民武装部学习贯彻习近平新时代中国特色社会主义思想和习近平强军思想，抓好“不忘初心、牢记使命”主题教育，夯实高举旗帜、永葆初心的思想根基。抓实教育活动，赓续红色血脉，开展“传承红色基因、担当强军重任”主题教育和庆祝中华人民共和国成立70周年宣传教育活动。推动党管武装工作的落实，狠抓民兵思想政治工作，推进民兵战备训练，抓好国防动员宣传教育工作，完善后勤保障，做好兵员征集工作，完成新兵征集任务，实现“零退兵”“零投诉”，较好地完成上级赋予的各项任务，确保部队安全稳定和集中统一。

【组织建设】 2019年，县人武部以贯彻《漳州市“十三五”民兵调整改革实施方案》为工作指导，围绕“五率”指标完成民兵整组工作任务。突出应急分队、专业分队、特殊分队等重点队伍建设，加强民兵哨所建设，依托县直机关科局组建民兵应急连；按照《关于加强和改进新形势下民兵工作的意见》《民兵政治工作规定》，建立健全民兵分队党、团组织，落实学习时间、内容、人员和质量，保证民兵队伍的纯洁和组织领导不间断；组织协调民兵连长进入村（社区）“两委”岗位，落实民兵和民兵干部的政治待遇、生活待遇，增强荣誉感、使命感和责任感。

【战备训练】 2019年2月，县人武部召开全县军事训练开训动员大会，组织基干民兵开展军事训练和群众性练兵活动；以重大节日、重要时段为重点，组织民兵分队常态保持战备状态，落实各项战备制度。按照“平时服务、急时应急、战时应战”的要求，以新大纲学训为重点，探索实践基础训练统、业务训练分、课题训练合的组训形式。按照单兵专业、分队专业、分队战术的步骤，完成“应急、专业、特殊”分队的训练，并常态保持应急队伍备勤训练。2月26日至3月1日，开展民兵练兵比武活动，组织县四套班子、乡镇、县直机关、国动委各办领导及有关人员，进行轻武器实弹射击训练。结合辖区自然灾害特点，联合县水利局、公安局、交通局、林业局等单位，开展防汛、防恐防暴、保交通护路和扑灭山火等应急处突演练，并听令指派海上民兵分队参加军事保障任务。

【国防教育宣传】 2019年，县人武部贯彻全民参与、长期坚持、突出重点、讲求实效的方针，推进县域国防教育全民普及和全域覆盖。重点突出领导干部的国防教育。县委党校开设国防教育课程，以领寻干部和中青年（后备）干部培训班为教育重点，通过参加或观摩军事演练演训活动、党委议军会议、国防动员委员会例会、全民国防教育日和“军事日”活动等，增强国防观念，提高遂行支前保障行动组织指挥能力。强化青少年学生的国防教育。贯彻落实《关于深化学生军事训练改革的意见》，采取择优选取、岗前培训、持证上岗、全程淘汰的方法，挑选懂训练、会管理、守纪律的退伍军人作为教练员，优化训练内容、方法，承训县域内6所中学（诏安一中、桥东中学、四都中学、西潭中学、官陂中学、职业技术学校）近5000名学生。深化民兵、预备役人员的国防教育。与县域国防教育基地开展共建活动，利用民兵组织整顿、政治教育、军事训练、执行勤务、征兵宣传等时机，组织开展以“人民军队、全民国防’为主题的教育活动，通过县融媒体中心“诏闻天下”微信公众号常态开展国防教育宣传活动。

【军民共建】 2019年，县人武部推进平安建设，县驻军、公安、国安、民兵紧密配合，通力合作，构建军警民联防机制，共同参加平安诏安建设。民兵应急队伍分布在县域各乡镇，在重大节日、重要时段、敏感时期，协作公安机关担负维护社会稳定和治安巡逻等任务。年内，全县民兵参加社会治巡逻等2000余人次。深化参建援建，注重弘扬“双拥模范县”优良传统，做好拥政爱民工作，带领民兵预备役人员支持地方建设。县组建16支民兵应急队伍，常态保持一定人员比例在位，随时做好担负抢险救灾、参建援建等活动。积极协助双拥部门，组织驻军部队与县域政府单位开展“结对子”共建共创活动，增强军地感情。按照“红旗”海防哨所的建设标准强化哨所建设。1个哨所出色完成近海空警戒观察任务，全年保持无错情、漏情和误情。哨兵立足岗位爱岗敬业，1名哨长被福建省表彰为优秀民兵海防哨长。为满足哨所战备执勤，哨兵生活需要，加大经费投入，提升规范化建设水平。县爱国主义教育基地、国防教育基地，全年接待公职人员、社会团体、青少年学生等50批次800多人次的参观、见学活动。人武部实施扶贫帮困，帮扶白洋乡兰里村3户贫困户，部领导“点对点”为这3户贫困户建档立卡，经常深入基层与乡、村干部、村民共谋帮扶发展办法，助力脱贫摘帽。

【征兵工作】 2019年，县人武部坚决贯彻国务院、中央军委关于做好征兵工作的一系列重要指示，严格执行《中华人民共和国兵役法》《福建省征兵工作条例》，紧紧围绕“五率”（报名率、上站率、合格率、择优率、退兵率）要求，盯紧“零退兵”“廉洁征兵零问题”目标，县征兵办强化组织领导，严密组织宣传发动、兵役登记、初检初考、体格检查、政治考核、走访调查、审批定兵、交接运输等征兵工作环节，完成新兵征集任务，新兵文化程度提高，其中大学生士兵比例78.2%。

（县人武部供稿）

人民防空

【概况】 2019年，诏安县人防工作贯彻人防“发展大融合，能力大提升”方针，注重人防军事斗争应急准备，参与城市建设管理，融合服务民生。开展人防宣传，严格人防执法，规范人防行政审批，加强人防工程建设。派员参加县国防动员行动演练，完成各项任务。

【人防宣传教育】 2019年，县人防办宣传贯彻执行国家有关人防工作的法律、法规、规章和方针、政策，加强对人民群众进行战备思想教育和防空知识教育，增强国防观念和人民防空意识，掌握人民防空的基本知识和技能。将人民防空宣传教育纳入国防宣传教育、普法宣传教育、社会公共安全宣传教育，采取多种形式开展人民防空宣传教育，结合文化、科技、卫生“三下乡”活动，开展人防宣传教育，提高全民的国防意识和人防观念。发放防空防灾常识手册300余册，宣传防空、防灾、抗灾自救人防知识，增强人民群众自我保护意识，保障人民群众的生命财产安全，形成全社会关心支持和参与人防建设的强大合力，营造人防建设发展的良好氛围。

【人防工程“结建”】 2019年，县人防办按照《福建省人民防空条例》等相关人防法律法规和文件的要求，坚持以建为主、以收促建的原则，严格项目规划审查和项目建设审批制度，抓好人防工程“结建”依法审批工作，严格执行收费标准，做到应收尽收，杜绝减收、免收、缓收人防工程易地建设费现象发生。

【人防工程建设维护】 2019年，县人防办加强人防工程质量监督，对在建人防工程实行全程跟踪检查，每个施工流程、每道工序，都按照人防工程质量监督管理细则要求，经检查合格后，方可进行下道工序。对已竣工投入使用的人防工程进行维护管理排查，所属人防工程排查18次。

【人防组织指挥通信建设】 2019年，县人防办做好警报器设备检查维护管理工作，对防空警报器的音响覆盖率、性能和工作状态进行全面检查、保养和测试，使防空警报设备处于良好的运行状态，适应战时防空、平时防灾的需要。着手构建人防信息系统，改善人防设施建设信息化、数字化，提高人防软硬件设施建设和人防战平时应急能力。

（县人防办供稿）

外事　侨务
台港澳事务

外　事

【概况】　2019年，按照机构改革方案，诏安县外事工作领导小组改为县委外事工作委员会，成立县委外事工作委员会办公室和县政府外事办公室，负责外事工作日常工作，归口县委集中统一领导。制定《中共诏安县委外事工作委员会工作规则》《中共诏安县委外事工作委员会办公室工作细则》。在外事工作中，贯彻执行党的外事工作方针、政策，处理涉外事务，办理外国人入境审核转报，因公出国审批（初审），申办企业人员APEC商务旅行卡转报，健全监督检查机制，对因公出国的选派原则、审批程序、审批权限、经费预算和使用、组团管理、护照管理、信息公开等方面进行规范和细化。突出服务对外交流合作、服务县域经济发展和稳定大局，围绕“中华人民共和国成立70周年”和“外交部福建全球推介活动”，以及海峡农博会·花博会等党中央、省委、市委部署安排，三动对接重点任务，发挥诏安特色和优势，充分运用各种外事场合，向外宾宣介清新福建、富美漳州以及富硒诏安的发展蓝图和高质量发展落实赶超工作成效。

【组团出访】　2019年，县委外事办公室承办2位县处级及以下人员因公临时出国事项。服务2个团组到国外开展交流合作。5月，由副县长叶芳带队到马耳他参加国际会议暨经贸交流活动，获联合国老龄所所长马文博士颁发的“世界长寿乡”认证证书和荣誉牌匾，并与当地养老机构深化交流合作事宜。7月，由县人大常委会副主任林伍妹带队的3人团组到马来西亚参加美里诏安会馆70周年庆典暨招商联谊交流活动，与海外社团和诏籍乡亲开展广泛的联系，交流探讨合作项目。年内，服务县内5家企业人员办理APEC商务旅行卡。5家民营企业人员共12人次，分别到新加坡、菲律宾、泰国、日本、韩国、俄罗斯洽谈商务、参加国际食品展及参加展会等经贸交流活动，拓展“一带一路”新兴市场。

【外国人士到访】　2019年11月3日，诏安华之杰食品有限公司邀请土耳其1位商人到诏安磋商商务。12月20日，福建铭兴食品冷冻有限公司邀请马里1位商人到诏安开展商业贸易活动。

（县委外事办供稿）

侨　务

【概况】　2019年，诏安县侨务部门认真贯彻落实中央和省、市有关侨务工作的方针、政策和法律法规并组织实施，统一领导县海外统战工作，依法管理县侨务行政事务，调查研究侨情和侨务工作情况，统筹协调侨务相关工作，联系海外有关社团及代表人士，指导推动涉侨宣传、文化交流和华文教育工作。

【维护归侨侨眷权益】 2019年，县侨务部门做好信访服务。维护侨胞合法权益。坚持主动、依法、科学维权，协助有关部门解决侨房产权被侵占等问题3件，维护归侨、侨眷的合法权益，促进侨界和谐。对接东南亚华侨华人寻根谒祖请求，帮助更多的海外侨亲在诏安寻根问祖找宗亲。开展助侨活动。开展“百侨帮百村—联村助户”“同心121工程”行动，助力脱贫攻坚。全年发放困难归侨侨眷、挂钩贫困户救助慰问资金16.71万元。发动侨界捐建“华侨冬奥冰雪博物馆”项目，捐款计1.2万元。参政议政，反映侨情民意，维护侨胞、归侨合法权益。全年提交涉侨议案、提案9件，其中《实施乡村振兴战略中一些存在问题亟待引起关注》等部分意见建议得到市县有关部门的重视。

【弘扬侨乡文化】 2019年，县侨务部门对外宣传“中国书画艺术之乡”品牌，促成诏籍书画家与马来西亚、新加坡书画家进行民间交流。帮助支持海外华文教育，开展形式多样的侨界文化联谊活动，丰富诏安侨界群众精神文化生活。

【海外联谊】 2019年，县侨务部门与海外8个华人华侨社团和重点侨领、侨商交流往来密切。4月，泰国嘉泰旅游集团董事长沈文彬到诏安洽谈投建滨海大酒店项目。联系新加坡联友家具有限公司董事长陈贵财和马来西亚杰机构有限公司董事长林宝迪计划到诏安投资考察。全年接待东南亚国家侨胞。争取海外诏籍社团支持，启动建立海外高层次人才信息库信息收集工作。

【侨联组织建设】 2019年，县侨务部门推进县基层侨联规范化建设，围绕“五有”（有组织、有队伍、有经费、有阵地、有活动）侨胞之家建设标准，指导基层侨联开展创建活动，提升基层侨联组织建设水平，努力实现“五有”向“五好”（领导班子好、干部队伍好、工作保障好、活动成效好、群众反映好）标准转变。申报县侨联为省级“五好”侨胞之家、南诏镇侨联为省级“五有”侨胞之家。基层侨联组织建设工作得到市侨联肯定，在片区专题会议上作经验交流。

（县侨办、侨联供稿）

台港澳事务

【概况】 2019年，诏安县委台港澳工作办公室贯彻落实中共中央对台港澳工作方针政策，围绕县委、县政府中心工作，立足优势，深化两岸经贸、文化合作交流，扩大民间交往，服务两岸和平统一发展，推动台港澳工作取得新成效。

【诏安台湾交流】 2019年，县委台港澳工作办公室采取“走出去、请进来”的方法，做好乡镇对接和宗亲交流，在组团赴台参访的同时，邀请诏籍在台人员回乡观光探亲，增强祖地观念。2月22日，新北市三重区溪美里诏安同乡会与梅岭镇南门村对接交流，并先后参观考察沈耀初美术馆、望洋台。6月18—20日，第11届海峡论坛举行漳州系列活动，5位村支部书记（村委会主任）与台中西屯区5位里长对接。7月中旬，县诏台交流协会组团到台湾台中对接交流，学习基层治理服务经验。6月16日，台中市日兴宫管委会一行16人首次到诏安五通宫进香朝拜；7名台湾朱氏宗亲首次到南诏镇东北社区与朱氏宗亲恳谈、省亲。9月20日，彰化溪州水尾震威宫200多名钟姓宗亲到深桥镇港头村祭祀参拜。10月下旬，县五通宫组织信众赴台湾彰化参加第八届海峡两岸五显大帝文化交流活动。巩固与云林、嘉义国民党青工总会交流交往。6月14日，国民党嘉义党部二组总干事一行到诏安考察参访，并到官陂祭祖。

【诏安台湾经贸合作】 2019年，县委台港澳工作办公室宣传、落实惠台政策，引导台资企业转型升级，增资扩产，增加效益，加强诏安台湾两地产业合作。引导绿洲食品工业有限公司通过购进先进设备、荣祺食品有限公司通过技术升级，从生产青梅半成品向终端产品转型；协助安邦水产食品有限公司通过开拓欧盟、美国等国际市场，全年纳税额2120万元，连续4年纳税超2000万元；协助通洋水产以其特有的生产技术生产的调味鱼粉打开日本市场。推动新兴婴童用品产业漳州京丰婴童用品公司，通过整合提升，成为诏安婴童文化创意产业园的龙头企业，为国内同类产品的最大出口企业之一，纳税1440万元，成为县内婴童产业纳税增长最快的企业。

【台胞台商服务】 2019年，县委台港澳工作办公室接待到诏安访问、观光的台湾同胞6批100多人次，其中：5月10日，南京台商黄立家和《台湾客家邮报》记者詹和到诏安考察采风；6月16日，台湾彰化黄黎英一行4人到霞葛参访；6月28日，台湾宜兰张氏宗亲一行29人到秀篆寻根；4—11月，福州台商张传来先后4次到诏安，商议安排宜兰张氏组团到诏安寻根，与宗亲商议修祖墓事宜。做好海峡论坛同名村对接工作，推荐霞葛溪林村与彰化大乡村，霞葛庄溪村与彰化线西村在第11届《海峡论坛——同名村、心连心》上进行对接，取得良好效果。接待前来出席《海峡论坛——同名村、心连心》的台湾宗亲返乡之旅团组成员，其中台湾彰化黄逸政等一行4人到霞葛祭祖、参观。年内，赴台交流1批次，10月20日，海峡两岸“五显大帝文化交流活动”在台湾彰化举办，诏安霞葛五通宫组团20多人赴台参加该活动。走访引进企业科瑞特有限公司，关心该企业落户后生产经营情况，帮助解决其在投资建设过程中遇到的问题。走访台资企业，主动关心其生产经营状况，为企业排忧解难。通过联络专业技术人员、介绍就业机会等多种途径帮助困难台胞就业、创业。关心台籍考生，为其办理加分手续。看望慰问住院、重病台胞。帮助台胞变更籍贯8人次。

深入开展扫黑除恶专项斗争，摸排影响台企生产经营涉黑涉恶线索，与县检察院、县法院建立联络机制，不定期到台企走访座谈，为台企营造良好发展环境。全年受理办结台胞台商求助14起，涉及子女就学、人才招聘、证件办理、寻根谒祖等，为诏安台商提供更好、更细致入微的贴心服务。

【台湾人才落户创业】 2019年，县委台港澳工作办公室通过鼓励企业增效扩产、增加台湾优秀人才就业，大力宣传诏安青梅产业、婴童用品产业、水产加工业等优势产业，吸引台湾人才、资金落户创业，发挥中国书画艺术之乡、中国民间文化艺术之乡等文化品牌优势，吸收台湾文化、教育领域青年、学生前来实习培训，诸多举措齐头并进，人才工作出现良好势头。积极打造“台湾人才登陆第一家园”，吸引台湾人才到诏安就业创业，3月27日，台湾青年创业就业协会闽粤（诏安）实训基地、台南市文化协会闽粤（诏安）文化交流基地在漳州云之梵食品有限公司揭牌。5月27—30日，台中市大台中建筑师公会4名建筑师一行到诏，就乡村建设系列课题进行交流，并与梅岭镇洽谈在乡村规划建设上进行合作。全年共引进台湾青年人力资源（含就业、创业、实习）26名。从全县工业企业中征集台湾人才就业岗位34个，通过中国海峡人才网公开向台湾青年招聘。

【港澳事务】 2019年，县委台港澳工作办公室开展港澳乡情普查工作。继续部署安排相关工作，细化分工，推动港澳乡情普查工作再接进行。年内，加强同港澳同胞往来交流合作。3月21日，邀请香港诏安乡亲联谊会许涛春、许炎发等一行4人到县参观访问，了解诏安资源禀赋和投资环境，洽谈诏港合作交流事宜，进一步增进诏安香港两地乡亲感情。11月18—19日，香港漳州同乡总会一行18人到县参观访问。全年，共有近百人次诏安籍港澳同胞到县交流、参访。

（县委台港澳工作办公室供稿）

应急管理

安全生产监督管理

【概况】 2019年，诏安县应急管理部门强化和落实生产经营单位主体责任，推进安全生产工作。全县发生各类安全生产事故10起，比上年增加1起，上升11.1%；死亡7人，比上年减少1人，下降12.5%；受伤6人，比上年减少1人，下降14.3%；直接经济损失1.5万元，比上年增加0.58万元，上升63.1%。各类事故四项指数呈“两升两降”态势。没有发生较大安全生产事故，全县安全生产保持稳定态势。

【安全生产管理】 2019年，诏安县下发《关于深入贯彻落实习近平总书记重要指示精神切实加强当前安全生产工作的通知》文件，实行安委会“双主任”制，书记、县长分别担任县安委会主任，常务副县长分管安全生产工作。多次召开县委常委会会议和政府常务会会议，专题研究安全生产工作，书记、县长带队开展安全生产检查。严格执行安全生产评先评优“一票否决”制度，把安全生产、消防救援和森林防火考核纳入绩效考评体系。依法开展事故调查，落实事故信息归口统计和联网直报制度。严格落实生产安全事故挂牌督办制度，所有事故都在规定时限内结案，并依法及时向社会公告。诏安工业园区、金都工业集中区和县直重点部门均成立安全生产办公室。各乡镇均成立安委会，下设安监办，配备专职人员2人以上。全县共有安全生产专职人员38名，其中有执法资格人员28名。17个乡镇（区）均落实安全生产专用办公场所和监管设备。

【应急救援和应急专家队伍建设】 2019年，诏安县应急管理局开展应急救援队伍普查，乡镇应急救援队均配备电脑、打印机、防护服、执法记录仪和防爆相机等执法装备，并成立微型消防站，各配备一部微型消防车和消防摩托车，打造县域“10分钟灭火救援圈”，保障农村消防安全。完善应急预案修编，督促企业开展应急预案评审备案工作。分别举行年度综合性应急演练、液化气泄漏演练和文物保护单位失火演练，提升安全生产应急处置能力，防范和遏制生产安全事故发生。

【危险化学品专项治理】 2019年，诏安县应急管理局下发《开展危险化学品等重点行业领域安全生产专项执法检查实施方案》《关于印发危险化学品隐患排查整治专项行动方案的通知》等文件，通过大排查、大整治，提升企业本质安全水平和监管效能，强化源头治理和区域风险防控，提高全县危险化学品安全生产整体风险防控能力，坚决防范遏制危险化学品领域生产安全事故。全年共检查企业81家次，发现隐患70条，全部整改完成。对漳州连润新能源有限公司和诏安县梅岭潮桂加油站存在的安全隐患进行立案查处，共处予罚款3.85万元。

【烟花爆竹企业安全监管】 2019年，诏安县应急管理局规范烟花爆竹零售企业审查审批，严把行业准入关，从源头消除安全隐患；督促批发企业完成安全生产标准化三级达标创建工作，建立健全各项安全生产规章制度，严格执行流向登记管理。针对烟花爆竹销售特点，在春节、清明节等重点时段开展全覆盖无死角检查35家次，确保全县烟花爆竹领域安全稳定。

【非煤矿山安全监管】 2019年，诏安县应急管理局推进非煤矿山规范化建设。全县9家持证开采的非煤矿山全部实行安全生产标准化建设，均取得安全生产许可证。针对中央环保督查发现的问题，责令限期整改3家，停电2家，倒逼企业制定整治修复方案，杜绝敷衍整改，矿山复绿工作取得初步成效。推进中央环保督查整改项目诏安县鑫源矿业有限公司尾矿库综合治理，年底，尾矿库闭库工程完工，等待竣工验收。

【工贸行业安全监管】 2019年，诏安县应急管理局重点开展涉氨企业、粉尘涉爆、有限空间等重点行业和重点领域的监管、执法检查和标准化建设。落实重大安全隐患整改，完成省安监厅关于福建大北农水产科技有限公司等7家企业生产安全事故隐患整改督促工作。持续开展工贸行业有限空间作业专项整治，全面排查较大危险因素和整治事故隐患，严厉打击有限空间作业违法违规行为。督促企业落实主体责任，完成有限空间作业条件确认及企业建档、安全管理制度和操作规程建立、作业审批制度执行和现场确认。7月，依法对燕锋水产有限公司违法储存使用液氨存在重大隐患采取强制措施，对液氨进行强制抽离扣押，确保周边群众公共安全。9月，邀请省安全生产专家举办有限空间从业人员培训会，提升基层干部安全管理能力。

【住宅小区消防监管】 2019年，诏安县应急管理局推进无物业住宅小区消防设施维修改造和既有住宅小区电动自行车智能充电桩建设，制定《诏安县既有住宅小区增设电动车智能充电桩实施方案》和《无物业住宅小区消防设施维修改造工作实施方案》，成立"两项工作"领导小组，各乡镇（区）按照属地管理原则，把"两项工作"排查目标任务细化和量化，逐一分解到各村居（社区）。采取乡镇（区）包村居（社区）干部负责制，强化责任传导，明确任务分工。采取小区自查、村居（社区）复查、乡镇（区）督查、县级抽查的方式，对住宅小区逐一建档。全县住宅小区主要集中在南诏镇，其他16个乡镇（区）均无住宅小区。全县涉及既有住宅小区电动自行车智能充电桩建设的小区33个，全部改造完成；涉及无物业住宅小区消防设施维修改造小区13个，完成第三方对消防改造设施项目的技术勘查和设计，并准备实施。县安办组织县消防大队、南诏镇及社区多次到现场查看，通过现场询问、地形查看等确定充电桩布点规划位置及消防设施改造情况。

【安全生产宣传教育】 2019年，诏安县应急管理局组织开展"安康杯"竞赛、"119消防宣传日""122交通安全宣传日"等集中宣传教育活动；在全国"安全生产月"活动期间，开展安全生产咨询活动，发放安全生产宣传品、安全法律法规和安全知识小册子、安全宣传折页等材料1万多份、其他宣传品1000多件。利用《丹诏报》、广电等媒体开设专栏宣传道路交通、消防等安全知识，营造全社会讲安全、抓安全的浓厚氛围。利用微信、网站和广播电视等新媒体传递应急管理声音、展示应急队伍新形象，为群众提供相关政策法规知识、安全生产、防灾减灾救灾等信息，提升群众安全意识。

【安全隐患综合整治】 2019年1月，诏安县发出《关于开展全县安全隐患综合整治大行动的通知》，各乡镇（区）、各行业地毯式、拉网式集中整治一批安全生产事故隐患，整顿一批严重违规违章企业，关闭取缔一批非法生产经营单位，严厉惩处一批非法违法单位负责人。组织督查组55个，督查单位及场所502家；组织检查组808个，检查单位及场所2752家，排查一般隐患692条，完成整改692条，整改率100%。完成两项重大隐患整改。

【隐患排查专项行动】 2019年，诏安县重点对建筑施工、道路交通、乡镇船舶、特种设备、非煤矿山、危险化学品、烟花爆竹、水上交通、民爆器材、“三合一”场所、燃气管道、大型超市和人员密集场所等行业进行专项整治，按照“零容忍、严执法、重实效”的要求，把排查出来的安全隐患问题100%制表列出清单、100%建立台账，重大隐患100%落实整改责任、措施、资金、时限和预案。共责令7家企业停产停业整顿，对21家企业予以行政处罚，共罚款63.57万元。

【铁路沿线问题整改】 2019年，诏安县针对《福建省境内高铁沿线问题隐患排查整治情况表》列出的21项问题隐患，逐一制订整治方案，明确责任单位和责任人，倒排整治时间表，推进高铁环境隐患排查整治工作。多次到实地问题隐患现场查看，督促相关乡镇加快整改进度。至年底，全县涉及的21项问题隐患全部整改完成。

（县应急管理局供稿）

防汛抗旱

【概况】 2019年，诏安县天气总体呈高温少雨现象，全年过程降雨量1212.1毫米，比多年平均降雨量减少20%。8月起降水量偏少，8月1日至10月11日累积过程降水量246.3毫米，比常年减少4成；其中9月降水量12.3毫米，比常年减少9成，个别乡镇出现旱情。通过科学调度水资源、开展人工增雨作业和采取系列有效节水措施，全县旱情基本得到控制，人民生活、生产用水得以保障，没有出现大的灾情。全年暴雨7场、台风2个。受台风、暴雨影响造成的直接经济损失66万元，其中，房屋倒塌直接经济损失24万元，农作物受灾直接经济损失42万元。没有出现人员伤亡事故。

【防汛抗旱体系建设】 **防汛抗旱机构与队伍** 2019年3月中旬，诏安县调整县政府防汛抗旱指挥部成员，充实水利防汛抢险调度专家组，更新“诏安县防汛防台风应急抢险与灾后重建服务队伍库”队伍49支，其中，技术队伍21支、施工队伍28支。落实3座中型水库和45座小型水库和水库大坝安全责任人（包库领导）、主管部门责任人、防守安全责任人（抢险队长）、水库管理巡查责任人（巡逻队长）等责任制；落实村级联络员817人、防汛铜锣长777人；全县防汛责任人在县电视台公告，接受社会监督。县、乡镇和村组建水利工程抢险队伍86支9250人，其中县防汛抢险突击队由县民兵急连125人和农民水利技术员105人组成；主动联系驻漳部队协助防汛抗灾，主动配合协防部队勘察重点协防工程。

防汛备汛安全大检查 2月25日至3月5日，县组成2个防汛检查组，对全县防汛备汛工作进行督查和水库安全管理专项检查。排查城镇、乡村防洪排涝薄弱环节，落实海岸边、低洼地和地灾易发区的防洪、防台、排涝应对措施等。参加汛前检查人员460人，检查各类工程383处，检查中型水库3座和小型水库45座，堤防工程75处145千米，中小型水闸145座，引水工程1处102千米，其他工程114处。3月12日，县防指发出通报，对存在隐患问题提出整改意见，要求限期整改落实。

防汛抗灾物资储备 1月2日，县防指发出通知，提早部署全县防汛工作。县防汛办发出通知进行具体布置。储备防汛编织袋35万条、麻袋0.4万条、救生衣1525件、救生圈715个、雨衣9600套、雨鞋9530双、锄头1650把、铁锹1680把、照明灯具3230支、移动应急照明车1台、防汛杉木100根、木桩423支、彩条布2800米、土工膜1500平方米、土工布6000平方米、手摇警报器250台、安全绳340条、玻璃钢冲锋舟8艘、挂机8部；配备797面防汛铜锣，每个自然村有1面预警铜锣。同时，充实县级防汛第二仓库（县武装部防汛抢险物资仓库），方便县民兵应急连抢险救灾物资调运。修订中型水库、小型水库防汛调度和抢险应急预案。各乡镇、村和社区均制订应急预案，其中，乡镇级17个、村级217个、社区15个、农场5个、林场2个、作业区17个。县防指批复14座小（1）型水库和31座小（2）型水库应急预案。

加强对全县48座水库、75处堤防工程、145座中小型水闸和102千米引水工程的巡查监管，重点抓龙潭水库、岭下溪水库、亚湖水库的防洪调度，汛期统一调度指挥，对小（2）型以上水库实施汛限水位，确保度汛安全。督促龙潭应急水源工程和亚湖第二管线工程尽快投入使用，发挥工程效益。对西溪堤岸因施工损坏堤防问题，督促相关施工单位修复加固。各级防汛机构、有关部门和水利工程单位，落实汛期24小时专业人员值班和领导带班制度。及时发现和报告汛情、险情，若日降雨量超过100毫米时，实行零报告制度。

抓险工隐患排查整改，全年修复水毁工程8处，投入资金125万元。3月下旬，指导四都镇对深坑水库大坝迎水坡混凝土板破损塌陷进行应急加固；责成梅洲乡石厝底水库除险加固限期整改；责成诏安西溪生态投资发展有限公司限期拆除西溪华林大桥桥围堰体，确保河道行洪畅通。

【台风暴雨洪涝防抗】 2019年，诏安县开展防御“4·18”“5·16”“5·25”“5·28”“6·10”暴雨和“8·7”第9号台风“利奇马”、“8·23”第11号台风“白鹿”的防抗工作。全年因台风、暴雨造成的直接经济损失66万元，没有出现大灾情和人员伤亡事故。全县防抗台风暴雨洪涝做到“六个到位”（防台风预警到位、领导指挥到位、防御部署到位、排查到位，抢险物资和抢险队伍到位，转移到位），特别加强对水库、山塘、地质灾害点、高陡边坡、低洼地带和危房的巡查，对危险地带人员果断转移避险，并妥善安置，做到零伤亡、少损失。

【抗旱】 2019年，诏安县天气总体呈高温少雨现象，全年过程降雨量1212.1毫米，比多年平均降雨量减少20%。8月1日至10月11日累积降水量246.3毫米，比常年减少4成；9月份降水仅12.3毫米，比常年减少9成，个别乡镇出现旱情。县防指、各乡镇和有关部门密切关注旱情发展态势，加强监测，做好防旱抗旱、蓄水保水工作。亚湖、龙潭和岭下溪3座中型水库由县防指直接指挥调度，严格控制水库出库流量，确保冬春生活用水安全和农业生产用水。

加快应急水毁工程修复，做好抗旱准备。11月7日，县防指发出《关于切实做好当前防旱抗旱工作的通知》，按照“保生活、保重点”的原则，制订完善计划用水、节约用水的具体方案，压减洗车、洗浴等高耗水行业和市政园林绿化用水量，广泛发动群众采取恢复机井抽水、打井取水等抗旱应急措施，保障生活生产用水。按照省防指的要求，龙潭水库蓄水水位低于37.00米、岭下溪水库蓄水水位低于175.50米时，停止发电生产和暂停生态流量排放。各乡镇（区）、防指成员单位加强会商，及时研判旱情，精准指导抗旱。水利部门加强水库调度，密切关注气象信息，适时蓄水保水。加强城乡供水水源调配和管网维护，确保城区、乡镇供水安全。

农业部门及时做好改种补种，指导农民做好灌水、根外追肥、覆盖保墒和施肥抗旱等。气象部门抓住有利时机，适时开展人工增雨作业。同时，加强节约用水和防旱抗旱宣传，向上级争取抗旱补助资金，并做好抗旱资金调拨和使用监管工作。

（县水利局供稿）

防灾减灾

【概况】 2019年，诏安县加强防灾减灾应急救援工作，建立防汛防震避灾点278个，面积137.62万平方米，对房屋、低洼地带，高陡边坡、地质灾害点等地的群众实行建档立卡1184户2985人，灾害发生群众能安全转移安置，建立救灾物资储备机制，加强救灾物资储备，加强防灾减灾宣传，加强灾情测报预报，大抓防灾抗灾减灾演练，全年举行演练250多场次，其中县级演练2场次。

【应急救援管理】 2019年，诏安县对防汛转移群众建档立卡，及时更新信息，发放转移明白卡，落实转移责任人、转移路线和转移安置地点，做到全覆盖不漏一人。全县建档立卡1184户2985人，其中，危房755户1514人、低洼地带281户913人、高陡边坡124户466人、地质灾害点24户92人。建立避灾点278个、总面积37.62万平方米、可容纳18.32万人；其中，国家级避灾点2个、省级15个、县级4个、乡级28个、村级229个。

【灾害性天气预警预报】 2019年，诏安县加强灾害性天气预警预报工作，运用电视、传真、短信群发和山洪预警等手段及时向群众通报汛情、灾情预警。当启动防台风Ⅱ级响应或防暴雨洪涝Ⅱ级响应时，水利、气象、水文、自然资源、海洋渔业和城乡住建等成员单位派员进驻县防指协同防抗；气象部门实行“网格式”精准预报，防汛办精准“点对点”指挥，确保县、乡、村三级防汛指挥系统运转正常，随时应对可能的灾害性天气。县地震局密切关注地震动态，加强西山农场、溪边园、溪雅村等宏观监测点的日常观测，强化震情跟踪。每乡镇组建1支60人的“三网一员”（地震宏观测报网、地震灾情速报网、地震知识宣传网、防震减灾助理员）队伍，确保第一时间搜集到准确的灾情信息。

【救灾物资储备】 2019年，诏安县建立救灾物资储备和调运机制，县财政每年增加100万元救灾物资采购预算资金，为受灾群众生活救助提供保障。全年下达中央自然灾害救灾资金35万元，西潭镇、官陂镇、南诏镇、桥东镇、建设乡、太平镇和霞葛镇各5万元，用于抗洪抢险、应急度汛、抢险应急物资及设备购置等。加大救灾物资储备，乡镇级每个点按200人、村级按100人标准配备救灾物资，每个乡镇完成1个乡镇级和1~3个村级避灾点的提升建设，规范物资储备；拨款5万元，支持四都镇上湖村自然灾害避灾点建设，将其列为全国综合减灾示范社区向上申报。

落实《2019年诏安县政策性农村住房保险协议》签订工作，全县投保农户127520户，保险费共1530240元。5月，县应急管理局通过省政府采购网，率先采用公开招标方式购买自然灾害公众责任保险，最高赔偿金额从10万元增加到15万元，其他等级赔偿金额也相应提高，并且将溺水救助、高空坠物救助和流动人口救助三大类纳入保险责任范围，更大发挥保险的社会风险管理作用。全年共理赔5起30万元。

（县应急管理局供稿）

【防灾减灾宣传】 2019年，诏安县通过电视台、室外屏幕和信息平台，加强台风暴雨信息发布和防灾减灾知识宣传。3月22日纪念“世界水日”和“中国水周”期间，举办“普及防汛抗旱知识灯谜晚会”。5月16日，县防指举办722人参加的中小型水库“三个责任人”及镇村防汛责任人防汛业务培训会。

县地震局通过“5·12”汶川地震纪念日，“7·28”唐山地震纪念日，宣传防震减灾工作的重要性和迫切性，通过“三下乡”、科普宣传周，开展防震减灾科普知识宣传，发放防震减灾、气象、地质灾害等科普读物，举行现场防灾减灾知识竞赛活动，开展防灾减灾进社区、进校园、进机关、进企业、进家庭宣传活动，提高全民防灾减灾意识和应急能力，构筑防灾减灾坚强防线。

（县应急管理局、地震局供稿）

【防灾应急演练】 2019年，诏安县为提高应急队伍的应急实战能力，5月27—30日，县防汛指挥部在东溪河道胡厝车至诏安大桥河段举行军警民综合演练。演练阻洪建筑物爆破、防洪堤缺口封堵和防汛冲锋舟救生演练，参演人员193人。4月24日至5月15日，全县开展中小型水库汛期防洪调度运用计划推演和防汛抢险应急预案演练，参加演练2450人次。

出台《诏安县学校地震应急疏散演练方案》，全县中小学、幼儿园每学期举行一次以上地震应急疏散演练，演练内容涉及逃生、障碍切割、破拆、灭火抢险、救生等，机关企业及单位组织学习地震应急预案，开展预案演练，以练代战，全年各部门各单位组织演练近250场次。

（县应急管理局供稿）

消　防

【概况】　2019年，诏安县共发生火灾16起，比上年下降47%；无人员伤亡；直接财产损失48.12万元，下降3.1%。消防救援及时得力，取得良好救援成果。加强消防演练，提高消防技能。消防宣传全面，消防检查到位。没有发生较大火灾事故，全县消防安全形势继续保持稳定态势。

【消防检查】　2019年，诏安县消防大队重视消防监督检查工作。全年检查单位1181家，督促整改隐患572处，下发责令改正通知书538份，发出处罚决定书24份，临时查封单位7家，责令“三停”单位8家，罚款18.44万元，对1家重大火灾隐患单位实施政府挂牌督办，实现消防安全重点单位零火情，确保县辖区消防安全落到实处。上线“全民随手拍”平台，发动社会力量，开展“三合一”场所整治回头看，通过奖励调动群众参与积极性，有效缓解执法力量不足，监控不全的难题，提高群众“消防安全人人有责”意识。举办消防安全网格员、物业企业负责人、重点单位责任人和微型消防站站长培训约谈会11场次；组织化工企业、劳动密集型企业和公共娱乐场所开展消防演练13场次；组织文博单位、危化企业等消防安全责任人、管理人参加约谈警示会4场；印制《电动车火灾防范警示》海报及九类场所火灾警示海报、消防安全隐患指示海报等宣传材料5000份；组织各乡镇（区）、村（社区）、包片派出所民警及消防志愿者加强消防安全知识宣传和巡逻，为消防安全形势稳定打下坚实基础。

【消防救援】　2019年，诏安县消防大队聚焦“全灾种、大应急”任务需要，坚持实战实训、从难从严，开展全员岗位大练兵，努力建设一支专常兼备、反应灵敏、作风过硬、本领高强的消防救援队伍。全年县消防大队接处警270起，出动车辆427辆，出动警力2122人次，抢救被困人员17人，疏散被困人员4人，挽回经济损失743.3万元，修（制）定灭火作战预案59份，组织开展实地演练208次。

【消防演练】　2019年，诏安县消防大队聘请游泳教练和邀请体育教师、健身教练，开展系统性游泳、水域救援训练和体能训练，提升执勤训练和灭火救援能力。在支队举办的“大练兵、大比武”对抗赛中，大队获团体总分第二名，在浙江绍兴举行的全国首届“火焰蓝”消防技能比武对抗赛中，大队2名指战员代表福建总队出战，其中1人在百米障碍救助操项目闯入决赛，取得第十一名佳绩。

（县消防大队供稿）

【森林消防】　2019年，诏安县完善森林防火行政首长负责制，下发《诏安县2019年森林防火工作责任书》16份，县森林防火指挥部领导成员分片包干到乡镇、村，全县190名护林员责任区细分到山头地块和大班小班，形成层层抓责任落实的森林防火机制。组织春季森林防火宣传月活动。通过墟日宣传、制作乡村宣传栏和警示牌、发短信友情提示、印发宣传单（画册）、张贴标语和挂横幅等形式，宣传国务院颁发《森林防火条例》。张贴森林防火标语2000余张、横幅30条，刷新和新设固定森林防火宣传牌86块，发放森林防火宣传彩页2万份、清明防火宣传页1万份、群发短信13万条，在诏安电视台重要时段播放森林消防公益广告。落实《诏安县火源管理办法》，实行用火审批、入山检查、林内巡护和联防联保等四条防线，发挥“两项制度”在野外火源管理中的作用，严格执行野外用火审批制度，高火险期内采取果断措施，停止一切野外用火。开展森林消防监督检查。发布橙色预警信号和《禁火令》，响应和转发省森林防火指挥部发布的高森林火险橙色预警8次，发布高森林火险《禁火令》6次。与森林公安、执法大队联合成立督查组，开展春季森林防火隐患大排查和《禁火令》期间野外用火等专项督查行动，出动执法人员130余人次。全年全县未发生森林火灾。

（县林业局供稿）

经济管理与监督

宏观经济管理

【规划编制和实施】 2019年，诏安县发展和改革局编制完成《诏安县乡村振兴战略规划（2019—2022年）》，坚持农业农村优先发展，牵头实施乡村振兴战略乡村基础设施和乡村公共服务2个专项小组，出台专项实施方案。编制完成《诏安县富硒产业发展规划（2019—2035年）》，发挥诏安县富硒资源优势和“中国海峡硒都”品牌优势，加快富硒产业发展。起草编制《诏安县新能源产业发展规划》，为诏安县新能源产业布局和招商引资提供指导性意见。牵头申报省政府将闽粤经济合作区列为省际合作平台，赋予闽粤经济合作区灵活政策，打造诏安富硒产业，建设金都海洋生物创新示范区，建设金都新能源产业园，发展乌山和九侯山旅游业以及发展诏安现代港口经济等7项重大发展思路纳入福建省“十四五”发展规划和国家“十四五”规划。筛选上报市级“十四五”重大项目（第一批）18个，总投资额124.82亿元；筛选上报省级“十四五”重大项目（第一批）9个，总投资额95.5亿元。

【计划编制和实施】 2019年，诏安县发改局制定《诏安县2019年国民经济和社会发展计划草案》。受县政府委托，书面向县第十七届人民代表大会第三次会议作《关于诏安县2018年国民经济和社会发展计划执行情况与2019年国民经济和社会发展计划草案的报告》。在年中，提交《关于诏安县2019年上半年国民经济和社会发展计划执行情况及下半年主要工作重点的报告》。根据年初全县工作会议提出的工作目标，及时分解下达全县国民经济和社会发展主要经济指标。开展全县经济形势调度分析和监测预测。2019年，全县地区生产总值284.87亿元，比上年（下同）增长4.7%，其中，第三产业增加值95.01亿元，增长4.5%；固定资产投资额（不含农户）69.15亿元；规模工业增加值112.06亿元，增长9.4%；实际利用外资额（验资）2.17亿元，增长5.1%；社会消费品零售总额135.18亿元，增长10%。

【重点项目实施】 2019年，诏安县215个县级以上项目累计完成投资额147.74亿元，占年度计划投资额的94.02%；40个市级以上在建重点项目总投资额292.08亿元，完成投资额85.76亿元，占年度计划投资额的91.26%；9个省级在建重点项目完成投资额19.54亿元，占年度计划投资额的68.65%。诏安猛狮电动车核心部件生产项目列入“18—20赶超项目”，全年完成投资额7.66亿元，占年度计划投资额的112.74%。完善《诏安县重点项目服务办公室重点项目跟踪管理制度》，充实细化项目跟踪管理范围、内容、办法及督查检查目标。为重点项目建设跟踪管理提供指导依据。配合市重点办调研市级以上重点项目，形成12次调研台账，多途径协调解决项目建设中存在问题。

【行政审批改革】 2019年，诏安县发改局承接行政审批职能。按照精简、高效、便民原则，发改局开展行政审批制度改革，简化全县审批中介服务事项，由原来74项减少为60项。规范政府投资项目审批程序，推行合并审批，简化审批流程，提高审批效率。备案类项目申报单位可自行上网在线办理，实现“零跑腿”。全年共审批项目78个，总投资额51.06亿元，其中，合并审批28件，总投资额2.44亿元。备案企业投资项目168个，总投资额62.7亿元，其中，通过省在线审批监管平台办理的备案项目156件，总投资额约50.19亿元。

【投资项目管理服务】 **项目建设管理** 2019年，诏安县发改局争取上级产业扶贫、“6·18”项目转化扶持资金、异地搬迁、旅游文化和教育卫生等基础设施项目补助资金2369万元。研究提升营商环境政策建议，统筹协调，跟踪督促有关政策落实。出台《关于进一步加强政府投资项目管理的意见》《诏安县重点项目服务办公室重点项目跟踪管理制度》，进一步充实细化项目跟踪管理范围、内容、办法及督查检查目标。为全县重点项目建设跟踪管理提供指导依据。

从全县重点项目、为民办事实项目、民生补短板项目中，筛选出100个体量大、社会效益高、关系群众切身利益的项目，由县处级领导分别挂钩负责推进，于3月1日印发《2019年诏安县处级领导挂钩百个项目安排表》通知，明确工作职责和推进机制。

项目建设服务 开展优化营商环境活动，在各行政审批窗口致力于“减证便民”工作，优化审批流程，精简办事要件数量，提高行政审批效率。解难题、促发展，及时解决项目建设、生产过程中遇到的问题。

以促项目开工为目标，针对重点项目中未开工项目逐一倒排开工计划节点，细化项目前期工作各环节时限，建立完善项目跟踪联系制度，及时解决项目前期工作中的困难，力促项目开工。

（县发改局供稿）

审　计

【概况】 2019年，诏安县审计局制订审计计划，深化公共资金、国有资产、领导干部履行经济责任情况等审计，有重点、有步骤推进审计全覆盖。整合审计资源，运用金审工程（审计信息化系统建设项目），提高审计质量和效益。落实中央八项规定精神，将会议费、培训费、“三公”经费和公务支出管理使用情况纳入审计，参与市、县巡察及专项督查，开展扶贫领域“1+X”常态化审计监督检查等工作。全年共完成审计项目29个，查出管理不规范金额44429万元，违规金额664万元，非金额计量问题46个；审计处理应上缴财政资金493万元、应归还原渠道资金149万元、应调账处理金额22万元。审计促进整改落实有关问题资金565万元，其中已上缴财政467万元，已归还原渠道98万元。出具审计报告和专项审计调查报告35篇，提出审计建议67条，被采纳审计建议57条。

【重大政策措施落实情况跟踪审计】 2019年，诏安县审计局对全县贯彻落实国家重大政策措施落实情况跟踪审计。重点审计乡村振兴相关政策及资金使用情况、非户籍人口在城市落户政策落实情况、清欠民营企业中小企业账款情况、电子商务助力精准扶贫政策落实情况、农村人居环境整治相关政策和资金情况、教育系统为民办实事项目进展情况等。

【财政预算执行情况及决算草案审计】 2019年，

诏安县审计局重点审计地方财政管理体制、债务管理制度、财政事权与支出责任执行过程中的新情况、新问题，以及部门预算执行及决算草案编制、积极财政政策、财政资金使用绩效等方面情况，揭示财政在预算编制、执行和涉农惠农等方面存在的突出问题，提出审计意见建议，促进各项民生政策落到实处，推动财政预算管理水平和资金使用效益。完成对预算执行和决算草案、森林生态效益补偿基金管理使用情况等项目审计（调查）。全年审计查出管理不规范金额44280.54万元，违规金额20.68万元。

【财政财务收支审计】 2019年，诏安县审计局完成对梅洲乡人民政府、金星乡人民政府、南诏镇人民政府等3个项目（单位）的财政财务收支审计。审计查出问题金额188.90万元，其中：违规金额54.16万元，管理不规范金额134.74万元，对所在单位存在的问题提出审计意见和建议11条。

【经济责任审计】 2019年，诏安县审计局完成诏安职业技术学校、县妇幼保健院、县党史和地方志研究室、县南诏镇人民政府等6个党政主要领导干部经济责任审计，促进相关部门制度的建立与完善、推动依法行政及法治政府建设，使更多改革成果惠及民生。查出主要问题金额466万元，其中：违规金额464万元，全额处理上缴财政；管理不规范金额2万元，对所在单位存在的问题提出审计意见和建议25条。同时，开展对县林业局原局长的自然资源资产进行离任审计。

【固定资产投资审计】 2019年，诏安县审计局完成对桥东镇防洪堤及护岸工程、县万里安全生态水系建设一期项目（东溪段）、县社会福利中心建设项目等3个项目工程的竣工决算审计。审计查出问题金额51.22万元，核减工程造价26.20万元。

（县审计局供稿）

统　计

【概况】 2019年，诏安县统计局依法做好各项统计工作。全县实现地区生产总值284.87亿元，比上年增长（下同）4.4%。其中，第一产业增加值51.66亿元，增长4.4%；第二产业增加值138.21亿元，增长8.3%；第三产业增加值95.01亿元，下降1.2%。主要经济指标中，有7项指标增幅高于全市平均水平，分别是农林牧渔业总产值增长4.5%，高出全市平均水平0.5个百分点；规模以上工业总产值增长9.7%，高出全市平均水平0.3个百分点；规模以上工业增加值增长9.4%，高出全市平均水平0.3个百分点；实际利用外资额（验资）增长5.1%，高出全市平均水平21.7个百分点；出口总值增长2.8%，高出全市平均水平14.8个百分点；社会消费品零售总额增长10%，高出全市平均水平0.2个百分点；城镇居民人均可支配收入增长8.6%，高出全市平均水平0.3个百分点。有6项指标增幅低于全市平均水平，分别是地区生产总值增长4.4%，比全市低2.1个百分点；第三产业增加值下降1.2%，比全市低6.7个百分点；固定资产投资额（不含农户）下降51.6%，比全市低51.8个百分点；一般公共预算总收入下降7.3%，比全市低8.5个百分点；地方一般公共预算收入下降10.8%，比全市低11.1个百分点；农村居民人均可支配收入增长9.2%，比全市低0.1个百分点。

【统计业务】 2019年，诏安县统计局完成第四次全国经济普查正式登记工作和全国人口抽样调查。县统计局直接承担的专业统计和调查有：国民经济核算、综合、工业、农业、能源、固定资产投资（不含农户）、建筑业、房地产业、限额以上批发零售贸易和住宿餐饮业、规模以上服务业、劳动工资、科技、文化产业调查、农村住户调查、城市住户调查、农作物产量抽样调查、畜禽调查、工业品出厂价格调查、市场占有调查、规模以下工业抽样调查、人口抽样调查等业务。每月编印

《诏安县每月经济报告》，为领导及时掌握全县经济运行态势提供依据。及时发布《诏安县国民经济和社会发展统计公报》，真实反映全县国民经济发展的速度、规模和水平。编辑整理年度《诏安统计年鉴》，方便各级党政领导和社会各界人士查询统计数据。开展统计调查分析，全年撰写统计分析21篇。

【统计调查】 2019年，诏安县统计局开展城市住户调查和农村住户调查，调查结果，2019年全县居民人均可支配收入22732元，比上年（下同）增长9%。按常住地分，城镇居民人均可支配收入32124元，增长8.6%；农村居民人均可支配收入17734元，增长9.2%。全县居民人均生活消费支出16921元，增长9.3%，其中，城镇居民人均生活消费支出24637元，增长10.1%；农村居民人均生活消费支出12815元，增长8.4%。开展人口抽样调查，调查结果，2019年全县常住人口62.8万人，人口出生率14.8‰，死亡率6.3‰，自然增长率8.5‰，城镇化率47%。

【统计监督与执法】 2019年，诏安县统计局制订《2019年统计执法检查工作计划》《2019年统计法治宣传工作计划》和各项工作细则。强化统计法律法规宣传，把《中华人民共和国统计法》《统计法实施条例》等法律法规纳入全县领导干部教育培训学习科目。开展统计执法检查和统计造假专项整治。严厉打击虚报瞒报统计数据现象。全年对17个单位开展执法检查，查处3个违法单位，予以罚款4000元。

（县统计局供稿）

价格管理

【商品价格监控】 2019年，诏安县物价局建立6个价格监测点，对定点监测的副食品、药品两大类41种商品定期收集数据，并对监测数据进行分析，对可能引起市场价格异常波动的倾向性、苗头性问题及时掌握、解决，维护市场价格秩序稳定。与统计部门合作，建立健全多部门、多渠道的价格形势研判机制，提高价格形势分析和判断能力。定期向省价格监测预警信息系统上报价格监测数据。指定专人负责价格信息发布工作。通过市发改委网站，按照每周一次的周期发布21种民生食品价格信息及每月一次的周期发布20种民生药品价格信息，让广大消费者了解市场价格行情。

【行政事业性收费管理】 2019年，诏安县物价局完成对37个行政事业性收费单位上年度收费情况的审核与统计，并上报全国收费动态监管系统，涉及收费金额4767.32万元。完成对9个具有资质的涉企经营服务性收费单位2017年度收支年度报告的审核，涉及12个收费项目，收费金额共2031.23万元。在政府门户网站公布收费目录清单。按规定清理取消收费项目和停征收费项目，并加强对有关单位价费执行情况的督促、监督，确保收费政策及时有效落实。根据省、市物价局统一安排，制定《诏安县农业用水定价方案》；根据省、市发改委通知，两次降低一般工商业电价，合计每千瓦时降低6.48分；下调管道天然气销售价格；降低新建住宅供气工程建设收费标准。

【价格认定】 2019年，诏安县物价局共受理并完成涉案价格认定138起，总标的1747万元，其中，矿产资源案件3起，标的48.88万元；共受理涉税认定个案238起，总标的9213.18万元。完成价格认定综合业务平台初步设置工作，组织全局人员参加综合业务平台知识答题活动，参答率和合格率均100%。

（县物价局供稿）

工商行政管理

【概况】 2019年，诏安县市场监督管理局提升行政服务效能，履行市场监管职责，开展“大抓工业、抓大工业”“三抓三比、十项竞赛”活动，推动各项工作开展。全年办理企业“多证合一”营业执照767份，个体工商户“多证合一”营业执照3720份；新办内资企业447家，新办个体工商户2799户；查处食品类违法案件26起，处罚没款共55.67万元；开展特种设备安全隐患大排查大整治，检查特种设备使用单位297家次；做好消费维权和投诉举报受理工作，全年受理投诉146起，办结122起。

【企业登记】 2019年，诏安县市场监管局推进“证照分离”和“多证合一”改革，整合有关涉企证照事项56项，与营业执照合并办理，实现“多证合一、一照一码”。建立“多证合一”共享机制，凡是能通过信息共享或网络查验获取的信息不再要求申请人提供证明材料。升级改造企业登记系统，增加清算组备案功能和企业注销公告功能，企业无须提交备案申请书等纸质文书材料，普通注销更加便利，共核准普通注销58户。在企业设立登记环节推进实施实名验证，有效遏制冒用他人身份信息办理公司登记违法行为，为228户企业实施实名认证。推行个体工商户全程智能化登记，实现个体工商户登记自主申报、自动核准、自助打照，进一步提升便利化水平，年内有80户个体户采用全程电子化申请申领营业执照。

【市场主体监管】 2019年，诏安县市场监管局在上年开展无证无照综合治理工作基础上，依法从严查处违法情况严重、存在重大安全隐患的无证无照经营行为，规范市场经济秩序，营造良好营商环境。全年共查处无照经营案件4起。积极引导经营者完善证照信息。对具备办理证照的法定条件、有继续经营意愿的经营者，督促、引导他们依法办理相应证照。

【社会信用监管】 2019年，诏安县市场监管局依托国家企业信用信息公示系统，结合“双随机”抽查，加强与公安、安监等部门信息互通，探索跨部门联合抽查，开展“1+X”专项督查工作，共组织检查26户市场主体（市场上从事交易活动的组织和个人）。开展“双随机一公开”抽查工作，全面加强事中事后监管，共开展“双随机”抽查2次，抽查企业73户。为辖区2万多户未年报市场主体发送语音提醒短信，年内全县内资企业年报率97.9%，农民专业合作社年报率98.24%，外资企业年报率93.33%，个体工商户年报率87.26%。

【市场经济秩序监管】 2019年，诏安县市场监管局进一步遏制传销违法犯罪活动，继续跟踪“云惠联”特大网络传销线索，全面摸底权健公司关联的经销商、网点和商品情况，查处1起涉权健违法行为案件，处罚款0.18万元。开展保健品市场乱象百日整治行动，共检查集市7家，商场超市19家，药店、卫生室等17家，网店2家，直销产品等保健品店289家，立案查处1起，处罚没款0.18万元。开展食盐市场专项整治，以青梅制品生产企业等食品加工企业为重点，加大执法力度，查获食盐违规销售9起，没收盐品4吨，处罚款0.67万元。共查处市场流通领域案件23起，处罚没款20.83万元。

【消费维权】 2019年，诏安县市场监管局结合机构改革，整合投诉机制，完成“12315”“12331”“12365”“12358”“12345”消费者申诉举报中心整合，实行“统一受理、统一承接，分类筛选，逐级上报、分流办理”的工作格局。加大重点领域维权力度，关注民生焦点，从移动通信入手，主动加强与移动、联通和电信等公司沟通协调，争取从源头根治。全年受理各类信访件60件，督促投诉反映较集中的行业和部门落实整改，促使争议问题得到解决。

【知识产权及商标监管】 **知识产权保护** 2019年，诏安县市场监管局承接知识产权保护职能，实施知识产权战略发展和保护规划，扶持本县企业申请各类专利，构建与本县产业发展相适应的知识产权管理和服务体系。

商标监管 实施商标战略，贯彻落实县政府关于扶持青梅、八仙茶、富硒蛋鸡三大产业发展实施意见，加大富硒商标培育力度。全县地理标志商标数15件，数量跃居全省第三。促进“商标兴农”，支持“诏安单枞”地理标志证明商标申报注册。做好地理标志商标和集体商标注册、保护和规范管理使用各项工作。

（县市场监管局供稿）

食品药品监督管理

【食品安全监管】 2019年，诏安县市场监管局创建省级“明厨亮灶”示范单位和省级“小作坊”示范点，分别指导2家餐饮单位申报省级“明厨亮灶”示范创建单位和市级“明厨亮灶”示范创建单位。加强对示范店的量化分级管理和风险评级管理，强化对示范店存在问题的跟踪整改力度。申请食品安全社会示范县创建获批，成为漳州唯一获准创建的县。全力推进食品一品一码安全追溯体系建设工作，共有99家生产流通企业、113家餐饮服务单位实施电子信息化追溯管理，上传数据61.9万余条。联合多部门开展防控非洲猪瘟安全专项整治行动，实行市场巡查周报制度，依法查处销售未经检疫猪肉的违法行为，出动执法人员2289人次，检查猪肉摊点897处，立案查处4起，处罚没款5705元。开展食品生产非法添加、超范围超限量使用食品添加剂专项检查，完善长效监管机制。开展食品生产流通单位风险等级评定，3月底完成全县所有食品生产流通单位的风险等级评定工作。开展春季学校食堂及周边食品安全专项检查活动，督促学校、幼托机构食堂履行进货查验义务，不采购无“两证”的猪肉，不采购“三无”食品，对年内“3·15”国际消费者权益日曝光的问题辣条，对学校及周边食品销售经营户进行检查，并下架相关问题产品，共检查学校（托幼机构）食堂70家，学校周边食品经营单位85家，责令6家存在问题的餐饮单位限期整改。

【药品安全监管】 2019年，诏安县市场监管局加强医疗机构实施药品不良反应报告制度有关管理工作，督促医疗机构提高药品不良反应报告数量和质量分析。坚持日常监管与重点排查相结合，强化对重点品种和重点环节质量监管，开展无菌和植入性等医疗器械监督检查、疫苗重点监督检查，组织开展执业药师挂证整治专项行动，打击违规挂证行为，共检查药械经营使用单位122家次，立案15起，处罚没款8.77万元。

（县市场监管局供稿）

质量技术监督管理

【计量检验检测】 2019年，诏安县市场监管局建立关系民生的新计量标准，通过心脑电图、pH计两项建标项目，开展相关技术人员培训与设备采购。开展计量检定，全年共检定压力表913块，加油机363台，天平8台，砝码2只，电子秤、台秤等衡器220台。拓宽检验检测范围，完成春耕护农化肥和柴油抽样工作，共计抽检化肥20批次、定量包装抽样5批次、柴油2批次、食盐2批次，完成药品监督抽检47批次，协助市药检所抽检药品25批次。配合市审评中心，完成县内15家企业生产许可证（SC）现场核查，同时帮扶15家企业申报条码。

【特种设备监管】 2019年，诏安县31家企业涉氨制冷压力管道整改基本完成，其中27家完成整改并办理使用登记证，1家已整改、未办理登记证，1家抽氨停产，2家正在整改。开展特种设备安全隐患大排查大整治，发出《特种设备安全监察指令书》14份，发现并治理安全隐患14起，立案1起，处罚没款4万元。加强特种设备使用登记办证管理，共新办理特种设备使用登记证199份。组织特种设备使用单位开展应急演练2场。督促送检及报废液化气瓶计1267只，其中报废瓶400只、送检867只，并继续落实数字化气瓶管理工作，累计完成安装条形码数字化气瓶77609瓶。

【质量强县工作】 2019年，诏安县市场监管局调整充实“质量强县工作领导小组”成员，制订印发《诏安县开展质量提升行动加快质量强县建设的实施方案》，把质量发展纳入全县各乡镇各部门经济社会发展规划，把质量工作纳入绩效考评内容。开展重点工业产品质量安全专项整治，落实企业质量安全主体责任，全县5家重点工业产品生产企业均按要求完成自查自纠，未发现质量安全问题。开展机动车安检机构专项检查，对县内3家安检机构开展全面检查，针对检查中发现的问题，督促检验机构限期整改。推进品牌质量提升，引导帮助优势企业将具有自主知识产权的技术和专利及时转化为标准，开展企业产品标准自我声明公开，有29家企业（食品除外）138项标准在企业产品标准自我声明公开栏公开。配合上级完成工业产品质量监督抽查，督促生产企业把好产品质量关，当年工业产品质量监督抽查产品合格率100%。

（县市场监管局供稿）

海关监管

【概况】 2019年，东山海关诏安监管科强化把关服务有担当，指导监督企业规范生产管理，提高企业质量管理水平；从严管控出口食品农产品安全风险，执行进出口食品农产品监督抽样与风险监测；牢固树立质量和效率意识，着力优化营商环境；压缩海关通关时间，东山海关全年进口、出口整体通关时间分别位列厦门关区海运现场第二位、第三位。

【进出口服务】 2019年，东山海关诏安监管科全年共检验检疫出口货物3960批次，货值5.1亿美元。支持诏安县产业扶贫，指导和鼓励企业创新自主研发、培育多元化产品，帮扶和推动诏安青梅特色产品出口；提前介入茶叶种植基地备案，帮扶诏安富硒八仙茶种植场和加工厂开展出口备案，推动诏安富硒农产品出口产业发展。优化营商环境，吸引粤东出口企业“来诏筑巢”；帮促存量企业扩大国际市场，推动诏安活鱼首次出口韩国。开展出口水产品“一产业一对策”专题调研，助力企业寻找突破口、开辟新市场，帮助水产品出口企业有效应对中美贸易摩擦。配合县政府开展申请“世界长寿乡”样品检测，接待“世界长寿乡”评选专家、省电商主管部门对富硒检测中心考察调研；承担富硒产品检测工作，为全县食品、农产品质量安全监管提供技术保障和准确数据支撑，为县进出口企业节省检测时长和检测成本。

（东山海关诏安监管科供稿）

财政　税务

财　政

【概况】　2019年，诏安县公共财政一般预算总收入10.31亿元，比上年（下同）下降7.34%，其中，地方一般公共预算收入6.36亿元，下降10.76%。一般公共预算支出28.24亿元，下降23.68%。

【财政收入结构】　2019年，诏安县财政局培育壮大财源，实施减税降费政策，支持农村小型光伏发电、乡村综合体、专业合作社、农村电商平台等新业态，加快绿色经济发展，培植新财源增长点。整合财政专项资金，选准项目，做强特色产业。强化财税部门收入协调工作机制，抓重点税源，盯紧流动税源，主动适应网络经济、共享经济等新业态成长和营改增、结构性减税等税制调整，靠前服务，推进非税收入收缴电子化和财政电子票据管理改革，规范财政收入核算和缴库管理，预防空转虚收。全年一般公共预算总收入10.31亿元，完成预算106.27%，比上年减收0.82亿元，下降7.34%。地方一般公共预算收入6.36亿元，完成预算107.76%，减收0.77亿元，下降10.76%。

全年缴库税收收入8.71亿元，减收0.41亿元，下降4.49%。地方级税收收入4.77亿元，减收0.36亿元，下降7.01%。其中：增值税4.74亿元，增长8.19%；企业所得税1.88亿元，下降10.86%；个人所得税0.40亿元，下降23.25%；其他八项工商小税种1亿元，下降29.31%；契税0.40亿元，下降6.82%；耕地占用税0.08亿元，增长112.31%。

在缴库的全部税收收入中，非税收入1.59亿元，减收0.41亿元，下降20.37%。其中：专项收入0.49亿元，下降24.62%；行政性收费收入0.22亿元，下降39.07%；罚没收入0.33亿元，下降10.43%；国有资源有偿使用收入0.27亿元，下降12.39%；捐赠收入0.23亿元，下降1.69%；政府住房基金收入0.02亿元，增长17.03%；其他收入0.02亿元，下降0.46%。

【财政支出结构】　2019年，诏安县一般公共预算支出28.24亿元，比上年减支8.76亿元，下降23.68%。其中：民生保障支出22.5亿元，占公共财政一般预算支出的82.7%。优先确保工资正常发放。全县财政供养人员工资性支出12.7亿元，占地方公共财政一般预算收入的208.2%。教育支出6.15亿元，主要用于公办幼儿园建设、职业教育质量提升、学生食堂用房、教学学生宿舍楼、乡村教师补贴、城区新建学校建设等；中小学校生均公用经费、学生助学金、营养早餐补助支出。科技文化体育传媒支出0.28亿元，主要用于基层综合性文化中心及实体书店建设，图书馆免费对外开放补助，“三节”文化活动经费以及长寿之乡、书画艺术之乡品牌建设宣传。社会保障体系建设支出6.15亿元，主要用于城乡居民养老、城乡低保、义务兵优待金、养老金、医疗救助、农村幸福院、社区居家养老服务、福利中心和被征地人员社会保障金等支出。卫生健康计划生育支出2.25亿元，主要用于医院医技楼建设，乡村医生养老保障，中医院搬迁（含瑞康医院）设备采购，公立医院改革补助，登革热防控，乡镇卫生院业务用房达标建设、公办村卫生所达标建设、基本公共卫生、基本药物制度补助等。扶贫开发资金支出1.73亿元，其中县本级安排1.3亿元（含政府性债券转贷资金1亿元），主要用于省市县三级对41个贫困村的精准扶贫。住房保障支出0.75亿元，主要用于农村危房改造补助，城镇保障性安居工程建设，垦区危房改造及配套基础设施建设等。

【转移支付各种补助】 2019年，诏安县财政局用好用足用活政策，利用原中央苏区县、福建省省级贫困县、省扶贫开发工作重点县和水土流失治理重点县等财政扶持政策，密切部门协作，主动与上级财政部门和相关业务主管部门对接，及时上报各类项目，争取上级部门更多的资金支持，全年共争取上级各种补助资金17.11亿元。

【财政收支平衡】 2019年，诏安县地方一般公共预算收入6.36亿元，上级补助收入16.65亿元，债券转贷收入3.63亿元，上年结余4.02亿元，调入资金5.07亿元，调入预算稳定调节基金收入1.36亿元，收入总计37.09亿元；一般预算支出28.24亿元，上解上级支出0.6亿元，债券还本支出0.89亿元，调出资金0.09亿元，安排预算稳定调节基金2.60亿元，结转下年支出4.67亿元，支出总计37.09亿元，财政收支平衡。

【财政制度改革】 2019年，诏安县财政局重视县财政投资项目评审工作，加强财政投资项目评审中介库成员单位考核管理，结合投资项目评审实际情况，制定《诏安县财政投资项目评审中介机构考核管理暂行办法》，采用政府采购方式入选“诏安县财政局财政投资评审中介库”的工程造价咨询单位，对送审金额超过500万元的项目采用抽签的形式进行比选，提高送审项目的时效性和准确性。

【财政管理】 2019年，诏安县财政局强化预算约束，严格执行地方预决算公开操作规程，建立统一的政府预决算、部门预决算、“三公”经费预决算公开平台，提高预决算和财政资金使用透明度，完善预决算公开考核机制，盘活财政存量资金，增加资金有效供给。

强化财政收支管理，清理整合财政专项资金，统筹使用财政资金，提升财政管理绩效。推广运用财政管理信息一体化系统，推进国库集中支付电子化建设，推广政府采购网上公开信息系统，完善财政集中支付监管系统建设，提升财政管理科学化、规范化、信息化水平。开展扶贫、涉农涉企和生态环保等社会关注度高的专项资金检查，推进中央八项规定精神“1+X”专项督查常态化落实。

规范债务管理，强化债务预算编制，防范债务风险。2019年，省财政厅下达县新增一般政府性债券债务转贷收入3.63亿元，专项政府性债券债务转贷收入5.11亿元，合计8.74亿元，重点用于医院、学校、中心城区公用基础设施、新型城镇化建设和土地收储等。年末全县政府性债务余额38.82亿元（其中一般债务余额24.88亿元，专项债务余额13.94亿元），占省政府下达县2019年政府性债务限额40.52亿元（其中一般债务限额25.37亿元，专项债务限额15.15亿元）的95.8%，比上年上升0.2个百分点。

（县财政局供稿）

税 务

【概况】 2019年，国家税务总局诏安县税务局坚持推进减税降费政策落地，服务大抓工业促发展，依法征税。全系统管征纳税人8318户，其中企业3088户，其中一般纳税人562户；个体工商户5230户；城乡居民养老保险社保费登记18.11万人次，城乡居民医疗保险登记63.15万人次。全年组织各项收入15.42亿元，比上年增长24.85%。

【税收收入】 2019年，诏安县税务局建立征期运行问题整改和风险排查清单机制，主体税种管征精细，推动个人所得税改革政策落地，开展企业所得税汇算清缴，落实增值税改革工作，上线增值税发票系统2.0版，防控税收管理风险，年内应对风险纳税人62户，做好出口退税风险分析、预警工作，严厉打击各类虚开骗税违法犯罪。2019年征缴县级税收收入8.86亿元，完成县年度收入预期目标104.29%。办理出口退（免）税3.22亿元，增长6.83%。

【非税收入】 2019年，诏安县税务局加强与社保、医保和乡镇等部门协调配合，按照“政府主导、税务牵头、部门配合、村居落实、多元缴费”征缴体制，做好城乡居民“两险”征收工作。夯实社保费缴费基数，挖掘费源潜力。开展社保费收入分析，研究收入变动因素，掌握费源收入进度，确保完成社保费收入任务。全年入库非税收入3.05亿元，比上年增长17.4%。其中，基本养老保险费入库1.83亿元，增长21.9%；失业保险费入库314万元；工伤保险费入库868万元；生育保险费入库336万元；医疗保险费入库7635万元；工会经费入库282万元；残疾人就业保障金入库280万元；教育费附加和地方教育费附加入库2485万元。

【减税降费落实】 2019年，诏安县税务局建立政策解读、宣传辅导、系统改造和操作培训“四同步”机制，强化宣传辅导，构建线上线下宣传矩阵，发放宣传材料1.05万份，培训纳税人1.69万人次，确保政策应知尽知。落实“三个无需”“三个自动”（推行减免税无需审批、无需核查、无需证明、自动识别、自动计算、自动成表）便利措施，推广减税降费风险监控平台，动态监控纳税人减免税条件变化、税收政策落实以及税收实际缴纳等情况，精准落实政策，确保应享尽享。与人行、银联沟通协调，理顺退税流程，做好小微企业批量退税。1—12月（所属期）新增减税降费9507.11万元。其中，小微企业普惠性政策新增减税1940.28万元，个人所得税专项附加扣除政策新增减税304.88万元，深化增值税改革新增减税3679.51万元，社会保险费和非税收入减免635.59万元，上年实施2019年翘尾减税政策新增减税2925.93万元。

【营商环境优化】 2019年，诏安县税务局优化资源配置，通过简政放权、便民办税和升级服务等全方位多维度举措，促进税收营商环境更加公平透明。推行“网上办税为主，自助办税为辅，办税服务厅兜底”的办税新模式，12月30日正式启用新办税服务厅，办税窗口增至12个、自助办税终端增至7台，服务能力大幅扩容；连续第六年开展“便民办税春风行动”，实现12个大类159个实现“最多跑一次”，办税时间缩短30%。推行退税无纸化，提高出口退税审核审批退库效率，缩短函调时限，出口退税提速增效。推进信息化建设，完成“金三并库”（金税三期原国税系统和原地税系统两个数据库合并成一个数据库），上线自然人税收管理系统，推出车辆购置税网上申报，推广“福建省微电子税务局”“福建省自助办税管理平台”，拓展“云闪付”“闽税通”移动便民缴费功能。全面推行行政执法公示、执法全过程记录和重大执法决定法制审核“三项制度”，规范税收执法行为。

（县税务局供稿）

金　融

综　述

【金融运行】　2019年，中国人民银行诏安县支行贯彻执行稳健货币政策，防范化解重大风险，扎实开展金融服务、外汇管理和金融监管，支持辖区经济社会高质量发展，确保安全无事故。全县存款呈低位运行，增速总体放缓。年末本外币各项存款余额145.73亿元，比上年末增长3.31%，增幅减少0.09个百分点，低于全市平均水平3.37个百分点，居全市倒数第二位；各季度全县存款平均增幅分别为3.89%、4.93%、1.02%和0.93%。从新增存款结构看，住户存款增势不减，而非金融企业存款和广义政府存款波动较大。其中，住户存款比年初增加10.02亿元，非金融机构存款比年初增加0.38亿元、广义政府存款比年初减少5.73亿元。

贷款呈现较快增长势头，增速保持全市领先。年末，全县金融机构本外币各项贷款余额96.18亿元，比上年末增长16.75%，高于全市平均水平5.24个百分点，增速居全市第二位。非金融企业及机关团体贷款增加0.25亿元，比上年增加1.94亿元。新增贷款主要投向制造业、电力生产、批发和零售业。12月末，上述行业贷款余额分别增长6%、57%和11%。全县民营企业贷款余额7.38亿元，比年初增加0.79亿元；小微企业贷款余额14.34亿元，比年初增加3.35亿元；辖区19类金融支持民营小微企业创新产品全年贷款余额2.92亿元，累计发放贷款1165笔、金额2.73亿元；实施金融精准扶贫，全县金融产业扶贫贷款余额10654.85万元，生源地助学贷款余额11163.77万元。

【信贷工作】　2019年，人行诏安县支行贯彻执行稳健货币政策。开展县域法人金融机构考核、农信社改革专项票据监测考核、农行三农事业部考核以及央行资金政策效果评估，履行属地监管职责，创新双线压力传导模式，引导辖区2家法人机构合理规划并用好用足狭义信贷增量，全年实际贷款新增额与上报贷款规划额偏离度均在合理区间。开展贷款市场报价利率（LPR）的宣传、推广和改革工作。开展商业银行利率监测和分析，指导县农信社降低贷款利率，减轻小微企业融资成本。加大信贷支持力度。利用经济金融分析会、行长联席会等形式，指导银行业金融机构加大对实体经济的信贷支持力度，促进辖区信贷总量平稳增长。年末，各金融机构本外币各项存款余额145.73亿元，比年初增加4.66亿元；本外币各项贷款余额96.18亿元，比年初增加13.79亿元。举办诏安县2019年工业与招商工作推进会暨政银企对接会，促成8家银行与35家企业（项目）达成融资意向金额5.26亿元，履约率85%。引导涉农金融机构用好用足扶贫小额信贷等政策，探索建立金融支持与企业带动贫困户脱贫的挂钩机制，全县金融精准扶贫贷款余额10654.85万元。

【乡村旅游金融服务】 2019年，人行诏安县支行指导诏安农行、农信社、邮储银行等3家涉农金融机构按“一行一示范点”的要求开展示范点创建。在3家机构现有信贷产品的基础上，指导县农信社创新推出“美富贷”等特色信贷产品，加大金融服务示范点信贷支持力度。完成3个乡村旅游金融服务示范点创建，3家涉农金融机构累计发放示范点贷款15笔，金额415万元，并辐射示范点所在乡镇发放“快农贷”等信用贷款1055笔，金额6050.25万元，发放“美富贷”19笔、金额403.3万元。

【跨境人民币业务】 2019年，人行诏安县支行召开诏安县跨境人民币业务推进会，向经办银行分解下达目标任务，确定年度重点推动企业，开展跨境人民币“一对一”重点企业业务帮扶工作。全年4家重点企业累计开展跨境人民币业务6892.85万元，比上年增长124.25%。以人民币跨境使用十周年为契机，召开跨境业务推介培训会，收集辖区人民币国际化在服务实体经济、促进贸易投资便利化方面的成效及案例，引导银行加强政策宣传，提升市场主体使用人民币跨境结算的积极性。

【存款保险制度实施】 2019年，人行诏安县支行督促2家投保机构及时完成存款保险信息系统的接入、用户创建，更新和补录相关信息，确保系统正常运行。采取存款保险早期纠正工作措施，针对汇通村镇银行上半年不良率上升等问题，及时召开现场风险提示座谈会；针对农信社被银保监漳州分局处罚的事实，在季度评级中给予扣分。开展《存款保险条例》颁布实施4周年宣传活动，提高社会公众对条例的认知度。

（人行诏安县支行供稿）

金融管理

【支付结算】 2019年，人行诏安县支行加大移动支付便民工程建设力度。通过任务指标考核传导、行业应用场景拓展、商户受理环境建设、移动支付营销宣传，城区移动支付应用场景拓展，居民使用云闪付意识增强。以农村普惠金融综合服务点为基础，带动农村移动支付场景建设，加大云闪付宣传力度，推动云闪付进村入户，提升农村移动支付服务的可获得性和可持续性。组织商业银行做好取消行政许可业务流程调整、系统改造、业务培训、政策传导及宣传工作，稳妥完成取消企业银行账户行政许可工作。通过银政通系统继续做好企业银行账户开立备案的监测工作。对辖区2家法人机构支付结算管理开展现场督查，并督促及时落实问题整改。规范银行卡助农取款服务点管理，辖区4家主办银行、511个助农取款服务点全部完成升级改造为普惠金融支付服务点，优化助农取款服务点布局。加强ACS系统会计核算业务管理，认真落实法定存款准备金制度，确保辖区2家法人金融机构按时足额缴纳存款准备金，全年未发生重大业务差错和重大安全事故。持续防范打击电信网络新型违法犯罪，指导商业银行新增居民身份证有效期核实功能，联合相关机构开展宣传教育及风险提示，保障账户所有人资金安全。

【反洗钱】 2019年，人行诏安县支行采取差异化监管措施，促进金融机构有效履行反洗钱义务。全年共对6家金融机构采取监管约谈、电话质询等措施，依法依规开展6场次反洗钱非现场监管。通过采取监管走访、质询等日常监管措施，结合各金融机构报备材料等情况，开展辖区10家金融机构2018年度反洗钱非现场监管评估，督促有效履行反洗钱义务。建立房地产领域的反洗钱联合监管机制。与县住建局、县自然资源局联合出台《关于加强房地产业反洗钱和反恐怖融资工作的通知》、签订《诏安县房地产业反洗钱监管协作备忘录》，探索开展对诏安县房地产领域反洗钱监管新方式。组织商业银行对各类可疑资金账户、线索进行排查分析。建立扫黑除恶专项斗争工作台账，全面掌握活动开展情况。联合县公安局经侦大队开展严惩黑恶势力、维护社会稳定宣传，取得较好效果。

【货币发行】 2019年，人行诏安县支行通过县小面额配送中心兑换硬币112笔、金额26.62万元，通过农村金融服务点兑换残损人民币16笔、金额0.95万元。开展2019年版人民币发行工作，督促辖区商业银行完成现金出纳机具升级工作，开展2019年版人民币防伪知识宣传培训。对4个银行网点投放2019年版人民币，满足社会公众需要。开展反假货币综合治理，全年共收缴假人民币2069张、金额18.83万元。对17个银行网点开展人民币现金收付及反假货币工作暗访巡查，提高辖区人民币流通管理与反假货币工作水平。完成反假货币二代子系统试运行工作。

【征信管理】 2019年，人行诏安县支行深化“一县一品”创建活动，与县诚信促进会联合印发《诏安县“书画信用文化”建设方案》，参与诚信主题公园创建；打造诚信商场示范店，增强经营者诚信观念和自律意识。通过走访、开展政策传导及现场业务指导，推动县农信社完成1家企业信息、报表的采集并上传到央行内部（企业）评级系统，实现企业信息录入系统零突破。加强自助查询网点管理，开展征信查询服务，全年受理查询个人信用报告1.32万人次、查询企业信用报告101次，受理异议处理4次。指导涉农金融机构开展信用户、信用村和信用乡（镇）建设，有效促进农村形成“守信增益、失信惩戒”氛围。全县评定信用乡镇7个、信用村134个、信用户11.31万户，评定率分别达到43.75%、61.75%和80.86%以上，农户信用档案建档率99.92%，全县贫困户信用档案建档率100%。开展“6·14”征信助力小微与民营企业融资发展特色宣传活动、举办“诚信杯”象棋锦标赛，推进“诚信漳州”建设，获福建省漳州市第六届“诚信工作先进单位”称号。

【外汇管理】 **外汇政策实施** 2019年，人行诏安县支行通过电话通知、会议布置、集合网推送和临街屏幕显示等方式，开展企业直接投资权益存量登记宣传。全年企业直接投资FDI权益存量登记61家、ODI权益存量登记2家，并对8家未做FDI权益存量登记的企业进行业务管控。联合县工信局，举办全县外贸企业汇率避险知识暨稳外贸、促发展政策宣讲会等活动，营造良好外汇运行环境。全年辖区出口总额50640万美元，进口总额1185万美元。

非现场监测和现场检查 有针对性地监测出口不收汇、出口少收汇情况，排查异常交易行为和交易主体。开展对重点库、特殊标识企业的非现场核查，筛选11家重点企业开展现场核查，并根据核查情况对企业进行分类管理。对福建铭兴食品冷冻有限公司等4家企业开展贸易信贷调查，及时了解调查企业的外汇收支与贸易情况，并提出建议。对福建海棠食品有限公司等2家企业开展经常项目随机抽查，并根据核查结果对企业进行分类管理。加强名录企业管理，全年办理企业名录登记7家，名录变更4家；对辖区17家连续两年无发生外汇收支的企业进行名录注销。做好跨境资金监测，及时反映监测中存在的问题，上报异常线索4条。

外汇统计数据质量 开展对诏安中行国际收支间接申报及结售汇统计业务现场核查、诏安建行等4家银行资本项目直投登记业务专项核查，提升外汇管理规定和制度的执行力。资本项目信息系统滞留数据核查发现滞留数据3笔，督促相关银行及时整改，并列入考核，促进银行提高数据报送质量。完成银行外汇业务合规与审慎经营评估工作，评定A类行1家、B+类行3家、B类行1家。开展国际收支业务非现场监测，国际收支统计申报差错率比上年下降0.25%。

【国库工作】 2019年，人行诏安县支行开展“国库县支库示范库”创建工作。通过整合相关业务岗位、规范业务操作流程，做亮“党建+”，推动基层国库履职提效。加强国库日常核算管理，确保预算收支顺利执行，年末，县财政总收入10.31亿元，一般公共预算支出28.24亿元。加强柜面监督，拒收不合规业务8笔、金额6200万元，有效防范国库资金风险。践行国库惠民。开展小微企业退税服务，全年共办理退库3633笔、金额36226.6万元；指导农村居民购买储蓄国债（电子式）14笔，金额22.5万元；通过加强宣传培训以及采取普惠金融支付服务点、云闪付APP双线缴费并行的方式，开展农村医保缴交工作，全年办理2019年城乡医保缴费98892笔，金额2472万元。加强国债承销机构管理和宣传、巡查，对31次巡查中发现的问题，敦促各承销机构整改，推进国债市场健康发展。配合中支承办跨省国库业务应急实战演练，提升国库应对突发事件的能力。

【金融稳定工作】　2019年，人行诏安县支行开展“两综合、两管理”工作。开展对辖区10家金融机构2018年执行人民银行政策和管理规定情况综合评价工作，评出A、B两个等级，促进金融机构更好履职。顺利办理新设金融机构——福建汇通村镇银行梅岭支行申请加入央行管理与服务事项的准入工作。

【金融监管协调】　2019年，人行诏安县支行进一步密切与地方政府、金融监管部门协调配合，与县金融办签订《金融稳定工作信息交流备忘录》，实现信息互通共享，及时掌握辖区金融风险苗头和隐患，着力做好防范化解重大金融风险攻坚战各项任务。

【金融风险及重点领域风险排查】　2019年，人行诏安县支行完善地方法人金融机构风险监测和预警机制，持续跟踪监测法人机构流动性风险。加强农行三农事业部改革执行情况季度监测。督促辖区金融机构加强风险企业信贷情况监测，跟踪指导金融机构解决处置不良贷款的实际问题，全县不良贷款率0.71%，比上年初减少0.09个百分点，为全市最低。

【紧急贷款维权处置】　2019年，人行诏安县支行成立紧急贷款维权处置专项工作小组，制定《诏安县支行紧急贷款债权维权处置工作方案》，统筹指导相关事宜。指定专人配合福建拓维律师事务所完成金融稳定再贷款尽职调查报告、法律意见书核实及意见反馈。创新专题简报方式，及时向上级行反映紧急贷款债权处置工作推进情况，全年共上报7期简报。与县政府就紧急贷款债权维权处理意见基本达成一致，县政府出台《关于处置丹诏信用社紧急贷款的意见》，处置工作取得进展。

【金融消费权益保护】　2019年，人行诏安县支行组织商业银行开展2018年度金融消费权益保护评估工作，督促银行提升金融消费权益保护工作质量。牵头推进普惠金融工作，开展2019年普惠金融指标体系填报工作。开展“3·15”国际消费者权益保护日、“普及金融知识，守住‘钱袋子’”等金融知识宣传普及活动，保障金融消费者合法权益。

（人行诏安县支行供稿）

银行业

【银行业监管】　*概况*　2019年，中国银行保险监督管理委员会漳州监管分局诏安监管组促进辖区银行业安全稳健运行，为经济发展提供金融保障，服务实体质效上台阶，银行贷款既增量又提质。全年各项贷款余额96.18亿元，比年初净增13.9亿元，增长16.75%。小微企业、制造业和农林牧渔业贷款比年初分别净增5.76亿元、1.7亿元和3.1亿元。大型银行落实小微企业优惠贷款利率，两家法人机构小微贷款实现“两增两控”（“两增”：单户授信总额1000万元以下（含）小微企业贷款同比增速不低于各项贷款同比增速，贷款户数不低于上年同期水平，“两控”：合理控制小微企业贷款资产质量水平和贷款综合成本）监管要求。保持案防高压态势，辖区银行业总体稳健运行、风险可控，无发生金融案件、无重大事故，不良贷款占比全市最低。通过“四个紧盯”，有效管控不良贷款，全县信用风险整体可控。年末，不良率0.71%，比年初下降0.04个百分点。整改检查发现的问题40个、51户、56笔，金额5690

万元，整改率100%。通过自查、评估发现金融机构问题86个、550户、567笔，涉及金额8774.51万元，整改评估发现的问题84个、548户、565笔，金额8774.51万元，整改率97.67%。共修订、完善制度15个。

传导约谈与银保合作 传导监管要求，督促银保机构落实金融支持实体经济本质要求。实施监管约谈，针对农信社小微企业无还本续贷有形无实问题，约谈农信社理事长、主任。推动银保合作，全年县邮储银行、县农信社分别办理小微企业“银保贷”350万元和200万元。引导做大做强“快农贷”，新推乡村振兴带头人综合贷、乡医贷和茶农贷等，全年新增“快农贷”1.69亿元。指导县农信社创新农户“易贷宝”信用贷款品种，全年共发放农户“易贷宝”1516户，贷款余额1.87亿元。

重点风险管控 开展节日安全检查、两家银行两家保险案防督查、两家邮储代理网点飞行检查。精心收集银行保险领域发生的挪用资金、虚假理财、骗保骗贷、泄密失密和外部侵害等案例，对银保机构开展以案释法、以案示纪和以案为鉴警示教育。序时监测两家法人机构的流动性指标情况，确保任何时点流动性指标达到监管要求。注重走访巡查。全年走访银保机构46次、法人机构巡查13场次。以审慎会谈、高管约谈、监管意见书、风险提示单等方式及时提示风险，促成风险问题早整改。

信用风险管控 紧盯“四个重点”：紧盯关注类贷款，防范向下迁徙劣变为不良。紧盯重点机构，就信用风险问题两次约谈村镇银行董事长监事长。紧盯巡视整改，会同县金融办召开重点机构落实巡视问题整改督办会。紧盯形态调整，建立大额贷款形态调整的事前报告制度。

金融服务质效 诏安中行转变抢大户争份额粗放行为，建立“信贷行为终身记录、信贷责任终身追究”问责制度。诏安农行反思“服务实体短板”，着力推广“快农贷”，全年发放“快农贷”1.69亿元、占贷款增量51%。县农信社反思“客户贷款难”，先后创新“农户易贷宝”“梅好贷”等贷款品种，解决企业农户抵押难融资难问题。

（诏安银保监组供稿）

【中国农业发展银行诏安县支行】 **概况** 2019年，诏安农发行结合“千名行长走进千家万户”活动，全力服务辖内“三农”发展和民生需求，发挥农业政策性金融优势，着力防控风险，创建“弘扬乌山精神，牢记支农使命”党建品牌，统筹推进诏安农发行各项业务发展。年末，存款余额1.79亿元，贷款余额6.33亿元，贷款比年初增加2719万元，增长4.49%。全年实现账面利润617.88万元。

粮食安全保障 坚守主业，始终把支持粮棉油等重要农产品收购、储备、调控和调销，保障和维护国家粮食安全作为最主要职能。通过提供粮食收购资金支持，为保障粮食收购、推动生产、稳定物价奠定坚实基础，保障农民根本收益，激发农民种粮积极性，提高粮食生产力，维护粮食市场稳定，保障粮食安全。同时，围绕国家粮食购销政策，保障政策性收储资金供应，兑现国家惠民政策，从根本上解决“打白条”和“卖粮难”问题，给种粮农民吃上“定心丸”。全年支持县级储备粮贷款3717万元。

乡村振兴项目 成功审批3个项目，分别为福建水投集团东山县原水管理有限公司一般水利建设中长期贷款1.62亿元、云霄发展水务有限公司一般水利建设中长期贷款1.14亿元和福建城康建设发展有限责任公司新型城镇化中长期贷款3亿元，合计10.76亿元。全年共投放中长期项目贷款1.03亿元，其中，漳州市云霄经济开发区污水处理厂及管网工程（一期）PPP项目9200万元，东山县粮食购销有限公司东山县粮食中心储备库项目1092万元。

小微企业服务 发挥政策性银行示范引领作用，加大对民营企业特别是小微企业的支持力度。开展辖区民营企业、小微企业情况调查，通过县工信局等部门取得民营和小微企业清单，并对清单中符合支行贷款基本准入要求的民营和小微企业进行筛选和实地走访，对接有融资意向的民营和小微企业，了解企业经营情况及融资意向。年末，有2家企业通过预审，其中云霄县东州冷冻食品有限公司已完成初步评估并报市分行调查，列为储备小微贷款企业。

风险管理 对照《信贷全流程标准化管理辅

导手册》标准开展贷前调查，落实贷后尽职管理和信贷全流程标准化等业务操作规程，落实风险防控和贷后管理例会制度，坚持合规办贷管贷，以贷款检查尽职管理系统为抓手，落实贷后管理月例会制度，实行合同面签制度，把好贷前条件落实和信贷资金支付关口，执行监管部门和上级行有关贷款资金支付的管理规定，严把贷款准入关、发放关、使用关，确保贷款投放、资金使用合规，防范信贷风险。

（诏安农发行供稿）

【中国工商银行诏安支行】 **概况** 2019年，诏安工行存款有人民币储蓄、外币储蓄；公司、机构和同业人民币存款。年末各项存款余额8.59亿元，比上年年末增长7.59%。贷款有短期、中期和长期人民币贷款；住房按揭贷款；消费性贷款（汽车消费贷款、个人消费贷款和个人住房贷款）；票据贴现、出口押汇、出口发票融资和信用等级评定等。年末各项贷款余额5.55亿元，增长40.88%。

2019年，诏安工行内设综合部、客户部、外拓部与营业部，下辖1个二级支行诏安城关支行；拥有2间24小时自助银行，有安全、快捷的网上和手机银行及多台智能设备，提供较为完备的支付、结算环境。实现全年安全无事故。年末在岗员工52人、离退休职工30人。

存款份额 树立全员营销理念，建立业务营销小组，开展劳动竞赛；加强网点规范化建设，对大堂经理、非现金服务区和营业厅柜台实行综合化管理，合理配置营销经理及理财经理，加强客户电子银行、银行卡等产品推广，提高客户产品渗透率。年末，全部存款余额8.59亿元，比年初增加6061万元，余额增加额占工行、农行、中行和建行存款余额增加额的14.52%，比上年年末提升0.23个百分点，其中，对公存款余额增加额四行占比47.65%，提升22.84个百分点。

个人住房贷款业务 大力发展个人住房贷款业务。深入开发企业营销按揭项目，承诺按揭审批时间，向开发商和售楼人员讲解客户申请资料以及相关流程，解答客户疑问，实行一站式服务。优化贷款组合，细分客户，针对不同目标客户和楼盘制订差别化营销方案。把收入稳定、还款意愿较好、无银行不良贷款记录的人群锁定为目标客户，作为推介主要对象。年末，全行个人住房贷款余额4.87亿元，比年初增长1.86亿元，个人住房贷款增加额在四行中位居第二，是全县住房贷款办理的主干银行。

其他业务 开展人民币现金结算、转账结算；国际结算；代理业务（代收代付、清算、兑付）；黄金现货买卖；代理保险；人民币及外币银行卡业务；开立人民币存款证明；外汇中间业务；汇入汇款、结汇和售汇；个人理财服务及其他中间业务等。

（诏安工行供稿）

【中国农业银行诏安县支行】 **概况** 2019年，诏安农行履行“服务三农”使命，开展金融扶贫工作，全力支持地方经济建设，全年实现营业收入1.07亿元，比上年增长10.69%；拨备前利润7231万元，增长9.49%；拨备后利润7023万元，增长16.99%；净利润5260万元，增长17.04%。

2019年，诏安农行从业人员119人，营业网点7个、自助银行9个、“金穗惠农通”服务点229个、POS特约商户、掌银网银等服务网络349家。3月，员工沈育艺获农业银行总行“2018年县域青年英才开发工程先进工作者”称号。

存款业务 主动对接县招商引资项目，提供各项金融服务，促成多个重点客户、小微企业和民营企业在诏安农行落户；加强与政府相关部门沟通联系，维护财政局等机构类客户；依托农保客户、信贷客户和贵宾客户资源，强化引存增存，在县内存款市场保持较强竞争力。年末，全行本外币各项存款余额34.17亿元，比年初净增1.97亿元，分别占四大国有银行39.26%和47.19%，实现份额“双第一”。

贷款业务 为县招商引资项目提供信贷支持，开展普惠小微企业贷款业务，落实普惠贷款利率优惠政策，普惠型小微企业法人贷款新增3942万元，“惠农e贷”新增1.73亿元，全行不良贷款率0.17%，达到各项监管要求。年末，全行本外币各项贷款余额16.10亿元，比年初净增3.32亿元，上升24.05%，排名第一。

其他业务 制定“一村一策”金融服务方案，全年为863户建档立卡贫困户发放扶贫资金2751万元，服务贫困人口4315人。抓好网点“创服务品牌”工作，规范服务礼仪，扩大“暖心服务”影响；主动上门为客户提供金融服务；更新配置辖内普惠金融支付服务点的“惠农通”机具；开展高速公路ETC（不停车电子收费系统）签约办理业务，免费为车主提供一站式服务，全年新增ETC签约车4803部。

整村“惠农e贷” 紧扣诏安特色产业，开启服务“三农”新模式，及时推出虾农贷、渔民贷、乡村医生、大棚蔬菜和茶农贷等“惠农e贷”特色金融产品，年末，全行“惠农e贷”余额2.94亿元，比年初增加1.73亿元。

存款基础工作 重拾“存款立行”理念，力拼存款市场，稳存增存，确保总存款时点数与日均数同步稳增，保持较强竞争力，巩固县域领军银行地位。对公存款继续抓拓户、稳存款。加强银政合作，新拓展村级账户16户；进一步维护县财政存款份额；突出个人存款基础地位，锁定个人存款四大行总量及增量“双第一”目标，强化全员营销个人存款，领导带头营销揽储，强化“存款+理财”产品营销推广；以理财产品为推手，抢占农村市场优质客户，提高农村网点的竞争力；以个贷为引擎，抢抓楼盘按揭客户、“快农贷”客户、代发工资客户等群体存款，争取更多现金流。

（诏安农行供稿）

【中国银行诏安支行】 **概况** 2019年，诏安中行推进核心存款、中间业务收入以及拨备前利润等主营业务指标发展，以优质服务赢得客户普遍认同，壮大基础客户群，拓展核心业务及核心渠道建设，资产、负债和净收入等主营业务指标市场份额均显著提升，业务总量排名漳州全辖第四，内部管理及内控水平同步提升。2019年，全行定编人员47名，实有人数47人，其中本科学历25人，大专学历16人。全年新增后备干部6名，提拔职位等级员工5人。

存款业务 重点拓展代发薪、各类民生代发业务，做大个人基础客户，同时以刷卡支付、扫码支付、手机银行等产品服务商圈渠道客户，寻找新的存款活水来源，主动跟进工业区2家新企业落地，做好开户及配套营销工作，同时对授信大客户提供存款归集服务，有效提升客户货款回笼归集存款。拓展个人存款，全年新增个人存款1.68亿元，本外币存款新增9237万元，余额23.63亿元，占四大国有银行27.15%。

贷款业务 重点拓展中小微企业贷款业务，全年新增中小微企业贷款客户8户，重点支持6户食品加工企业，1户玩具制造企业，1户建筑工程企业，个体工商户26户，新增普惠金融贷款投放5550万元，解决本地企业融资难、融资贵问题。与远洋、碧桂园、正晨、中扬、武夷名仕（诏安）、武夷绿洲和版筑等房地产开发企业建立合作关系，全年发放个人按揭贷款3.36亿元，为商品房市场发展提供金融服务。全年本外币贷款余额13.56亿元，市场份额占四大国有银行24.66%。

其他业务 投入大量人力、财力，全力做好社会保障卡业务，有效解决群众办卡难问题。新增1个制卡点（四都支行），方便四都镇、梅洲乡和金星乡群众就近办理社保卡；简化、优化办卡手续，16周岁以下青少年和60周岁以上老人由乡镇一级代理收集资料批量开卡，大大减少排队人群。

普惠贷款营销 根据绩效导向，加大对中小企业普惠贷款及个人经营性贷款营销力度，跟进上报及投放进度，普惠贷款取得快速发展，在分行绩效考核中排名靠前，年末普惠金融考核得分排名第二。全年中小企业普惠贷款新增6户，金额2500万元；个人经营性贷款新增57户，金额3534万元。

个人资产业务 强化个人按揭贷款及信用卡分期场景业务。抓住县房地产销售旺季，重点营销格林兰锦一、二期楼盘、诏安武夷绿洲、名仕园、远洋风景、财富中心及中扬国际城等楼盘按揭件，全年累计投放按揭33574万元，现有储备1.5亿元以上。布置信用卡分期业务，强化客户经理营销，对2019年交房的尚水名都，碧桂园等楼盘上门营销家装分期业务；同时到行政事业单位营销优客分期，全年信用卡分期投放金额2915万元，全市县支行排名第一。

社保卡办卡服务 针对群众办理社保卡投诉

反馈的问题，重新梳理社保卡制卡流程，删除不必要环节，增加8套制卡设备及人员，提高每日制卡数量。开展存量及新增社保卡办卡工作，从9月末集中办卡至年末，累计办理社保卡22000多张，发放到乡镇20133张，新增受理乡镇收集的社保卡材料8392张，大大缓解办理社保卡排队费时，群众投诉多问题。

（诏安中行供稿）

【中国建设银行诏安支行】 **概况** 2019年，诏安建行聚焦市场竞争力和价值创造力提升，强化内控合规和安全运营，实现全行各项业务平稳健康发展，经营效益持续增长。全年主营业务收入7063万元，净利润5527万元，经济增加值比上年有较大幅度提升。全年实现中间业务收入2536万元，增幅及计划完成率在全市排名均为第6名，县内同业占比38.77%，同业排名第一。

2019年，诏安建行内设机构4个，在职员工40人，对外营业网点1个，附行式自助银行1个、离行式自助银行4个，智能银行1个。诏安建行员工郭毅伟获中国建行福建省分行“十佳党课”称号；员工王锦凤获省分行“青年岗位能手”“新行员优秀导师”“网络金融先进个人”等称号和“直营建模我最强”建模竞赛三等奖。

存款业务 年末，一般性存款时点余额20.64亿元，其中，储蓄存款9.89亿元、企业存款10.75亿元，新增存款6868万元，增量、增幅排名均为全市第6名。

贷款业务 年末，各项贷款余额19.79亿元，当年新增2.52亿元，其中，公司贷款新增3271万元，个人贷款新增2.20亿元，各项贷款时点增幅及日均增幅全市排名分别第6名和第4名。资产质量极佳。全年诏安建行不良贷款余额119万元，比年初减少97万元，贷款不良率0.06%，比年初下降0.06%，实现不良贷款额、不良贷款率双下降，降幅全市排名均为第4名，公司类贷款保持“零不良”。

其他业务 全年新增各类对公结算账户387户，新增四行占比46%，领先当地其他银行；至12月底，聚合支付有交易商户212户，活跃商户181户，交易量6538.15万元；活跃生活商户存量53户，当年新增25户，活跃商户16户，完成率133.33%，新增排名和活跃商户排名均居全市第一；对公加权有效客户新增178户，比上年增长11.23%，个人加权有效客户折算后新增11048户，增长率10.79%；个人有资产客户当年新增6184户，计划完成率441.7%。全年信用卡净新增1179张，新增完成率全市排名第4名，专项分期全年交易额7765万元，完成率全市排名第3名。理财产品对私年募集额12345万元，理财日均余额新增完成率148.8%；国债销售30.55万元；基金募集1063.2万元，计划完成率166.1%；账户金交易4669万克，计划完成率186.1%；实物黄金销售502克；保险销售299.65万元；电销保险保费新增13.09万元，计划完成率145.4%。

金融科技融合 签约党群平台40个、安心养老平台22个、企业共享服务平台123个，同时配合市行上线公租房平台，对公及对私获客数在全市均排名前列。

住房租赁业务 配合县房管部门加快公租房信息系统贯标和联网介入工作，与县房管部门联合成立工作领导小组，全年整理并导入公租房源1283套，导入人员信息1187人，配租1187人，完成贯标系统上线工作。

普惠金融业务 制定《“决战仲夏普惠先行”普惠金融竞赛活动》等系列普惠金融考核办法，全年授信客户数和授信金额均创历史新高。普惠金融“8+1”指标时点当年新增8134.31万元，计划完成率104.29%，超额完成市行下达普惠金融计划任务；其中当年新增小微企业快贷授信客户数228户，授信金额12196万元，年末，余额客户数203户，信贷余额10712万元，授信客户数和授信金额均创历史新高。对接县农业农村局益农信息社，大力发展“裕农通”商户，全行“裕农通”新增激活服务点220个，为拓展农村市场打下良好基础。加快推广应用云平台业务，借助公益教育平台优势资源，对学校教辅费收缴项目开展跟踪营销，与全县4所中学、16所小学和1所公办幼儿园签约构建“智慧教辅费”收缴生态圈，累计对私获客近6000户，缴费24700笔，缴费金额596.63万元。大量推广商户收款码，有效覆盖个体工商户和企业，方便企业收款，带动存款稳定性和日均指标提升，如福建大北农水产科技有限公司成功上线“食惠吧”智慧食堂，该项目系全国建行第四家，全省首家，至11月30日交易53332笔。

客群经营业务 持续掀起“季季盈”和“薪享通”签约热潮，全年签约“季季盈”370户，“薪享通”78户。年初抓住县人社局等六部门制定农民工工资专用账户管理实施细则的契机，优先介入合作，获农民工工资专用账户独家开户优势，取得农民工工资保证金账户突破，签订合作协议；全年开立农民工工资账户41户，其中实现代发10户；开立农民工工资保证金账户32户，其中实际缴交保证金26户，缴存金额682万元；代发工资年新增4414户，完成计划168.4%。下半年，配合高速公路部门，借助建行2288系统大数据和高速站点平台，组成4个营销团队现场开卡录制ETC（电子不停车收费系统），抢占高速公路ETC市场份额。年末，ETC营销4230户，业绩全市排名第六。

“房”字号资金业务 加强与公积金中心沟通联系，获准指定公积金二手房贷款独家在建行办理，准入楼盘6个。积极拓展公维金业务，利用建行系统和楼盘优势，主动协助主管部门维护公维金系统，引导楼盘公维金从按户自行缴交到开发商代收集中缴交转变，减少建行楼盘资源流失。年末，全行公维金余额3457.73万元，新增772万元，余额占比73%，新增占比86%，两项均居辖区第一，有效促进存款稳存增存，推动贷记卡和安居分期营销。

（诏安建行供稿）

【中国邮政储蓄银行诏安县支行】 **概况** 2019年，诏安邮储银行紧扣服务实体经济、服务地方重点建设项目和防控金融风险三大任务，强化对标管理，加大投入，管控不良，全年完成收入3899万元，比上年增长11.48%，完成预算收入105%，全市排名第2位；全年实现利润2808万元，增长17.3%，完成预算127%，全市排名第2位。信贷资产质量保持良好水平，全年无发生案件和重大风险事件。全年综合绩效等级连续两年获A级。

“三农”贷款业务 以推广“小康贷”服务“三农”特色品牌为切入点，以“信用村”建设为抓手，在全县开展“拓村”活动，提升“三农”专业服务能力，全方位融入乡村振兴战略。“三农”金融业务做出特色。加大与“信用村”党支部共建力度，与政府部门、团县委和乡镇政府等签订乡村振兴战略合作协议，在重点村镇设点，开展驻村受理业务，与村委、行业协会和邮政点等合作共建普惠金融服务小栈，全方位推动“小康贷”“信用村”“信用镇”建设。建设“信用村”53个，其中当年创建“信用村”30个，信用户评定户数超过1000户，贷款授信近1.2亿元，贷款结余新增0.43亿元，“信用村”数量、新增新贷规模和服务农户数均提前完成全年目标任务。

实体经济业务 围绕当地主导产业的拳头产品、重点产品和培育产品的有机组合，开展行业调研。加快信用贷产品创新，解决小微企业抵押物不足或无抵押物的问题。在信用类品种方面，创新5项以面向小微企业客户发放的纯信用流动资金产品，全行小企业信用易贷单户授信金额上限300万元，共有七大子产品：账户易贷、流水易贷、收单易贷、薪金易贷、公积金易贷、缴税易贷和开票易贷。同时创新科技贷、工程信易贷和邮速贷等线下信用类新产品。全行新增科技贷授信1户、金额100万元。响应国家生源地助学贷款政策，大力开展助学贷款，全年生源地助学贷款新增发放684笔，金额510万元。全行共发放贷款6442笔，投放额5.45亿元；年末，各项贷款余额5.23亿元，不良贷款率0.29%，存贷比（含小微企业贷款）53.5%。年新增贷款0.75亿元，增长16.74%，其中个人经营性贷款增加0.45亿元，消费贷增加0.14亿元，小微企业贷款增加0.16亿元。

其他业务 发挥邮政金融庞大的网络优势，对个人客户开展多形式金融服务。大力推广基金、理财等新型金融产品，推广个人网银、手机银行、微信银行等新型金融服务手段，提升客户对邮储银行服务能力的认可度。全年共代理销售基金5143万元，代售国债472万元，销售保险921万元（折标后），理财累计销量6.67亿元（折标后）；信用卡年累计发卡量3646张；年累计签约电子银行3594户；金融IC卡年累计发卡7087张。

（诏安邮储银行供稿）

【诏安县农村信用合作联社】 **概况** 2019年，诏安县农信社回归本源、专注主业、聚焦普惠，努力打造价值银行，经营效益稳步提高，实现经营管理安全无事故，各项工作保持平稳发展态势。全年纳税额5010.24万元，年末，全社各项存款余额41.78亿元，比年初增加2.35亿元，增幅5.96%，在全县金融存款市场占有率29.02%，位居第一；各项贷款余额27.07亿元，比年初增加3.08亿元，增幅12.84%，贷款市场占有率28.33%，位居全县金融机构第一。

实体经济业务 大力支持民营、小微企业，家庭农场，农民专业合作社等实体经济发展。全年共支持家庭农场138户，年末贷款余额2816万元；农民专业合作社贷款72户，贷款余额3060万元；农业龙头企业贷款3户，贷款余额2400万元。进一步推广船舶所有权抵押贷款。全年共支持渔船抵押贷款48户，贷款余额7266.25万元，助推辖内渔民加快钢质渔船升级改造。继续推广“银税宝”小微专属贷款品种。全年对税务部门提供的且符合贷款条件的5家小微企业办理“银税宝”贷款，授信金额2430万元。大力推广“无还本续贷”，进一步解决企业贷款难，融资难问题。全年累计发放“无还本续贷”贷款485户，贷款金额9403万元。通过开办福e贷、巧妇贷、农户易贷宝和普惠金融卡等系列信贷产品，支持乡村致富带头人发挥增收致富“领头雁”作用。年末，全社涉农贷款26.05亿元，比年初增加2.97亿元，增幅12.85%，高于各项贷款增幅0.01个百分点。小微企业贷款7.47亿元，比年初增加1.22亿元，增幅19.58%，高于各项贷款平均增幅6.73个百分点。

“党建+金融助理”工程 根据《诏安联社服务乡村振兴战略行动计划（2018—2022年）》，实施“党建+金融”双基联动，与县委组织部联合启动“党建+金融助理”工程，选派辖内79名农信社干部到各乡镇和相关村（居）委会挂职金融助理；制定《诏安联社金融助理工作制度（暂行）》，实施“四个三”模式，加强对金融助理驻村工作的考核和评价，对金融助理开展业务培训，打造一支“进得了门、聊得上话、送得出服务”的驻村金融干部，做好普惠金融、民生金融、脱贫攻坚和创业创新等工作。全年共开展党建共建活动90次，开展村主干培训74次，金融知识宣传183次，新增精准建档5015户，新增授信额度9102.7万元。

脱贫攻坚 按照金融扶贫“1550”工程，推广金融扶贫示范基地、示范村和产业扶贫示范点创建经验。创建太平镇、红星乡2个金融扶贫示范基地，并在红星乡创建西埔社区、庙兜村和石楼村3个金融精准扶贫示范村（社区）和1个产业扶贫示范点。通过发放“产业扶贫宝”专项贷款让利农业龙头企业、农民专业合作社、家庭农场和种养大户等，帮助其发展壮大。全年发放“产业扶贫宝”25户，授信金额4500万元、用信余额2600万元。该25家产业共吸纳贫困户158户，涉及贫困家庭人口546人，间接扶持贫困户158户。推进扶贫小额信贷工程，对符合信贷条件且有信贷需求的贫困户做到应贷尽贷，确保扶贫小额贷款总量和覆盖面稳居全县银行业首位。全年存量扶贫小额信贷291户，比年初增加48户，贷款余额946.50万元，比年初增加164.30万元。做好升级版客户信息建档工作。全年按升级版的信用村、乡镇评定模式评定3个农村金融信用乡镇、76个农村金融信用村；建立升级版客户精准信息档案47369户；有贷款余额的个人客户数27855户，比年初增加1623户，贷款覆盖面16.97%，比年初提高0.99个百分点。

其他业务 加快发展电子银行业务。加快手机银行、微信银行等电子渠道建设和功能升级，推动手机银行、微信银行等线上服务进村入户。完善以网点服务为基础，以普惠金融便民点、自助银行和自助机具为主体，以多种形式的移动服务为补充的“村村通”服务网络，让农村居民不出村即可办理存取款、转账、电费、水费和话费等生活缴费、社保领取等基础金融服务。推广农村移动支付便民服务项目，普及移动收单在各行业的应用，打造具有农信特色的移动收单品牌，构建移动支付生态圈。主推手机银行、贷记卡、扫码收单、云闪付和ETC等产品。与本地特色产品、电商企业、农业合作社和县电商园形成联动机制，将福e购打造成助推精准扶贫的本地特色电商平台。全年电子交易总笔数约370万笔，电子交易占比94%。发卡及电子银行业务收入4650万元。布设小额便民点186个，离行式自助银行6个，在行式自助银行16个，有效推进全县支付结算环境建设。

（县农信社供稿）

【诏安汇通村镇银行】 **概况** 2019年，诏安汇通村镇银行坚持服务“三农”、服务小微企业和服务百姓创业的经营方向，支持诏安地方经济发展。是年，该行下设梅岭支行新网点，对外共设营业网点2个，附行式自助银行2个，自动取款机3台，自助终端1台。全行在岗人员44人。

存款业务 坚持存款立行经营理念，抢占存款市场份额，采取内外结合的营销手段积极揽储，开展柜面服务，以优质、高效、文明的态度服务客户，培育忠实客户群，同时合理灵活定价，让利客户，惠民为重。年末，全行各项存款余额4.12亿元。客户数9856户，比年初增加2949户。储蓄存款1.69亿元，比年初增加5741.79万元。

贷款业务 坚持服务“三农”导向，创新服务模式，满足客户多样化需求。根据诏安农村经济发展特点，细分客户群体，创新业务品种，打造具有本地特色的信贷产品。主要信贷产品有“鑫汇农”经营贷款、“汇通宝”消费贷款、“汇通航”渔船抵押系列贷款和“连续贷”等，对符合条件的客户采用“无还本续贷”方式，有效降低客户融资成本。与县支农信贷协会合作，支持全县农业发展。年末，各项贷款余额3.67亿元，比上年增加1546.65万元，增长4.40%，单户最大贷款430万元，户均贷款余额26.86万元，全年累计发生不良贷款717.66万元，累计处置不良贷款717.66万元（现金收回）。当年贷款全部为个人贷款户3.67亿元。保证担保692户，贷款余额8197.23万元，占比22.33%；信用担保14户，贷款余额195.68万元；抵押担保661户，贷款2.83亿元，占比77.14%。涉农贷款3.19亿元（1179户），涉农占比86.76%；小微企业贷款余额1.25亿元（427户），比年初增加811.39万元，增长6.96%，占贷款总量33.96%。支农贷款延伸到全县各乡镇，涉农产业涵盖农、林、渔、畜、禽业，支持地方基础农业和特色农业发展。

其他业务 大力推广个人网银、手机银行等新型金融服务模式，提升客户对该行服务能力的认可。年末，开办网上银行287户，比上年增加35户；手机银行4952户，比上年增加2074户。

（诏安汇通村镇银行供稿）

保险业

【保险业监管】 **概况** 2019年，中国银行保险监督管理委员会漳州监管分局诏安监管组辖区有保险机构15家，保费收入27870万元，比上年减少583万元，下降2.14%；赔付支出6506万元，比上年减少727万元，下降12.58%.

案防警示教育 精心收集银行保险领域发生的挪用资金、虚假理财、骗保骗贷、泄密失密和外部侵害等类型12个案例，对辖区银行保险机构主要负责人、分管领导和理赔工作人员进行以案释法、以案示纪和以案为鉴警示教育。

安全大排查大整治 维护诏安保险机构稳健运行和社会稳定，及时查找安全隐患，全面提升保险机构安全防范工作水平。根据大排查大整治工作要求，诏安监管组对人保财险诏安公司、中国人寿保险诏安公司开展安全抽查，对检查发现的问题，要求企业采取有力措施限时整改，消除安全隐患。

银保合作 破解民营小微企业抵押难融资难。多次召集中保财险公司与邮储银行、农信社面对面商洽，协调合作事宜，推动中保财险与邮储银行、农信社合作，开办小微企业保险保证贷款业务。

（诏安银保监组供稿）

【中国人寿保险诏安县支公司】 **概况** 2019年，人寿保险诏安县支公司加快转型升级、跨越发展，积极对标市场，按照高质量发展的总体要求，提升区部及公司核心竞争力和持续发展能力，全年实现总保险费收入6836.65万元，新单保险费1901.56万元，续期保险4935.09万元，其中，寿险保险费6112.28万元，健康险保费412.21万元，意外险保费312.16万元；赔款支出482.62万元。

个险销售　全年实现个险首年期交保费965万元，完成年计划71.38%，排名县域支公司第十；10年期以上新单保费710万元，完成年计划70.74%，排名第九；标保725万元，完成年计划88.73%，排名第七；保障型保费590万元，完成年计划94.58%，排名第五；短期险保费296万元，完成年计划108.57%，排名第六。

人力考核　月均主举率38.72%，排名县域支公司综合第一；月均新人主举率32.02%，排名县域支公司综合第一；月均增员率7.17%，排名第八；月均十三留26.6%，排名县域支公司综合第一；季度有效人力185人，达成95.85%，排名第五。

团险销售　全年实现短期险保费收入401.98万元，完成率80.72%；大短险保费综合完成724.38万元，预算完成率90.21%；团险渠道短期险简单赔付率35.27%；大短险完成209.9万元，完成率49.5%，团险完成112.2万元，完成率32.42%，其中团队渠道2019年大短险创费348.75万元，比上年增长186.41%，全市第一；团险创费224.14万元，增长583.5%，全市第二；团险赔款件数484件，赔款金额141.2万元，简单赔付率35.27%，创全市赔付率最低。

银保销售　年末，长险首年期交保费191.33万元，完成率60.55%；10年期及以上首年期交保费收入68.37万元，完成率80.43%；首卖日自营完成53.88万元，完成率126.78%，全市排名第三；开门红首卖日网营目标85万元，完成32.4万元，完成率38.12%。

（人寿保险诏安县支公司供稿）

【中国人民财产保险诏安支公司】　**概况**　2019年，人保财险诏安支公司保费收入5038万元，比上年增长7.88%，实现利润1100万元，完成年计划182%。三大险种板块实现正增长，车险保费收入3089万元，增长7.4%，增速与市场持平。非车险保费收入1313万元，增长0.2%。农险保费收入636万元，增长31.8%。

客户服务　通过明确服务内容、服务标准、具体措施、组织架构、职能职责定位和考核办法，建立具有人保特色的服务体系。公司以满足客户最迫切的需要为目标，以快速理赔服务为切入点，全面营造车险客户服务体系。在车险玻璃单独损坏直赔的基础上，承诺单方车辆损失1万元以下案件，在客户提供资料齐全后，1小时通知赔付；2000元以下车损单方事故无人伤，物损案件从查勘到付款时限24小时。小额车损速赔缩短理赔流程，简化单证。公司计算机快速定损软件系统、GPS技术查勘调度系统，实现远程核赔定损，提升车险管理技术含量。

社会服务　年内，与县政府联合推进惠农利农保险业务，围绕“三农”保险服务工作，为全县15个乡镇127520户农村住房承担13.85亿元的风险保障；承担近9333.33公顷0.7亿元的水稻保险风险保障；承担39920公顷6.05亿元的森林保险风险保障；承担大小养殖户共55420头存栏生猪的养殖风险。同时，承办157艘渔船及渔工保险，承担风险保障0.61亿元。围绕“平安诏安”建设活动的需要，着力发展各类责任保险，助力构建和谐社会。继续承办全县自然灾害公众责任险，为全县61.5万名民众提供每人50.7万元的风险保障；大力开展校园方责任保险，承保各类学校校方责任保险，为每位学生提供60万元的风险保障；配合安监部门推动高危行业安全生产责任保险，承保全县高危行业企业19家，承担高危行业从业人员每人30万元的风险保障。

业务拓展　承保全省首单景观林木综合保险，签单保费2.7万元。实现奶牛养殖保险零的突破，签单保费30万元。快速部署，进村入户承办3206户建档立卡贫困户产业保险，承担2142万元的风险保障。通过西潭镇乡村振兴综合保险服务站，承保西潭镇设施蔬菜187.6公顷，承担2221万元的风险保障。

（人保财险诏安支公司供稿）

生态建设与保护

自然资源管理

【概况】 2019年，诏安县耕地总面积2.13万公顷。执行诏安县《关于实行严格耕地保护制度管理规定》，提高补充耕地标准，全年批准新增各类建设用地（含农村批次用地）69.94公顷。

【机构改革】 2019年，诏安县实施机构改革，组建诏安县自然资源局。将县国土资源局的职责以及县发展和改革局的参与编制主体功能区规划职责，县城乡规划建设局的城乡规划管理职责，县水利局的水资源调查和确权登记管理职责，县农业局的草地资源调查和确权登记管理职责，县林业局的森林、湿地等资源调查和确权登记管理职责，县海洋与渔业局的拟定海洋功能区划、海域开发利用总体规划、无居民海岛保护规划以及海域海岛等资源调查、确权登记和管理职责等整合到县自然资源局。

【土地开发整理】 2019年，诏安县落实城乡建设用地增减挂钩指标，服务县域经营性用地发展需要。实施旧村复垦项目，通过省、市旧村复垦验收项目37个，完成增减挂钩指标21.13公顷，产生新增耕地21.13公顷，有偿转让增减挂钩指标21.13公顷，产生收益13170万元；正在实施旧村复垦项目7个，规模5.03公顷，可产生增减挂钩指标5.03公顷。设计方案已经省自然资源厅核定的有霞葛镇五通村等7个村2019年旧村复垦项目，规模1.40公顷；白洋乡搭桥村2019年旧村复垦项目，规模0.19公顷；设计方案已上报省自然资源厅核定的有：秀篆镇顶安村等3个村2019年旧村复垦项目，规模0.53公顷；太平镇麻寮村2019年旧村复垦项目，规模0.35公顷；建设乡马头村和长埔村2019年旧村复垦项目，规模0.83公顷；西潭镇橘林村等3个村2019年旧村复垦项目，规模1.06公顷；施工中的项目有金星乡下尾等3个社区2017年旧村复垦项目，规模0.68公顷。

【耕地保护】 2019年，诏安县落实耕地保护责任，实施最严格耕地保护制度。县政府与乡镇场签订耕地保护责任书，明确耕地保护面积、保护目标和任务，健全考核机制。是年，全县划定永久基本农田保护面积2.03万公顷，县中心城区永久基本农田划定面积385.67公顷。

【用地保障】 2019年，诏安县自然资源局统筹各类用地需求，开展年度国有建设用地供应计划衔接工作。全年获批各类建设用地65.27公顷，利用低丘缓坡率66%，居全省前列。强化批后监管，连续3年供地率81%。强化市场配置资源，通过招拍挂出让15宗工业项目用地，核缴土地出让金7190.6万元，划拨12宗公共基础设施用地，面积15.04公顷。促进国有建设用地、节约集约用地31公顷。

【国土资源执法】 2019年，诏安县自然资源局严格落实执法动态巡查责任制，开展执法巡查2034次，巡查发现并及时制止违法宗地759宗，发出责令制止通知书759份，做到巡查全覆盖、分月度、多批次，发现并制止违法采矿7宗，查处越界开采3起，没收违法所得28.96万元，处罚金5.79万元。土地立案查处36宗；海域围填海立案2宗；结合“两违”整治工作多部门联合执法，整治“两违”（违法用地和违法建设）问题1986宗，强制拆除1464宗；主动向属地乡镇政府告知巡查中发现的违法行为，并向相关乡镇政府发函告知14批次。

【地籍管理】 2019年，诏安县自然资源局整理地籍管理类档案78931宗。实施2019—2020年度农村地籍与房屋调查项目，推进诏安县城镇地籍调查。数字诏安地理空间框架项目设计书于7月底通过省级评审。开展第三次全国国土调查，完成县级自检调查成果提交工作，并作为全省首批正式提交国家的县级成果交验。“产权转移综合窗口”继续发挥便民作用，实现一窗受理、“一张表单”整合申办材料、“一套机制”规范审批运行。全年登记发放土地及房产类不动产权证书3584本，不动产登记证明5202本。逐步完善林权类和海域类的不动产登记，登记发放土地承包经营权及林木所有权证书3本。

【矿产管理】 2019年，诏安县自然资源局加强矿产资源管理和矿山生态环境恢复治理。县内有持证矿山10家，均为花岗岩矿山。组织开展全县矿山生态环境整治专项行动，督促矿业权人履行生态恢复治理义务，年内全县持证矿山植树38.78万株，播撒草籽3943千克，新增复绿面积60.27万平方米，编制并实施《诏安县废弃矿山综合治理规划（2018—2025）》，为全县废弃矿山治理提供规划指引。

【地质灾害防治】 2019年，诏安县自然资源局组织编制《诏安县地质灾害防治方案（2019）》。全县有地质灾害点9个，高陡边坡点92个，受地灾威胁人口每户发放“明白卡”“避险卡”。组织地质灾害点监测人、责任人进行防灾培训，发放地灾防汛物资。成立局地质灾害防治领导小组，实行24小时地灾值班制度，制订灾情速报制度，连续13年地灾防治零伤亡。

【土地信访案件办理】 2019年，诏安县自然资源局登记土地信访件105件（含重信重访）全部办结。落实信访“路线图”，实现信访登记、受理和办理；坚持信访值班，热情接待群众，倾听群众诉求，引导群众合理诉求；开展矛盾纠纷和信访突出问题排查调处活动，促进矛盾纠纷化解，力争“案结事了人和”。全年国土资源信访没有因工作履职不到位造成越级到省、到京上访，信访答复件没有被上级撤销的情况。行政诉讼案件22起，其中上年结转7件，5件已判决，2件一审中；新增行政诉讼案件15件，办理结果：9件原告撤诉，2件判决，2件一审中，2件二审中。

【海域管理】 **编制修复方案** 2019年，诏安县自然资源局开展围填海历史遗留问题生态评估和修复方案编制。完成42宗自然资源部确认的围填海历史遗留问题图斑生态评估和生态修复方案编制工作招投标。

开展现状调查 配合福建海洋研究所，开展海岸线区域开发利用现状调查。7月，完成第一轮外业调查。

新增围填海管控 加强围填海疑点疑区核查。机构改革职能划转后，于4月起，根据上级部门下发县辖区内2处疑点疑区图斑，县自然资源局完成现场核查。其中：地块22号经现场核查，该处为诏安县赤石湾渔港建设有限公司于2004年4月取得海域使用权证书，该图斑位于确权证书范围内，且根据省政府《关于全省沿海市、县海岸线修测成果的批复》，于2008年修测为陆域；图斑号CFJ2019002经市、县自然资源局现场核查为海泰公司旧砂场，填海面积约0.47公顷，该砂场2018年列入围填海历史遗留问题清单，现为漳州海警局的扣砂点，堆砂是漳州海警局抓获采砂船后扣放砂子形成，县自然资源局协调漳州海警局及联合桥东镇政府及时清理拆除。加强海监执法巡查工作。开展岸线及海岛巡查5次，立案查处围填海历史遗留问题2宗。加强围填海项目监视监测。对诏安县赤石湾中心渔港项目和田厝一级渔港2个填海项目加强监视监测，全年监视监测2次，并形成报告2份。

渔港建设 2019年，诏安县海洋与渔业局推进赤石湾中心渔港和田厝一级渔港项目建设，赤石湾中心渔港累计完成投资额4229万元，完成扭王字块3136个，西护岸场地完成工程量98%，生产陆域回填完成工程量45%，预制沉箱44个；施工导流堤基槽基础抛石960米、施工导流堤堤身浇筑15米、护堤抛石等。田厝一级渔港项目累计完成投资额1.42亿元，预制混凝土八角块累计完成12323块，预制消浪块完成162块，预制沉箱完成38块，陆域回填海砂完成8.5万立方米，港池疏浚挖泥完成30万立方米。

【海洋生态管理】 **海上养殖区垃圾整治** 2019年，诏安县海洋与渔业局投入约1万工天进行海上养殖区垃圾清理，共清理海漂、海岸、渔港垃圾约1.6万立方米，发放补助资金126.6万元。

渔业资源养护 8月，在市海洋与渔业局领导及专家组的监督下，在城洲岛海域开展增殖放流活动，放流赤点石斑鱼和花尾胡椒鲷合计约41万尾，金额70万元。

海上养殖污染治理 根据治理F59海上养殖污染的要求，完成《诏安湾水产养殖污染源头治理技术方案》编制。完成《诏安县水产养殖控制性详细规划》招标，进行水产养殖现状调查。

（县自然资源局、县海洋与渔业局供稿）

环境保护

【环境质量概况】 **环境空气质量** 2019年，诏安县空气质量监测总天数为365天，有效天数365天。其中，达标天数362天，超标天数3天，达标率99.2%。超标的3天均是臭氧项目，时间分别为6月16日、9月24日和9月25日。

水环境质量 2019年，县级饮用水源亚湖水库及乡镇饮用水源赤竹坪水库、梅洲水库，全年水质监测全部达标，亚湖水库水质是全省最好的饮用水源之一。全县设置国控断面澳仔头，省控断面走马桥、美营桥、霞葛高速桥下，小流域监测断面庄溪桥、金溪（诏安东溪）口、湖内溪口、赤水溪、南山庵（西溪）等9个主要监测点；主要湖泊水库监测点位3个。其中走马桥断面未达到Ⅱ类水质要求，赤水溪未达到Ⅲ类水质要求；12处乡镇交界监测断面，埭寮和田朴蟳寮仍为劣Ⅴ类水。诏安县海水水质处于较好水平，基本符合海洋功能区水质要求。

声环境质量 2019年，综合全年噪声监测结果，全县区域环境噪声范围在42～72分贝（A），均值为56分贝（A），声环境质量良好。

【机构改革】 2019年1月，实行机构改革，诏安县环境保护局更名为漳州市诏安生态环境局，属于漳州市生态环境局派出机构。全局干部职工35人。其中：行政编制6名，实有6人，局长1人，副局长4人（挂职副局长1人），干部2人。环境执法大队编制7名，实有6人。环境监测站编制9名，实有7人。农村与生态环境保护站编制2名，实有2人。劳务派遣与临时人员共14人。

【环境监测】 2019年，诏安生态环境局发挥监测职能，以监测质量为核心，强化质量控制与保证，对县污水处理厂、县城东污水处理厂、县溜溜果园食品有限公司等企业开展污染源企业监测50多家次。全县有国控断面水质自动站1座，省控地表水监测断面4个、主要湖泊水库监测点位3个，省控城市大气环境质量监测点2个。同时，推动水环境监测网络向小流域延伸，县内布设小流域监测断面5个。完成亚湖水库自动监测站建设的填平补齐工作。5月24日，诏安生态环境局向县政府申请填平补齐资金85万元，实现亚湖水库自动监测站正常运作。加强对流域水质部分项目加密监测，每天监测1次，建立水质检测台账，形成检测机制，跟踪查找影响水质变化的根本原因。完成11项上级下达的监测工作。

【环保宣传教育】 2019年，诏安生态环境局加大环保宣传力度，营造环保氛围。通过开展体育健身、环保征文、环保进学校、进企业和进社区等丰富多彩活动，向全县群众宣传“6·5”世界环境日的意义，增强群众环保意识。

【饮用水源保护】 诏安县亚湖水库是诏安集中式饮用水源地，省政府批准的饮用水源保护区。总库容3850万立方米，集雨面积33.3平方千米，供水人口约44万人。2019年，诏安生态环境局按照亚湖水库饮用水源保护区划分范围，对饮用水源保护区实施严格保护，确保人民群众饮用上“放心水”。诏安环境监察大队每月坚持现场巡查2次以上，发现问题立即处理，属于相关部门管理权限的立即转告，并配合调处。环境监测站对亚湖水库水质实行每月一测，监测数据表明，亚湖水库水质是全省水质最好的饮用水源之一。

【环保执法】 2019年，诏安生态环境局对22起环境违法行为作出行政处罚决定，其中，水污染物超标排放2起，违反环境影响评价制度11起，工业固废处理违法3起，其他6起，处罚款总金额108.99万元；对39起环境违法行为实施查封其产污设施；4起涉嫌环境违法适用行政拘留案件移送公安机关；1起拒不执行诏安生态环境局行政处罚决定的案件申请法院强制执行。

（诏安生态环境局供稿）

水土保持

【概况】 2019年，诏安县坚持“绿水青山就是金山银山”的绿色发展理念，围绕省《关于进一步加强水土保持工作的意见》提出的“至2020年度水土流失率较2015年下降2.5个百分点”的目标，践行“预防为主、保护优先、全面规划、综合治理、因地制宜、突出重点、科学管理、注重效益”的水土保持工作方针，出台《关于进一步加强水土保持工作的实施意见》，科学部署全县水土保持工作，重点从水土流失综合治理（含非柴燃料补贴工作）、水土保持监督执法、水土保持信息化、水土保持国策宣传等入手，有序推进全县水土保持工作。全县共投入水土流失综合治理资金2062万元，完成水土流失综合治理面积2750公顷；当年全县符合领取条件的水土流失区建档立卡贫困对象2220户7253人，发放非柴燃料补贴145.06万元；征缴水土保持补偿费122.15万元。

【水土流失综合治理】 **2个省级水土流失专项治理项目实施** 2019年，诏安县水利局实施省级重点县治理项目1个，涉及秀篆、四都、金星、梅州等4个乡镇，完成治理面积2500公顷，完成投资额1875万元，占计划总投资额100%；省级重点乡镇1个，涉及太平镇，完成治理面积250公顷，完成投资额187.5万元，占计划总投资额100%。

水土流失区非柴燃料补贴发放 县政府出台《关于诏安县水土流失区建档立卡贫困对象非柴燃料补贴实施方案的通知》，明确工作流程、时间节点，将工作落实到乡镇、村。年内全县符合领取条件的贫困对象2220户7253人，按照每人每年200元的标准，共发放非柴燃料补贴145.06万元，其中省级补助资金72.53万元、县自筹配套72.53万元。

【水土保持监督执法】 **水土保持补偿费征收** 2019年，诏安县水利局依据省物价局、省财政厅

《关于降低水土保持补偿费收费标准等有关问题的通知》的规定，共征缴水土保持补偿费 122.15 万元。

“三同时”制度落实 县水利局督促生产建设项目水土保持设施“三同时”（水土保持设施与主体工程同时设计、同时施工、同时投产使用）制度有效落地。开展生产建设项目水土保持监督管理专项检查活动65次，涉及10家持证矿业，列出生产建设项目问题清单和整改意见，下发整改通知书45份，明确生产建设项目存在问题及整改措施、时限，限定问题整改期限，保证整改有序落实。

规范水土保持设施自主验收 根据水利部文件要求，县水利局出台《关于做好生产建设项目水土保持设施自主验收报备工作的通知》，要求各生产建设单位及时完成项目水土保持设施自主验收工作，全年收到 3 家生产建设项目单位水土保持设施验收备案材料，并在政府门户网上公告。

【水土保持信息化监管】 2019 年，诏安县水利局完成县内生产建设项目造成的扰动图斑遥感信息复核工作。结合全国水土保持信息管理上报系统，完成国家重点项目和生产建设项目信息录入工作。根据省水利厅文件要求，对县内 40 个疑似违法违规的水土流失斑进行实地核查，查找区域扰动斑块对应的生产建设业主单位，明确水土保持防治主体责任，针对全县 26 个不合规扰动图斑（未批先建项目）相关生产建设业主单位现场实际问题下发整改通知书，责令停止违法违规行为、限期补报水土保持方案，及时完成项目区水土流失防治工作，并按照报批后的水土保持方案内容落实水土保持措施。

【水土保持国策宣传】 2019 年，诏安县水利局开展水土保持法律法规、科普教育知识和水土保持典型事例宣传，宣传活动进机关、进校园、进企业、进社区、进工地、进田头。以水土保持国策宣传教育为重点，利用第六个水保宣传日、县文化科技卫生“三下乡”等有利时机，深入开展“水土保持进乡村”活动，通过运用中华人民共和国成立 70 周年水土保持工作成效微视频、宣传短信、条幅、宣传车，发放宣传手册、宣传书包，举办水土保持灯谜晚会等宣传方式，在宣传站点对《中华人民共和国水土保持法》《福建省省水土保持条例》等进行宣传讲解，结合身边实际水土流失造成的危害，加强群众对全县水土保持现状和重要性的认识。全年共制作水土保持微视频 2 个，发送宣传短信约 3 万条，发放水土保持宣传手册、宣汉画报约 500 份，发放宣传书包 200 个，开展村落宣传活动 6 次、工地宣传 27 次、社区宣传 2 次、校园宣传 1 次，进一步营造全社会支持、参与水土保持生态建设的浓厚氛围。

（县水利局供稿）

城乡建设

综　述

【城乡建设发展】　2019 年，诏安县住房和城乡建设局以构建和谐县城、推进乡村振兴为目标，加快县城基础设施建设步伐，完成城区基础设施建设项目 15 个，投资 13.21 亿元。实施公共配套项目 49 个，其中新建项目 34 个，续建项目 15 个，计划总投资 38.02 亿元，年度计划投资 15.52 亿元，实际完成投资 16.9 亿元。推进农村人居环境建设，开展村庄垃圾治理和村镇污水治理，开展铁路沿线专项整治和农房整治试点村项目，开展房屋安全隐患排查整治专项整治行动。金星乡湖内村入选第五批中国传统村落名录。

【建筑业和房地产市场管理】　2019 年，诏安县出台《进一步扶持建筑业发展实施意见》，全年建筑业产值 7.48 亿元，比上年增长 2.41%。加强房地产市场稳控工作，完成房地产建设投资额 13.72 亿元，完成商品房销售 3112 套、面积 28.13 万平方米，交易金额 20.14 亿元。规范建筑质量安全监督管理，全年监督在建工程项目 35 个，竣工验收 19 个项目，其中房建项目 16 个，市政项目 3 个，未发生质量安全事故。

【住房保障工作】　2019 年，诏安县新增公租房对象 284 户，全部按规定租金补贴发放到位。诏安县在全市城乡环境建设竞赛中排名第二，全年工作目标完成绩效列全市前三名。

（县住建局供稿）

城乡规划

【概况】　2019 年，诏安县启动县域及 15 个乡镇国土空间规划（2020—2035 年）编制工作，构建全县国土空间规划体系，开展国土空间开发保护现状评估、重大专题研究、第三次国土调查和生态保护红线划定等前期工作，为国土空间规划编制打下坚实基础。县制订出台《诏安县国土空间总体规划实施方案》，成立以县委县政府主要领导为组长的国土空间规划领导小组，全面领导国土空间规划编制工作，以“规划一张图、建设一盘棋、管理一张网”为目标，守住“两条底线”，促进“多规合一”目标落地实施。

【城区规划】　2019 年，诏安县自然资源局城乡规划中心开展国土空间规划前期工作。按照压茬推进方式，谋划开展国土空间开发保护现状评估、重大专题研究、“双评价”（资源环境承载力评价和国土空间开发适宜性评价）和生态保护红线评估工作，为国土空间规划编制工作打下坚实基础。开展控制性详细规划和专项规划组织编制工作，完成县城区玉峰路以南、中山西路以西用地控制性详细规划；梅园北路以西、县法院东路以东用地控制性详细规划；江滨路以北、南湖公园以南用地控制性详细规划；县城中心城区环卫设施专项规划；县城中心城区电动汽车充电基础设施专项规划；县城区污水专项规划。

【村镇规划】 2019年，诏安县改革创新乡村规划，按照城乡和“全域”发展理念，树立符合农村实际的规划编制理念，科学统筹乡村建设规划，大幅提升乡村规划的覆盖率和实用性。以农村人居环境综合整治为重点，统筹推进危房改造、美丽乡村建设，农村生活垃圾与污水治理，推动农房整治试点村、铁路沿线整治等工作。诏安县在全市城乡环境建设竞赛中全年保持位居前两名；金星乡湖内村入选第五批中国传统村落名录，深桥镇仕江村获评省级历史文化名镇名村。

（县自然资源局供稿）

城乡环境建设

【概况】 2019年，诏安县立足生态人文资源，围绕“水城”“绿城”“历史名城”发展目标，优化城市宜居环境建设，强化道路畅通、水环境治理、供水安全、防洪防涝、城乡洁净、管网建设、景观提升、配套服务、智慧城市建设等十大工程，改善城市生态环境，满足人民群众精神、物质需求，提升城市吸引力，打响城市宜居品牌。

全年共实施297个城乡民生基础设施重大建设项目，计划总投资额77.85亿元，年度计划投资额33.13亿元，实际开工项目145个，竣工项目172个，实际完成投资额33.34亿元，占年计划100.63%。

【市政基础设施建设】 2019年，诏安县投资约3000万元，实施县城区污水处理厂扩建工程，日处理污水量由2万吨升至4万吨。启动“城市双修”工作，总投资约5620万元，实施“纵一路、横一路”道路工程、南湖渠、县污水提升泵站及其管网配套工程，建设一体化泵站、阳光路（港头村段）污水截污及其路面恢复工程等，市政管网进一步密设，及时对问题道路、网管进行系统维修。结合城区景观改造，依托县城市供排水PPP项目，投资300万元，建设7座城市公厕。投资180万元，实施南环城路污水提升泵站扩建工程、县污水处理厂配套管网城西污水干管等管网清淤。主导开发建设县城区地下管网普查及信息管理系统，通过地下管网普查、污染源普查结果，制定清淤、修复、改造，逐步消除污水直排、乱排和形成黑臭水体问题。累计投资5.34亿元，完成“白改黑”改造项目，并同步改造提升配套管网系统。累计投资6.76亿元，完成梅园南路、梅园北路、玉良路、玉峰路、中山西路、南环城路等城区主干道项下9个子项目工程，实现节能、宜居、抗震，设施改善，风貌提升。

【城乡公共配套设施建设】 2019年，诏安县推进城乡各级公共配套设施建设，构建“县、街、镇、村”多层次、全覆盖、均等化的公共服务体系，完善城乡功能，提升城乡品质和综合承载力。启动实施公共配套设施攻坚行动，推进群众关注度较高的公共配套设施建设，重点推进环境卫生、防汛救灾、平安建设等等工程建设，全年实施公共配套建设项目49个，其中新建34个，续建15个，计划总投资额38.03亿元，开工项目34个，施工项目43个，实际完成投资额17.66亿元，占年计划123.68%。

【美丽乡村建设】 2019年，诏安县实施16个美丽乡村建设项目，年度计划投资额3200万元，累计实际完成投资额3350万元，为年计划104%；新建集中污水处理设施32个，污水管网39千米；硬化村道长度45千米，面积3.79万平方米；新增绿化面积5750平方米。

【乡镇污水垃圾处理设施建设】 2019年，诏安县实施4个乡镇污水处理设施工程建设，均为省级项目。其中梅岭镇完成管网铺设2.9千米、西潭镇完成管网铺设1.8千米及氧化塘项目、深桥镇完成管网铺设1.3千米、梅洲乡完成管网铺设2.3千米及氧化塘项目。年度计划投资额800万元，实际完成投资额829万元，为年度计划103.6%。

【村庄垃圾治理】 2019年，诏安县全面整治村庄环境卫生，落实村庄垃圾治理长效机制，实现常态化保洁。年内完成市级下达的75个建制村农村垃圾治理任务，年度计划投资额700万元，实际完成投资额710万元，为年计划101%。全年清运村庄垃圾6万吨。

【农村危房改造】 2019年，诏安县开展农村危房改造试点工作，制订加快农村危房改造试点工作指导方案及配套措施，加强农民建房科学指导以及村镇规划建设管理。通过推进村镇住宅小区建设试点，引导农民转变建房观念，提高农村建房质量和水平，解决农村困难群众住房安全问题。全年裸房改造515栋，改造面积7.19万平方米；立面改造231栋，改造面积1.79万平方米；拆除危旧房及临时搭盖230处、8050平方米，总投资额1830万元。确定金星乡湖内村、四都镇西梧村等5个建制村为县农房整治试点村。

【铁路沿线专项整治工作】 2019年，诏安县以美化县域内铁路沿线环境为目标，实施铁路沿线环境专项整治，将铁路沿线打造成诏安的一道靓丽风景线。2019年11月27日，全市铁路沿线整治现场会在诏安召开。全年拆除铁路沿线乱建乱搭面积6.95万平方米，规范新建房屋58栋，增建绿地、绿化带4.81万平方米，其中铁路公路夹角地、平行地绿化面积1420平方米，新增绿化面积位列全市第一；清理铁路沿线垃圾堆放点95个，治理畜禽渔业养殖场88个，治理沿线建筑工地2处。整治违法施工行为6起；清理铁路沿线废旧电杆、线路8处；治理铁路桥梁（洞）下方及其附近道路停放车辆、堆砂堆土和堆放可燃物等影响铁路安全问题15个；完成照明亮化2处。

【传统村落保护】 2019年，诏安县遵循乡村自身发展规律，强化传统村落保护，合理规划利用空间，留住“美丽乡愁”，激发乡村发展新活力。金星乡湖内村凭借其较高的历史、文化、科学、艺术、社会和经济价值等特点，获住房城乡建设部、文化和旅游部、国家文物局、财政部、自然资源部和农业农村部等部门一致认可，跻身《中国传统村落名录》。

（县住建局供稿）

城市管理

【概况】 2019年，诏安县城市管理工作围绕创建省级文明城市，突出管理重点，力求标本兼治，开展以环境卫生、园林绿化、市容市貌为主要内容的城市管理活动，同时以机构改革和城市执法体制改革为契机，不断完善城市管理治理体系，在全市首推“双街长”工作制，创新城市管理模式，城管工作朝着规范化、科学化、制度化方向发展。全年整治占道经营、占道停放车辆1.3万多次；收集、清运垃圾6.2万吨，保洁面积175万平方米；处理垃圾处理场渗滤液2.6万吨；重点公园、主要道路新增绿化美化面积近50万平方米；“两违”整治面积105.94万平方米，拆除实体建筑面积50.03万平方米，同时整治渣土运输、餐饮行业污染和燃气经营及使用的安全隐患，使城市更加宜居宜业。

【环境卫生管理】 2019年，诏安县城市管理局发挥环卫一体化优势，持续开展城市清洁行动及城乡接合部环境综合整治工作，解决卫生死角、乱丢垃圾等问题。全年共收集、清运垃圾6.2万吨，清扫保洁面积175万平方米，同时更换城区破旧垃圾桶500个，新增垃圾桶275个，进一步改善环卫设施。加强公厕管理，建立完善公厕管理制度。投入183万元，对县城区范围内的22座公厕进行建设与改造提升，改造总面积1275平方米，同时聘请5名保洁员管理公厕，确保公厕干净整洁并且24小时开放，有效解决人民群众“找厕难、如厕难”等问题。提升垃圾处理场硬件设施，投入900万元进行垃圾渗滤液扩容，全年共处理渗滤液2.6万吨。投入1400万元，对垃圾处理场生活垃圾进行外运焚烧处理，形成社区（村）收集、镇中转、县转运的模式，做到日产日清，逐步减少垃圾处理场的垃圾库存量。

【市容市貌管理】 2019年，诏安县城管局以治乱、治堵和治违为突破口，在城区持续开展落实“门前三包”，在全市首推“双街长”工作制，在南诏镇各责任区范围内街道配备街长的基础上，由城管局相应配备30名协管员担任街长，并按考评结果予以补贴。两个街长联合管理，缩短城市管理链条，简化管理流程，提高管理效率。开展整治流动摊贩、店外经营、规范早晚夜市摊点和治理车辆乱停乱放等系列环境整治活动，错时执法，延时管理，共取缔占道经营、流动摊贩、店外经营1.3万多次，收缴违规户外广告灯箱400余块，清理城市牛皮癣5.49万处，拆除违规门前搭建和遮阳雨棚70起，城区市容市貌得到改善。与交警大队开展联合执法，重点治理城区车辆无序摆放和其他侵占城市道路的行为，规范停车1.16万台次。

开展防治污染攻坚战，对有经营门店的烧烤摊点，要求一律进店经营并使用环保部门检测合格的无烟烧烤灶具，对主要街区实行严格监控，强化夜间巡查，对违反规定的夜市烧烤摊点给予强制取缔。对县城区餐饮企业污染源开展全面排查，共排查出餐饮企业污染源499个，联合环保、市场监管等部门，对未安装油烟净化装置、油烟净化设施不标准、未正常使用、未定期清理的商户下发“责令停业整改告知书”，开展餐饮油烟污染防治宣传，督促商户安装油烟净化设备，并委托有资质的检测公司对已完成油烟净化安装的餐饮店进行油烟现场检测。

【园林绿化管理】 2019年，诏安县投资7000万元，实施江滨公园、梅峰公园及城区9条主要道路的绿化、景观提升改造工程。其中，梅峰公园提升面积约29.2万平方米，江滨公园提升面积约14.5万平方米，城区道路景观提升改造约20千米，并在江滨公园、梅峰公园增设公厕、观光凉亭等配套设施，补齐民生短板。对城区行道树进行涂白，预防虫害，防止树木冻伤，同时对中山西路、玉峰路和梅园中路等“白改黑”路段进行行道树全面补种补栽，共完成对道路两侧行道树、绿化带等树木花草缺株补种4500株，维修缺损绿化设施3000平方米，提升城区整体绿化景观效果，提升城市品位，助力创建省级文明城市。

【燃气企业监督管理】 2019年，诏安县有瓶装燃气企业3家，管道燃气企业1家，汽车加气站1家，用气户数约12万户。县住建局多次联合相关部门，对全县餐饮业、足浴、KTV等开展燃气安全检查活动，对燃气企业和供应站开展全覆盖检查。其中燃气企业安全生产检查10次，出动人员113人，发现隐患135起，全部整改到位。打击非法经营“黑气”行为，共出动109人次，查处10起，查扣瓶装燃气1285瓶，拘留4人。建立瓶装燃气实名制1.34万户。

【专项治理】 2019年，由诏安县城管局牵头，县财政投入资金200万元，对位于阳光路的县委、县政府原宿舍楼老小区进行提升改造，改造提升小区内市政道路、化粪池和小区绿地，实施排水排污管网清淤。对城区新国道228线、文峰西路等路段的雨水、污水检查井井盖和雨篦进行巡查，并修复破损井盖，更换为防盗井盖，消除安全隐患。加强燃气安全管理，填补全县燃气安全长期缺乏管理的空白，开展城区餐饮店燃气安全大检查，对检查中发现存在胶管老化、违规使用三通、违规使用报废气瓶、胶管没有用锁扣连接和未签订供气协议等问题的商户，责令其立即整改，确保燃气使用安全。检查扣押454瓶瓶装液化气，打击并取缔4个非法经营瓶装液化气的“黑气点”。

【“两违”治理】 2019年，诏安县开展“百路千村”“两违”综合治理环境提升行动。全县15个乡镇，申报道路整治39条，途经118个建制村（居），总里程218.13千米。申报治理项目均由乡镇主要领导负责，完成整治的道路、村居数量和验收质量均居全市首位。全年共处置“两违”面积105.94万平方米，完成年度目标任务151.34%，拆除实体建筑面积50.03万平方米，拆除实体建筑比例50%，拆后利用面积90.41万平方米，拆后利用率92.3%。全县“两违”综合治理工作获全市第一成绩。

【渣土车整治】 2019年，诏安县继续实行渣土运输企业化经营，扶持一批规范的渣土运输企业，明确渣土运输市场准入条件、实施范围、具体实施步骤、相关审批流程等。引导零散运输车辆纳入运输公司管理，扭转渣土运输市场散兵游勇、缺乏统一管理的现状，渣土扬尘、抛洒滴漏污染道路的现象得到有效遏制。全年对涉嫌违规从事建筑垃圾运输等违法行为立案调查21起，宣传教育8起，处罚款4.1万元。

（县城管局供稿）

建筑业

【概况】 2019年，诏安县政府出台《进一步扶持建筑业发展实施意见》，通过规划建设建筑业总部基地，引导建筑企业集中发展，由县政府安排一定数量的土地，专用于解决建筑企业办公、仓储、生产、科研用地，提高产业集聚水平，做大做强建筑业总部经济。加大对县内施工企业的扶持，在资质增项、升级、变更办理上予以倾斜和奖励。

【建筑企业监管】 2019年，诏安县建筑施工总承包企业由6家发展至12家，其中，新增三级企业6家，福建省南睦建筑有限公司市政工程施工总承包由三级企业升为二级企业。全县实现建筑业总产值9.13亿元，比上年下降8.9%。推广新型、绿色、环保建筑材料的运用，打造现代化生产基地、培育龙头企业，加大扶持建筑业力度，把建筑产业培育成为经济支撑产业，促进建筑业持续发展。

2019年，诏安县住建局优化监管流程，完善监管机制，构建公平公正和谐的生产经营秩序。采取日常检查、集中抽查与专项检查相结合方式，重点加强对建设单位的项目管理机构设立、人员配备、施工图设计审查、质量安全报监、承包合同备案、违法发包行为等监督检查；对监理企业的组织机构设立、工作体系建设、人员资质等及施工企业的施工许可、人员配备、分发包行为、劳务工资发放等内容进行检查。

【工程质量安全监督】 2019年，诏安县住建局以安全隐患综合大整治为基础，出台《关于组织开展安全生产隐患排查治理专项行动实施方案》，召开2次全县建筑工地现场观摩会，针对深基坑及高边坡、脚手架（悬挑脚手架）、模板支架（高大模板）、临边洞口、大型起重机械等施工重大危险源进行施工安全检查及专项整治。全年共监督在建工程项目35个，工程项目竣工验收19个，其中房建项目16个，市政项目3个，均未发生质量安全事故。结合“双随机”检查，对在建工程动态考核抽查抽测101次，发出质量安全问题责令改正通知书101份，共排查质量安全问题隐患977条；对施工单位、监理单位、总监理工程师、项目经理动态考核记分共记4738.56分，其中项目经理记1251.38分、总监理工程师记1117.9分，施工单位记1251.38分、监理单位记1117.9分；对全县建筑起重机械进行抽查，督查16个工程项目，抽查起重机械（塔吊、电梯）50台，发出督促改正通知单19份，督促停用通知书1份，发现隐患问题258条，全部完成限期整改。

【建筑施工扬尘整治】 2019年，为避免施工扬尘对空气环境质量的影响，诏安县住建局发出通知，要求符合条件的工地安装扬尘在线监管系统。组织对在建工程施工现场扬尘治理状况进行检查，发现问题及时发出整改通知书，对扬尘治理不达标的施工单位进行通报。全年发出整改通知单23份，并督促做好相应整改反馈。

【建筑工程招投标管理】 2019年，诏安县住建局根据《福建省房屋建筑和市政基础设施工程招标投标行政监管办法（试行）》，通过省公共资源交易电子行政监督平台结合开标现场监督，对建设领域工程招标进行监管。在电子行政监督平台上对工程项目是否满足招标条件及招标文件的合法合规性进行审核。全年共完成32个房屋建筑工程招标监管，完成13个市政工程招标。

【建筑节能与绿色建筑发展】 2019年，诏安县住建局提升建筑能源利用效率，优化建筑用能结构，改善建筑居住环境品质，为住房城乡建设领域绿色发展提供支撑：加快提高建筑节能标准及执行质量，推动绿色建筑发展质量提升。深入推进可再生能源建筑应用，推进农村建筑节能。全年竣工绿色建筑项目9个，总建筑面积14.51万平方米。

【住房城乡建设网建设】 2019年，诏安县住建局推进信息化建设工作，研究解决当前电子政务建设和发展存在的问题，成立由局长为组长，相关部门负责人为成员的信息化工作领导小组，健全信息安全和保密责任制，充分利用技术和管理双重措施，全面加大在防病毒、防篡改、防攻击、防瘫痪等方面的工作力度。

（县住建局供稿）

房地产业

【房地产市场调控】 2019年，诏安县住建局严格落实省关于棚户区改造货币化安置、住房公积金贷款等政策，着力化解房地产库存量。采取第三方评估，实行政府指导价，有效抑制全县商品房价格过快增长。落实住房和城乡建设部等六部委办公厅《在“不忘初心、牢记使命”主题教育中专项整治住房租赁中介机构乱象实施方案》以及《福建省住房和城乡建设厅等6家关于开展住房租赁中介机构乱象专项整治有关要求的通知》精神，加强房产中介管理，整治房产中介市场乱象，规范房产中介市场活动。加强预售款资金监管，制止预售款资金的外逃和挪用，保障广大购房者合法权益。

【商品房开发与房地产去库存】 2019年，诏安县房地产开发投资额13.72亿元，实现商品房销售3112套、面积28.13万平方米，交易金额20.14亿元，比上年负增长。至11月，全县商品房存量3475套、面积24.6万平方米，去存量周期为9个月，环比增长6.63%。其中商品住宅存量1227套、面积13.33万平方米，去化周期5个月；非住宅2248套、面积11.33万平方米，去化周期29个月，其中商业用房面积9.64万平方米，去化周期34个月。

【国有直管公房清理】 2019年，诏安县住建局贯彻执行国有资产管理法律法规，开展国有资产（直管公房）清理整治工作，形成长效工作机制，确保公房管理工作有序推进。对租住公房对象建档立卡，遏制侵占公房和各种违约违规现象，防止国有资产流失。以防范化解重大风险，及时清除安全隐患，遏制安全事故为目标，拆除危旧房2处，防范安全事故发生。

【房屋安全隐患排查专项整治】 2019年，诏安县住建局根据县政府《关于印发开展房屋安全隐患排查整治专项行动工作方案的通知》，牵头对全县15个乡镇、2个工业园区进行摸底排查，排查社区24个、村庄224个，共排查房屋202845栋，其中城区房屋16083栋，农村房屋186762栋。对于存在重大安全隐患没有使用价值的，按照“四个一律”（一律封房、一律清人、一律拉警戒线、一律拆除）进行整治，全年完成重大危险房屋整治1060栋（间），为整治计划98.7%，其中，封房619栋（间）、加固49栋（间）、拆除392栋（间）。

（县住建局供稿）

保障性安居工程建设

【住房保障工作制度】 2019年，诏安县加快构建以政府为主提供基本保障、以市场为主满足多层次需求的住房供应体系，保障性住房建设步伐加快，出台《诏安县公共租赁住房租金补贴管理办法》，按照上年底出台的租金补贴文件规定，全年新增公租房对象284户，全部租金按文件规定补贴发放到位；重新接受上年申请的各类住房保障对象133户。对直管公房，县住建局结合房屋安全隐患排查，防范化解重大风险，及时清除安全隐患，拆除破旧直管公房，增强居民安全感。

【保障性安居工程实施】 2019年，诏安县完成上级政府下达的保障性住房建设任务。全年共建设各类保障性住房4600多套，除企业自建公租房和棚户区改造外，政府投资建设的公租房（廉租房）1544套，全部配租到位，解决城区居民住房困难3000多人，并分类保障在诏安工作的外来单身干部的住房问题。全县申请住房保障299户，经审核认定223户，发放租金补贴22.6万元。

【棚户区改造工程】 2019年，诏安县城区棚户区改造工程分为南雅园棚户区改造工程和龙兴楼、下梅塘棚户区改造工程。南雅园棚户区片区改造的征地拆迁户安置实行货币化方式安置，采用政府采购方式向国家开发银行融资6.3亿元。该项目改造涉及户数约1200户，占地面积13.57万平方米，其中，房屋占地面积6.63万平方米，房屋建筑面积12万平方米，项目的征地拆迁工作于2016年启动，至是年年底基本完成。

龙兴楼及下梅塘棚户区改造工程总面积9.41万平方米（按规划可挂牌出让面积）。该项目征地面积5.77万平方米，拆迁面积约5.54万平方米，项目采用产权调换为主的拆迁方式，采用政府采购方式向国开行融资2.05亿元，统购400套安置房安置，项目尚未启动拆迁工作。

【住房保障资金筹措】 2019年，诏安县筹措落实各类保障性住房建设资金，加大公共财政预算安排和筹集力度，努力拓宽资金来源渠道，创新财政支持方式，及时分解下达中央保障性住房建设资金2000万元，充实棚改项目资金，完成棚改415户（任务400户），完成投资额22.4亿元。

（诏安县住建局供稿）

电力服务

【概况】 2019年，诏安县全社会用电量11.16亿千瓦时，比上年增长5.64%；售电量10.50亿千瓦时，增长7.85%；最大负荷21.68万千瓦，增长24.6%。县境内有220千伏变电站2座、主变3台、容量48万千伏安；110千伏变电站7座、主变10台、容量41.3万千伏安；35千伏变电站4座、主变4台、容量3.63万千伏安。35千伏及以上输电线路30回（220千伏线路5路、110千伏线路16回、35千伏线路9回），线路总长457.778千米（220千伏线路107.52千米、110千伏线路224.728千米、35千伏线路125.53千米）；10千伏配网线路93回，公用线路1638.75千米。县境内10千伏及以上并网电源共41座，总装机容量136.6兆瓦。其中水电厂36座，总装机容量52.7兆瓦，占比38.5%，主要集中在北部；风电1座（梅岭风电场），容量48兆瓦，占比35.1%；光伏电站总装机容量36兆瓦，占比26.4%。

【国网App推广运用】 2019年，国网福建省电力有限公司诏安县供电公司通过地方政府和社会媒体，宣传推介公司“网上办电”服务举措；通过营业厅、“95598”热线、互联网社交App等渠道，引导使用“网上国网”线上渠道；优化现场业务，从线下环节向线上迁移，促进“网上国网”渠道应用，切实让“数据多跑路，群众少跑路”，进一步提高服务效率。全年实现“网上国网”推广注册户数7.2万户，绑定户号3.9万户。

【营商环境优化】 2019年，诏安县供电公司推行办电环节全过程电子化，实现客户仅凭有效主体资格证明即可“一证办电”。加快推广低压小微企业用电报装“三零”（零上门、零审批、零投资）服务。优化营商环境，提升供电服务水平2年行动计划和一般工商业“再降价10%”，从8月15日起实行申请低压办电“零费用”。助力小微企业，全县160千瓦及以下小微企业，采取低压方式接入，办电成本从原高压接入的客户工程费用（每户约15万元）降至零。全年完成50~160千瓦小微企业送电46户，比上年增长180%，节省小微企业投资约700余万元。对业扩时长指标进行差值管控。实现T+1（T+3）装表送电；通过优化高压业扩全流程，流程缩短至平均30天。全面推行带电作业，即实施客户工程项目接火做到能带不停电。全年诏安全口径供电可靠率99.85%。

【电网建设】 **电网建设投资** 2019年，诏安县供电公司项目建设计划总投资4.09亿元，年度投资1.39亿元，其中35千伏输变电464万元，配网投资9580万元，农维大修1300万元、配网大修935万元，技改、零购和生产性大修等1623万元。

输变电工程 1月，220千伏白洋变投运。该项目新建220千伏变电站1座，容量18万千伏安，总投资1.36亿元，满足工业园区、动车站前一带、白洋乡和西潭镇新增用电需求，提高供电可靠性。9月6日白洋—霞葛双回110千伏新建线路工程投运。该项目投资6149万元，全长41.8千米、139基，历时26个月，破解征地青赔、解决跨越厦深铁路的难题。该线路投运结束霞葛等4个山区乡镇13年单线供电的历史，解决5万多用电户的用电烦恼，大大提高供电可靠性。220千伏白洋变电站110千伏送出工程总投资4180万元。12月5日，110千伏白深Ⅰ路投运；12月7日，110千伏奇白Ⅰ路投运；12月27日，110千伏白凤线投运；满足诏安中西部地区负荷增长需求，提高220千伏电网供电能力和供电可靠性。12月27日，35千伏红星2号主变扩建工程投运，解决红星偏远山区低电压问题。2019年年末，110千伏溪南输变电工程完成电气安装，敷设电缆。

农配网项目 新建、改造10千伏线路113.83千米，新增及改造配变容量1.21万千伏安，新建及改造0.4千伏线路26.03千米。进一步改善配电网网架结构，提高配电网电能质量与可靠性，通过国家发改委验收。

【安全生产】 2019年，诏安县供电公司全面落实安全与业务工作的“五同时”，强化作业现场风险防控，筑牢安全基础。加强现场违章原因分析和教育，实现安全自保、互保；提升班组安全风险的辨识和分析能力；强化对集体企业和外协施工队伍的安全管控，严格执行生产现场作业“十不干”；狠抓全员安全清单落实监督和评价，确保安全生产平稳，完成上级下达的各项安全指标。公司累计安全运行6939天。

【科技与信息化】 **电力物联网建设** 2019年，诏安县供电公司优化骨干通信网架，推进无线专网建设。建设以智能配变终端为核心的配电物联网工程，逐步实现用电在线监控。全面推进配电线路“全研判全遥控”、电子下令等功能部署。完善智能巡检体系。推进“掌上电力”与“网上国网”切换，实现全业务网上办理。

健全服务体系 优化“互联网+营销服务”，深化低压网格化综合服务，实施“全能型”乡镇供电所完善提升2年行动计划。做大后台支撑，强化供指中心对服务的监督、预警、指挥调度功能。加大频繁停电、投诉整治力度，落实“10（2）小时”作业法，扩大带电作业能力与规模，推广智能电表停电主动上报功能应用；综合施策，压降部分因频繁停电、施工作业导致的客户投诉。

（县供电公司供稿）

农业农村

综　述

【农经发展】　2019 年，诏安县农林牧渔业总产值 91.77 亿元，比上年增长 4.5%；农村居民人均可支配收入 17734 元，增长 9.2%。粮食作物播种面积 1.03 万公顷，下降 3.4%；油料种植面积 1402.26 公顷，增长 1.96%；全年粮食产量 7.03 万吨，下降 0.85%。蔬菜瓜果播种面积 1.02 万公顷，增长 2.82%；茶叶种植面积 3487.73 公顷，增长 14.2%；水果种植面积 1.61 万公顷，下降 0.64%；水产品总产量 43.57 万吨，增长 4.4%；年生猪出栏数 12.43 万头，下降 10.8%；年末生猪存栏数 4.80 万头，下降 3.78%。太平镇（青梅）被农业部列为第九批全国“一村一品”示范村镇。硒来乐乡约茶园项目获第三届福建省农村创业创新大赛决赛一等奖、“长春国信杯”第三届全国农村创业创新大赛优胜奖。漳州嘉恒农业有限公司出产的“妃子笑”荔枝获全国优质荔枝擂台赛银奖。

【产业发展统筹推进】　2019 年，诏安县全年投入三大产业（富硒鸡蛋、富硒八仙茶、富硒青梅）补助资金 1300 万元。安排中央及省级产业补助资金 812.3 万元，用于扶持贫困户发展种养业、茶叶加工和大棚种植等脱贫项目。落实产业扶贫保险政策，投入保险费 107.33 万元，解决贫困户发展产业后顾之忧。排查出农村住房安全隐患对象 113 户，纳入危房改造范围给予解决。落实贫困户小额信贷 1966 户、6470.82 万元，发放贴息资金 79.31 万元。资助建档立卡贫困学生 3925 人次，资助金额 231.4 万元。落实“雨露计划”，对中、高职教育贫困户在校生发放补助资金 95.25 万元。落实医疗叠加保险政策，全年医疗扶贫报销 5564.38 万元。为符合条件的贫困户购买健康“扶贫宝”95.676 万元，为贫困户购买医疗费兜底保险 159.46 万元，为贫困户加上第二道医疗保障。落实低保兜底保障，对建档立卡贫困低保对象发放低保金 1916.26 万元。

【乡村振兴】　2019 年，诏安县被列为乡村振兴省级挂钩联系重点县，太平镇、梅岭镇被列为全省乡村振兴特色乡镇，梅洲乡梅山村等 14 个村被列为全省乡村振兴试点村。编制出台《诏安县乡村振兴战略规划（2019—2022 年）》。调整充实诏安县委实施乡村振兴战略领导小组及 12 个专项小组成员，完善乡村振兴工作联席会议制度，进一步健全乡村振兴战略工作保障机制。

【农村人居环境整治】 2019年，诏安县开展农村人居环境整治试点村创建活动，制订《诏安县农村人居环境整治试点村实施方案（试行）》，筛选70个村作为农村人居环境整治试点村，建立处级领导和部门挂钩挂村机制，由县处级领导和一个县直部门挂钩；建立资金投入保障机制，拨付试点村建设补助资金1亿元。总结出梅岭镇腊洲村“党建+人居环境整治”“3456”建房模式等经验做法。四都镇西梧村入选全省人居环境提升示范名单。梅岭镇整镇推进农村人居环境整治试点乡镇及霞葛镇司下村的典型做法得到省、市充分肯定，在全市乡村振兴推进会上作典型发言。

【农业生产示范区】 2019年，诏安县农业农村局在西潭镇实施福建省诏安农民创业示范基地项目。重点是伟惠农场基础设施建设项目、大草原农场基础设施建设项目和锦创基础设施建设项目等。共发放省级补助资金200万元，主要建设公共机耕路水泥硬化路面长3667.2米。是年，在全县开展蔬菜绿色高质高效创建项目。重点建设15个蔬菜绿色高质高效示范基地，以优质种苗、农药化肥减量、绿色防控为重点扶持内容，共发放省级补助资金150万元。

【农业龙头企业】 2019年，诏安县有县级以上农业产业化龙头67家，其中，省级以上农业产业化龙头企业18家、市级以上农业产业化龙头企业30家。

（县农业农村局供稿）

农业经济管理

【惠农政策落实】 2019年，诏安县农业农村局扶持设施农业温室大棚企业、专业合作社、家庭农场等43家，设施农业温室大棚建设总面积77.46公顷，发放省级补贴资金708.67万元。发放耕地地力保护补贴2107.28万元。协助人保财险公司开展能繁母猪和育肥猪投保工作，全年共投保能繁母猪1035头，签单保费6.21万元，理赔金额5.80万元；共投育肥猪全生命周期保险5.44万头，签单保费149.56万元，理赔金额184万元。共投奶牛保险500头，签单保费30万元，理赔金额5万元。

【农村集体资产核查及土地确权登记】 2019年，诏安县农业农村局制订《农村承包地确权登记颁证问题台账及整改方案》，以村为单位，全面开展问题排查，完成纠错工作。完成土地确权档案数字化扫描工作。全面推进农村集体产权制度改革工作。完成资产清查核实数据录入上报和农村集体经济组织资产清查核实验收。完成217个村经营性资产股权量化改革工作和村集体经济组织登记赋码工作。全县217个建制村成立经济合作社。

【农业面源污染治理】 2019年，诏安县开展畜禽养殖污染整治工作。共关闭拆除反弹养猪场（户）506家，猪舍面积7.9万平方米；清理养鹅场280家，面积41.5万平方米；清理养鸭场2家，面积0.09万平方米。

【农药施用】 2019年，诏安县农业农村局为实现农药施用零增长，建立15个绿色防控技术示范区，展示不同绿色防控技术处理的防治效果。示范区实施病虫害绿色防控面积1.47万公顷次，统防统治1万公顷次。举办新农药安全使用培训班2期，培育农业示范户40户，培训农民技术员、农药经销商及农户410人次。通过绿色防控技术示范推广，全年农药使用量比上年减少3.06%，主要农作物绿色防控技术覆盖率30%，专业化统防统治覆盖率39%，农药利用率39%。高效植保机械社会保有量比上年增加3%以上。

【化肥施用】 2019年，诏安县农业农村局推广测土配方施肥技术面积3.67万公顷次，推广配方肥面积666.67公顷，免费为7万个农户提供测土配方施肥技术服务，发放施肥建议卡7万份。设立测土配方施肥信息公告栏。为农民提供面对面指导服务5次，为种植大户提供个性化取土化验服务，制定科学施肥方案45个。全年推广商品有机肥面积3066.7公顷，其中示范面积1133公顷，每亩给予财政补贴100元，共计发放补贴资金170万元；示范辐射带动面积1933公顷。推广秸秆腐熟还田面积3333公顷，秸秆综合利用率98%。

【农民培训】 2019年，诏安县农业农村局共开展新型职业农民培训13期，培训人数966人，认定新型职业农民151人，推荐新型职业农民参加涉农院校大专函授学习38人。

【农业执法】 2019年，诏安县农业农村局组织执法人员下乡420多人次，检查农资经营门店110多家次，农药、兽药、肥料质量抽检40批次。将农资生产经营企业纳入福建省农资监管信息平台监管，全年在线巡查农资企业购销台账752次。办理违反农业法律法规案件6起，清缴违法农兽药21公斤，并送省固体废弃物处置有限公司无害化销毁。全县没有因假劣违禁农资发生重大农业生产安全事故，农资市场经济秩序持续好转，农产品质量安全进一步提高。

（县农业农村局供稿）

农业现代化

【农业科技推广应用】 2019年，诏安县农业农村局建设6个长期稳定的农业科技示范基地，组织80名农技人员使用中国农技推广APP，委托福建农林大学培养2名乡镇农技推广紧缺专业定向生，遴选推介全县年度农业主推技术，形成技术操作规范。加强新型选育种技术研发。引导基地加强推进农业技术整合。承接福建省现代农业蔬菜产业技术体系综合实验推广站1个。

【诏台农业合作】 2019年，诏安县农业农村局新建2个闽台农业合作示范核心基地（诏安县大草园水果示范基地13.33公顷、诏安县山兜家庭农场水果良种示范基地12公顷）。引进台湾水果新优良种7个（台湾火龙果、燕窝果、麒麟果、飞弹莲雾、红心芭乐、台湾无花果、台湾青柚）、推广2项先进技术（水肥一体化、果树修剪调整产期）。全县新增驯化彩色火龙果、飞弹莲雾、麒麟果、燕窝果等品种。

【农村生态能源建设】 2019年，诏安县实施国家农业可持续发展试验示范区和农业绿色发展先行先试区建设，共48个项目。开展农业农村污染源头治理行动，完成《福建省漳州市诏安县耕地土壤类别划分技术方案》编制。采集30个“产地土壤环境质量长期监测点”的农产品，开展协同监测。全县新推广太阳能热水器690台，有个别养殖场新建设小型沼气工程。全县使用沼气户1.1万户，使用太阳能热水器1.45万户。

【特色现代农业竞赛】 2019年，诏安县农业农村局牵头组织实施特色现代农业暨农业绿色发展项目竞赛活动，指导项目建设，协调解决资金、技术等问题。全县特色现代农业竞赛以青梅现代产业园为中心，全方位打造青梅现代产业园，做大做强诏安青梅产业，促进一二三产融合发展。全年实施“一个产业园，六个项目”（一个产业园为青梅现代产业园，六个项目为诏安县畜禽粪污资源化整县推进利用项目，元勋科技化肥、农药使用减量化示范项目，霞葛农耕文化休闲项目，鼎业公司数字农业项目，汀洋八仙茶融合发展项目，裕健龙标准化示范基地项目），全年累计投资2.61亿元，在全市“三抓三比十项竞赛”特色现代农业竞赛活动评比中获第三名。

（县农业农村局供稿）

富硒产业

【概况】 2019年，诏安县发展富硒八仙茶种植

2466.67公顷，年产值3.8亿元；种植铁皮石斛、金银花、印度辣木等富硒中药材333.33公顷；富硒蛋鸡存栏40万羽。县财政每年分别安排500万元、1000万元、1500万元资金，扶持富硒鸡蛋产业、富硒八仙茶产业、富硒青梅产业发展。在太平、红星等乡镇建设由溜溜果园、梅满天下、福益食品、能裕食品等公司为主体的四大青梅示范园，打造集种植、加工、观光为一体的三产合一产业园，规划建设富硒青梅标准化种植示范基地、富硒青梅深加工示范生产线、富硒青梅系列产品展馆等，形成年产值6亿元、创税2000万元，出口6000万美元的产业规模。培育富硒特色农业。发展富硒八仙茶、富硒中药材、富硒蛋鸡养殖等特色产业，其中秀篆镇隔背村引进福建裕健龙生态农业有限公司投资1亿元建设金银花、清明茶、山苦瓜等种植基地26.67公顷，带动20多户种植大户参与生产经营。

【“硒”台搭建】 2019年，诏安县利用县支农信贷协会平台，为农户提供贷款服务，累计发放小额贷款3699万元。投入400万元，打造农村电子商务综合服务平台。全县有活跃电商卖家300多家、农村淘宝服务站71个、电商企业189家、快递业务企业23家、服务网点200多个，形成遍及县、乡、村三级农村电子商务物流体系。成立“硒博士众创空间”，搭建硒产业创业平台，申请入驻富硒产业企业20家。与中国营养学会、中国管理科学研究院、福建农林大学、福建农科院等院校建立技术合作关系，其中太平镇雄鸡村林下养殖基地与北京农业大学对接，推动蛋鸡生态健康养殖和标准化生产。

【网销渠道拓宽】 2019年6月，诏安县在诏安宾馆举办“中国海峡硒都”诏安富硒产品产销对接会暨“花样漳州·爱荔丰收”荔枝网销大赛启动仪式。通过举办网销大赛，与阿里巴巴、京东和苏宁易购等大平台对接合作，推动“京东诏安馆”“诏安富硒馆”“扶贫馆”等载体上线运营，进一步拓宽网销渠道，带动诏安农产品上行，创新助力扶贫模式。在线下展销对接活动中，通过沟通交流、考察洽谈等形式，现场10家企业签订富硒产品销售意向采购订单近8000万元，同时还签订荔枝意向采购订单25万公斤、200多万元。

【品牌战略】 2019年，诏安县组织69家富硒农产品种养大户、生产加工企业成立富硒产业协会，发布《中国海峡硒都品牌标志使用管理办法（试行）》《诏安硒产品认定管理办法》，印制“中国海峡硒都诏安硒产品专用标志”，实行统一标识、统一检测、统一管理，引导富硒产业向有序、可追溯、规范化方向发展。

【宣传推介交流】 2019年，诏安县开设“富硒诏安”网站和微信公众号；运用央视等媒体和“9·8”中国国际投资贸易洽谈会、福建省“6·18”海峡项目成果交易会、“11·18”海峡两岸农博会、“恩施硒博会”等展会，推介诏安富硒品牌。连续11年举办富硒青梅产业推介会，推介诏安富硒农产品。参加“恩施硒博会”，与全国富硒地区签署《关于共同促进中国硒资源交易平台共享战略合作协议》《关于共同推进中国硒产业发展地区硒产业标准化建设战略合作协议》《关于推进硒产业高质量发展的共同倡议》等文件，组织企业产品参展并参加名优硒产品评选，其中“慕鱼牌烤虾”和“斗山岩牌鸡蛋”获评“中国特色硒产品”称号；“富硒红茶饼”被评为“名优硒产品”称号。与省内外硒产业发展地区兄弟市县保持密切交流，相互促进。

【富硒生态旅游业】 2019年，诏安县利用乌山国家森林公园、官陂温泉等旅游资源，形成“感验富硒、乌山览胜、红土寻根、温泉蒸浴、遗址访古、农业观光”的综合旅游体系。初步建成太平大铺山、西潭美营台湾现代农业观光园，官陂公田万亩休闲生态农业产业园和秀篆中药材种植观光园等示范点。全年诏安县共接待游客近100万人次，其中富硒休闲生态游占一半以上。

（县农业农村局供稿）

种植业

【概况】 **种植规模** 2019年，诏安县耕地面积2.13万公顷，粮食作物播种面积1.03万公顷，总产量7.03万吨；蔬菜种植面积1.01万公顷，总产量27.88万吨；水果种植面积1.61万公顷，总产量24.186万吨；茶叶种植面积3487.73公顷，总产量1.31万吨。

粮食作物 县农业农村局落实粮食生产行政首长负责制，完成市下达粮食生产指导性计划任务。农业支持保护补贴政策落实到位，及时发放耕地地力保护补贴2107.28万元。与县保险公司联合开展种粮农户水稻种植保险，提高种粮抗风险能力。全县水稻种植保险参保面积9230.08公顷，保费共166.14万元，其中政府补助132.91万元，农户自费保额33.23万元。全年水稻理赔117.76公顷，理赔金额70.65万元。

经济作物 诏安县发挥资源优势，突出培育壮大青梅、八仙茶和富硒蛋鸡三大特色产业，科学扶持发展粮食、蔬菜、水产、水果、青梅、八仙茶、畜牧和中药材等八大产业。

水果 引进新种台湾优质良种水果213.3公顷，推广种植水果玉米24公顷，太平镇和红星乡建立青梅标准化生产示范基地3个，面积140公顷。全县青梅加工企业138家（其中规模以上企业21家），年加工青梅鲜果20万吨，产品出口创汇超1亿美元，实现产值53亿元。

蔬菜 重点扶持标准化设施农业温室大棚项目建设，发放设施大棚补助资金708.67万元，大力扶持园区基础设施、农产品初加工设施、绿色高质高效基地建设等，促进蔬菜产业升级，农业增效、农民增收。

茶叶 重点扶持八仙茶产业发展，下达扶持八仙茶发展资金390.9万元（未含品牌建设补助资金），项目涵盖茶园基础设施建设、茶叶初、精制加工清洁化改造等。举办第六届海峡（漳州）茶会海峡两岸茶王赛暨诏安春季八仙茶茶王赛、2019年诏安八仙茶（秋季）茶王赛、诏安县首届八仙茶制茶技能大赛。

同时，在2016年诏安县茶叶协会开展全县茶叶资源调查时发现多株百年单丛老茶树之后，对其采取了保护措施和进行推广。诏安单丛以当地特有的单丛茶树鲜叶为原料，用传统特有的乌龙茶采制加工工艺制成的成品茶，外形条索紧结，乌褐色或灰黄褐色，油润，具有自然的花香、山韵、蜜味，泡后汤色橙黄，透彻明亮，滋味醇爽，回甘力强，深受消费者喜爱。2019年诏安单丛在第四届亚太茗茶大赛中获得4个金奖，3个银奖，成为继八仙茶之后诏安茶叶的又一个当家品种。

2019年诏安县主要粮食作物、经济作物面积和产量一览表

表2

品　种	种植面积（公顷）	产量（万吨）
稻　谷	8871.4	6.08
油　料	1400	0.54
青　梅	8866.67	10.5
荔　枝	3424.2	2.014
龙　眼	2689.93	2.311
香　蕉	304	1.408
柑橘类	1200	1.998
青　枣	64	2.322
番石榴	280	3.648
蔬　菜	10100	27.88
其中：诏安青椒	2333.33	15

2019 年诏安县农业品牌建设成果一览表

表 3

品牌名称	生产单位	荣誉称号
茶叶	特别金奖 1 个：福建省硒龙生态农业有限公司单丛茶；金奖 5 个：福建省公田岽生态农业有限公司（八仙茶）、福建省公田岽生态农业有限公司（单丛茶）、福建裕健龙生态农业有限公司（单丛）、诏安县秀峰茶业有限公司（单丛）、福建省犁头岽休闲农业有限公司（单丛茶） 银奖 8 个：诏安县恩华茶叶有限公司（单丛茶）、诏安县恩华茶叶有限公司（单丛红茶）、福建省硒龙生态农业有限公司（八仙茶）、诏安县秀峰茶业有限公司（八仙茶）、诏安县月之港茶业有限公司（八仙茶）、诏安县月之港茶业有限公司（八仙红茶）、诏安县月之港茶业有限公司（单丛）、诏安县鹤灵峰茶业有限公司（八仙茶）	第四届亚太茶茗大赛 1 个特别金奖、5 个金奖、8 个银奖
茶叶	硒来乐乡约茶园项目	获第三届福建省农村创业创新大赛决赛一等奖、“长春国信杯”第三届全国农村创业创新大赛优胜奖。
茶叶	诏安月之港茶叶有限公司	第十三届中国国际有机食品博览会金奖
诏安八仙茶	属全县（公共品牌）	被收入《2019 年中国绿色农业发展报告》蓝皮书中的品牌篇
诏安红星青梅	属全县（公共品牌）	入选《2017 年度全国名优特新农产品目录》
“妃子笑”荔枝	漳州嘉恒农业有限公司	全国优质荔枝擂台赛银奖
无公害农产品、绿色食品和有机食品有效认证	有机食品认证 3 家：诏安县月之港茶业有限公司、漳州诏安正禾有机农业有限公司、漳州嘉恒农业有限公司；绿色食品认证 3 家：诏安县金星乡亚热带水果种植场、国有福建省诏安红星农场诏安县大铺山现代农场；无公害农产品认证 18 家：诏安县红坑蔬菜专业合作社、漳州市旺辉农业发展有限公司、诏安县鑫垚农民专业合作社、诏安太生蔬菜专业合作社、诏安县双澜蔬菜专业合作社、诏安县凤钦蔬菜专业合作社、诏安县和鑫果蔬专业合作社、诏安嘉禾百利种苗有限公司、诏安嘉美蔬菜专业合作社、诏安县三益乌鸡生态放养专业合作社、诏安众农优选农业发展有限公司、诏安岩山乌鸡养殖专业合作社、诏安县凤卿家庭农场、诏安县三湖家庭农场、诏安县沈文瑞家庭农场、诏安华强果蔬专业合作社、诏安县东洋生态农业开发有限公司、福建融牧现代化农业发展有限公司	有效认证企业 24 家，品种 46 种，基地面积 1791.65 公顷
农业产业化龙头企业	福建暖春酒业股份有限公司、诏安县瑞梅食品有限公司、漳州万通食品有限公司、福建省诏安福益食品有限公司、福建省宝智水产科技有限公司、福建省景生农业开发有限公司、漳州市顺兴达食品有限公司、福建裕健龙生态农业有限公司、福建硒来乐生态农业有限公司等 9 家公司	入选福建省 2019 年农业产业化龙头企业

【三大产业获省市县扶持】 2019年，省市下达诏安县农业专项资金55项，资金总额16592万元，使用7603万元。8月，县政府出台《关于扶持青梅、八仙茶、富硒蛋鸡产业实施意见补充规定的通知》。35个单位申报青梅产业项目100个，总投资超4000万元，下达补助资金945万元；13个单位申报八仙茶产业项目17个（含茶叶品牌营销建设项目），下达补助资金556.09万元；7个乡镇申报富硒蛋鸡产业项目，涉及18家公司、家庭农场及合作社等，下达补助资金34.7万元。

【诏安青椒成为现代农业特色产业发展新亮点】 诏安青椒果实多为圆柱状、扁圆状或圆锥状，多纵沟，顶端截形或稍内陷，基部截形常稍向内凹入，略带甜味且有椒味。诏安青椒果实未成熟时呈青绿或黄绿色，成熟后变成深绿、黄绿或鲜红色，色泽鲜艳，品质佳。诏安青椒由于果形和色泽漂亮、品质好深受市场青睐。2019年，诏安青椒种植面积2333公顷，比2013年翻了一番多，年总产量15万吨，总产值7.5亿元，占全县蔬菜总产值的62.5%，成为诏安县现代农业特色产业发展新亮点，是诏安县脱贫致富好项目。

【2019诏安春季八仙茶茶王赛】 2019年6月14日，第六届海峡（漳州）茶会海峡两岸茶王赛暨诏安春季八仙茶茶王赛在漳州公布比赛结果并举行颁奖仪式。些次茶王赛有61个单位81个茶样参赛。奖项设置茶王1名（奖金3万元），金奖3名（奖金1.5万元），优质奖6名（奖金0.5万元）。诏安县砸之缘家庭农场获茶王；诏安县徐福顺茶叶加工场、诏安县月之港茶业有限公司、福建省公田岽生态农业有限公司等3家企业获金奖；诏安县美河茶叶加工厂、诏安县海平茶叶加工厂、诏安县益顺茶叶加工厂、诏安县益顺茶叶加工厂、福建省犁头岽休闲农业有限公司、福建省硒龙生态农业有限公司等6家企业获优质奖。

【2019年诏安八仙茶（秋季）茶王赛】 2019年，诏安八仙茶（秋季）茶王赛于10月下旬至11月上旬在漳州市举行。56个单位74个茶样（诏安八仙茶53家企业71个茶样；诏安铁观音1家企业2个茶样；诏安丹桂1家企业1个茶样）参赛。11月5—7日进行审评，奖项设置茶王1名（奖金3万元），金奖3名（奖金1.5万元），优质奖6名（奖金0.5万元）。11月18日，在漳州市东南花都农博会一号馆迎宾厅举行颁奖仪式。福建省硒龙生态农业有限公司获茶王；福建省公田岽生态农业有限公司、诏安县硒之缘家庭农场、诏安县月之港茶业有限公司等3家企业获金奖；诏安县秀峰茶业有限公司、福建省硒龙生态农业有限公司、诏安县茂光茶叶种植家庭农场、诏安县深硒茶业发展有限公司等4家企业获优质奖。

【诏安县首届八仙茶制茶技能大赛】 2019年10月15—16日，由诏安县总工会、县农业农村局主办，县茶叶协会承办的诏安县首届茶叶加工技能大赛在官陂镇公田村福建省硒龙生态农业有限公司举行。全县20名茶师参赛，其中，茶师钟平泉获一等奖，胡福顺、钟金平获二等奖，徐明顺、张新由、钟育森获三等奖。

（县农业农村局供稿）

畜牧业

【概况】 2019年年末，诏安县畜禽存栏数：猪4.80万头，比上年下降37.8%，其中能繁母猪2913头，下降64.6%；牛1.31万头，增长6.77%；羊3812只，增长22.14%；兔1.10万只，增长12.75%；禽238万羽，增长34.33%，其中鸡91.4万羽，增长34.35%；鸭28.05万羽，增长52.07%；鹅118.55万羽，增长30.71%。肉蛋奶总产量2.71万吨，增长4.29%；禽蛋产量4867.56吨，增长45.18%；蜂蜜产量83.42吨，增长1.23%。出栏数：猪12.43万头，比上年下降10.8%；牛1.23万头，增长8.23%；羊3439只，增长18.22%；家禽508.96万羽，增长17.26%，其中鸡102.32万羽，增长26.71%；鸭81.83万羽，增长16.37%；鹅324.81万羽，增长14.79%；兔2.24万只，增长32.53%。全年实现畜牧业产值7.56亿元。

【规模化养猪场】 2019年年末，诏安县生猪总存栏数4.80万头，比上年下降37.8%；县内有生猪规模养殖场50家，最大养殖场年末生猪存栏4773

头，年出栏生猪7876头；规模养殖户102家，最大养殖户年末生猪存栏242头，年出栏生猪435头。为抵御非洲猪瘟疫情不利影响，县大力发展生猪规模养殖，引进3家大型规模养殖场。其中，位于建设乡建华作业区的优农现代农业开发有限公司，设计年存栏能繁母猪1万头；位于深桥镇树美村的漳州市明泰农业科技有限公司，设计年存栏生猪1万头；位于深桥镇树美村的诏安县海纳川畜牧养殖有限公司，设计年存栏生猪2.25万头。这3家大型生猪养殖场投产后，县内猪肉基本实现自给。

【生猪规模养殖场及屠宰场监管】 2019年，诏安县生猪产地检疫申报4048批次，受理4066批次，受理率100%，检疫生猪7.70万头，肉鸡2.70万羽；注册定点屠宰场3家，生猪定点屠宰检疫申报5.81万批次，受理5.81万批次，检疫受理100%，检疫生猪胴体829.12万公斤，进场屠宰生猪检疫率100%，出证率100%，无害化处理率100%，上市肉品持证率100%。加大病死畜禽无害化处理宣传工作。全县无害化集中处理场集中病死畜2.03万头，化尸池共处理病死畜501头、处理病死禽7.81万羽。全年依法检查运载动物及动物产品车辆4300车次，共查处违法调运生猪及产品21起。强化省际防堵，实施入闽动物及动物产品指定通道管理制度。在雨亭临时省际动物防疫监督检查站（诏安雨亭通道）建设大型消毒站，坚决堵死外来疫源，保障全省畜牧业健康发展和人民群众身体健康。落实《关于扶持富硒蛋鸡产业发展的实施意见》，年末全县富硒蛋鸡存栏40.2万羽，年产富硒鸡蛋5869万个，产值1.52亿元；对18家验收合格的富硒蛋鸡经营主体补贴资金34万元。福建省鼎业生态农业有限公司奶牛场存栏1850头，成为全市单场最大的规模化奶牛场。福建融牧现代农业发展有限公司和福建省鼎业生态农业有限公司创建为2019年度省级优质农产品标准化示范基地。

【动物疫病疫情防控】 2019年，诏安县春、秋防集中强制免疫高致病性禽流感、牲畜口蹄疫、小反刍兽疫分别361.87万羽次、13.42万头次和0.64万头次，免疫率均达100%；全年共检测禽流感血清样品1371份、口蹄疫血清样品746份、小反刍兽疫血清样品102份，免疫抗体水平超过国家规定要求的70%，均高出21.6个百分点以上；完成“两病”抽查，检测牛羊布病2328份样品，牛结核病1817份样品，均为阴性；配合“点对点，批批检”工作，县兽医实验室开展非洲猪瘟PCR检测340份，均为阴性。开展生猪养殖环节排查，全年共排查生猪养殖场（户）0.71万次、生猪202.2头次，排查生猪屠宰场0.11万点次、生猪7.5万头次，排查病死畜禽无害化处理场362次，病死猪1.97万头次，没有发生非洲猪瘟疫情。全县未发生区域性重大动物疫病疫情。在红火蚁发生区，根据发生情况有针对性地采取毒饵法、灭巢法等防控方法，降低种群密度，压低扩散虫源。同时，采取有效的检疫监管措施，防止疫情扩散传播，建立15个红火蚁监测点，防治面积333.33公顷。

（县农业农村局供稿）

林　业

【概况】 2019年，诏安县林业局贯彻执行林业及其生态保护修复政策、标准，拟订林业发展相关规划；组织、指导、监督造林绿化及林业生态保护修复工作，统筹全县林业生产与经营管理工作。

【林业资源】 2019年，诏安县林地面积8.54万公顷，森林面积8.31万公顷，森林覆盖率65.17%。在森林面积中：乔木林面积8.04万公顷，占96.7%；竹林面积0.17万公顷，占1.99%；国家特别规定灌木林面积780公顷，占0.94%；非林地上片林面积270公顷。活立木蓄积443.1万立方米，其中：森林蓄积440.93万立方米，占99.51%；疏林蓄积2.35万立方米，占0.53%；散生木蓄积1.65万立方米，占0.37%；非林地上片林5260立方米，占0.12%。天然林面积1.17万公顷，其中：乔木林面积1.09万公顷，占93.65%；竹林面积500公顷，占4.29%；疏林地面积130公顷，占1.15%；灌木林地面积110公顷，占0.93%。人工林面积7.24万公顷，其中：乔木林面积6.95万公顷，占96.04%；竹林面积1150公顷，占1.59%；疏林地面积290公顷，占

0.4%；灌木林地面积820公顷，占1.13%；人工造林未成林地面积610公顷，占0.84%。

【造林绿化】 2019年，诏安县植树造林面积2533.3公顷，其中其他人工造林更新面积952公顷。建设沿海防护林基干林带，面积70.6公顷，珍贵用材林树种造林面积55.9公顷，乡村生态景观林造林面积1.3公顷。县内165个村庄绿化种植绿化苗3.67万株，其中桥东、西潭、梅岭、霞葛、官陂、秀篆6个镇完成五年计划种植株数。

【森林防火】 2019年，诏安县进一步明确森林防火行政首长负责制，下发《诏安县2019年森林防火工作责任书》16份，县森林防火指挥部成员领导分片包干到乡镇、村，全县190名护林员的责任区落实到具体山头地块、大班小班，落实层层有人抓，层层抓责任的森林防火机制。

春季森林防火宣传月活动 通过墟日宣传、制作设置固定的乡村宣传栏和宣传警示牌、短信友情提示、印发宣传单（画册）、张贴标语、挂横幅等多种形式，宣传国务院颁发《森林防火条例》等法律法规；共张贴森林防火标语2000余张、横幅30条，刷新和新设固定森林防火宣传牌86块，在各个进山路口处发放森林防火宣传彩页2万份、清明防火宣传页1万份、群发短信13万条；在诏安电视台重要时段播放“森林是我家，防火靠大家”公益广告。

火源管理办法落实 筑牢用火审批、入山检查、林内巡护和联防联保等“四条防线”，发挥“两项制度”在野外火源管理中的作用，严格执行野外用火审批制度，高火险期内采取果断措施，停止一切野外用火。及时发布橙色预警信号和禁火令，全年及时响应和转发省森林防火指挥部发布的高森林火险橙色预警8次，发布高森林火险“禁火令”6次。联合森林公安、执法大队等部门成立督查组，多次开展春季森林防火隐患大排查、“禁火令”期间野外用火等森林防火专项督查行动，出动人力130余人次，保持防火高压态势，全县未发生森林火灾。

【有害生物防治】 2019年，诏安县春季普查发现桥东镇西山村松材线虫病疫情，面积8.93公顷，由于及时采取措施，疫情蔓延得到遏制。全年完成松枯死木清理2064株，完成率100%，完成松墨天牛综合治理，喷洒噻虫啉，防治面积140公顷，施设白僵菌8000粒，防治面积320.8公顷，挂设诱捕器100套，林木有害生物无公害防治率100%。

【野生动植物保护】 2019年，诏安县贯彻落实《漳州市古树名木保护三年行动（2017—2019年）实施方案》，按照属地管理原则和古树名木权属情况，与各村（社区）确定古树名木管护责任单位、责任人，并签订责任书，明确古树名木保护权利和义务。全年有161株古树名木登记在册（其中，Ⅰ类1株，Ⅱ类160株）。

法律法规宣传 与县法院、县检察院联合进入重点候鸟栖息地的村（社区），宣传野生动植物保护、湿地保护及自然保护区（保护小区）建设相关法律法规。组织开展福建省第37届爱鸟周、第23届世界湿地日和福建省第29届保护野生动物宣传月等活动。全年共救护放生野生动物80多只，清理销毁非法捕鸟丝网40余件、网面积4000余平方米。

野生动物资源执法 打击破坏野生动物资源违法犯罪活动。配合森林公安分局、执法大队和各乡镇林业站，开展保护候鸟“清网行动”和打击破坏野生动物资源犯罪专项行动，整顿酒店、餐馆和农贸市场，清理野生动植物经营场所13处，规范全县野生动物及制品市场秩序。在四都林头、后港、桥东设置3个候鸟观测点，专人负责对野生鸟类种类、数量和健康状况进行监测，按制度每日上报。

野猪非洲猪瘟监测防控 部署野生动植物保护中心、乡镇林业站及护林员每天野外巡护、走访群众，重点对野猪分布区开展专项检测和巡查，及时掌握县域内野猪情况，减少非洲猪瘟发生。

【森林综合保险】 2019年，诏安县完成森林综合保险3.99万公顷，其中，商品林保险7893.33公顷、生态公益林保险3.202万公顷，提高林业经营者抵御风险能力。

【林政管理】 *林地规划* 2019年，诏安县开展林地保护利用规划编制后续工作。根据诏安县未来5年间（2021—2025年）林业发展和经济建设用地需求原则，向省规划院项目组提出若干编制建议，促进规划编制更适应全县林业未来5年的发展。

林木采伐 实行采皆伐指标“三公”（公开、公平、公正）分配。坚持省市县林木采伐“三级联审”，政务网审核审批林木采伐许可证，不突破年度限额，皆伐采伐实行“三公”分配。全年共审核发放林木采伐许可证353份，采伐蓄积13.32万立方米，其中商品材林木采伐蓄积12.87万立方米。

林地管理 引导用地单位少占林地，特别是少占高保护等级的林地。全年上报省林业局林地使用获批准面积13.34公顷。

林业整治 加大案件查处力度。严厉打击象牙、犀牛和虎及其制品非法贸易专项行动、打击整治枪支爆炸物品违法犯罪、打击破坏野生动物资源犯罪专项行动、林区禁种铲毒工作、卷烟打假“百日攻坚”等行动。受理各类森林案件17起，查处（破）11起，其中森林刑事案件立4起，破1起，破历年积案2起；依法起诉1起，依法起诉历年积案1起，受理并查处林业行政处罚案件13起，处罚违法人员13人次，极大减少全县森林资源非正常消耗。

涉林矿山环境综合整治。8月21日召开涉林矿山清理整治工作会议，对全县矿区进行全面核查和林地全面排查，调查核实矿区涉林和复绿情况。经核实，实际矿区53个，其中未开采矿山16个，不涉及林地2个，尾矿处理1个，涉林矿山34个，涉林面积38.53公顷，其中生态林面积19.47公顷。共接收涉林信访交办件7件，其中涉及使用林地3件、林木采伐2件、林业种植1件（无须整改），未涉及林木林地1件。经调查核实，立案6起，其中刑事立案2起，行政立案4起。完成信访件整改5件，移送县检察院审查起诉1起。

【林下经济】 **林下经济发展** 2019年，诏安县通过抓示范建设，突出发展诏安清明茶、铁皮石斛和观音串等特色产业，做强做优林下经济产业。全年在秀篆镇、红星乡建设标准化林下种植清明茶及中药材示范基地80公顷。全县有清明茶、沉香和金银花等产品加工企业10多家，林下经济发展总面积1.28万公顷，实现产值8.5亿元。

新型经营主体培育 培育以家庭农林场为主的新型经营主体25家，以专业合作社为主的新型经营主体13家，其中省级示范家庭农场2家，省级示范专业合作社1家。各类林业新型经营主体经营林地面积7933.3公顷，占全县林地面积9.3%。全年共有3家家庭林场和2家专业合作社被省林业局列为新型林业经营主体标准化建设单位。

（县林业局供稿）

【国有防护林场】 2019年，诏安县国有林场经营总面积3037.6公顷，生态公益林地面积1831.8公顷，其中国家级生态林572.93公顷；森林总蓄积量23.35万立方米，森林覆盖率90%，绿化率92%。

林场产业经营 林场经营总面积3037.6公顷，其中扩大林地241公顷，拥有速丰林563公顷，森林总蓄积量23.35万立方米，其中用材林蓄积量6.87万立方米，占29.4%。全年植树造林面积49.5公顷，完成年计划103.9%；所有林分长势良好，平均树高约4米，平均地径约4厘米，成活率96%以上；中幼林抚育382公顷，完成年计划100.5%。林道开筑3千米，道路维修135千米。防火林带维修50千米，生土带维修5千米。全年生产与销售林木8494立方米，其中规格材2773立方米，非规格材5721立方米。

林业安全生产 贯彻“安全第一，预防为主”方针，把安全生产责任细化到单位、个人，层层分解，层层抓落实。与工队签订安全生产合同，对新工人进行岗前培训，同时所有上山作业工人全部参加人身意外伤害保险。

森林资源保护 建立健全护林防火各项规章制度，实施防火林带建设规划，严控野外火源，加大火灾隐患排查和整改力度，进一步加强专业扑火队伍建设。组建护林大队，加大森林资源综合治理力度，从重从严打击盗伐、滥伐林木等违法行为。贯彻“预防为主，综合治理”方针，开展有害生物防控和预测预报工作，采取各种综合防治措施。学习宣传《中华人民共和国森林法》《中华人民共和国野生动物保护法》《森林防火条例》《福建省林权登记条例》等法律法规，进一步提高全体干部职工及周边群众法制意识。

（诏安国有防护林场供稿）

渔　业

【概况】　2019年，诏安县推进现代渔业转型升级，提升海洋与渔业保障能力，推动海洋与渔业经济更好更快发展，全县渔业生产总量43.57万吨，比上年增长4.4%，登记在册机动渔船155艘；全县水产加工企业148家，水产品加工量约9.86万吨、产值31.06亿元；全县渔港码头11个，其中，赤石湾渔港、田厝渔港正进行一级升中心、二级升一级工程。

【渔业养殖】　2019年，诏安县海洋与渔业局开展《诏安县养殖水域滩涂规划（2018—2030年）》和《诏安县诏安湾海上养殖区养殖详细规划》修编工作，完成《诏安县养殖水域滩涂规划（2018—2030年）》编制。开展《诏安县诏安湾海上养殖区养殖详细规划》编制前期工作，进行养殖现状调查。推动海上养殖转型升级，将省海洋与渔业局下达的500万元资金用于符合要求的海水养殖木质渔排、泡沫浮球等海上养殖设施升级改造。开展全县流域水质提升整治工作，共整治牛蛙养殖面积25.68公顷，整治面积居全市前列。

【水产品加工业扶持】　2019年，诏安县海洋与渔业局推进水产品加工企业向规模化和集约化发展，组织开展水产品加工生产线建设情况摸底调查工作。对辖区内已建、在建、拟建水产品加工生产线进行摸底，会同财政局向市海洋与渔业局申请2019年海洋与渔业结构调整专项资金，获专项补助资金340万元。督促铭兴、海联2家企业完成2018年度海洋经济发展补助资金项目。

【海洋生物开发】　2019年，诏安县海洋与渔业局组织专家组对国家海洋局第三海洋研究所与金都工业集中区管委会联合申报的福建省创新区域发展示范资金项目“海洋微生物制剂产业开发平台”进行整体完工初级验收。完成福建省宝智水产科技有限公司“杂交扇贝新品种产业化繁育养殖示范基地建设技术项目”及诏安金都工业集中区的“诏安金都海洋生物产品质量安全控制及综合评价公共服务平台”项目建设任务，已向省海洋与渔业局申请结题验收。

【外海捕捞作业】　2019年，诏安县探索拓展外海捕捞业，鼓励和扶持有条件企业和渔民发展远洋捕捞业，推进传统渔业向现代渔业转变。落实2019年度伏季休渔监管工作。组织开展渔业普通船员培训44场次，考试发证3201本；组织开展职务船员培训4场次，考试发证48本。同时，完成旧证换发新证599本。完成2018年度213艘渔船油补资金发放工作，共发放1562.33万元。完成2019年度油补资金申报工作。

【渔业用海管理】　2019年，诏安县海洋与渔业局同上级主管部门沟通协调解决渔港建设存在问题。重点推进赤石湾中心渔港和田厝一级渔港项目建设。赤石湾中心渔港累计完成投资额4229万元，完成扭王字块累计3136个，完成西护岸场地98%及生产陆域回填45%、预制沉箱44个；正在施工导流堤基槽基础抛石960米、施工导流堤堤身浇筑15米、护堤抛石等。田厝一级渔港项目累计完成投资额1.42亿元，预制混凝土八角块累计完成1.23万块，预制消浪块累计完成162块，预制沉箱累计完成38块，陆域回填海砂完成8.5万立方米，港池疏浚挖泥完成30万立方米。

【生产安全管理】　2019年，诏安县海洋与渔业局落实安全生产责任制，开展“渔业安全生产执法大检查”“渔业安全生产执法专项行动”“渔业安全生产隐患大排查、大整改、大落实专项行动”等专项行动，发现存在安全隐患责令限期整改渔船11艘次，完成整改11艘次。全年未出现重特大渔业安全生产事故。

渔业执法　抓获并移交拆解涉渔“三无”船只10艘；查处涉渔船舶违法违规案件23起，办结23起，执结罚款13.2万元；配合市海洋与渔业局、市海洋与渔业执法支队清理诏安湾海域非法设置的长袖定置网161槽，清理竹竿11.84万根，摧毁禁用网具2.12万米，清理海域面积607.3公顷。

国家惠渔政策落实　全年办理渔工保险1416人，渔船保险144艘，合计收取保费357.61万元。同时，推进水产养殖台风指数保险试点工作。为

22户渔业养殖户办理水产养殖台风指数保险，保险面积2.36万平方米，实收保费64.76万元。

【水产品质量安全】 2019年，诏安县海洋与渔业局配合上级部门完成95批次抽检任务及开展155批次水产品禁用药物残留快速检测，合格率100%。开展水产品质量安全执法检查25次，出动执法车辆25次，执法人员88人次，检查水产品养殖生产主体157个次，未发现问题。

【渔业科技推广应用】 2019年，诏安县海洋与渔业局开展2020年新型职业农民专科学历教育水产养殖专业生源组织和报名工作。开展水产技术培训，培训村级渔技员、水产养殖户等共计30多人。现场接受群众咨询，发放明白纸、宣传材料等500多份。

【渔业水域环境】 2019年，诏安县海洋与渔业局投入约1万工天进行海上养殖区垃圾清理，共清理海漂、海岸、渔港垃圾约1.6万立方米，发放补助126.6万元。8月，在市海洋与渔业局领导及专家组监督下，在城洲岛海域开展增殖放流活动，放流赤点石斑鱼和花尾胡椒鲷合计约41万尾，金额70万元。根据治理F59海上养殖污染的要求，完成《诏安湾水产养殖污染源头治理技术方案》编制工作。《诏安县水产养殖控制性详细规划》完成招标，开展详细规划现状调查和水产养殖现状调查。

（县海洋与渔业局供稿）

水　利

【概况】 2019年，诏安县各类水利设施4612处，基本形成引水、蓄水、提水、排涝和堤防水利网络；有效灌溉面积1.81万公顷，保灌面积1.48万公顷，分别占耕地总面积85.1%和69.6%。实施水库除险加固、东西溪城区防洪排涝工程、灌区节水改造、生态水系建设、中小流域治理、水土流失综合治理、海堤强化加固、农村安全饮水和农田水利建设等，有效提高各类水利工程防灾抗灾能力。

【水利工程建设】 2019年，诏安县有4个工程项目初步设计经审查并批复，1个工程项目初步设计正在审查，全年实施14个水利工程建设项目。

官陂镇防洪堤及护岸工程。计划投资约2600万元，整治镇区上下游河道约5千米，加固防洪堤约5千米，新建、改造水闸等穿堤建筑物5座，初步设计经审查并批复。

霞葛镇防洪堤及护岸工程。计划投资约3000万元，整治镇区上下游河道约5千米，加固防洪堤约5千米，新建、改造水闸等穿堤建筑物3座，初步设计经审查并批复。

太平镇防洪堤及护岸工程。计划投资约2200万元，整治新联、大布、走马河道约4千米，加固防洪堤约3千米，新建、改造水闸等穿堤建筑物3座，初步设计经审查并批复。

秀篆镇防洪堤及护岸工程。计划投资约2390万元，整治镇区下游至河美村河道约4千米，加固防洪堤约4千米，新建、改造水闸等穿堤建筑物5座，初步设计经审查并批复。

红星乡防洪堤及护岸工程。计划投资约1250万元，整治金溪河道约2千米，加固防洪堤约2千米，新建或改造水闸和穿堤建筑物2座。

金星乡公仔店溪河道整治工程。概算总投资561.95万元，对金星乡公仔店溪国道桥至田朴村约3千米河道进行整治、清淤、护岸，工程已完工验收。

白洋乡赤水溪右岸防洪堤及护岸工程。概算总投资2888.30万元，对乡政府至塘西村约4千米的河道进行整治，加固防洪堤约4千米，改造水闸和穿堤建筑物5座，业主白洋乡政府，同步开展征地赔青等工作，9月26日开工，完成清表作业，正在夯填土方及挡土墙，完成挡土墙1.8千米，麻园水闸基土开挖。

西潭镇东湖防洪堤及护岸工程。概算总投资2272万元，对龙潭水库下游至赤水溪汇合口约4千米的河道进行整治，加固防洪堤约4千米，改造水闸1座，业主西潭镇政府，项目已动工，同步开展征地赔青等各项工作，8月26日开工，完成全线清表、军寮段抛石，建成护坡200米、整坡3千米，新安段护坡400米。

诏安城区防洪排涝工程（桥东段）。概算总投资1852.98万元，对新国道桥至西沈桥河道进行整治，加固防洪堤约3千米，改造水闸2座。项目业主桥东镇政府，已完成设计、招标预算及审核等前期工作。5月23日开标，6月28日动工，同步开展征地赔青等工作，完成全部堤岸护脚工程，水泥路面铺设2.1千米，两座水闸完成土方开挖。

诏安县亚湖供水第二管线工程。该工程供水管道约10千米，主体工程于2018年底完工并通水，切实解决城区及周边乡镇源水不足问题，2019年，实施亚湖库区取水口施工扫尾工程。

诏安县龙潭水库供水应急水源工程（含重要生态用水）。该工程供水管道约15千米，已完成管道铺设约10.5千米，业主地方国营诏安县自来水公司，督促各参建单位全面铺开施工，科学安排，采取措施保质保量加快建设进度。

诏安县风寮水厂出水主管道改线工程。因“中农批”项目建设需要，根据县政府协调会议精神，对风寮水厂出水主管道进行改线。该项目已完成设计、招标预算、财政审核，公开招投标等工作。

县城区供水管网改造（三期）工程。该项目为2019年第三次县长办公会议明确实施，对城区尚未改造的旧管网进行更新。项目可行性研究报告由县发改局审查批复，初步设计已由县水利局审查批复，施工图设计完成。

风寮自来水厂扩建工程。该项目在风寮自来水厂日制水能力3万立方米的基础上，增加5万立方米的净水设施并配套水质检测等附属设施，作为全县生活用水的中心水厂。通过招投标确定勘察设计单位，业主地方国营诏安县自来水公司继续跟踪催促设计单位抓紧勘察设计等前期工作。

诏安工业园区自来水厂工程。从龙潭水库供水工程主管道引水，在工业园区附近选址，建设日供水能力6万立方米的工业园区水厂（一期3万立方米，二期3万立方米），作为县工业园区及闽粤边贸新区的工业用水，遇到特殊枯水年份亚湖水库水量不足时，作为该区域生活用水的补充。初步选址意见已上报县政府，协调用地事宜。

金都工业集中区水厂工程。业主是金都工业集中区管委会，该项目计划解决金都工业集中区及周边区域的工业用水，逐步把金都工业区及其周边的工业用水分离出来，在亚湖水库水量不足的情况下，对附近的县第四自来水公司的生活用水进行补充。金都工业集中区管委会拟在九侯大道和324国道交界处选址，建设日供水能力8万立方米（一期4万立方米，二期4万立方米）的金都工业集中区水厂，源水从附近的龙潭水库向东山县供水的主管道三通口引取。正在开展用地审批、勘测设计、立项报批各项前期工作。

亚湖水库水源地水资源保护项目。争取上级补助资金300万元，对重要水源地亚湖水库进行保护，把集雨面积内的经济林改造为生态林，库区周边按照要求建设防护栏，增加水质监测、库区监控等防护设施，项目已完工并投入使用。

农业水价综合改革项目。实施亚湖灌区、三姑娘灌区两个农业水价综合改革项目，完成农业水价综合改革面积1500公顷，总投资额250万元，争取上级补助资金225万元。

水利工程维修养护项目。争取上级补助资金388万元，实施小型水库、农村饮水安全工程等公益性水利工程维修养护，保障水利工程运行安全和效益发挥。

【农田水利基本建设】 2019年，诏安县完成高标准农田建设项目7个，面积2053.33公顷，总投资额3708万元。田间配套建设农渠4.17千米，灌排渠42.77千米，排水沟7.87千米，新增和改善灌溉面积480公顷，新增和改善除涝面积573.33公顷。

【农村饮水安全保障】 2019年，诏安县推进城乡供水一体化建设。实施红星乡农村饮水安全巩固提升工程，总投资38万元，解决红星乡进水村506人饮水不安全问题。开展农村饮水安全维修养护工作，完成取水构筑物、净水设备及输配水管路维修和运行管理人员培训，并新增消毒、水质检测设备，总投资265万元。开展全县水厂收购兼并评估。对县亚湖供水有限责任公司、县第二自来水有限公司、县第三自来水有限公司和县第四自来水有限公司等4家供水企业进行测量、评估，完成4家水厂的资产评估报告，并通过审核，进入征求意见和反馈阶段。委托漳州市水利水电勘测设计研究院进行城乡供水一体化规划设计。

【冬春修水利】 2019年，诏安县水利冬春修完成投资额7100万元，其中中央水利投资额2466万元，省级投资额1898万元，县级投资额1516万元，乡镇及群众自筹1220万元。完成土石方65万立方米，混凝土5万立方米，投劳1.86万工日，出动机械0.82万台班。实施西潭镇东湖防洪堤及护岸工程、白洋乡赤水溪右岸防洪堤及护岸工程、诏安城区防洪排涝工程（桥东镇）3条中小河流治理防洪堤及护岸工程；完成水利工程维修养护及水毁工程修复投资670万元；清淤整治三姑娘渠道88千米；实施亚湖、三姑娘两个中型灌区农业水价综合改革面积1500公顷；完成农村饮水安全工程配套投资270万元；实施梅洲乡梅洲溪和东溪流域（太平段）2个安全生态水系建设；实施2019年度省级水土流失重点县等三个水土流失综合治理项目，治理水土流失面积2.8平方千米。

【河湖长制落实】 2019年，诏安县全面落实党政“双河长”制，实施湖长制与河长制有机衔接。全县县级河湖长8名，乡镇级河长61名，河道专管员176名。落实县级河长“一月一巡河”、乡镇级河长“一周一巡河”、河道专管员“一天一巡河”的巡河制度。全年县级河长巡河74次，乡镇级河长巡河2579次，河道专管员巡河57319次。县河长办不定期电话抽查河道专管员巡河情况，并进行督查。属地乡镇依据《河道专管员考核实施细则》，对不称职、履职不到位的专管员给予扣减绩效奖金或辞退。更换河道专管员3人。6月，县河长办建议西潭镇河长办解聘不能认真履职的美营村河道专管员。

【行政交接断面水质监测】 2019年，诏安县河长办继续委托第三方对全县各小流域的42处乡镇行政交接断面逢单月进行水质监测，并向县级河长及乡镇进行通报。按省市要求定期上报12处断面的水质检测结果。

【小流域清淤整治】 2019年，诏安县开展东溪赤水溪水质提升整治。根据县政府《关于开展东溪赤水溪水质提升整治行动的通知》，对东溪、赤水溪两条小流域进行清淤，涉及12个乡镇，清淤河段103.57千米，投资约1291万元。开展全流域水质提升整治。县政府出台《关于开展全流域水质提升整治行动的通知》，涉及7个乡镇11个河段，计划清淤河段32.86千米，完成9个河段清淤23.36千米，总投资652万元。金星乡湖内溪鸭母坑段已完成放样准备开工、西潭湖内溪段已完成设计等前期工作。

【中小河流治理项目工程】 2019年，诏安县实施中小河流治理项目工程3个：白洋乡赤水溪右岸防洪堤及护岸工程、西潭镇东湖防洪堤及护岸工程，诏安城区防洪排涝工程（桥东段）。（见本卷条目水利工程建设）。

【万里安全生态水系工程】 2019年，诏安县实施梅洲乡梅洲溪万里安全水系工程。该工程建设长度10千米，总投资1500万元，已完成护岸工程1.2千米及部分生态措施，正建设大桥北步道。实施东溪太平段万里安全生态水系项目。该工程建设长度10千米，总投资1651万元，已完成护岸工程1.84千米及部分生态措施。

【水环境污染源排查】 2019年9月8日，诏安县委召开扩大会，要求按照《诏安县污染源头排查工作方案（征求意见稿）》，开展污染源排查溯源行动，从根源上彻底解决突出生态环境问题。9月12日，县河长办、水利局召集各乡镇业务人员召开污染源排查工作培训会，采用“横向+纵向”的排查方式，各乡镇自行摸排属地内的污染源，河长办、水利局自行摸排污染源，最后互为补充。9月13日起，县水利局组织人员对各乡镇污染源进行摸排。9月19日，各乡镇及水利相关股室排查的污染源进行汇总。11月初，根据上级要求进行再修改，共摸排到水利相关污染源110个，其中河道“四乱”（乱占、乱采、乱堆、乱建）65个，入海河流问题1个，矿山水土保持问题12个，水土流失问题3个，小水电站问题23个，河道漂浮垃圾问题6个。至12月3日，完成“四乱”整治49个；漂浮垃圾整治2个；制订10座持证矿山及2个生产建设项目水土保持措施排查及“一项目一方案”；核验确认4座停运电站，天然来水全部回归河道，对11座数据传送不正常的水电站根据复核结果提交县政府，由县政府向市政府提出水电站差别化考核申请。

【江河海漂垃圾清理】 2019年3月，诏安县河长办出台《诏安县江河、湖库、近岸海域垃圾专项整治实施方案》文件，各乡镇开展江河海漂垃圾整治，确保辖区内所有河道、湖库、沿海近岸漂浮垃圾整治无“死角”，不断完善江河、湖库、近岸海域垃圾整治长效机制。全年共清理江河海漂垃圾3802吨，出动打捞人员1966人次，出动打捞船舶197艘次。

（县水利局供稿）

农业机械化

【概况】 2019年，诏安县农机总动力13.86万千瓦。全年机耕面积1.11万公顷，机插面积0.4万公顷，机收面积0.8万公顷，均完成上级下达的各项指标。

【农机购置补贴】 2019年，诏安县农业机械管理站按照《关于印发2018—2020年诏安县农业机械购置补贴实施方案的通知》要求，广泛宣传农机购置补贴政策，公示公开农机购置补贴信息。全年共申请购置补贴156份，受益81户，机具202台，补贴资金161.75万元。其中中央补贴资金128.95万元，省级补贴资金32.8万元。

【农机安全生产宣传】 2019年，诏安县农机站开展农机安全宣传教育活动15次，发放各类农机宣传材料2200份（册），制作标语、宣传栏等155块，发放农机安全短信息1980条。农机站每季度至少开展一次对农机监理机构拖拉机登记、年检以及驾驶员考试发证工作的监督检查。新注册登记拖拉机6台，换发证23人次，检验42台合格拖拉机，检验合格的拖拉机交通事故责任强制保险投保率达到100%。拖拉机上牌率、年检率、持证率分别为96.25%、26.25%和96.25%。

【农机执法】 2019年，诏安县农机站与公安交警、乡镇政府、交通局路政等单位联合开展执法行动，全年开展农机安全检查35次，出动执勤人员128人次，检查各类农业机械167台，排查一般隐患22项，整改率100%；纠正违章车辆22起，其中查处超速、超载行驶的拖拉机15台、逾期未检3台，机况隐患4台。

（县农机站供稿）

工　业

综　述

【工业经济】　2019年，诏安县实施“大抓工业，抓大工业”发展战略，推进工业结构调整，培育壮大婴童文化创意、青梅、八仙茶制品、海洋生物科技、水产品加工制品和新能源主导产业，优化营商环境，出台系列惠企政策，全县工业经济保持良好的发展态势。全年完成规模工业总产值382.5亿元，比上年（下同）增长9.7%，列全市第5位；规模工业增加值112.06亿元，增长9.4%。全部工业税收收入4.02亿元，增长23.7%。完成工业投资额32.61亿元，下降23.9%，其中技改投资额18.68亿元，下降44.6%。工业用电量4.12亿千瓦时，增长2.59%。新增东裕食品、楠宝湾食品等规模工业企业7家，累计规模工业企业153家；新开工工业项目74个，其中新建35个，技改38个，扩建1个；新投产工业项目61个，其中新建21个，技改40个；专利授权319件，其中发明专利授权4件，实用新型专利授权166件，外观设计专利授权149件。

【工业项目建设】　2019年，诏安县工业和信息化局组织实施投资规划500万元以上的工业项目103个，计划总投资额164.76亿元，年度计划投资额62.41亿元，实际完成工业投资额32.61亿元，其中技术改造项目投资额18.68亿元。全县新开工项目74个，主要项目有麦凯智造二期、培基渔具等42个；竣工投产项目61个，主要项目有能裕食品、德武玩具等30个。

【技术改造项目】　2019年，诏安县工信局组织实施技改项目55个，计划总投资额82亿元，年度计划投资额36.01亿元，实际完成技改投资额32.96亿元。其中纳入统计项目31个，实际完成投资额18.68亿元；列入省级重点技改计划项目6个，计划总投资额102.9亿元，年度计划投资额4.29亿元，实际完成投资额7.23亿元，完成年度计划的168.53%。

【主导产业招商】　2019年，诏安县创新招商引资方式，聘请71名招商专员，拓展招商资源，促成嘉康水产、威昭卫浴等19个工业项目正式签约，总投资额23.67亿元。开展婴童文化创意、青梅制品、海洋生物科技、水产品加工和新能源等主导产业招商活动。引导婴童文化创意、青梅制品和轻工机械项目落户诏安工业园区，海洋生物科技、水产品加工和新能源项目落户金都工业集中区。利用进口博览会、“11·18”海峡两岸农博会·展博会·花博会等招商平台，配套引进商贸、物流、健康养生、休闲旅游等新兴项目，促进产城融合。

【优化营商环境】 2019 年，诏安县出台《关于加快工业发展的若干意见》《关于促进民营企业加快发展的若干意见》《关于加大招商引资工作的若干意见》等惠企文件。通过网站、建立微信群、企业实地走访和拨打电话等方式，向企业解读相关优惠政策，帮助符合条件的企业及时申报和兑现增产增效奖励。破解企业发展难题，解决企业面上矛盾、个性困难，做好要素保障，尤其是完善土地和金融保障。促成 8 家银行与 35 家企业融资签约 5.26 亿元，全面完成 22 个工业项目征地扫尾工作，为工业企业补办不动产权权属登记证 54 宗。实施产业龙头促进计划，确定一批龙头企业后备企业，培育省、市产业龙头企业。

【制造业转型】 2019 年，诏安县加快实施《诏安县〈中国制造 2025〉实施纲要》，以信息化与工业化深度融合为主线，以重点产业转型提升为支撑，瞄准创新驱动、智能转型、工业基础和绿色发展等关键环节，推动全县制造业向高端化、智能化、绿色化和服务化迈进，使先进制造业成为诏安经济转型升级的重要引擎。年内，全县入选省级“两化”融合重点项目 5 个，总投资额 30.28 亿元。

（县工信局供稿）

规模工业企业

【概况】 2019 年，诏安县新增规模工业企业 7 家，累计规模企业 153 家；完成规模工业总产值 382.5 亿元，比上年增长 9.7%，列全市第 5 位；规模工业增加值 112.06 亿元，增长 9.4%，列全市第 5 位；全部工业税收收入 4.02 亿元，增长 23.7%；工业用电量 4.12 亿千瓦时，增长 2.59%。

【水产品加工业】 2019 年，诏安县规模以上水产品加工企业 24 家，实现产值 84.88 亿元（比上年增长 29.23%），分别占全部规模工业企业的 15.6%和 22.2%；实现税收收入 1.32 亿元，占全部规模工业企业税收收入 35.24%。主要骨干企业 6 家，分别如下。

诏安海联食品有限公司。公司位于金都工业集中区，占地面积 9.87 公顷，主要生产鲍鱼苗、鲍鱼罐头、速冻鲍鱼和干鲍鱼等产品，产品远销中国香港、台湾及东南亚等市场，是农业产业化省级重点龙头企业。公司拥有 8 个发明专利和 5 个实用新型专利，员工 300 多人。2019 年实现规模工业总产值 4.6 亿元，纳税额 2370.32 万元。

诏安县安邦水产食品有限公司。2003 年 6 月创办，位于梅岭镇，系台湾启传企业独资的水产品精深加工企业。公司投资 2998 万美元，注册资金 1280 万美元，拥有 5 万吨冷藏库量，年加工水产品 3 万吨，职工 1000 人。2015 年，公司被授予“诏安县经济建设功臣”称号。2019 年，纳税额 2191.62 万元。

漳州市富海食品有限公司。公司位于四都镇林头村，占地面积约 9.67 公顷，设有厂房和蟹肉、鱼类、虾和鱿鱼 4 条加工生产线，配套 1.5 万吨级冷库。公司为福建省农业产业化龙头企业，自主品牌“姚船长”巴氏杀菌罐装蟹肉等产品是广东省出口名牌产品，主销美国纽约、波士顿和洛杉矶以及欧美和东南亚市场。2019 年，纳税额 2132.23 万元。

漳州市新万亚水产食品有限公司。2008 年 12 月成立，注册资本 1000 万元，位于原边贸旅游区，占地约 3 公顷，建筑面积约 1.99 万平方米。公司有 8 吨急冻库 3 个、冷藏保温库 4 个，容积 13620 立方米，储存能力 4500 吨，员工 200 人，自营出口。主要产品有冻对虾仁、冻熟虾仁和冻海捕虾仁等，出口欧盟、中南美洲、中东及东南亚等地区，年出口量 3500 吨，创汇约 2900 万美元。公司于 2012 年 1 月获欧盟国家产品进口资格，同年 8 月获 BRC 英国零售商协会认证，2013 年 1 月获出口俄罗斯资格，2018 年 1 月获清真认证。2019 年，纳税额 1514.95 万元。

福建铭兴食品冷冻有限公司。公司位于四都

镇林头村，占地面积约8.77公顷，设有3条水产品加工生产线，主要加工海水鱼、鱼片等，销往欧美、东南亚和澳洲。2016年，公司投资5000万元，扩建后实现产值4.85亿元，纳税779.3万元，出口创汇6500万美元，提供就业岗位500多个。2017年投资4000万元，新建1.5万吨冷库1座、车间1座及配套设施。公司为福建省海洋产业龙头企业、漳州市农业产业化龙头企业，获水产品HACCP验证证书。2019年，纳税额1261.34万元。

诏安县通洋水产食品有限公司。公司属于台资企业，成立于2007年7月，注册资本20万美元，位于梅岭镇宫口村。主要生产经营柴鱼干及柴鱼干粒等水产加工品，出口菲律宾、日本等国家。员工100多人，年产值约1.5亿元。2019年，纳税额633.08万元。

【青梅制品加工业】 2019年，诏安县规模以上青梅制品加工企业21家，实现产值47.61亿元（增长15.74%），分别占全部规模工业企业的13.7%和12.4%；实现税收收入4219.57万元，占11.24%。主要骨干企业3家，分别是：

诏安荣华食品有限公司。1993年创办，位于太平镇，注册资金868万元，占地面积11.3万平方米，员工420人，拥有无尘生产车间和无菌仓库，拥有无公害青梅种植基地73.33公顷。公司采用日本进口设备和农林厚生省食品加工标准，主要产品有梅干、调味梅、去核干燥梅、干湿梅、梅酱和梅酒等，年出口量1.2万吨。公司获农业部全面管理达标证书，省市“先进乡镇企业”、福建省农牧业产业化“龙头企业”“重合同守信用单位”及漳州市“纳税大户”等称号。2019年，纳税额1604.82万元。

福建暖春酒业股份有限公司。2009年投产，注册资本3600万元，位于诏安县工业园区，占地面积4.2万平方米，员工200多人。设有标准厂房、生产设备和无公害青梅种植基地73.33公顷，按照日本农林厚生省食品加工要求和HACCP与ISO 9002国际质量认证体系管理。主要产品有梅干、去核梅干、调味梅、调味梅干和调味梅酱，销往欧盟、日本、美国和东南亚等国家和地区。2019年纳税额983.33万元。

诏安溜溜果园食品有限公司。2010年，由安徽溜溜果园集团公司创办，总投资3亿元，占地面积约13.3公顷。2017年，该公司一、二期项目竣工投产，三期项目在建，员工160多人，年增加梅农收入3000万元。2019年，纳税额488.85万元。

【婴童用品加工业】 2019年，诏安县规模以上婴童用品加工企业14家，实现产值37.35亿元（增长17.43%），分别占全部规模工业企业的9.2%和9.8%；实现税收收入4945.2万元，占13.3%。主要骨干企业4家，分别是：

福建麦凯智造婴童文化股份有限公司。2009年11月成立，位于诏安工业园区北区，占地面积6.67公顷，建筑面积3.3万平方米，总投资1.2亿元，员工200多人。公司年产婴童汽车安全座椅50万个以上，销往欧洲、南美、俄罗斯和日本等国家和地区；公司于2015年12月在全国中小企业股份转让系统挂牌，证券简称麦凯智造，证券代码834735。公司安全座椅获欧盟ECE-R44/04安全认证，婴童用品获国内3C认证，拥有自主专利技术44项，其中发明专利3项，被授予高新技术企业、省重点创意企业和省著名商标等称号。2019年纳税额2096.88万元。

漳州市京丰婴儿用品有限公司。公司属于台资企业，成立于2013年，注册资本1000万美元，位于诏安工业园B区；有厂房面积1.6万平方米及先进缝纫设备，住宿区面积4000平方米、办公区面积4000平方米，员工1000人。年产1000万台婴儿推车、婴儿床、汽车安全座椅，获ISO 9001质量管理系统与ISO 14001环境管理系统认证。2019年，纳税额1008.46万元。

福建星辉婴童用品有限公司。2010年4月30日成立，注册资本1.3亿元。位于诏安工业园区北区，占地面积17万平方米，从事婴童用品制造、研发、生产及销售。公司打造全新婴童用品品牌，注重产品质量，关键技术处于国内先进水平。2019年，纳税额896.74万元。

漳州市多伦婴儿用品有限公司。公司属于台资企业，总投资500万美元，位于诏安工业园区，租用厂房约1万平方米，生产全球名牌婴儿用品，出口外销婴儿手推车、围栏、学步车、摇椅、座椅、餐椅、背袋、棉被及玩具等，企业通过ISO 9001、ISO 14001等质量认证。2019年，纳税额117.31万元。

【海洋生物工业】 2019年，诏安县规模以上海洋生物工业企业8家，实现产值25.32亿元，增长13.83%，分别占全部规模工业企业的5.2%和6.6%；实现税收收入4982.46万元，占13.3%。主要骨干企业2家，分别是：

润科生物工程（福建）有限公司。2000年由广东润科生物工程有限公司创办，总投资4亿元，注册资本5000万元，占地面积21.47公顷，建筑面积4万平方米。公司是全球第2家突破微藻DHA（22碳6烯酸）技术的国家高新技术企业。主要产品有“润科”牌DHA粉剂、AA添加剂，微藻DHA市场份额连续10年在国内同行业排名第一，占国内乳品市场份额80%以上。2019年，纳税额2768.61万元。

福建澳华农牧科技有限公司。由广东澳华集团投资设立，注册资本2000万元，占地4公顷，总投资1.2亿元，设有先进的膨化机、安德里茨烘干设备。公司于2016年6月建成投产，当年进入规模工业企业行列，2019年实现产值4.06亿元，纳税额1112.91万元。

【新能源与化工工业】 2019年，诏安县规模以上新能源与化工工业企业4家，实现产值17.97亿元（增长10.14%），分别占全部规模工业企业2.6%和4.7%；实现税收收入3563.06万元，占9.5%。主要骨干企业2家，分别是：

漳州迮润新能源有限公司。2009年成立，注册资金5000万元，位于分水关化工园区，占地面积约7.33公顷。公司首期二甲醚项目于2009年4月动工，2010年3月建成投产。2015年公司技改建设异辛烷生产项目，经安监、环保、消防和公安等部门审核验收合格，于2016年7月正式投产。2019年，纳税额2853.29万元。

漳州鑫展旺化工有限公司。2017年12月，由立邦投资股份公司与福建鑫展旺集团合资创办，生产汽车涂料、工业涂料和防腐涂料。注册资本4300万元，位于诏安工业园区上营村，占地面积4万平方米，厂房2.7万平方米，设有先进生产、试验和检测设备。与厦门大学联合成立研发中心、成果转化中心和研究生实习基地；与中国涂料工业协会和上海工程技术大学合作，先后获中国驰名商标、省科技进步一等奖、省著名商标、省守合同重信用企业、县纳税大户和经济建设功臣等称号。2019年，纳税额386.33万元。

【主要工业品】 *水产饲料及微生物制剂* 主要有大北农水产科技公司研发的水产饲料及活性微生物制剂，能促进正常微生物群生长繁殖及抑制致病菌生长，在水产养殖中达到“患病治病、未病防病、无病保健”的效果，有药物不可替代的优点。

速冻食品、糕点 主要有合口味食品公司生产的速冻包子、馒头、花卷、水饺、云吞、汤圆和粽子等。“合口味”牌面点产品为华南地区强势品牌。

“黄金兴”“麦士”蜜饯 “黄金兴”咸金枣创于清道光十四年（1834年），有健脾胃、助消化、除积食腹胀、祛风邪、润肺化痰、理气醒酒和防晕车晕船等功效，享誉东南亚各国及中国台湾、香港和澳门地区。2011年，“麦士”蜜饯被评为福建省名牌产品，2015年，“黄金兴”咸金枣、宋陈咸榄、梅灵丹传统制作技艺列入福建省第三批省级非物质文化遗产名录。

（县工信局供稿）

工业园区

【概况】 2019年，诏安工业园区和金都工业集中区深入实施“大抓工业、抓大工业”发展战略，突出园区建设提升，优化园区营商环境，强化园区要素保障，促进园区建设提速进位、产业转型升级，加快推进婴童用品、海洋生物和新能源3个产业园建设。

全年诏安工业园区完成规模工业产值170亿元，比上年（下同）增长2.68%；财税收入2.03亿元，其中工业税收收入1.58亿元，增长30.33%；固定资产投资额11.79亿元，增长41.27%；外贸出口额8.23亿元，增长28.75%；新增规模以上企业2家。金都工业集中区实现规模工业总产值90.05亿元，比上年增长25.2%；固定资产投资额10.37亿元，增长1.06%；新增规模工业企业2家，工业增加值24.39亿元；税收收入1.3亿元，其中，工业税收收入1.11亿元，增长28.22%。

【诏安工业园区】 **经济规模** 2019年，诏安工业园区共入驻企业126家，其中规模以上工业企业55家，高新技术企业3家，形成婴童文化、食品加工、轻工机械三大产业发展格局。以星辉玩具、麦凯智造为龙头的婴童文化产业实现税收收入4244.36万元，增长18%；以大新电子为主的电子轻工机械产业实现税收收入1210.64万元，增长16.2%；以能裕实业、合口味食品和溜溜果园食品为主的富硒食品产业实现税收收入4890万元，增长53%。

项目建设 盘活土地资源，收回闲置地块62.2公顷、闲置厂房6.1万平方米，解决项目建设用地难的问题。全年新开工建设项目16个（含技改项目），竣工投产项目15个。完善市政和商业、生活等配套设施建设。年内启动的A区和B区路灯亮化工程、B区绿化提升工程、农民工服务中心工程、兴业园通用厂房附属工程和C区纵二路5个基础设施建设项目均完工。城西污水处理厂、恒大物流园物华路、C区横一路和D区储备用地周边配套道路等工程加快建设进度，提升园区项目承载能力，为打造标准化园区提供基础保障。

产业发展 按“一片区一产业”要求打造产业格局。A区属园区老工业区，主要发展服装和食品传统产业，规模小，具有毗邻县城中心优势，实施“退城入园”，着力打造集银行、商业、居住、旅店、餐饮、文娱为一体的多功能生活配套服务区；B区主要突出聚集婴童文化创意产业，以京丰婴儿用品、麦凯智造婴童文化、星辉玩具等企业为龙头，辐射带动婴童产业发展壮大；C区大力发展新材料产业，打造闽粤绿之地产业园；D区借助厦深高铁交通优势，主要发展富硒食品加工、物流仓储等产业。

招商引资 采取以小分队招商、以商引商和委托第三方招商等方式，围绕园区主导产业链条，谋划新兴科技产业，打造婴童文化创意产业园，把珠三角等经济发达地区作为招商引资重点，园区招商小分队全年外出招商12次，对接珠三角、厦门和泉州等地区的婴童产业和食品加工业，共洽谈项目40个，成功签约项目15个，总投资14.3亿元，涉及婴童用品、食品加工和电子轻工等。

生态环保 协同县生态环境局和有关执法部门开展生态环境问题排查整治，取缔漂染类小作坊和违规金属表面处理加工场，查处环保违规行为24起。摸清园区企业废水排放，采取工程技术措施综合治理，整治南湖片区企业排污问题；加强对赤水溪流域片区企业的巡查和监管，发挥赤水溪入河排污口污水处理工程和D区连站大道零星污水收集工程作用，接入城区污水处理厂再处理，基本解决D区企业污水直排赤水溪问题，推进城西污水处理厂及配套管网工程项目前期工作。

【金都工业集中区】 **项目建设** 2019年，金都工业集中区实施县级以上重点项目7个，其中，省级1个，市级4个（含1个预备项目），县级2个，计划总投资额17.30亿元，全年实际完成投资额17.7亿元。省级重点项目诏安猛狮新能源汽车核心部件——锂离子电池生产项目厂房（二）、成品仓库和研发楼正在装修，办公楼结构、展厅墙体砌筑和设备采购完成工程量50%。市级重点项目诏安汤料茶包及中药制品项目、诏安培基渔具制造项目前期工作基本完成，9月底施工队进场；诏安铂瑞热电联产项目土地报批。县级重点项目远恒石业石板材加工项目于6月建成并投产；诏安铭兔环保型海洋产品包装材料及其他食品包装材料建设项目正在进行厂房主体建设，设备采购完成55%。

招商引资 4月12日，参加在厦门举办的海峡两岸投资贸易对接会暨诏安县招商说明会；9月10日，举办“投资万里行——走进诏安县”精准对接会，同时参加“11·18”海峡两岸农博会花博会、厦门工博会、“9·8”中国国际投资贸易洽谈会、展览会。瞄准潮汕和厦门地区，开展定向招商，全面承接产业转移，全年往厦门、东山、湖南、江苏和泉州等地招商引资8次，考察、拜访企业14家，成功签约企业2家。以猛狮科技、润科生物等龙头企业为依托，围绕产业主导产品及其上下游产品开展集群化招商。年内，全区新开工项目17个，新投产项目15个，在谈项目13个。

设施配套建设 全年投入资金5000万元，用于完善基础设施及其配套建设。路网：竣工552路（二期）道路7条；黎明村至公子店村公路竣工验收；向国家开发银行贷款2.5亿元建设的金都海洋生物产业园基础设施项目开始实施。供水：依托东山引水工程预留日供水量16万立方米接口，计划新建日供水量8万立方米的金都自来水厂项目，进入农转用地红线图审批及地勘和设计阶段。供气：在建总投资1亿元，占地面积3.82公顷的安然天然气加气站正在铺设管道；投资2.7亿元的铂瑞热电联产项目进入土地报批阶段。排污：5月，从集中区至城东污水处理厂（日处理1.2万吨）的4.97千米管网试运行，全区工业污水基本入厂处理，并加大资金投入提升重点排污企业的水质。公共配套：委托专业团队承包辖区内绿化管护、环境卫生清洁和亮化工程，优化营商环境。金都小微企业创业园：完成1.65公顷土地“招拍挂”，进行可研编修等。

多渠道融资 加强政企银对接，与国家开发银行对接，利用2.5亿元融资贷款建设金都海洋生物产业园基础设施项目；对接海峡银行、漳州市交通集团和九龙江集团等，争取项目资金。向上争取项目奖励和资金补助。对接发改、工信等部门，利用科技兴海产业示范基地、山海协作共建产业园等品牌优势，向上级部门争取建设资金，并引导企业争取资金补助。促成央企、地方国企与民企混合所有制“四方合作”，推进以中国建材、漳州交通发展集团、金都资产公司与民企福建猛狮新能源科技有限公司进行混合所有制改革，为福建猛狮集团纾困。其中，金都资产公司出资5000万元，与漳州市交通发展集团有限公司共同成立漳州通兴投资有限公司。

（诏安工业园区、金都工业集中区供稿）

交 通

公路建设

【概况】 2019年，诏安县交通运输工作以“抓大工业、大抓工业”为契机，围绕建设现代综合交通运输体系目标，强化建、管、养、运基本职能，加快推进交通基础设施建设步伐，扎实抓好交通运输行业管理，继续实施出省通道提档升级对接工作，加强项目谋划，为提升公路等级做好筹备，进一步夯实路网布局基础。全县交通运输事业稳健和谐发展。

全年实施公路工程项目6个，新增桥梁3座，总长度61.04米；公路专养代养131.63千米，公路综合好路率97.7%，公路养护工程总投入资金2.07亿元；对82个边远地区建制村的客运创新电话预约的新模式；加强交通运输管理，开展道路运输“两客一危”专项整治，查处各类行政处罚案件155起，处罚款41.38万元。

【道路建设】 2019年，诏安县交通运输局实施公路工程项目6个：江滨大道公路工程，支线完成投资额1.14亿元，主线完成施工图审批；九侯大道二期公路工程，红线图及选址意见书审批，土地预审中；漳州沿海大通道（S508）诏安湾特大桥诏安段（桥梁部分），鉴于政府购买服务或投资建设模式均不符合政策要求，暂缓项目实施。沿海大通道梅岭至铁炉港（广东界）项目处于前期规划阶段。梅岭港区疏港大道公路工程完成工可行业意见审查，完成生态林调整工作，处于工可阶段。县道X547线（江滨路至九侯大道路段）公路工程完成工可文本编制工作，处于工可阶段。

【桥梁工程】 2019年，诏安县完工验收桥梁有背头屋桥、三界门桥和楼仔桥。背头屋桥总长20米，总投资额126万元，累计完成投资额126万元；三界门桥总长16米，总投资额115万元，累计完成投资额115万元；楼仔桥总长25.04米，总投资额136万元，累计完成投资额136万元。在建桥梁项目有河美桥、汤头桥，新申请危桥改造的桥梁项目有潭东桥、官北桥。

【生命防护工程】 2019年，诏安县完成1个县道生命防护工程，乡道Y429红星段K11+921～K16+621段，建设内容为设置交通安全警示标志、警示柱、橡胶减速枕、标线、波形梁护栏和边沟等，总投资额34.76万元。

【公路养护】 2019年，漳州市公路事业发展中心诏安分中心专养公路51.996千米（G228线丹东线

K5399+300～K5440+317 里程 41.017 千米，X546 白梅线 K25+710～K33+274 里程 7.564 千米，C409 田宫线 K0+000～K3+415 里程 3.415 千米）；代养公路 79.630 千米（X587 深国线 K0+000～K55+199 原 S309 东东线 K38+916～K94+115 里程 55.199 千米，X522 建火线 K0+000～K6+989 里程 6.989 千米，X525 官陈线 K24+056～K27+167、K42+800～K50+482 里程 10.793 千米，X547 西桥线 K14+193～K20+842 里程 6.649 千米）。完成全年小修养护计划及指标，年度公路综合好路率 97.7%，其中专养公路综合好路率 98.1%，代养公路综合好路率 97.5%，

全年完成养护工程总投资额 2.07 亿元，主要完成 G228 线绿化工程 16.71 千米，G228 线安保完善工程 16.71 千米，新建雨亭公路站站房建筑面积 1797.59 平方米，国道 324 线路面改造工程沥青摊铺 87 万平方米。

诏安分中心在市交通系统年度绩效考核中名列第二，被评为先进单位，保持市文明单位称号。

（县交通运输局、诏安公路分中心供稿）

运 输

【客运线路布局】 2019 年，诏安县交通运输局规划多条客运线路对接各乡镇往返动车站。沿海班线的群众主要通过县公交总站换乘往返沿海乡镇与动车站；山区线客运班线有不分班次车辆可直达动车站，出行群众不需要先到县城再转车至动车站。

【公交场站建设】 2019 年，诏安县交通运输局增设旅游集散中心、构建乘客服务大厅、完善场站建设、搭设停车棚、建设充电桩等项目，为人民群众乘车提供更多便利。5 月，县公交公司与县旅游局合作，对原县公交公司候车大厅进行扩建改造，工程全面完工并投入使用，营造更加舒适安全乘车环境。

【“村村通客车”】 2019 年，诏安县交通运输局对 82 个建制村预约响应试客车通行条件进行实地审核。按照运营主体不增加的原则，确定 82 个建制村通过电话预约模式，其中 34 个建制村以电话预约客车模式，48 个建制村以预约出租模式。将 82 个建制村预约牌子上墙公布。

【铁路运输】 2019 年，厦深铁路诏安站增设软席贵宾室 1 间，用于接待重要贵宾及领导人员。日办理营业动车组列车 62 趟，下行方向 22 趟，上行方向 40 趟，诏安始发终到列车 8 趟，4 对列车。主要终到方向有厦门站、福州站，不含周末高峰线。中华人民共和国成立 70 周年国庆期间，诏安站始发动车增开 9 趟，终到增开 9 趟，共 18 趟；始发客流量突破 1.1 万人，日均发送旅客 3000 人左右，比上年增长 30%。

厦深铁路诏安站位于西潭镇境内，是南昌局铁路集团有限公司与广铁集团有限公司的交界车站，距云霄站 31.659 千米，距饶平站 18.181 千米。设到发线 5 条，货物线 2 条；基本站台 1 座，长 450 米，宽 9 米，中间侧式站台 1 座，长 450 米，宽 10.1 米。站房面积 3957 平方米，雨棚面积 19350 平方米，候车室面积 1211 平方米；售票厅面积 120.19 平方米，站内设置售票窗口 2 个（1 个为无障碍窗口），自动售票机 2 台、自动取票机 1 台。候车室共有座椅 159 张 636 个位置，其中软椅 76 张，设计每小时容纳 600 人。

（县交通运输局、厦深铁路诏安站供稿）

运输管理

【交通运输行业管理】 2019 年，诏安县交通运输局加强运输行业监管工作。年内客运班线经营期限届满重新许可 15 件；道路普通货物运输经营期限届满重新许可 39 件；新增车辆配发道路运输证业务 46 件，车辆过户、道路运输证信息变更换发道路运输证业务 106 件，车辆转籍迁出业务 10 件，车辆道路运输证年度审验业务 334 件。取消总质量

4.5 吨及以下普通货运车辆道路运输证和驾驶员从业资格证的相关手续，清理 4.5 吨及以下普通货车 1400 辆。开展扫黑除恶百日行动，在公交车站、场站和动车站等人员密集场所加大交通安全扫黑宣传，并收集上报相关线索。

【运输安全监管】 **安全生产** 2019 年，诏安县交通运输局巩固和提升道路运输安全保护成效，保障运输安全畅通。检查各类企业 243 家次，其中客运企业 30 家次，客运站场 10 家次，维修业 72 家次，驾校 12 家次，物流业 36 家次，就车辆乱停乱靠责令 4 家客运企业限期整改，全年未发生生产安全事故，行业安全生产形势稳定。

农路保险 对全县 1002.2 千米农村公路实施农路保险，其中县道保险里程 269.37 千米，乡道保险里程 488.81 千米，村道保险里程 244.03 千米，保险费用总额 122.28 万元。

【交通综合执法】 **综合执法** 2019 年，诏安县交通运输局全面开展春运工作、道路运输“两客一危”专项整治行动、打击“黑车”非法营运百日专项行动、秋季学校及周边治安秩序专项整治统一行动等专项执法行动。全年开展路面巡查里程约 5.4 万千米，出动执法人员 2840 人次，执法车辆 755 辆次，检查客货运车辆 8650 辆，办理各类行政处罚案件 155 起，处罚款 41.38 万元。

扫黑除恶 制定平安交通、扫黑除恶专项斗争百日行动方案，全面开展交通安全生产和扫黑除恶专项工作。加大与公安部门联勤力度，打击黑恶势力。按照交通公安五大协作机制，联合分水关公安检查站、高速交警，深入国道闽粤界和沈海复线闽粤站整治“两客一危”车辆；加强路面巡查，联合治超站整治超限超载运输违法行为，开展扫黑除恶专项工作。

（县交通运输局供稿）

邮政　通信

邮　政

【概况】　2019年，中国邮政集团公司福建省诏安县分公司突出代理金融、包裹快递、农村电商三大发展重点，邮政经济规模和效益稳步增长，全年收入2209万元，完成年度收入预算103%。扎实开展慈善捐助、扶贫帮困和结对帮扶等为民办实事活动及企业文化建设，推进两个文明建设协调发展，企业继续保持省级"文明单位"称号、省级"模范职工之家"等荣誉。公司内设5个生产部门，有15个邮政支局，5个金融网点，银行自助设备CRS一体机5台，信箱（信筒）78个，社区信报箱间45个，邮政便民服务站290个，投递路线单程总长度1235千米，投递点22849个，乡村通邮率100%。

【邮政业务】　2019年，诏安县邮政分公司完成国内函件4.8万件，国内汇票业务0.09万笔，国内异地特快专递信件0.64万件；国际函件0.06万件；征订报纸1220.67万份、杂志15.79万本，业务收入2209万元，其中，邮务896.75万元。

【邮政管理】　*劳动管理*　2019年，诏安县邮政分公司干部职工127人，其中，合同用工101人，劳务派遣工26人。以国有企业《企业职工奖惩条例》及《漳州市邮政局职工请销假制度及考勤管理办法（暂行）》实行员工的日常奖惩管理，并全面办理"五险一金"，即养老、医保、工伤、失业、生育和住房公积金。

质量管理　实行"一级管一级"分级管理原则，强化案件防控工作，围绕"安全第一、预防为主"的安全生产管理方针，提升业务资金安全、邮件安全、邮运安全、业务库和消防安全等工作。是年，公司获中共诏安县委"五星级党组织"和一类综治"平安单位"称号。

经营管理　本着可行性和长远性相结合原则，开办业务种类有：国内（国际）函件、机要通信、报刊、集邮、包裹、汇兑、代理金融、代理速递、分销配送、电子商务和其他代理业务等。并根据市分公司制订的《企业标准汇编》，对邮政业务经营实施企业标准化管理。是年，经营生产管理获漳州邮政系统三等奖。

（县邮政分公司供稿）

通 信

【中国电信诏安分公司】 **概况** 2019年，中国电信股份有限公司诏安分公司配合市政建设，实施线路迁改。向上级公司争取资金，完成庆安精工机械制造有限公司等182个政企大客户应急光缆接入线路工程建设；美丽乡村建设道路扩宽杆线迁移；对县政府等96处AP增补设计施工，新增218个AP，新增1107个OBD，新增端口10380个。为“青梅节”等重大活动提供现场通信服务保障；成立高考支撑保障小组，制定应急预案，组织对考点多次专线巡检，备足应急柴油发电机；在抗台风时提供网络保障。配合农业农村局和各乡镇，将天翼、宽带、高清、天翼看家、全屋Wi-Fi等项目融入每家每户，助力村委会防汛抗灾、治安联防工作。完成四都镇田美等15个建制村的线路整治。

智能化网络构建 建设15个室分基站，做好CA部署；结合L800M部署，优化室内覆盖；建成广覆盖质量优的物联网，公司NB-IoT网与LTE 800M同步部署，全年物联网共新增43200张。开通安装15个政府与乡镇电路，提速改造44条电路；开通45条政务外网；为到诏安演训部队及时开通电路。

网络质量提升 强化网络设备隐患整治，整治率100%。基本完成县城、乡政府所在地800M深耕，全县建制村（社区）、县道、边界小自然村等4G网络全覆盖。对CDMA覆盖弱区域进行改造，解决3G信号弱问题。开展基站维护抢修970多次，发电260多次，机房维护处理340多个故障，处理Wi-Fi故障80多次，开通50多个分光器。投入线路、AP箱建设资金1250万元，完成15个村整治任务。投资220余万元，对南诏镇西门社区、金星乡田美村、梅岭镇东门村等70多个村（社区）线路进行迁改，整治缆线60余千米。

信息化建设 拓展政务信息化、旅游信息化和行业应用信息化领域。建立村级综治网格监控网和城市报警监控系统，多次开展乡镇网格员培训，打造平安村（居）。与县政府办合作对政务网数据中心机房实施升级改造。投资35万元，与建设乡政府、霞葛镇嗣下村和四都镇西梧村等9个镇、村合作安装农村智能广播系统，在发生重大自然灾害等突发公共危机时，通知群众及时撤离、避险。与西梧村合作开展“翼商云”、物联网和云等新业务。为腊州村等9个村委会定制“天翼看家（乡镇版）”产品，提升群防群治、治安联防水平。与武警某队合作建设信息化智能化执勤安保系统。推出“明厨亮灶”专线，建设食品安全溯源监管云平台。推出教育云平台、教育城域网、教育云桌面和学生定制手机等业务。与9个单位签署电动车智能充电桩合约。

客户服务感知提高 落实福建电信“当日装、当日修、慢必赔”三项承诺。客户需要当日装与当日修服务的，每日16时前受理并录入系统工单，应在当日24时前装机竣工；超过16时受理并录入系统的，应在受理后24小时内装机竣工；如果客户不需要，则按与客户约定时间上门服务。

智慧家庭体系打造 围绕“智能宽带、智能应用、智能服务、智享娱乐”四大板块，满足家庭用户多元化、个性化、品质化和场景化需求，如智能门锁、门铃按钮和门窗磁探测器等。全年为购买家电与智慧家居设备的2500余用户提供补贴221万多元。

惠民便民力度加大 打造10个智慧菜市场，扩大线下合作商圈和合作领域。专营门店55家，方便全县用户缴费、办理业务。持续推广“翼支付”产品，为用户提供超市购物、加油、洗车、看电影和交水电费等打折民生应用。与诏安1400余商户达成翼支付合作，让用户享受电信购物、加油和缴费等补贴优惠。

（诏安电信分公司供稿）

【中国移动诏安分公司】 **概况** 2019年，中国移动通信集团福建有限公司诏安分公司抓运营、促发展，推进细化通信市场网格化运营，深化异业合作、多通路融合，挖掘并巩固通信流量市场，强化高品质宽带发展及集团产品能力建设，3家通信运营商收入诏安移动通信公司排名第一；移动4G客户累计19.5万户，比上年提升5.9%；移动宽带客户累计 59451 户，提升 13.9%。

网络设施建设　加大无线网工程建设力度，推进山区 4G 精品网络项目，实现乡镇镇区 100% 连续覆盖，高流量、低驻留建制村 100%有效覆盖的目标。同时，完成高铁、重要国道连续覆盖以及景区有效覆盖。全年建设开通 2G 整合基站 111 个、常规 4G 基站开通 13 个，扩容 27 个，总投资规模约 1200 万元。年末，诏安小区宽带总端口数累计 114162 个，比上年新增 11424 个端口，实现建制村光纤全覆盖。开通集团专线 338 条，其中语音 4 条、广域网 262 条、互联网 72 条，涉及预警平台、教育系统视频安防、互联网+监管平台等项目建设，同时完成 25 家集团宽带建设，共开通 840 个端口。

营业厅服务　梳理各厅存在服务流程问题，针对用户重点关注的流量、终端问题制作流量使用常见问题手册，对有使用疑问的客户进行答疑。各营业厅每月开展一次客户体验日，邀请营业厅常客、现场等候客户对宽带互联网电视等智能家居业务进行现场操作、体验，增强客户体验感，提升客户满意度。通过同其他县（区）沟通交流，借鉴优秀案例、个性服务，将创新融入实际管理工作，做好窗口服务的满意度传递。

投诉处理　通过落实营业厅服务“一台清”、客户经理有效服务等途径进行防范控制。执行“首问责任制”“四十八小时回复客户投诉”、谁受理谁处理到底等投诉处理制度，并有专员定期进行电话或短信关怀，提升投诉客户满意度。

集团服务　集团客户满意度重点以“集团客户满意度评价参与率”“客户经理满意度”两个维度开展集团服务提升。通过客户经理日常集团走访，发放客户满意度评价小卡片，节日关怀短投、日常关键人物拜访、营销优惠方案申请等方式给予关怀服务。

（诏安移动通信分公司供稿）

【中国联通诏安分公司】　**概况**　2019 年，中国联通有限公司诏安分公司完成移动网投资 1050 万元，完成 122 个 3G 基站、133 个 4G 基站建设。逐步改善县城周边、梅岭镇、西潭乡等乡镇深度覆盖不足及容量不足的问题，对霞葛镇、秀篆镇、官陂镇的贫困村加强覆盖，完善移动网络质量保障，建制村（社区）覆盖率由 86.32%提升至 96.79%。

网络设施建设　制定《关于深入贯彻落实网络强国战略的实施纲要》，打造 5G 精品网，加强 4G 深度覆盖和农村覆盖，加快农村 4G 网络提速工作，提升网络质量。全年宽带投资 208 万元，开展国标小区和快速扩容，完成国标小区接入 60 个，新建端口 5900 个，扩容或新建接入点 68 个，端口 3856 个；持续推进 PON+LAN 光改，提升宽带网络质量，完成 LAN 小区改造 60 个，改造端口 7892 个；开展网络提速和结构性优化，针对 OLT 上行带宽情况，完成 17 台 OLT 的提速改造，提升网络带宽支撑能力。

加快 5G 商用发展，完成县城/重点乡镇资源普查，完成规划站点基础改造工作。推进智慧医疗、智慧码头、智慧安防、车联网、智慧河长等项目落地。

针对部分线路光衰过大导致故障反复问题，开展 FTTH 光衰劣化整治。加强接入网代维装维、合作商装维与线路专业联动，发生宽带断网故障时转线路抢修，降低用户断网时长。提升宽带上网速度。协助推进 PON+LAN 改造小区 LAN 用户转为 FTTH。优化家庭 Wi-Fi 网络覆盖质量，提升用户 Wi-Fi 接入网速。

手机卡异地销户办理　开放手厅销户和线下自有厅异地销户服务，不限制用户办理停机销户业务，为用户提供便捷办理渠道。对自有营业厅开展培训，建立长效机制，对异地销户投诉进行梳理。

“携号转网”业务规范办理　根据携入用户签约要求、携入用户开通规则、业务开放范围及业务受理流程等原则，不损害用户合法权益，不利用携号转网实施恶性竞争行为。

骚扰电话管控　提升骚扰电话监测防范能力和拦截能力，落实骚扰电话拦截系统建设以及风险提示服务推广。开展骚扰电话治理宣传，加大用户举报处置力度，规范电话营销行为。

（诏安联通通信分公司供稿）

商贸服务

国内贸易

【概况】 2019年，诏安县立足国内市场，扩大内需，促进消费。优化市场布局，加快城乡集贸市场建设，搞活商品流通。电子商务持续发展，借助电子商务全天候、零距离、低门槛，线上线下深度融合，提升农特产品知名度。全年实现社会消费品零售总额135.2亿元，比上年（下同）增长10.2%，其中电子商务交易额18.9亿元，增长23%；网络零售额15.4亿元，增长21%。

【社会消费品零售】 2019年，诏安县实现社会消费品零售总额135.2亿元，比上年增长10.2%，其中限额以上消费品零售额73亿元，增长11.9%；限额以下消费品零售额62.2亿元，增长7.8%。限额以上贸易业分类，批发业实现销售额26.5亿元，增长18.6%；零售业实现销售额52.8亿元，增长1.3%；住宿业实现营业额3亿元，增长27.4%；餐饮业实现营业额8.8亿元，增长17.1%。

1月20—24日，在江滨公园举办“2019年中国海峡硒都诏安青梅产业推介会—诏安特色美食暨名优产品展”，积极推介、展示县富硒美食产品。2018年12月29日至2019年1月1日，组织企业参加海峡两岸农产品物流城（龙文区）举办的中国食品名城（漳州）食品交易会，诏安四海食品有限公司、溜溜果园食品有限公司等28家知名企业参加，参展产品涉及富硒青梅制品、富硒八仙茶、富硒大米、富硒香果、富硒鸡蛋、富硒蔬菜、海鲜冻品、面制品八大类，进一步提高诏安特色产品知名度，促进市场繁荣，消费增长。

【市场建设】 2019年，诏安县加快市场建设，逐步改造、新建省级副食品基地，扩大无公害蛋禽、蔬菜的市场占有率，加大市场调控力度，保障副食品市场供应的基本稳定。通过实施“一基地一品牌”发展思路，鼓励基地创立自主品种。县内8家副食品调控基地，办理注册商标6个，其中省级著名商标1个，无公害产品认证12个，打响基地品牌。支持冷链项目建设，帮助漳州东裕食品有限公司向上争取冷链物流项目建设资金补助，促进全县冷链物流业发展。

【安全隐患综合整治】 2019年，诏安县开展工信系统行业安全隐患综合整治行动，多层次督导检查，提升成品油经营企业反恐怖防范意识，推进“人防、技防、物防”建设，做到安保责任落实到位、视频监控覆盖到位、安保器材配备到位。统筹安排加油站地下油罐防渗漏改造，督促加油站加快更新改造进度，防止地下水污染。县内民营加油站地下油罐防渗改造全部完成。国庆节期间，开展“防风险保平安迎大庆”消防安全执法检查专项行动，督促工信系统各有关企业开展消防安全自查自纠，对自查中发现的隐患，按照“谁主管、谁负责”的原则提出整改计划，落实整改措施，找问题、补短板、堵漏洞，最大限度消除事故隐患，夯实安全生产基础。

对外及对港澳台贸易

【概况】 2019年，诏安县合同利用外资额22479万元，比上年（下同）增长46.59%；实际到资额21706万元，完成市下达任务98.66%，增长5.06%。外贸出口总额33.65亿元，完成市下达任务98.7%，增长2.8%。外贸出口以水产品为主，次为青梅制品和服装制品。水产品出口额22.07亿元，下降3.24%；青梅食品出口额5.42亿元，增长20.71%；服装出口额0.77亿元，下降29.36%。外贸进口总额1187.3万美元。进口企业有福建海棠食品有限公司、福建环球海洋生物科技有限公司和福建德力克汽车配件有限公司等17家，主要进口产品南美白对虾、电子产品、电子配件、汽车配件、生产机器设备、海藻、鱼苗、矿石、稀土、家具样板、鲍鱼原料和塑料箱、调味品等。其中，南美白对虾进口额448.52万美元，汽车配件进口额250.12万美元，海藻进口额189.83万美元，电子产品进口额169.43万美元，塑料箱和调味品进口额58.94万美元。

【服务外企】 2019年，诏安县工信局强化外企服务，促进利用外资持续增长，全年办理外商投资企业设立、变更备案14件。强化外商投资企业年报业务指导辅导，督促企业做好年报工作，加强与企业的日常联系，有70家外企报送年报资料。强化外贸企业转型服务，促进外贸出口逆势增长。鼓励企业参加境内外重点展会，多元拓展国际市场。年内有8家外企参加125届春季广交会和126届秋季广交会；2家外企（铭兴冷冻食品有限公司和威远矿业有限公司）参加第一届中国—非洲经贸博览会；1家外企（铭冠板业科技股份有限公司）参加第十六届中国—东盟博览会；有19家企业42次，分别参加俄罗斯、德国、迪拜、泰国、埃及、菲律宾、比利时、美国、瑞士、澳大利亚等国家举办的展会，拓展外企的国际市场。强化外企帮扶。4月、5月，由县工信局领导带队，深入县内20家重点出口企业、输美企业开展调研，了解企业第一季度出口经营情况和全年出口计划安排情况、了解企业受中美贸易摩擦影响情况，存在问题和建议，形成问题清单，呈报县委、县政府领导，得到县领导的重视和支持，协调帮助企业解决实际问题。

【外贸主体建设】 2019年，诏安县工信局新增备案企业11家，新增出口企业9家，新增出口额0.25亿元。落实外贸惠企政策，做大做强企业。建立“外贸企业群”，帮助企业及时了解政策，用好用活政策。县辖区内有54家外贸企业得到优惠政策扶持，扶持资金共341.57万元。积极引导企业“走出去”，与沿线国家和地区开展经贸合作。4月25—27日，第二届“一带一路”国际合作高峰论坛期间，福建威远矿业有限公司分别与毛里塔尼亚和埃及合作，现场签约2个海外投资项目，占福建省海外投资项目签约数的一半，2个签约项目金额共7400万美元。发布外贸预警，提高企业应对能力。通过外贸企业群发布各类外贸预警信息，引导企业特别是输美企业提前做好防范应对措施的落实。

【招商引资】 2019年，诏安县坚持一把手带头招商。县主要领导带队外出招商12场次，签约项目35个，总投资额82.27亿元，其中新备案外资项目4个，合同外资额4716万美元。用全外资引进渠道，增强利用外资实效，利用海峡论坛·漳州茶会、“9·8”厦洽会、“11·18”花博会、厦门工业博览会等招商平台，开展有针对性的投资和项目推介，仅“9·8”厦洽会对接项目3个，合同利用外资额1345万美元，履约率67%；“11·18”花博会对接项目1个，合同利用外资额4000万美元，履约率100%。

【诏港台经贸合作】 2019年，诏安县加强与中国香港地区、中国台湾地区企业的经贸合作。积极组织参加“9·8”厦洽会、“11·18”花博会等招商活动。签约港资项目2个，总投资额2073万美元；签约台资项目1个，总投资额500万美元。当年诏安县对中国香港地区销售额4944万美元；对中国台湾地区销售额2146万美元，购买额17.95万美元。

（县工信局供稿）

粮食流通

【概况】 2019年，诏安县粮食和物资储备局履行粮食监管和服务职能，落实地方粮油储备指标，落实储备粮管理措施，加强地方储备粮管理和对粮食企业的安全监管，确保全县粮食企业安全度汛度夏。年内，县粮储局所属企业委托县行政服务中心公开招标购进县级储备粮转入粮食4146吨，公开拍卖销售县级储备粮轮出粮食4146吨。按质按量完成政策性粮食库存大清查工作。

【粮油储备】 2019年，诏安县粮储局落实随机抽取检查对象，随机选派执法检查人员的“双随机”监管要求，履行监管职能，落实责任追究制度，做到“谁储粮、谁负责”“谁坏粮谁担责”。加强储粮管理，巩固与提高“一符四无”（账和物相符，无虫、无鼠雀、无霉变、无事故）粮仓建设，提升仓储管理水平。打好安全储粮“持久战”，推广科学保粮、绿色保粮，通过采取机械通风、环流熏蒸、粮情电子检测和充氮气调等储粮技术，收效良好。落实安全生产责任制，定期开展安全生产工作检查，彻底排查整治安全生产隐患，保持安全生产良好态势。组织企业仓储管理人员参加省、市、县举办的业务知识学习培训，提升仓储管理人员业务知识水平，实施国有粮食购销企业规范化管理，确保企业安全稳定。全县各类粮油储备32647吨，其中省级粮食储备9397吨、县级粮食储备22750吨、县级应急大米储备350吨、县级应急食用油储备150吨。

【粮食市场管理】 2019年，诏安县粮储局开展社会粮油供需平衡调查，共抽查调查样本100户，为政府宏观调控提供准确数字依据。履行政策性粮食出库监管工作。全县无发生“出库难”“转圈粮”及安全生产责任事故。加强对粮食经营市场的指导、服务、监管和检查，建立粮食市场价格监测制度，完善粮食应急保障体系，确保粮食应急供应。严格执行军粮供应办法规定，落实站长军粮质量第一责任人职责，提高军粮供应服务水平，保质保量完成军粮供应任务。

【全国政策性粮食库存大清查】 2019年，诏安县粮储局根据中央、省和市2019年政策性粮食库存数量和质量大清查工作会议和有关文件精神，4月1—25日，对国有粮食企业政策性粮食库存数量和质量开展自检自查。县粮储局及时召开大清查工作动员会，部署政策性粮食库存大清查工作，制定大清查工作方案，举办大清查业务培训会，通过培训，使粮食库存检查人员掌握文件精神及业务操作规程。对承储企业压实责任，落实逐级分工负责制。坚持问题导向，树立底线思维，严明纪律规矩，加强大清查工作组织领导，按大清查有关规定开展清查。按照市大清查实施方案要求，县大清查督导组督导政策性粮食承储企业开展自查自纠，全面掌握政策性粮食库存情况，对督导发现的问题，督促企业按时整改到位，同时帮助企业建立台账。配合做好市级普查工作，确保大清查工作按质按量完成。经清查，全县库存粮食物账相符、账账相符；库存粮食品质符合国家下达控制指标，县政策性粮食储备安全。

（县粮储局供稿）

诏安供销联社

【概况】 2019 年，诏安县供销联社系统购、销、利 3 项指标均完成年度目标任务。商品购进总额 16.6 亿元，比上年（下同）增长 9.21%，其中，农副产品购进额 2.5 亿元，增长 8.7%。全系统商品销售额 16.7 亿元，增长 9.44%，其中，生活消费品零售额 9.04 亿元，生产资料销售额 2.93 亿元，连锁经营销售额 0.28 亿元，农产品市场交易额 0.23 亿元。全年实现利润额 249.5 万元。

【业务网络建设】 2019 年，诏安县供销联社改扩建农资配送中心 2 个，改造提升庄稼医院 1 家，新建庄稼医院 1 家，新建村级供销合作社 2 家，领办农民专业合作社和联合社 17 家。在城乡增设商品购销经营点，个体经营、联合体、连锁经营齐发展，形成规模庞大的供销贸易网络体系。

【生产资料经营】 2019 年，诏安县供销联社全系统冬储备供应各种化肥 4900 标吨，其中：优质肥 1850 标吨，小化肥 3050 标吨，基本满足全县春耕生产农业生产资料供应的需求。农资储备企业贷款享受财政贴息 10 万元，大大减轻冬储企业的资金压力。

【服务“三农”】 2019 年，诏安县供销联社科学布设服务机构，以 5 家庄稼医院为依托，覆盖城乡各地，靠前服务春耕生产，开展农资科技系列服务，以项目对接推动“数字农业”发展。贯彻落实《福建省供销社阿里云计算有限公司战略合作协议》精神，依托阿里巴巴经济体优势，推进农村电商、闽货网销、电商人才、云计算、大数据、物流配送、金融服务等领域合作。协助当地县、乡镇政府与福建福多贡数据科技有限公司、浙江网商银行股份有限公司分别签订阿里云智慧农业和普惠金融合作协议，完成项目落地。推介特色产品参展，牵头组织辖区内特色专业合作社和加工企业，于 9 月 8—11 日参加厦门市举办的首届“一带一路”农产品农资（电商）交易会，以“海洋蓝”为亮点，展销县内茶叶、海产品、青梅制品、特色果蔬等，提高海峡硒都诏安的富硒品牌知名度。

合作共赢带动本地农业转型，以县联兴果蔬种植专业合作社联合社和合众力果蔬专业合作社联合社为龙头，联合 60 家农民专业合作社，通过资源整合，为成员社提供便捷有效适销对路的服务。通过“三社联动”，推动农民专业合作社与规模农产品冷链物流加工企业及大型连锁超市，直接建立产、供、销一条龙的新型购销体系。落实三社联动财政专项资金，为农户解决生产资金短缺问题。与县信用社紧密联系，实行阳光信贷服务；由县财政安排专项贴息资金对三社联动项目贷款给予利率贴息优惠。

【农资市场管理】 2019 年春秋两季，诏安县供销联社与县直相关部门组成检查组，对全县农资市场商品质量、价格等开展内部检查整顿，及时受理群众反映的农资产品质量问题，查处经营者假冒伪劣违法行为，保护消费者权益，进一步规范农资市场，做到诚信经营，不短斤少两，不以次充好，不抬高价格，维护农资市场正常秩序。

（县供销联社供稿）

烟草专卖

【概况】 2019 年，诏安县烟草专卖局（分公司）持续优化烟草营销网络建设，护航烟草专卖秩序，查获烟草涉假案件 82 起，收缴假烟 878 件、烟丝 46.75 吨；查获市场涉烟案件 59 起。开拓市场，卷烟营销量稳定增长，全年销售卷烟 2.8 万箱，比上年（下同）增长 4.85%；实现税利 2.7 亿元，增长 4.2%。支持地方经济建设及各项公益事业建设资金共 183.5 万元。

【卷烟营销】 2019 年，诏安县烟草局合理配置烟草市场资源，规范烟草市场流通秩序。8 月 16 日，县烟草局召开烟草制品零售点合理布局听证会，邀请县人大、县政协、县司法局、市场监督管理局以及法律工作者、消费者、零售户等代表参加。9月2日，县烟草局发布新修订的《诏安县烟草制品零售点合理布局规定》，打造数据营销新模式，辖区市场销量稳定、税利增加。全年卷烟销售量比上年增长4.85%，条均价143.97元，比全市平均水平高1.95元/条，实现税利比上年增长4.2%。

【打击制售假冒及非法渠道卷烟】 2019年，诏安县立足属地管理原则，召开全县卷烟打假会议并下发打假责任书，新增打假“基数”和年度综治考评内容。县烟草局联合乡镇、海洋渔业局等开展沿海乡镇打假排查宣传活动6次，同省际检查站开展联合执法检查8次，与公安部门联合成立专案组，加强线索串并，加强情报专班建设。全年共查获卷烟涉假案件82起，其中运输案件24起，窝点案件58起，查获卷接烟机4台，假烟878件，烟丝46.75吨，彩印机5台，标识1431万张；查获市场涉烟案件59起，其中真烟大要案11起（含无证运输3起），查获各类卷烟8303条，案值约179万元，辖区市场净化率保持良好。

（县烟草局供稿）

食盐专营

【概况】 2019年，诏安盐务局（分公司）贯彻落实食盐专营政策，保障合格碘盐供应，维护食盐市场安全稳定，完成年初制订的各项任务目标。全年销售碘小包盐578.33吨，其中福建原盐及高端盐类94.02吨，分别占市盐务公司下达任务的55.68%和42.75%；销售加工盐1.86万吨，为市公司下达任务的151.57%。

【食盐调拨与供应】 2019年，诏安盐务局针对省外碘小包盐商和网上碘小包盐商对本辖区市场冲销日趋严重问题，加强闽盐产品宣传，提高消费者主动选购意识；加强对辖区内碘小包盐商的引导及服务，密切与大中型超市沟通联系，采取直接送货进厂家、学校食堂、餐饮单位等做法，增加闽盐销量，降低省外碘小包盐冲销。1—11月，碘小包盐实现销售1414.03吨，占市公司下达任务59.26%，其中销售福建原盐及高端盐类515.57吨，占碘小包盐销售总量36.46%，为市公司下达任务102.06%。针对购盐大户企业季节性用盐时间短、用量大、用户分散，且交通不便等情况，提前制定应急预案，宣传食盐专营政策，多次与客户沟通协调，邀请客户现场看货，提高加工盐销售量。1—11月，销售加工盐21746.72吨，为市公司下达销售计划143.89%。

【规范盐业市场】 2019年，诏安盐务局发挥盐政辅助执法职能作用，强化盐业市场监管。诏安盐政大队以例行巡查和重点区域巡查相结合，对辖区（东山、云霄和诏安）内销售省外盐企产品的合法性开展检查，对非法经营进行纠正，采取劝导下架退货、停售、现场销毁等措施；对疑似假冒闽盐进行摸排，检查中发现的违规盐品立即下架，并及时填补闽盐产品，以满足消费者的需求。全年开展巡查789次，出动人数2787人次，检查餐饮店6605家，批发零售店6686家，加工厂56家，学校324所，发现违规线索936起，涉嫌违规盐产品141.96吨，其中重大违规线索7起，涉嫌盐产品120.72吨；疑似假冒闽盐精选自然盐线索7起，数量125千克。全年发现的违规线索中，由辖区市场监管局依法受理案件22件，办结案件12件，没收盐产品4.68吨，被处理12人，处罚没款1.47万元。

【“闽盐牌”海盐宣传推介】 2019年，诏安盐务局倡导树立科学、健康和绿色食盐消费新理念。在“3·15”国际消费者权益日、“5·15”第26届防治碘缺乏病宣传日和“5·20”国际计量日活动期间，诏安盐务局（分公司）在辖区（东山、云霄和诏安）联合市场监管局、卫健局、消委会和疾控中心等部门，共举办闽盐品牌宣传促销活动140场，分发宣传单6150张，分发“闽盐牌”福建原盐、精选自然盐和防控高血压低钠海盐、不加碘美味海盐及福建贡盐等产品，提高群众科学食用碘盐和主动选择闽盐产品意识。

（诏安盐务局供稿）

教育　科技

教育事业

【概况】　2019年，诏安县推进教育体制改革，整合城区部分小学，优化教育资源配置。实施教育优先发展战略，县财政全年支出教育经费6.19亿元，占预算总支出21.9%。全县20所学校补短板项目投建，南诏镇中心小学新校区、诏安职校及特教新校区一期等工程完工，新增公办幼儿园、民办幼儿园12所，义务教育阶段九年一贯制学校1所，有效改善办学条件。强化师资队伍建设，招聘新教师，加强教师品德教育。奖学奖教蔚然成风。2019年高考成绩斐然。

2019年，诏安县中学21所，小学156所，幼儿园158所，教师进修学校、机关干校、职业学校、特殊教育学校各1所，电大工作站1个。中小学在校生共72414人，其中高中生7424人、初中生18739人、小学生46251人；职业学校学生1301人；幼儿园学生23644人；特殊教育学校学生111人。在职教师4925人，其中中学教师2179人、小学教师2388人、幼儿教师239人、职业学校教师67人、特殊教育学校教师14人、进修学校等单位教师38人。

【幼儿教育】　2019年，诏安县幼儿园158所，其中公办园27所、民办131所，小学附设幼儿班79所。有15个公办幼儿园投入建设；田朴、白石、江夏、林厝幼儿园竣工并投入使用。县教育局加强幼儿园管理，提升保教质量，提高办园水平。12月，西潭镇中心幼儿园创建市级示范性幼儿园通过验收。

县教育局组织人员开展民办幼儿园年检。丹诏幼儿园等8所民办幼儿园验收达标，获得办学许可证。整改办园条件差、存在严重安全隐患的幼儿园，整改不合格幼儿园吊销办园许可证。

【小学教育】　2019年，诏安县小学156所，其中完小104所、小学教学点52个，在校生46251人。全年普通小学招生8848人，毕业7376人。5月24日，县调整城区学校布局，南诏镇中心小学整合城南、城内、城北、明宪等4所小学，整体搬迁入新校址。实验小学等4所教改示范性学校建设得到加强。城乡教育均衡发展得到推进。西张小学等50所学校通过省级乡村小规模标准化学校评估验收。专任教师不足的学校实行“专教”为主，“走教”“兼教”“支教”结合制度，实现小学英语、信息技术、科学等学科开课率100%。小学教师参与市级以上的教育教学活动536人次。《小学学科学习指导的研究》等41项课题立项为县级课题。外凤明德小学等19所学校申报“福建省义务教育管理标准化学校”通过评估验收。

【初中教育】 2019年，诏安县初中招生6711人，毕业5538人，在校生18378人。梅岭中学等4所学校通过福建省义务教育管理标准化学校评估验收；诏安一中被评为漳州市教育教学质量先进学校，蝉联漳州市教育教学质量信得过学校称号；怀恩中学、南城中学等4所学校被评为漳州市教育教学质量达标学校。全县参加中考的初中毕业生5008名，被优质高中录取766名，普通高中录取2422名。

【高中教育】 2019年，诏安县普通高中招生2343人，毕业2783人，在校生7424人。各高中校完善教学组织、选课走班管理制度，健全教学督导评估机制。实施“翰墨薪传”扶持书画艺术人才发展计划，创建书画艺术教育特色学校，通过特长生招生考试，选拔书画艺术优秀苗子。

2019年高考，全县报考人数2511名，其中一本上线人数339名，本科上线人数1131名，被“2+8+8”名校（“2”指北京大学、清华大学；第一个“8”指浙江大学、中国人民大学、中国科技大学、复旦大学、上海交通大学、南京大学、哈尔滨工业大学、西安交通大学；第二个“8”指同济大学、上海财经大学、北京航空航天大学、中央财经大学、北京外国语大学、对外经济贸易大学、中国政法大学、北京师范大学）录取8人，被一流高校录取23名，一流专业院校录取56名，985院校录取23名，211院校录取75名。全县有7名书画艺术类考生被“九大美院”（指中国美术学院、中央美术学院、清华大学美术学院、西安美术学院、鲁迅美术学院、湖北美术学院、天津美术学院、广州美术学院、四川美术学院）录取，89名书画艺术类考生被A、B批美术院校录取。诏安县被评为漳州市高中教育教学质量达标县，诏安一中被评为漳州市高中教育教学质量先进校，桥东中学、四都中学被评为漳州市高中教育教学质量达标校。

【职业教育】 2019年3月，经县长办公会议决定，由县委编办进行机构撤并，将原隶属于县人力资源和社会保障局的诏安技工学校划转给县教育局管理，并入诏安职业技术学校，在诏安职业技术学校加挂诏安技工学校牌子。

【成人教育】 2019年，诏安县有1所社区学院、16所社区教育学校和138个社区学习中心，不定期开展职业类、生活类、教育类等多种培训25万多人次，城区社区教育参与率68%，农村社区教育参与率48%。营造全民终身学习氛围，开展“全民终身学习活动周”活动。福建广播电视大学诏安工作站在校生1100名。省电大诏安工作站蝉联省电大招生工作先进集体称号。

【特殊教育】 2019年，诏安县特殊教育学校新校区一期工程封顶，进入装修阶段。二期工程动工建设进度较快，即将封顶，总投资约3000万元。县发改局、财政局、教育局和残联等部门联合出台《诏安县第二期特殊教育提升计划（2019—2020年）》，计划将诏安特教学校办成1所十五年一贯制特教学校。县加大特校教师培训力度，对重度残疾儿童进行送教上门，提升特教办学水平。特教学校设8个教学班级，其中培智班5个，自闭症班3个。特校在校学生111名、教师14名，专业教师占65%，

【师资队伍建设】 2019年，诏安县强化师资储备，加大紧缺学科教师的招聘力度。全年招聘新教师124名（含24名编外幼儿园教师）、学校财务人员3名，合计127名。加强县际校际交流，与厦门市同安区结对交流，闽南师范大学等高校选派30多位优秀学子到县内农村校实习支教。强化学科骨干教师培训，邀请北师大等高校教授、省普教室教研员、厦大附中名师为教师进行专业培训。选派15名优秀青年教师赴先进地区跟岗学习，8名优秀教师（校长）到优质校跟岗孵化。发挥绩效工资激励机制作用，充分调动教师工作积极性。有8位教师获得“漳州市优秀教师”称号、5位教师获得市“实事助学基金杰出教师”称号。

【奖学奖教】　2019年9月10日，诏安县表彰优秀教育工作者40人、优秀教师110人、基础教育课程改革先进个人67人、教育系统优秀党务工作者84人以及教育先进学校16所，发放奖金200万元。对高考考取“九大美院”书画艺术类考生开展“翰墨薪传”专项奖励，发放给徐潇洋等7位学生奖金20万元。

诏安一中发放徐安础奖（助）学金，奖励2019届高三优秀生13人，金额4.5万元；资助贫困生7人，金额3.5万元，共计8万元；发放2019—2020学年度陈焕泓奖学金，有72位学生获不同等级奖励。

12月4日，县老促会在诏安一中发放黄仲咸老区奖学金和科华育才奖学金，奖励品学兼优的老区、山区学子。受奖学生90人，奖学金9万元（其中黄仲咸老区奖学金基金会6.2万元，科华公司2.4万元，县老促会自筹0.4万元）。

县关工委开展“金秋助学”活动，筹集资金13万元，资助65名品学兼优、家境困难学生。在诏安一中颁发省关工委“福光助学金”，资助诏安一中10名高中学生，每人2000元。

8月下旬老促会和教育局、一中教师带领16名荣获科华、陈建平奖学金的考上大学的老区学子到漳州参加颁奖大会，每人获奖学金3000元，共4.8万元。

此外，官陂镇扶贫助学助教促进会发放奖学奖教和助学助教资金共52.44万元；四都镇发放助学金12.66万元。

据不完全统计，全年全县共筹集奖学奖教、助学助教资金545.3万元，受奖励资助师生共11235人。

【办学条件改善】　2019年，诏安县全年投入资金471.9万元，为14所新建公办幼儿园添置教学设施设备；投入资金78万元，建设24所小学标准化考点。加快“网教通”智慧教学平台建设，促进信息技术应用与教育教学深度融合创新发展，推动城乡义务教育一体化进程。发挥诏安教育城域网作用，加快教学、教研组织模式创新。全县中小学统一考试实现网上阅卷，大数据质量分析助力教学质量提升。

【规范办学行为】　2019年，诏安县深化“放管服”改革，梳理、规范、细化办事指南，清理各种证明和手续，减少申办人办事流程，推进网上受理和网上审批。教育局21个事项进驻县行政服务中心，其中11个事项“一趟不用跑”和10个事项“最多跑一趟”。教育局窗口在漳州市云平台总办件数429件（含420件省网办收件），电子证照库存总量1142件，年增长量174件。教育局发挥全国电子学籍系统统计和监管功能，定期分析学生学籍变动情况，重点监控辍学现象。做好校务公开工作，年内开展两次“拉网式”教育收费督查。

全年实验小学等城区3所小学规范招生1350名新生，城区2所公办幼儿园规范招收210名适龄幼儿，200名外来务工人员随迁子女就近入学、入园。配合市教育局做好高中阶段招生，确保招生工作公开、公平、公正。

【保学控辍】　2019年，诏安县推进高水平、高质量的普及九年义务制教育，加强保学控辍，强化教育扶贫领域精准监督。全年资助贫困家庭学生13003人次、金额765.9万元，其中资助建档立卡学生3925人次、金额231.4万元。建立辍学生花名册，辍学的贫困户子女全部劝返上学。

【关注留守儿童】　2019年诏安县完成留守儿童建档立卡工作，建立翔实完备、动态更新的留守儿童信息库，优先改善留守儿童的学习条件、寄宿条件和营养状况，帮助农村留守儿童健康成长。

【学校德育】　2019年，诏安县以立德树人为校园文化建设重要工作。围绕庆祝中华人民共和国成立70周年，举办中小学生“歌颂祖国”红色主题经典诵读活动和“我与祖国共奋进”“我为祖国点赞”等主题读书征文活动；开展纪念五四运动100周年活动，引导青年师生继承和弘扬五四精神；开展“少年传承中华传统美德”系列教育活动，以及各种德育实践活动。建立研究性学习实践基地，开展“翰墨薪传”学生书画比赛。

诏安一中、林厝小学被评为漳州市“书香校园示范点”，有四幅学生作品入选“奋进70年”全省师生书画作品展示；南城中学的《灯谜书画活动引领全员参与德育模式建构》入选“福建省中小学德育建设十佳百优示范项目”名单；四都中学在福建省青少年田径冠军赛暨中学生联赛中团体高中、初中组均获三等奖；白石小学因“铁枝木偶戏剧”项目被授予“中华优秀传统文化传承学校”称号；桥东镇中心幼儿园被认定为“全国足球特色幼儿园”，桥园小学入选“2019年全国青少年校园足球特色学校”。

【平安校园】 2019年开学，诏安县开展“安全第一课”，召开主题班会、班刊评比、集体宣誓签名、征文评比等活动，通过标语宣传、微信和安全网络教育平台等多种途径与方式强化师生的平安校园创建意识。全县学校安全网络教育平台授课率、学习任务完成率100%。加强校园安全建设，组织学校师生进行防震减灾、反恐防控等应急演练。开展以灭蚊为主的爱国卫生运动，做好防控登革热等工作。制定校园突发公共卫生事件应急预案和教育系统安全事故应急救援预案等。公办学校全面实施“明厨亮灶”工程，学校食堂均取得餐饮许可证。加强防溺水、防交通事故、防食物中毒、防校园欺凌、防诈骗和防恐维稳等安全教育及整治工作，实施“安全隐患清零行动”，建立安全隐患大排查大整改档案。全年各校排查隐患134项，投入隐患整改资金632.7万元。

【城区学校布局调整】 2019年12月22日，按县编委批复《诏安县城区部分学校布局调整及完善学校命名方案》，诏安县实验幼儿园更名为诏安县第一实验幼儿园、诏安一中幼儿园更名为诏安县第二实验幼儿园、诏安县幼儿园更名为诏安县第三实验幼儿园、诏安县南诏镇幼儿园更名为诏安县第四实验幼儿园、诏安县深桥镇中心幼儿园更名为诏安县第五实验幼儿园、诏安县实验小学更名为诏安县第一实验小学、诏安县南诏镇中心小学更名为诏安县第三实验小学、诏安县南城初级中学更名为福建省诏安县第二实验中学、诏安县深桥中学更名为福建省诏安县第三实验中学。城区学校布局调整既适应形势的变化，又为学校发展预留空间，促进学校教育提升。

【民办学校】 2019年，诏安县民办教育主要为幼儿教育，有民办幼儿园131所和九年一贯制义务教育阶段学校1所，其中丹诏幼儿园等8所民办幼儿园及等九年一贯制义务教育阶段民办学校立兴实验学校为年内新增。

【学校选介】 ***诏安县第三实验小学*** 前身为诏安县南诏镇中心小学，原辖城内小学、城南小学、明宪小学、城北小学、梅峰小学以及上梅塘小学共6所小学。2017年，县教育局成立南诏镇中心小学筹建工作组，整合旧城区城内、城南、城北、明宪4所小学教育资源，选址建设南诏镇中心小学新校区。新校区坐落于南诏镇南环城路丹诏大道666号，占地面积2.13公顷。2017年10月动工建设，2019年3月竣工，建有4栋5层教学楼、办公楼，可容纳3500名学生就读。2019年5月24日，诏安县南诏镇中心小学迁入新校区。9月，秋季招收一年级新生408名，全校学生2891名，教职工148名。12月22日，南诏镇中心小学更名为诏安县第三实验小学。

立兴实验学校 福建菩提文化传媒有限公司出资创办的九年一贯制义务教育阶段学校，位于诏安县白洋乡湖美村湖美1138号，占地面积4公顷，全校教职员工60多人，设11个教学班，学生500多人。

（县教育局、县关工委、县老促会 供稿）

科学技术

【概况】 2019年，诏安县科技局组织漳州鑫展旺化工有限公司、福建裕健龙生态农业有限公司等企业申报年度省、市科技项目；组织3家企业参加市创新创业大赛，其中福建保安康保健食品有限公司获得三等奖。推进高新技术企业培育，指导福建海德宝生物科技有限公司等2家企业通过国家级高新技术企业认定；指导福建大北农水产科技有限公司等4家企业通过省级高新技术企业认定。

【重点科技项目实施】 2019年4月，漳州鑫展旺化工有限公司“水性耐高温防火防爆汽车玻璃涂料”项目开始实施，实施期限2年。该项目总投资400万元，通过开发水性高温防火防爆汽车玻璃涂料及其制备方法，提高汽车玻璃安全性及使用寿命。项目实施后，水性高温防火防爆汽车玻璃涂料产品更具市场竞争力。

【科技成果推广应用】 2019年4月，福建裕健龙生态农业有限公司“新品种苦瓜山地高优栽培及配套技术示范与推广”项目开始实施，实施期限2年。该项目总投资60万元。引进苦瓜新品种“奇胜105”“奇胜308”，利用授权的实用新型专利，研究苦瓜节水育苗新技术，实现良种节水育苗并建立山地苦瓜高效栽培基地，进行山地高产优质栽培配套技术开发、示范、推广。通过对苦瓜切片、杀青、烘焙等关键技术的攻关，研发出苦瓜茶的加工制作工艺，实现苦瓜茶工厂化生产，带动农户发展苦瓜产业，增加农民收入，解决贫困人口就业，促进贫困山区发展。

【“6·18”项目对接与成果转化】 2019年，诏安县组织参加第十七届福建省“6·18”海峡项目成果交易会展会，征集企业技术需求项目10个，涉及企业9家；成果对接项目47个，涉及企业22家，项目总投资额4亿元。抓好第十六届福建省“6·18”海峡项目成果交易会展会对接项目落地转化，其中成果对接项目48个、企业技术需求项目12个，总投资额8.3亿元。

【平台建设】 2019年，金都工业集中区与国家海洋三所合作，完成面积300平方米的海洋功能生物分子活性筛选平台建设并投入使用，总投资额740万元。11月，完成海洋微生物制剂产业开发平台仪器设备安装调试以及2000平方米的单体试验车间和实验室装修改造，总投资额3000万元；完成占地面积3000平方米的国家海洋生物遗传资源重点实验室中试基地建设并投入使用，总投资额4000万元。12月，诏安金都海洋生物产品质量安全控制及综合评价公共服务平台完成结题验收，建筑面积300平方米，总投资额80万元。

（县工信局、金都工业集中区　供稿）

文化 旅游

文化事业

【概况】 2019年，诏安县投资554.47万元，建设87个基层综合性文化服务中心。县图书馆新馆开馆，新、旧两馆一卡通。文化圩日、灯谜晚会等群众性文化活动活跃。文物管理加强，新增全国重点文物保护单位1个。非物质文化遗产保护见成效。书画活动蓬勃开展，全年举办大型书画展和书画交流活动5次。

【群众文化活动】 2019年1月，诏安县首次举办文化圩日，县内20家民间艺人带着彩扎、剪瓷雕等省、市、县级非物质文化遗产项目亮相现场；2月18—22日，举办元宵灯会、灯谜展猜、闽南筝演奏、潮剧演唱、舞龙舞狮表演等活动和“闹元宵·诏安县激情广场盛世欢歌”晚会；国庆期间，举办“庆国庆、颂党恩”民间音乐会、“不忘初心，牢记使命”灯谜展猜。

2019年，县文化馆续办“童蒙学堂”传统经典诵读公益班，并与县妇联联合在深桥镇华表村追远堂举办“亲子学家风，一起承家训”庆六一传统文化进校园活动及举办第九期“传统文化公益班”系列活动。

【文化交流活动】 2019年1月19日，诏安县首部数字电影《青梅之恋》举行首映式，影片全方位展示诏安绮丽的山水风光和多姿多彩的民俗特色。7月17—19日，县文旅局组织县内学生参加福建省第十五届少儿故事大王比赛暨漳州市第十一届少儿故事大王比赛诏安选拔赛，获得市赛2枚金牌、15枚银牌、3枚铜牌、省赛2枚铜牌的成绩。

【书画展出交流】 2019年1月，诏安县举办“2019梅乡墨韵诏安县名家书画拍卖会”，拍卖沈柔坚、沈锡纯、徐序行、沈耀初等书画名家作品230件，成交额60多万元。1月15—20日，“继之以文——高继文中国画作品展”在北京举办。1月18日至2月9日，“白云万顷——清华大学十六教授书画展”走进诏安。2月13—17日，“春至诏安”全国油画名家已亥正月书画艺术之乡采风写生作品在沈耀初美术馆集中展出，为县历史上首次举办油画类作品展；国庆期间，诏安县在沈耀初美术馆举办“致敬祖国·翰墨抒情——庆祝中华人民共和国成立70周年”书画作品展、“金安——诏安县老年人书画交流展”。

【文化市场管理】 2019年，诏安县文化综合执法大队先后开展打击非法出版物、网吧专项整治、校园周边文化环境整治、扫黄打非等专项整治行动，检查网吧、歌舞娱乐场所和出版物市场等经营单位190余家次，查处案件3起。

【文物保护】　2019年，诏安县贯彻《福建省实施乡村振兴战略规划（2018—2022年）》，推进156处县级文保单位基础信息和历史文化定线落图工作，完成第二批文保单位信息化保护规划中“三防”监控系统和旧线路改造建设工程；6月，开工建设投资103万元的诏安县梅岭祥麟塔保护性设施工程，启动投资110万元的省级文物保护单位县悬钟所城墙第一期维修工程，启动投资280万元的省级文保单位诏安县文昌宫维修工程；12月，投资167万元的省级文保单位梅洲乡七贤庵维修工程完工。

【“非遗”保护】　2019年，诏安县加强非物质文化遗产保护。5月，开启诏安铁枝戏展示馆的建设；5—6月，县文旅局与教育局联合在怀恩中学、桥东中学、城北小学、诏安一中幼儿园开展省级非遗项目彩扎进校园活动。推荐“非遗”传承人9名申报漳州市第六批非物质文化遗产代表性项目代表性传承人，有6人获得确认；选送“非遗”作品参与“5·18”国际博物馆日和“文化和自然遗产日”展示展演活动，扩大“非遗”影响。

【“国保”申报】　2019年，诏安县文旅局启动民间优秀传统文化保护利用工作，“南诏镇明代石牌坊”“长田革命旧址歪嘴寨”由省文物局推荐国家文物局申报第八批国家重点文保单位。10月16日，“歪嘴寨闽粤边区乌山游击队指挥部旧址”被确认为全国重点文物保护单位，填补了县内国家级重点文保单位的空白。

【图书馆工作】　2019年3月10日，诏安县新图书馆开放，至12月31日，共办理借阅证2416张，借阅人数1.76万人，借阅书籍9.7万本，平均每月到馆阅读人数超过1万人。图书馆在文体中心新馆举办“诏安民间纸马展”“太阳、地球和天气—世界气象日主题展”和“第43个‘5·18’国际博物馆日、‘5·19’中国旅游日、文化和自然遗产日三联展”，以及读书研讨会、诏安方言讲座、中秋诗会等多种文化活动，活跃民众文化生活，提高文化生活品质。

（县文旅局　供稿）

广播　电视

【概况】　2019年，诏安县广播电视台“诏安新闻”栏目播放新闻有多条被中央电视台、中央人民广播电台、省电视台、省广播电台、市电视台、市广播电台等上级台采用。“三抓三比、十项竞赛”新闻同样有不少被上级台采用。县广播电视台专题节目“南大门”、专题片“三抓三比、十项竞赛”、“健康直通车”、“教育之窗”以及专题汇报片等，唱响时代主旋律，弘扬社会主义核心价值观，取得较好社会影响。

【宣传报道】　2019年，诏安县广播电视台围绕中心工作，开展“不忘初心、牢记使命”、“三抓三比、十项竞赛”、“大抓工业、抓大工业”、生态环境整治和精准扶贫等主题宣传，以工业发展、园区建设、服务企业、两违整治、乡村振兴为宣传报道的主要内容，以教育、供水、民生工程建设和补齐民生短板为宣传报道的主要对象，唱响时代主旋律，推介诏安经济社会发展辉煌成就，展现诏安形象，提高诏安知名度，为县经济社会发展营造浓厚的舆论氛围。

【专题栏目制作】　2019年，诏安县广播电视台制作专题栏目“南大门”专题节目52期、“三抓三比、十项竞赛”专题片15期，联合县中医院制作播出“健康直通车”节目3期；联合县教育局制作播出“教育之窗”节目5期，各单位部门工作专题汇报片8片以及“诏安县精准扶贫工作纪实”、“爱行千里、精准扶贫”等，在社会上引起较大反响和良好宣传效应。

【新媒体建设】 2019年，诏安县广播电视台完成1个网站、1个微博、1个头条号、1个网络办公系统、1个App、6个微信平台的发布管理任务，累计发布新闻6750条。通过线上线下不断的宣传推广，各平台的粉丝量、浏览量稳步提高，其中诏安电视官方微信关注量24419人次，“今日头条”浏览量310万人次、播放量209万人次。

【电视台节目编播】 2019年，诏安县广播电视台“诏安新闻”节目，每周6个播出时段，每档新闻时间10~15分钟，新闻量8~10条（含口播、简讯）。专题节目“南大门”，每周2个播出时段。“天气预报”在每晚“诏安新闻”（周六为“南大门”，周日为“一周要闻回顾”）节目后面播出。

【广电播放与管理】 2019年，诏安县广播电视台完成良峰山电视转播台日常运行维护和管理工作、良峰山电视转播台铁塔维护和垂直度检测；完成电视台数字高清化改造项目（二期）数字广播系统工程建设；做好农村有线广播“村村响”和应急预警系统的日常维护工作；按时序进度完成农村数字电影公益放映和场次补贴发放。

【广电网络建设拓展】 2019年，福建广电网络集团诏安分公司抓好新增用户和用户回网续费工作，促进有效用户新增和回网。在全市网格续费PK赛中，南诏站连续4次获得A组第1名、1次获得A组第2名，四都站和桥东片区连续3次和4次获得B组的奖励。全年有效用户新增3960户，回网794户，累计净增27户。诏安分公司还与各小区物业洽谈，密切合作关系，在各新建小区张贴“楼层贴”，扩大营销宣传，吸引用户主动入户，抢占用户市场，增加有效用户。

2019年，福建广电诏安分公司与各乡镇、教育、医疗卫生、民政等部门和单位合作，以平台拉动项目，带动用户规模化发展，扩大城区互动用户规模。全年互动在网数增加2023台，宽带在网数增加1512户，比上年略有增加；分公司成功中标县教育局“公办幼儿园一体机设备采购项目”和“教学一体机设备采购项目”，合同合计金额455.47万元。分公司抓紧楼盘配套费征收，完成收入225.7万元。全年分公司经营总收入2107.36万元，其中基本收入989.98万元，集体客户收入1062.68万元。

【农村广电网络建设】 2019年，福建广电诏安分公司参与农村信息进村入户项目建设，通过整合“四通一达”等18家快递物流公司，在15个乡镇设立194个营销服务站点，建立由县到村的末梢物流渠道；开展“二次整转”，提高渗透率与实装率，提升互动宽带落后指标，增加用户576户；加快科下、东门、石城、新联等14个建制村开展线路整治和网络工程施工进度，开展路演营销活动，提升业务办理率，发展高清互动用户440户，宽带15户。

【广电网络服务】 2019年，福建广电诏安分公司以“营业员+营维员+后勤人员”形式，组织人员开展路演活动，增强用户认知，提升广网产品的影响度，增大用户依赖和黏性。5月4日，组织团员青年志愿服务队开展主题活动，为低保户、特困户安装机顶盒；9月7日，组织团员青年到塘西村和水头村北记自然村开展为建档立卡贫困户入户登记和安装高清机顶盒活动；1月25日和10月25日，参加“诏安县文化科技卫生三下乡”集中服务和“诏安县社会科学普及宣传周”暨“兴起学习大热潮，十万图书下农村”活动；12月8日在南湖一号小区开展以“新融合、新视听、新服务”为主题的优质服务示范活动，组织营维员为新用户入户安装，给办理业务的用户赠送小礼品，提升广电网络服务新形象。

2019年，分公司落实民政低保特困户广电网络安装优惠政策，全年为低保特困户安装广电网络机顶盒1824个，增加广电网络有效用户1569户；为405户建档立卡贫困户免费入户登记和安装。

【广电网络维护】 2019年，福建广电诏安分公司落实广电安全播出和传输“零报告”制度，确保安全生产。5月14日和9月11日，分公司组织技术维护和后勤人员及各乡镇站、片区开展广电安全播出应急处置和消防安全培训演练，组织人员分组到各乡镇站、片区、营业厅检查安全管理等情况，加大网络巡查力度，排除安全隐患，确保重要播出保障期广播电视的正常工作。

（县广播电视台、福建广电诏安分公司　供稿）

档案工作

【概况】　2019年，诏安县档案馆本着“为党管档，为国守史，为民服务”的宗旨，团结协作，积极进取，全面提升档案业务水平和服务质量。是年，县档案馆按计划完成档案、文件接收工作，为利用档案的相关单位和个人提供档案资料，并做好档案宣传和档案数字化工作。

【档案资料接收征集】　2019年，诏安县档案馆加强档案资源和政府信息公开文件的接收，向社会公众提供更加集中、规范、有效的档案信息。全年共接收县委办、环保局等单位档案近200卷，各乡镇和县直机关的政府信息公开文件867份。

【档案利用】　2019年，诏安县档案馆共接待档案利用者百余人次，提供利用档案资料400余卷，为县内民众解决房产、土地等纠纷问题提供佐证，为原诏花墩安糖厂、橡胶厂等企业下岗职工特殊工种提前办理退休提供档案资料，充分发挥档案的价值作用。

【档案宣传】　2019年，诏安县档案馆配合《漳州档案》栏目组采访拍摄馆藏档案《一把缴获的“樱花刀”》和《一枚单面手工打铸的“女人国”银币》。6月9—15日，县档案馆举行“中华人民共和国的记忆”档案宣传活动，并召开座谈会。在县政府广场上悬挂横幅标语，借助LED媒体进行宣传，让公众近距离了解档案，发挥档案工作“记录历史、传承文明、服务社会、造福人民”的作用。

【档案数字化】　2019年，诏安县档案馆基本完成档案数字化扫描录入工作并进行初级验收，就验收中发现的问题与数字化公司进行协商整改，保质保量地完成档案数字化扫描录入工作。

（县档案馆　供稿）

旅　游

【概况】　2019年，诏安县旅游行业推进旅游服务质量建设，开展旅游市场专项整顿，提升旅游服务质量。全年共接待国内外游客191.18万人次，比上年增长17%；旅游总收入23.28亿元，比上年增长25%。

【景区宣传推介】　2019年1月，诏安县借助青梅产业推介会组织开展诏安旅游推介，联系潮汕、厦门等地区的旅行社抵诏安采风，挖掘整合旅游新线路，在诏安动车站、漳州动车站投放灯箱广告7块。通过电视、平面媒体广告及微信平台等向游客宣传推介九侯山、乌山、南门村、山河村等旅游景区景点。4月19—21日，县文旅局配合省、市文旅局举办“清新福建·花样漳州”宣传，组织旅游企业参加第十五届海峡旅游博览会、第六届海峡（漳州）茶会和台北两岸观光博览会等展会。5月19日，在县图书馆新馆开展中国旅游日活动，发放旅游宣传品，倡导文明旅游。12月，邀请中央电视台《味道》栏目抵诏安拍摄美食文化节目共三集。推介县美食特色、文化旅游资源。

【旅游伴手礼】　2019年，县文旅局开发多种特色文化旅游伴手礼。沈耀初美术馆的团扇、瓷盘等书画艺术品、庆源号彩绸庄的彩绸摆件挂件、沈氏艺圃剪瓷雕的小型剪瓷艺术品等，作为文化旅游的宣传品，连同评选出的诏安十佳伴手礼在旅游集散中心及九侯山等主要景点展示、出售。

【旅游集散服务中心建设】　2019年，县文旅局投入资金近200万元，建成诏安旅游集散服务中心。

该中心位于县公交公司场站内，集旅游接待（游程安排）服务、城市形象展示、旅游商品展览、信息咨询、旅客换乘、休闲娱乐、旅游投诉等功能于一体。县文旅局开通往返诏安县旅游集散服务中心和闽粤第一城景区的旅游专线。

【乡村旅游】 2019年，县文旅局推进重点乡村旅游基础设施建设。霞葛镇司下村、官陂镇凤狮村完善村游客服务中心、停车场、导览图、指示牌等配套设施建设并成功申报省级乡村旅游特色村。重点旅游村红星乡六洞村投入资金20万元，编制以发展旅游业为重点的扶贫脱贫规划；投资35万元建设乡村旅游停车场；投资20万元建设旅游厕所，并完善溪边防护堤、道路拓宽硬化等配套建设。

【旅游行业管理】 2019年，县文旅局开展旅游市场秩序整治工作，做好节假日、汛期的旅游安全检查，排查旅游安全隐患，加强旅游市场综合秩序监管，开展不合理低价游专项检查，规范旅行社、导游行为。全年无发生旅游安全事故。

【旅游景区简介】 **九侯山景区** 九侯山景区位于县城东北侧11千米处，九峰并峙、峡谷蜿蜒，烟岚起伏、溪涧奔流，林木毓秀、巨石嶙峋，为AAA级风景区。其核心景区有九侯禅寺、五儒书室、松涧泉、鲤鱼石、花瓶石、香炉石、三叠瀑等景点。外围景区有亚湖、初稽山等。

2019年，主要建设山下新游客中心及停车场，改造提升山上游客服务中心；修建景区木栈道，建设观景平台、木屋酒店；配套公共服务设施建设工程（包含景区购物、餐饮设施建设等），计划总投资额3亿元。九侯山景区“山上山下”联动打造，山上景区、山下乡村与景区、村落、集镇共同推进，形成诏安特色乡村旅游发展新格局，带动诏安旅游业整体升级。全年建成景区木栈道5千米、观景平台7处、木屋9座。

梅岭滨海文化休闲度假旅游景区 梅岭半岛位于县城东南侧13千米处，濒临诏安湾。于湖野山上放眼四望，岛上丘陵起伏，防风林环拥如堵。诏安湾内天光水色相互辉映，渔舟逐浪、鸥鹭穿云，东山、南澳、城洲等岛屿遥浮烟波中。主要景点有宫口港、悬钟城、望洋台、果老山石刻、腊屿祥麟以及关帝庙、天妃宫、妈祖行宫等。

2019年，建设滨海休闲旅游公共服务站、停车场、生态旅游厕所、旅游交通引导指示系统、游客集散中心和绿化、美化、亮化等，计划总投资额约1.5亿元。完成项目征地并完善主干道及景区公路、南门果老山及关帝庙栈道建设和绿化、亮化。

闽粤第一城 2019年7月，闽粤第一城度假区经改造后重新开业。改造后的闽粤第一城度假区集度假观光、休闲游乐、养生度假、富硒餐饮、商旅酒店、拓展会议于一体的旅游综合体，项目总占地100公顷。计划投资10亿元提升度假区品位，启动申报国家AAAA级旅游景区相关工作，打造东南旅游康养第一城。

（县文旅局　供稿）

卫生 体育

卫 生

【概况】 2019年，诏安县作为全国紧密型医共体建设试点县，推进卫生体制改革，整合优化医疗资源，实行临床信息资料共享互认；强化公共卫生队伍演练，提高应急实战能力；招聘卫生技术人员，壮大卫生技术队伍。县总医院不断提高医疗技术服务水平；设立名医工作室，挖掘优质医疗资源，拓展医疗服务空间。县总医院、霞葛中心医院开通跨省定点医疗机构业务。

2019年，诏安县有公立卫生单位22个，民营医院7个。县级单位有县总医院、县中医院，妇幼保健院、疾控中心、卫生监督所、爱卫办、卫协会、流管站各1家（个）；基层医疗机构14家，包括乡镇中心卫生院3家、一般乡镇卫生院10家、社区卫生服务中心1家；民营医疗卫生机构有诏安同济医院、华侨医院、安定康复医院、协和医院、南方医院、弘明眼科医院、庆泰老年病医院等7家。卫生单位编制总床位数761张，实际开放床位2540张。卫生单位在编人员1272人（男性479人，女性793人），其中卫生专业技术人员1121人，占83.4%（高级职称110人、中级职称264人、初级职称747人，分别占9.8%、23.6%和66.6%）；公务员及卫生管理人员、工勤人员及其他人员208人，占16.6%。

【医疗卫生体制改革】 2019年，诏安县试行医共体改革，建设县域紧密型医共体。以县医院为基础，整合县、乡镇医疗机构及公益性村卫生所组建县总医院。8月底，诏安县被列为全国567个县域紧密型医共体试点县之一。推进医保支付方式改革，全年全县公立医院实行按病种付费的出院人数占23.34%，公立医院平均住院6.52日，医疗服务收入（不含药品、卫生材料、检查、化验收入）占29.79%，城乡居民医保参保人员县内住院量占51.07%。县级公立综合医院实现临床路径管理信息化，全年县级公立综合医院实施临床路径管理的出院人数占39.40%。

【院长目标年薪制及考核】 2019年，县总医院作为医共体改革主要单位，重新完善出台《诏安县总医院院长目标年薪制实施办法（试行）》和《诏安县总医院院长年度绩效考核办法（试行）》，建立公立医院院长绩效考核指标体系，健全公立医院院长激励与约束机制，调动院长代表政府管理医院的积极性。

【疾病预防控制】 2019年，诏安县16家医疗机构报告传染病（感染性腹泻、流行性感冒、乙肝等传染病）2984例。全县传染病发病数4942例，发病率790/10万。疾控中心通过数据分析，处理疫情苗头事件。通过疫情网上传传染病疫情信息，加强疫情监测和传染病防控。全年全县完成疫龄儿童建卡数8835份，保持疫苗接种率高水平。预防接种门诊规范化建设率达100%。

2019年，诏安县检测13家公共场所，体检公共场所从业人员1315人，检出“五病”（肺结核、伤寒、病毒性肝炎、痢疾、皮肤病）病人28人，“五病”检出率2.13%；体检食品从业人员4848人，合格率97.88%。

【基层卫生服务】 2019年，诏安县基本公共卫生服务经费人均69元，公共卫生服务人口62.54万人，建立居民电子健康档案53.64万份，建档率85.77%；家庭医生签约服务人数23.76万人，签约率37.99%；重点人群服务20.84万人，签约14.34万人，签约率68.81%。县辖区内217个建制村公办村卫生所标准化建设全部完成并开通医保终端。

【妇幼保健】 2019年，诏安县产妇活产数7371人，孕产妇死亡1人，死亡率13.57/10万；5岁以下儿童死亡38人，死亡率5.16‰；结婚登记4344对，婚前接受医学检查3224对，婚检率74.22%；婚前检查检出疾病人数673人，其中血常规异常137人、尿常规异常66人、梅毒10人、HIV阳性2人、乙肝表抗阳性检出人数327人（其中慢性乙肝6人）、精神病2人、先天性眼球异常1人、地中海贫血4人、聋哑2人、智力低下1人；增补叶酸预防神经管缺陷项发放4787人次，服用率91.27%；对农村妇女和城市已婚低保妇女进行“两癌”检查项目延续，宫颈癌检查791人、宫颈癌HPV检查3900人、乳腺癌检查1385人，其中1人确诊宫颈癌、1人确诊乳腺癌。

【爱国卫生运动】 2019年，诏安县卫健局配合农业农村局等有关部门对梅洲、四都、金星等3个乡镇35个村进行环境卫生整治；配合生态环境局、住建局指导农村卫生厕所普及。全年新增农村卫生厕所6905座，清理卫生死角和“四害”（苍蝇、蚊子、老鼠、蟑螂）滋生地863处，清除乱贴乱画“牛皮癣”304张，清理垃圾486吨，治理脏乱差道路长18千米，疏通河道长1.2千米。

2019年，诏安县开展病媒生物防制行动，投入资金20万多元，投放溴敌隆毒饵11.18吨、灭蟑粉剂7600瓶、高效氯氟氰菊酯1880瓶，由专业消杀服务公司采用热烟雾消杀法消杀下水道长14.5千米，灭蟑、灭蚊、灭鼠效果好。

【卫生执法监督】 2019年，诏安县受理并许可公共场所11家，其中美容美发场所3家、沐浴场所1家、娱乐场所3家、住宿场所4家（1家为延续）；整治违法违规公共场所，执行处罚案件13起，其中民营医疗机构案件7起，非法设置诊疗场所并开展诊疗活动案件6起，处罚金额共6.5万元。

【人才队伍建设】 2019年，诏安县新增卫技人员736人，其中医生552人（编内31人，编外521人），护士145人（编内4人，编外141人），其他卫技人员39人（编内21人，编外18人）；5月，全市统一公开招聘事业单位编内卫技人员35人（医生14人，护士4人，其他17人），公立医疗机构编外卫技同工同酬人员53人（医生21人，护士32人），公立医疗卫生事业单位自主招聘编外35人（医生7人，护士26人，其他2人），民营医院及卫生所（室）自主招聘592人（医生493人，护士83人，其他卫技人员16人），逐步解决卫技人员紧缺问题。

【卫生应急队伍演练】 2019年2月28日，诏安县组织卫生应急保障人员在金星乡实弹打靶射击，在梅岭镇与县人武部、乡镇武装队伍开展协同演练，参演80人；4月初，与县人武部共同完成对县应急连、空军医疗保障基干民兵分队、海军医疗保障基干民兵分队的整编工作；4月16日，参与全县应急连队伍联合点验；4月16—18日，参与市基层医疗机构急救技能培训，通过演练与培训提高应急队伍救援能力。4月21日，开展县级医疗保障国防动员潜力调查；4月13日、23日参与驻诏部队实战演练医疗保障；6月15—19日，参与驻诏部队实战演练“胜利70周年”演习保障；8月30日，与县公安局等在深桥检查站开展反恐演练（预演），提高反恐应急紧急医学救援能力。全年派出救护车20车次，医疗保障人员60人次，完成6次活动保障。台风期间做好防汛抗洪值班值守。

【贫困人口基本医疗保险补偿】 2019年8月1日起，诏安县执行重点对贫困人口按起付线降低50%，支付比例提高5个百分点的支付倾斜政策，落实大病保险对接、新增大病保险筹集资金的核算和足额拨付，报销金额支付到人。诏安建档立卡贫困人口15894人，其中56人参加城镇职工基本医疗保险，15838人参加城乡居民基本医疗保险（由医疗救助基金给予全额资助），参保率100%。精准扶贫保障对象补偿55739人次，总医疗费用4795.11万元。基本医疗保险补偿金额2908.16万元；大病补偿14942人次，补偿金额303.35万元；医疗救助补偿32846人次，金额533.48万元；第一道精准扶贫补偿金额26.46万元，补偿5056人次；第二道精准扶贫补偿金额158.63万元，补偿17948人次；风险金补偿金额528.2万元，补偿35369人次。补偿金额共4458.34万元，占总医疗费用92.98%。

【医保服务与结算】 2019年，诏安县医保窗口业务“一窗通办”。简化手续，优化意外伤害报销流程，优化门诊特殊病种医保服务，简化业务办理提交材料，取消部分证明资料；在业务大厅配置4台自主终端机，方便群众自主医保查询、个体转移接续和医保年度结算单打印、跨省异地就医备案等；对新增企业逐一通知办理职工医保事宜，确保“不漏一户”；将办理流程、缴费标准等问题以“接地气”的方式解答；医保结算实现“一站式服务、一窗口办理、一单制结算”，优化办事流程，简化定点医药机构审批和结算程序。全年共办结各类医保2000多件，其中通过国家异地结算平台即时结算1452人次，结算总额3173.06万元。医保办理推广家庭共济金使用，个人账户家庭共济就医使用支付金额16.68万元。年内，县总医院和霞葛中心卫生院作为跨省定点医疗机构开通；新增7家全省联网药店，累计有40家定点药店接入省网；参保人员通过国家异地结算平台即时结算1452人次，结算总金额3173.06万元，基金支付1831.09万元。

【医政管理】 2019年，诏安县总医院预约诊疗、远程医疗、临床路径与单病种管理、检查检验结果互认、医务社工和志愿者服务等五项制度逐步健全。县卫健局开展二级以上医疗机构满意度调查，加强医疗废物与生活垃圾分类管理，试点未污染输液瓶集中收集处置管理，强化污染源防控治理和血透室、口腔科、手术室和发热门诊等重点科室医院感染管理。推进合理用药和病历质量提升，组织实施国家药品集中采购跟进与日常监测。

原县医院通过二级综合医院年度评价，中医院通过新一轮二级甲等中医医院评审。县医院、中医院先后被列入全国提升县级医院综合服务能力提升第二阶段500家县级医院和500家中医院项目单位、县域紧密型医共体建设567个试点县建设单位。

县总医院组织实施“名医名科名药”战略，采取非临床科室合并，保留中医药特色科室，做特做优中医。在总医院南区建设首届漳州市名中医游春木工作室。县中医院中医康复科被确定为第二届漳州市中医重点专科项目建设单位。

县卫健局举办基层卫生院中医适宜技术培训班一期，组织开展漳州市民间中医资源普查与中医确有专长人员初步认定与报审；参与全国中药资源普查，推进基层中医馆建设。桥东镇卫生院中医馆建成并投入使用，全县有基层中医馆8家。在桥东、南诏和太平等乡镇开展中医健康素养调查，宣传乡村中医药知识。鼓励社会办中医诊所，探索改进中医类医疗机构日常监督管理办法以及中医院中药代煎业务。

【药政管理】 2019年，诏安县医疗保障局督促公立医院实行按药品集中采购，医用耗材阳光采购。全县14家公立医疗机构高值医用耗材实行网上阳光采购。以2018年的药品网上采购为基数，2019年国家谈判中选的药品品种有25个，涉及43个品规。诏安县医院、中医院2018年使用的品种中属于“4+7”的有14个品种，19个品规。2019年诏安县总院采购的“4+7”品种共有22个品种，25个品规，按品种采购量计数，平均完成率320%，节约金额195.2万元；落实跟进国家药品集中采购结果（“4+7”带量采购），完成中选药品协议采购量317.97万片（袋、支），中选药品采购量达到同通用名药品采购总量的82.03%。年检查定点医疗机构52家次，对违规单位约谈27人次，处理26家，追回违规基金款项154.82万元；检查定点药店75家次，约谈70家；追回参保人员报销违规基金4.53万元。9月初，对县医院等6家定点医疗机构开展检查，追回违规金额240万元。

【县总医院简介】 2018年10月31日，县总医院挂牌成立。12月5日，各乡镇分院挂牌。2019年5月下旬，县总医院北区、南区搬迁投入运营。县总医院分北区和南区。实行“一院两区”运行模式。2019年8月，诏安县被列为全国紧密型医共体建设试点县。

总医院核定编制数663人（原县医院核编403人，中医院核编260人），实际在编人员603人，其中县医院375人，中医院228人。

总医院北区（新院区）位于诏安新国道深桥段，占地面积53336平方米，总建筑面积34001.60平方米，该项目于2013年1月15日开工建设，瑞康医院（精神专科楼）及后勤楼于2014年12月竣工验收，门诊楼、医技楼及住院楼工程于2016年12月竣工验收，总投资1.91亿。其中医疗综合楼（含门急诊楼、医技楼、住院大楼）建筑面积24852平方米；后勤楼建筑面积1137.60平方米；瑞康医院（精神专科楼）建筑面积8012平方米。拥有床位500张，其中综合医院300张床位，瑞康医院200张床位。总医院北区以120急救指挥中心为核心，设置关联的临床医技职能科室，重点承担县域内的急危重病人救治任务，有骨科、外科、内科、妇科、产科、重症监护室（ICU）、手术室、神经外科、五官科、急诊科、新生儿科和精神专科等科室。

总医院南区为原县医院院址，位于南诏镇澹园社区，占地面积35925.19平方米，业务用房总建筑面积35013.21平方米，核定床位310张，有住院大楼、门诊大楼、门诊钢构房、在建新医技楼。总医院南区加挂县中医院牌子，主要设置康复科、中医内科、儿科、老年病科、骨伤科、外科、肛肠科、传染科、肾病科、经典中医门诊和健康管理中心（治未病科）等中医临床科室，为中医功能相对集中的院区。保留原县医院门诊钢构房专家门诊。内科、外科、骨科和儿科主要技术力量在南区。同时，原县医院的中医科、理疗科、体检中心、血透中心和外科泌尿系统专家留在南区，充分利用南区设备资源，最大限度地满足城区病人的就医需求，方便病人候诊、就诊，实现优质医疗服务前移。

2019年5月，县总医院消毒供应中心、临床检验中心、病理检查中心、心电诊断中心和医学影像（超声诊断）中心等县域医疗技术平台建成并投入使用，累计投资2698.24万元。总医院在完成院区搬迁整合后，集中优势科室，强化院前急救和ICU救治能力建设，先后与解放军联勤保障部队第909医院神经外科、厦门大学附属厦门眼科中心共建专科医联体。909医院神经外科的专家长期轮值总医院，参与手术指导、教学查房、疑难病例讨论及门诊坐诊，特别是参与对急危重症脑病患者的救治。与厦门大学附属厦门眼科中心组建“张广斌名医工作室”。选派12名临床护理医技人员对口支援10家乡镇卫生院。

诏安县总医院现配置的医疗设备主要有：64排螺旋CT、双版DR、多功能胃肠机、骨密度仪、C臂机、四维彩超、多功能病床、多功能抢救床、一体化产床、多功能手术床等先进医疗设备。原诏安县医院主要医疗设备有1.5T GE磁共振1台，双层螺旋CT 2台、DR 2台、彩超7台、B超1台；检验设备有迈瑞SAL-8000 1台、进口全自动配血及血型分析仪1台、进口全自动血凝分析仪1

台，细菌培养仪1台、发光免疫检查仪1台、艾滋病初筛检验室、尿沉渣、六分类血球分析仪等较为先进完备的检验设备，检查设备还有电子胃镜、24小时心电图仪；血透室配备有血透机14台，其中单泵血透机11台、双泵血透机3台；手术室配置有腹腔镜、膀胱输尿管镜、钬激光、超声高频外科集成系统、移动C臂X光线机（GE）、麻醉机（进口GE）等先进设备。原诏安县中医院拥有原装进口CT、DR、多普勒彩超等大中型医疗设备和骨伤愈合治疗仪、疼痛治疗仪、下肢关节康复器等中医诊治设备。

（县卫健局、县医保局　供稿）

计生服务

【计生奖扶】　2019年，诏安县实施各种计划生育技术1012例；孕前优生免费检查5312人，目标人群覆盖率94.86%。核实发放农村部分计划生育家庭扶助3332人（其中低保239人）；城镇部分计划生育家庭扶助1110人（其中低保37人）；独生子女伤残死亡国家特别扶助116人（其中低保户27人）；市级独生子女伤残死亡特别扶助33人（其中低保7人）。紧急救助新增计划生育失独家庭7户，金额12万元；全额补助计划生育特殊家庭、农村独女户、二女户城乡居民基本医疗个人缴费部分共31418人，金额691.20万元；核实确认354户农村独女户、二女户按县规定中考享受加分；办理计生家庭意外伤害保险17353户，对发生意外伤害事故的投保户，督促保险公司做好理赔服务工作；审核确定62户市级计划生育补助对象享受安居工程建设补助，每户一次性补助金额3000元，计18.6万元。

【流动人口计生服务】　2019年，诏安县外出务工、经商办企业流出人口60740人，其中育龄妇女22927人，已婚育龄妇女18606人；流出人口出生总数1149人，其中政策外出生数115人；县外到诏安务工、经商、办企业流入人口1773人，其中育龄妇女668人，已婚育龄妇女527人；流入人口出生总数23人。

诏安县对流动人口的计生服务采取流入地与流出地双方紧密配合的方式，双方协查，信息互通共享。先后在人口流入相对集中的深圳、广州、东莞、厦门、泉州、石狮等地设立流动人口计生服务站，宣传计划生育、优生优育政策，热情主动做好服务，动员计生服务对象就地落实计生措施。全年流动人口协查率100%，反馈率100%。全县流动人口数据新增8923条，新增率14.29%；流动人口实施计生措施后注销数据7495条，注销率12%；流动人口数据完整率98.48%。

（县卫健局、县计生协会　供稿）

体　育

【概况】　2019年，诏安县贯彻落实《诏安县全民健身实施计划（2016—2020年）》《诏安县“十三五”体育事业发展专项规划》，以提高人民健康素质为根本目标，广泛开展全民健身系列活动，努力提高竞技运动水平。建成并启用标准游泳池1个，新增社区全民健身场地设施4个，安装一批室外健身器材。开展多种类型的全民健身竞赛多场。诏安县派出体育健儿参与省“洲克·泳者之星”杯青少年游泳冠军赛等各级各类体育运动比赛并获得优秀成绩。

【体育设施建设】　2019年，诏安县加大体育场地设施投入，成功申报4个城市社区全民健身场地设施建设项目，包括官陂镇风狮村、红星乡芹山社区多功能运动场、建设乡长埔村笼式足球场、桥东镇西浒村门球场等，4个项目全部完成场地硬化及器材安装工作并投入使用；全县25个建制村各安装5件室外健身器材，其中6个村再安装1副篮球架。7月，文体中心建成标准游泳池并投入使用。

【全民健身运动】　2019年，诏安县组织实施

《2019年诏安县全民健身运动会工作方案》，举办形式多样、内容丰富的体育竞赛活动。元旦、春节、元宵期间举办“2019年福建省全民健身运动会——诏安县围棋、象棋、门球比赛”等活动。2月22—23日，举办“2019年福建省全民健身运动会——诏安县门球比赛”。3月8—9日，举办“2019年福建省全民健身运动会——诏安县柔力球比赛”。5月1日，举办“2019年福建省全民健身运动会——诏安县游泳比赛”以及健康跑活动。6月2日，举办由武汉市、潮州市、深圳市、泉州市、徐州市等地方搏击俱乐部参加的“2019年福建省全民健身运动会——诏安县首届自由搏击比赛”。6月28—30日，举办由浙江、江西、广东、香港及本省区共11支代表队参加的“2019年福建省全民健身运动会——诏安县闽浙赣粤港五省区气排球邀请比赛”。7月15日，举办“2019年福建省全民健身运动会——诏安县健康杯游泳比赛”。8月1—7日，举办“2019年福建省全民健身运动会——诏安县太极拳、健身气功、广播操”等展示活动。10月6—7日，举办“2019年福建省全民健身运动会——诏安县乒乓球友谊赛”。

【参加全国、省、市体育竞赛】 2019年4—6月，诏安县少体校派出250名队员参加市锦标赛，取得田径项目女子团体第一名，男子团体第二名；羽毛球项目男女团体第二名；篮球项目女子团体第一名；跆拳道项目男子团体第二名，女子团体第三名；武术散打项目女子团体第二名。

2019年6月3日，县籍运动员沈煌慧参加全国第二届青运会女子皮艇球比赛夺得第五名；7—8月，县少体校派出50名运动员参加省锦标赛、省冠军赛的篮球、羽毛球、游泳、田径项目比赛，取得较好成绩。少体校运动员沈梓妍获得全国U10羽毛球赛南方赛区混合团体第四名、女子单打第七名。

2019年诏安县参加省锦赛比赛前六名运动员名表

表4

姓名	项目	级别	名次
胡晓慧	田径	100米栏	第一名
沈堃昊	田径	400米栏	第二名
沈堃昊	田径	110米栏	第二名
何洪彪	田径	110米栏	第二名
李镇洪	田径	七项全能之三——标枪	第二名
李炜婷	田径	标枪	第二名
叶洁	田径	1500米	第三名
沈泽楠	田径	铅球	第三名
叶洁	田径	3000米	第四名
钟念念	田径	标枪	第四名
李晴	田径	标枪	第四名

续表 4

姓名	项目	级别	名次
钟奕浩	田径	400 米栏	第四名
林荧诗	田径	4×100 米接力	第五名
沈堃昊	田径	异程接力	第五名
何洪彪	田径	异程接力	第五名
钟奕浩	田径	异程接力	第五名
叶纯	田径	异程接力	第六名
胡晓慧	田径	跳远	第六名
何洪彪	田径	4×100 米接力	第六名
李镇洪	田径	七项全能	第六名
林荧诗	田径	跳远	第六名
涂庆佑	田径	1500 米	第六名
沈梓妍	羽毛球	女子丙组单打	第四名
张婷婷	羽毛球	女子乙组单打	第五名
沈梓萌	游泳	4×100 米自由泳接力	第六名
黄梓苓	女篮乙组	团体	第六名
许雯静	女篮乙组	团体	第六名
吴垌霖	女篮乙组	团体	第六名
林涵静	女篮乙组	团体	第六名
林芝琳	女篮乙组	团体	第六名
沈佳娜	女篮乙组	团体	第六名
许温雅	女篮乙组	团体	第六名
陈晓冰	女篮乙组	团体	第六名
蔡静怡	女篮乙组	团体	第六名
沈岑依	女篮乙组	团体	第六名

（文旅局　供稿）

社会民生

居民收支

【概况】 2019 年，诏安县居民人均可支配收入 22732 元，比上年增长 9% 。全县居民人均生活消费支出 16921 元，比上年增长 9.3%。

【城镇居民收支】 2019 年，诏安县城镇居民人均可支配收入 32124 元，比上年增长 8.6%；城镇居民人均生活消费支出 24637 元，增长 10.1%。

【农村居民收支】 2019 年，诏安县农村居民人均可支配收入 17734 元，比上年增长 9.2%；农村居民人均生活消费支出 12815 元，增长 8.4%。

（县统计局 供稿）

人力资源管理

【概况】 2019 年，诏安县人力资源与社会保障局（简称人社局）负责全县人力资源管理，优化人力资源配置，促就业，保民生；对全县事业单位工作人员进行招聘、培训、评聘、考核，并根据考核结果发放相应工资待遇；全县事业单位工作人员 7615 人，新招聘事业单位人员 121 人，完成在职培训 6724 人；开展人才交流，召开全县性人才招聘大会 3 次，联系企业提供就业岗位近 4000 个，逐步解决劳动力就业；做好诏安县急需人才的引进与富余劳动力的外出务工管理；做好大中专毕业生档案的调入调出；年度机关事业单位工作人员工资及福利正常发放，事业单位及企业退休人员工资略有提高，人均月增养老金 131.94 元。

【工作人员考核】 2019 年，诏安县事业单位工作人员 7615 人，参加年度考核 7516 人，未参加考核 56 人，不属考核对象 43 人；考核结果优秀 1406 人、合格 5889 人、不合格 0 人、不定等次 221 人；根据考核结果落实奖励：考核称职以上的兑现工资晋升和年终一次性奖金，考核基本称职以下的不晋升工资、不享受年终一次性奖金。

【工作人员招考聘用】 2019 年，诏安县人社局组织招考聘用事业单位人员 121 名，其中卫生专技人员 50 名，其他事业单位工作人员 71 名（不含教育系统）。

【人才交流】 2019 年元旦及春节期间，诏安县开展“就业援助月”“春风行动”等专项活动。2月13日，举办“诏安县2019年春季公益性人力资源招聘大会”，参会的90多家企业提供能源、海洋生物、婴童用品、食品、水产品、电子、化工等行业岗位3972个。入场应聘的各类人才2100多人，现场达成就业意向837人。

2019年，诏安县上报引进省高层次B类人才项目1个、市高层次四类人才项目1个、市柔性高层次人才项目1个、市主导产业技术人才项目8个；实际引进博士毕业生3名，均到企业工作。组织有关企业参加由省人社厅、市人社局发起的赴省外招聘人才行动。上报省级专家服务基地项目1个，省级人才驿站1个，市级人才驿站、人才之家共2个，高层次人才一站式服务窗口1个。

全年接收整理学生档案2061份，调入档案37份，调出档案515份。办理流动人员就业手续44份。

【在职人员培训】 2019年，诏安县人社局利用“人才网”宣传人才培训教育的重要性。组织全县专业技术人员开展网络继续教育培训，采取集中学习和上门培训相结合的形式，妥善处理工学矛盾，培训6724人；开展机关事业单位工勤人员技术等级升级考核工作。培训教育工作日趋规范、科学。

【专业技术人员评聘】 2019年，诏安县人社局开展专业技术人员职称评聘工作，办理确认初级专业技术职务任职资格283人，审核、委托95人参加申报晋升专业技术职务任职资格评审考试。

【工资福利管理】 2019年，诏安县机关事业单位工作人员基本工资正常发放，没有做出调整；调整机关事业单位退休人员养老金3913人，补发养老金534.71万元，人均月增养老金195.21元；执行企业办法调整企业退休人员养老金162人，补发养老金14.96万元，人均月增养老金131.94元。

（县人社局　供稿）

劳动就业管理

【概况】 2019年，诏安县举办人力资源专场招聘会12场次，解决城镇失业人员实现再就业705人；组织建档立卡人员441户579人进行职业技能培训；受理劳动监察投诉案件67起，追回被拖欠工资400万元；收到劳动争议仲裁案件申请76件，全部办结。城镇登记失业率2.8%。

【就业和再就业】 2019年，诏安县人社局抓好就业和再就业工作，强化政府责任，改善就业环境，开展城镇、农村就业、再就业人员的技能培训；出台《诏安县服务工业企业用工奖励补助暂行规定》，对招工企业，高校毕业生、退役士兵就业，按标准给予入职奖励和住房补贴，同时解决外来工随迁子女的入学等问题。

2019年，诏安县共举办专场招聘会12场次，进场招聘企业140多家，提供就业岗位6000多个，进场应聘人员5600多人次。县人社局为28名员工提供劳动维权服务和法律援助。定期向社会发布就业供求信息。办理（含网上登记）求职登记293人次、用工登记2470人次、求职介绍177人次，全部被企业吸收。城镇失业人员实现再就业705人。

【职业培训】 2019年，诏安县人社局开展就业技能、岗位技能提升和创业等培训，落实培训经费直补企业政策，扩大重点企业技术工种免费培训规模；坚持一户一培训，组织建档立卡人员441户579人进行职业技能培训，涉及农艺工、保洁员、茶叶加工等工种。1—9月，累计安置224名建档立卡贫困人员在9个乡镇公益性岗位就业，实际在岗167人。县妇联、残联、电商办组织722人，分10期进行培训，涉及电子商务、果树种植、蔬菜种植等工种。

【维护职工合法权益】 2019年，诏安县人社局完善劳动监察制度，推进劳动监察工作规范化、常态化；加大对用人单位拖欠职工工资、不按规定签订劳动合同、违法超时加班、非法用工等违法行为的打击力度。县劳动监察大队、劳动仲裁办主动监察200家用人单位，对32个用人单位实行劳动用工备案，督促用人单位与劳动者签订劳动合同32份；受理劳动监察投诉案件67起，涉及农民工271人，办理结案17起，追回被拖欠工资400万元；收到劳动争议仲裁案件申请76件，办结76件，结案涉及人数81人、涉及金额133万元。其中仲裁裁决50件、仲裁调解13件、撤销8件、撤诉2件、发送不予受理通知3件。

（县人社局　供稿）

社会保障

【概况】　2019年，诏安县全面实施全民参保，落实提高社会保障待遇，加强社保基金监管。机关事业单位养老保险、城镇职工养老保险、城乡居民社会养老保险、城镇基本医疗保险、失业保险、工伤保险、生育保险等社会保障加强；新增社会福利收养性单位1家，累计床位1346张，比上年增长50%.

【养老保险】　2019年，诏安县机关事业单位养老保险参保9338人，离退休3980人，征收基金26564.47万元，支付25346.35万元。累计滚存基金20570.23万元。

全县职工社会养老保险参保31812人，退休8930人，征收养老保险基金17759万元，发放养老金23701万元。累计滚存基金7181万元。

全县参加城乡居民社会养老保险245192人，享受待遇发放95343人，支付养老金15656.4万元。累计滚存基金27959.51万元。

【职工工伤保险】　2019年，诏安县工伤保险参保职工34410人，征收工伤保险基金647万元，享受待遇140人，支付工伤保险基金541万元。累计滚存基金210万元。

【城乡居民基本医疗保险】　2019年，诏安县居民参加新型城乡居民合作医疗584842人，征收基本医疗保障基金43278万元。全年支出居民医保基金4.1421亿元，其中住院基金支出2.87亿元，门诊基金支出6905万元。大病保险支出4218万元。

【失业保险】　2019年，诏安县失业保险参保人数12306人，征收失业保险基金征收348万元，支付基金240.33万元。

（县人社局　供稿）

社会救助

【城乡低保】　2019年，诏安县实现城乡居民低保标准统一，城乡低保标准提高。低保标准由原城市每人每月492元、农村每人每月435元统一提高到每人每月580元。全县城乡低保对象14717人，全年发放低保资金6206.31万元。

【农村特困救助】　2019年，诏安县对分散供养的农村特困人员的救助分为全自理、半护理、全护理三种，救助标准分别提高到每人每月892元、1099元和1306元；对集中供养的农村特困人员的救助按以上三种情况，救助标准分别提高到每人每月1071元、2198元和3265元。全县880名特困人员全年发放特困救助金984.62万元。

【特困临时救助】　2019年，诏安县实行扶贫兜底保障政策，对临时特困对象实行精准扶贫，重点排查没有纳入低保建档立卡贫困人口且尚未脱贫的家庭，将符合低保条件的对象纳入低保兜底，让社会救助政策与扶贫相衔接，及时解决遭遇突发性灾难致临时性生活困难问题。调整小额临时救助标准，一次性救助标准由原来的800元以下调整为2000元以下，特殊情况可达3000元以下。全年一次性救助5251户，救助金额417.49万元。

【流浪困难群体救助】　2019年，诏安县民政部门救助流浪精神病人99人次，其中救助18周岁以下的青少年流浪精神病人6人次，跨省接送5人次，支付救助金110万元。民政局以“6·19”救助开放日为契机，组织社区救助志愿者上街道、进车站，悬挂横幅标语、设立咨询台，宣传城乡生活无着落流浪乞讨人员救助管理办法，发布《告市民一封信》，发放救助联系卡等动员全社会关爱流浪弱势群体，主动参与救助工作。

【残疾补助】 2019年，全县困难残疾人生活补贴从原每人每月70元提高到120元；重度一级残疾人护理补贴从100元提高到150元；重度二级残疾人护理补贴从50元提高到100元。全年发放残疾人补助金1805.38万元。

（县民政局 供稿）

社会福利和慈善事业

【乡镇敬老院建设】 2019年，诏安县乡镇敬老院有15家。梅州侨场敬老院、梅州乡敬老院、四都镇敬老院、金星乡敬老院、梅岭镇敬老院、桥东镇敬老院、深桥镇敬老院、建设乡敬老院、红星乡敬老院、太平镇敬老院等10家敬老院完成建筑质量和消防安全改造；白洋乡敬老院、官陂镇敬老院、秀篆镇敬老院等3家敬老院完成搬迁重建；梅岭镇敬老院、桥东镇敬老院、建设乡敬老院提升改造，具备日间照料中心功能；太平镇敬老院引进民营协和养护院参与院运营，形式为公建民营。

2019年，诏安县投资1235万元，建成40家农村幸福院，全县累计农村幸福院126家。

【社区居家养老服务】 2019年，诏安县建成南诏镇东关社区养老服务照料中心、梅岭镇日间照料中心、桥东镇日间照料中心、建设乡日间照料中心等4个区域性养老服务中心；提升南诏镇南湖社区、北湖社区、光良社区、东城社区、东门社区等5家居家养老服务站点建设。

2019年，续建县同济老年养护中心，建筑面积约5.9万平方米，床位520个；改扩建县协和养护院；以南诏镇为试点，组织开展社区居家养老专业化服务，为特困供养人员、低保对象、建档立卡的贫困人口、重点优抚对象、计划生育特殊家庭成员、重度残疾人中的60周岁以上老年人，以及80周岁以上的老年人等2600人购买相关养老服务。政府购买居家养老服务覆盖所有社区（村），购买服务经费210.62万元。

【诏安福利中心简介】 诏安福利中心坐落于深桥镇上营村75号国道324线边，占地面积4公顷，总建筑面积2万平方米，主要建筑物有敬老院3幢、光荣院1幢、儿童院1幢、综合楼1幢以及南诏镇敬老院1幢，共计床位400余张。该项目总投资6100万元，2014年11月开工建设，2016年5月竣工并投入运营，为县最大的社会福利中心。该中心于2019年12月改为公建民营。

【慈善基金筹集及使用】 2019年，诏安县开展“慈善一日捐”活动，接受单位捐赠慈善基金283.54万元，个人捐赠慈善基金84.36万元，全县共计筹集慈善基金367.90万元，全年支出慈善基金291.24万元，主要用于“慈善情暖万家”“慈善助学”“慈善阳光”“走向慈善公益”等项目支出。年末慈善基金账户余额1272.94万元。

（县民政局、县慈善总会 供稿）

民政事务管理

【社区建设】 2019年，诏安县民政局抓好村委会换届选举和“回头看”工作，协同县委组织部等部门落实村（居）委员会主任的离任审计和离任村主干生活补助审核工作；组织招募高校毕业生服务社区，公开招募6名高校毕业生充实社区力量，优化服务社区管理。

【婚姻登记】 2019年，诏安县民政局办理结婚登记 4182 对，离婚登记 924 对，补发结婚证 481 对，其中涉外婚姻 32 对。接受来电来访咨询 800 多人次，补录婚姻登记历史档案 5000 多条。

【殡葬服务】 2019 年 5 月起，诏安县民政局免除城乡居民 2115 人的基本殡葬服务费 229.29 万元；全年免除含城乡低保、特困供养人员、革命“五老”人员和重点优抚对象等 2608 人的基本殡葬服务费 290.49 万元。清明祭扫活动文明、安全、有序，移风易俗工作逐步展开。

【孤残儿童保障】 2019 年，诏安县建立孤儿基本生活保障制度，做好孤儿身份核定，建立健全孤儿档案，按每人每月 900 元标准为 76 名孤儿发放生活补助金和春节慰问金，共计 78.76 万元。摸排全县留守及困境儿童数量，完成 274 名留守儿童、254 名困境儿童的信息管理系统数据录入。

【县域界线管理】 2019 年，诏安县做好县界线、界桩日常管理，完成平和县与诏安县级界线联检和县乡镇级 27 条界线的联检工作。将界桩管护员补贴每人每年由 200 元提高到 800 元。

【社团登记管理】 2019 年，诏安县民政局登记社会组织 18 家，社团 3 家，民办非企业单位 15 家；变更登记 25 家；注销社团 8 家；完成社会组织年检 132 家。县民政局加强社团管理，规范领导干部在社会团体兼职，配合县委组织部进一步规范在社会组织兼职的行政事业干部；还同县公安局联合整治打击非法社会组织。

（县民政局　供稿）

双拥　优抚　安置

【机构设置】 2019 年 3 月 29 日，诏安县退役军人服务中心及乡镇退役军人服务站机构，经县编委批复成立。各乡镇组建村（社区）退役军人服务站，指定 1 名村（社区）“两委”干部负责。至 5 月 30 日，全县建制村、社区和梅州华侨农场服务站共 251 个服务站均成立挂牌并配备人员。

【双拥工作】 2019 年，“八一”中国人民解放军建军节期间，县领导带队走访慰问驻训部队，送去矿泉水和方便面等慰问品，了解驻诏部队生产生活和双拥工作进展情况，协调解决部队官兵子女入学问题，有效解决部队官兵和随军家属后顾之忧，增进军地双方友谊。

清明节期间开展“传承 · 2019 清明祭英烈”活动及 9 月 30 日烈士纪念日公祭活动，发布信息报道 18 条，参加人员近 5000 人次。

驻诏安部队把支持地方建设作为拥政爱民的工作重点，主动融入地方经济建设，参与重点工程建设、农田水利建设、植树造林、抢险救灾等工作。

【优抚对象核查】 2019 年，诏安县根据《福建省人民政府办公厅转发国务院办公厅〈关于做好退役军人和其他优抚对象信息采集工作〉的通知》和省民政厅、人社厅《关于印发〈退役军人和其他优抚对象信息采集工作实施细则〉的通知》及《漳州市退役军人和其他优抚对象信息采集工作实施方案》精神，县退役军人管理局开展退役军人和其他优抚对象信息采集工作，至 10 月 15 日全县基本完成退役军人和其他优抚对象信息采集且经省退役军人管理厅审核。

【悬挂光荣牌】 2019 年 3 月 1 日，诏安县退役军人管理局召开全县光荣牌悬挂工作会议，悬挂光荣牌工作全面展开。全县以村（社区）为单位，建立悬挂光荣牌台账。光荣牌悬挂由村（社区）举行简朴、庄重、热烈的悬挂仪式，安排专人负责悬挂。至 10 月 15 日，全县应悬挂光荣牌家庭全部挂牌到位，增强退役军人的荣誉感。

【节日慰问】 2019 年春节期间，诏安县退役军人管理局走访慰问军烈属、重点优抚对象、军队离退休干部、驻诏部队等，发放慰问款、慰问品；对立功受奖人员家庭增发优待金；走访慰问现役军官，发放慰问金。

“八一”中国人民解放军建军节期间，诏安县退役军人管理局慰问优抚对象，发放慰问金；组织对全县企业军转干部进行体检并发放慰问金。

【优抚对象救助补助】 2019年，诏安县退役军人管理局对生活困难的优抚对象给予解决临时生活补助；解决残疾军人和军休人员参加城镇职工基本医疗保险；解决优抚对象参加城乡居民医保。对重点优抚对象住院（含1~6级残疾军人门诊补助）进行医疗补助。发放残疾军人护理费。发放优抚对象的抚恤定补及自然增长补助金，企业军转干部生活补助金。重点优抚对象享受有线数字电视基本收视费优惠。

2019年，诏安县退役军人管理局落实上报新增农村籍退伍老兵，新增带病回乡退伍军人生活补助、新增残疾军人抚恤金、自主择业军转干部的医保接续和一次性补助金、优抚对象及军队离退休人员的生活补贴和抚恤金、自主就业退役士兵地方经济补助金等全额发放。

【退役士兵社保接续】 2019年，诏安县根据《中共中央办公厅、国务院办公厅关于解决部分退役士兵社会保险问题的意见》文件精神，按照省市统一部署，县成立工作专班，建立联合办公制度，公布对外咨询电话，制订工作方案，电视台播放公告内容，下发公告海报。6月6日，县退役军人管理局召开全县退役士兵社保接续工作推进会，部署开展摸底工作，完成县退役士兵社会保险接续身份受理并大部分录入系统。

【退伍军人安置】 2019年，诏安县退役军人管理局完成接收退伍军人任务，安置退役士兵到全额拨款事业单位、差额拨款事业单位、自收自支事业单位、央企、省企等。待安置退伍军人发放生活补助金。

（县退役军人管理局　供稿）

老区建设

【概况】 2019年，诏安县革命老根据地建设委员会办公室（简称“老区办”）、诏安县老区建设促进会（简称“老促会”）根据《关于做好革命老区中央苏区服务奔小康工作的实施意见》文件精神，争取扶贫资金，扶持老区村项目建设、修缮革命遗址、扶持老区发展生产，做好革命老区宣传，发放老区奖学金，助力老区教育。

【老区项目建设】 2019年，诏安县向上争取扶贫资金145万元，扶持7个老区村项目建设，投入资金55万元，修缮太平镇雄鸡村积庆堂、官陂镇凤狮村百顺居、官陂镇林畲村云和诏县委旧址等3个革命遗址。投入资金30万元，建设官陂镇光坪村青梅晒场和红星乡庙兜村农副产品生产通用厂房2个生产性项目。投入资金338.28万元，硬化老区建制村与自然村道路。

【革命老区宣传】 2019年，诏安县编印《庆祝中华人民共和国成立70周年“我和我的祖国”宣传教育活动——诏安县“民政为民、民政爱民”篆刻作品选登》宣传册，宣传老区革命精神。支持官陂镇凤狮村老区党建宣传远程教育广场项目建设，宣传红色乡村旅游。县老促会获评中国老促会宣传工作三等奖。由老促会主持编纂的《诏安县革命老区发展史》6月完成初稿，9月与厦门大学出版社签订出版合同交付出版，12月发行。

【革命“五老”人员优待】 2019年，诏安县对102名革命“五老”、123名遗偶发放革命“五老”及遗偶生活补助金190万元、医疗补助金4.26万元、抚恤金8.57万元。针对困难革命“五老”家庭发放临时补助金0.66万元，发放春节、重阳节慰问金共10.52万元。

（县老区办、县老促会　供稿）

库区移民工作

【概况】 2019年，诏安县库区移民开发管理局（简称“县移民局”）继续对移民进行资金补贴，并通过后期扶持扶助项目增加移民收入，改善移民生活条件，建档立卡的移民全部脱贫，库区移民平安和谐，零信访、零上访。

【移民管理】 2019年，诏安经省移民局核定登记到人的大中型水库农村移民605人，登记到移民村的移民8332人。登记到人的库区移民包括：2004年外迁安置在金星乡古关作业区和桥东镇下寮村的三峡移民，以及安置在霞葛镇溪林村、庄溪村、五通村的岭下溪水库移民、江西省团结水库自主外迁到梅岭镇石城村的1名移民。登记到人的移民采用资金直补的方式，每人每月补助50元，按季度直接发放到移民手中的“一卡通”，实行动态管理。淹地不淹房等连带影响人口涉及金星乡、桥东镇、西潭镇、建设乡、太平镇、红星乡、霞葛镇等7个乡镇，移民人数8332人。小型水库扶助人数385人。

【库区移民后期扶持】 2019年，全县投入移民资金36.3万元，为605个直补移民发放直补资金。投入移民资金1242.3万元，实施后期扶持扶助项目4个。全年移民人均可支配收入14394元，比上年增长11.2%。

投入移民资金1206.3万元，购置商业店面9间845平方米，通过资产租赁收益再分配，增加移民财产性收入，年增加总收入40.56万元。

投入三峡移民后续资金30万元，完善基础设施配套，追加2个三峡移民村文化活动室和幼儿园建设，提高移民村公共服务能力。开展库区移民后期扶项目扶持、子女就学补助等，使库区移民就地脱贫；对完全或部分丧失劳动力、无法通过开发性扶贫措施实施脱贫的贫困移民，由乡镇政府纳入低保，实施兜底扶贫。全县库区建档立卡的贫困移民30人，全部实现脱贫且没出现返贫对象。对因病因灾就学困难的移民实行慰问救助帮扶。

【库区移民服务】 2019年，由县扶贫办牵头，扶贫成员单位组成联合检查组，对各相关乡镇库区移民后期扶持项目和解困帮扶资金发放情况开展现场检查察看，配合巡视工作和纪检监察机关、新闻媒体和社会各界监督，发现问题及时整改，促进移民资金预算绩效管理，提高移民资金使用效益，对重点后扶项目及资金使用管理情况进行现场“解剖麻雀”，破解项目实施进度慢、移民资金结存较多的问题。

选派县局干部、乡镇村分管移民的干部参加省市移民部门举办的移民项目管理、资金管理培训，提高服务移民群众能力。加入福建省水利水电工程移民网和福建省水库移民后期扶持管理信息系统在线服务载体，促进政务服务全流程电子化，方便移民群众办事。

【平安库区创建】 2019年，诏安县采取源头防控、信访问题调处、矛盾纠纷化解等措施，做好三峡移民工作，实现年内库区移民零信访和零上访。对上报的库区生产开发性项目，严格遵循自下而上的程序，通过召开移民代表会议，广泛听取移民意见，并加大信息公开力度，保障移民群众的合法权益。

（县库区移民开发管理局　供稿）

乡镇（场）

南诏镇

【概况】 南诏镇地处诏安县南部，东与桥东镇隔东溪相望，西南与深桥镇接壤，北与西潭镇相连。辖区面积 17.5 平方千米，规划面积 35.78 平方千米。耕地面积 1.44 平方千米。2019 年户籍人口 2.20 万户 7.34 万人。固定资产投资额 8.37 亿元，社会消费品零售总额 12.45 亿元，税收收入 3.06 亿元。

南诏镇是诏安县人民政府驻地，也是县经济、政治、文化中心，拥有省级“商贸重镇”“生态乡镇”等名片。

【产业经济】 2019 年，南诏镇坚持大抓工业，壮大第二产业，促进三次产业协调发展。全年新增规模工业企业 1 家，累计规模工业 4 家，实现规模工业总产值 10.98 亿元，全部工业上缴税收 1518 万元，其中规模工业上缴税收 422 万元。全年限额以上消费品零售额 5.46 亿元，占社会消费品零售总额 43.86%。规模服务业营业收入 3922.6 万元。

【项目建设】 2019 年，南诏镇加大基础设施建设投入。五一村大老湖自然村榕脚塘改造及道路硬化工程完成；开展梅峰村胡厝车自然村污水处理及环境整治，建设梅峰村一体化污水处理设施；排查整治房屋安全隐患，对老城区、棚户区等危房集中区进行“体检”和整改，排除安全隐患。投入资金 833 万元，建成南诏镇党群驿站和文峰、东关社区党群活动中心。五一村、梅峰村幸福院，光良、东城、北湖、南湖、东关等社区居家养老服务站等一批项目开工建设。江滨校区续建；南诏中心小学新校区建成并投入使用；南城中学改扩建项目推进。五一村、梅峰村标准化公办村卫生所全面投入使用。

【征迁工作】 2019 年，南诏镇围绕“商贸兴镇”持续推进综合文化交流场所可欣文化、樵夫文化项目建设；完成南雅园棚户区拆迁扫尾工作及南城中学改扩建以及诏安职业技术学校实训基地、沐兰轩文化传媒有限公司、江滨大道公路工程等重点项目土地征收工作。于 12 月 16 日完成侨星玉峰花园改造项目最后 2 户的征迁签约工作，历时十五年的征迁遗留问题得到解决。

【平安建设】 2019 年，南诏镇全力配合政法部门开展扫黑除恶专项斗争，营造安定和谐的社会环境。全年调处各类矛盾纠纷 30 起，化解信访积案 4 件，妥善解决群众合理诉求。

【服务窗口前移】 2019年，南诏镇将便民服务中心与社区办公场所前移，创建“一厅议事”“一厅服务”“一站公益”的便民服务综合体，让老城区居民享受家门口服务。

【“双街长”制】 2019年，南诏镇在各社区（村）配备街长的基础上，由县城管局指派协管员加入，“两长”联合，共同开展“门前三包”治理，助力城市管理。此举在全市为首创。

（南诏镇　供稿）

桥东镇

【概况】 桥东镇地处县东南部，东接金星乡，南临宫口港与大埕湾，西南与广东省饶平县交界，西与南诏镇、深桥镇隔东溪相望，北连西潭镇。辖区面积108平方千米，耕地面积30.77平方千米。2019年户籍人口1.62万户6.76万人。固定资产投资额0.55亿元，社会消费品零售总额15.11亿元，税收收入1802万元。

桥东镇是诏安重点侨乡之一，有侨胞1400多人。镇内有广南庵、凤山报国寺、广南桥、临江亭、泰山妈庙、仙塘古城堡、西沈西浒省级历史文化名村等文物古迹以及金光明寺、金山寺等现代宗教建筑。诏安历史名人沈起津出生于本镇，泰山妈庙有其题诗及碑刻。

【农业经济】 2019年，桥东镇农作物播种面积4630.4公顷，其中粮食作物播种面积1523.6公顷，粮食总产量1.06万吨。园林水果面积560.6公顷（含2019年新植12.27公顷），水果总产量6572吨。山地面积4333.3公顷。农业企业和家庭农场344家，专业合作社42家。

桥东镇有万亩蔬菜种植基地和万亩水产品养殖基地。蔬菜产品销往厦门、深圳、香港等地；水产品年产量2.25万吨，鱼苗、虾苗、鲍鱼苗等畅销全国各地及东南亚等地区。“一村一品”现代农业初见规模与成效。红坑蔬菜专业合作社、西山农场南美白对虾健康养殖示范基地获农业部无公害农产品产地认证，正禾蔬菜获农业部有机产品认证。东西沈韭菜、洪洲紫菜、甲洲鸡母埭大虾、龟山竹笋、仙塘红蟳为省名优农产品。

【工业经济】 2019年，桥东镇有规模工业8家，其中规模水产加工业2家，实现规模工业总产值16.08亿元，全部工业上缴税收1121万元，其中规模工业上缴税收974万元。年内引进漳州朝明国际贸易有限公司、漳州颖盛食品有限公司等2家公司入驻。

【集贸市场】 桥东镇镇区商业街长达3千米，呈东西走向，西端与县城区主要街道中山路相连接。商业街周边有10个建制村，总人口占全镇近一半。商业街边的桥园水产品交易市场，是全省最大的村级海产品交易市场，各类鲜活水产品直销全国各地，年水产品交易额达4亿多元。该市场规模逐步扩大，形成以水产品交易为主，蔬菜、禽畜、建材、家具等批零兼售的综合市场。

【项目建设】 2019年，桥东镇实施11个重点项目建设，完成投资额7.58亿元。其中中城建南药园建设（第三期）完成投资额3.39亿元；清园物流农副产品加工及普通货物仓储建设完成投资额9200万元，桥东中学教学活动用房及食宿楼建设完成投资额2553万元，桥东镇中心小学教学楼提升工程完成投资额1187万元，诏安城区防洪排涝工程完成投资额2268万元，外凤村新农村建设工程完成投资额2240万元，溪雅村新农村建设完成投资额3300万元，铁炉港鲍鱼养殖基地建设完成投资额1.05亿元，诏安下宫线景观提升工程（桥东段）完成投资额1596万元，高标准温室大棚建设项目完成投资额4507万元，果蔬生态农业基地建设项目完成投资额4504万元。

【生态环境建设】 2019年，桥东镇开展“百路千村两违（违法用地和违法建设）整治”，确定10个村为人居环境整治试点村，6个村为新村建设试点村，4个村开展“厕所革命”。镇投入人居环境整治资金1315.8万元，村投入资金5.4万元，拆除“两违”144512平方米，清理池塘442口、清理残垣断壁662处，清理沟渠306.74千米，清理粪污废弃物1123.5吨。

【“河长制”落实】 2019年，桥东镇落实“河长制”，对东溪桥东段长9.7千米、西溪桥东段长1.2千米、浒溪长6.75千米、含英排洪渠长6.5千米、英坑排洪渠长7.0千米等5条流域开展日常巡查，定人定责，坚持每月4次保洁巡查，于重点区域和重点季节，再加强巡查。全年清理河流周边养猪场83家，养鹅场3家，养牛蛙场6家，清理面积共1.53公顷。

【平安建设】 2019年，桥东镇排查调处各类矛盾纠纷60起，调解成功率100%。接收社区矫正对象311人，解除社区矫正248人，完成审前社会调查评估报告59件。对国道出入口等30多处存在交通安全隐患的路口进行集中整治。投入资金30余万元，安装减速带、警示柱、指示牌、太阳能爆闪灯、凸面镜等交通安全设施。充分利用宣传标语、横幅、LED屏、村广播、微信群、微信公众号等广泛宣传。

【社会事业】 2019年，桥东镇做好救灾救济及优抚工作，发放慰问、救助资金60余万元，走访慰问1241余人次。落实低保保留户及新增户777户1651人，每月补差56.94万元；特困人员47户48人，每月补差4.29万元。举办关爱留守儿童活动10场次，发放各类宣传册6000余册。举办健康讲座15次，为群众答疑解惑健康知识2000余人次。

（桥东镇　供稿）

梅岭镇

【概况】 梅岭镇位于县东南部，东濒诏安湾，东南与东山县隔海相望，南与广东省南澳县隔海对峙，西临宫口港，北接桥东镇、金星乡；辖区面积36.14平方千米；耕地面积11.04平方千米；2019年户籍人口8033户3.59万人。

2019年，梅岭镇实现固定资产投资额6.45亿元，其中工业投资额3.45亿元，规模工业总产值35.85亿元，规模工业增加值10.01亿元，社会消费品零售总额5.27亿元，税收5535万元。

2019年，梅岭镇获评省级“乡村振兴特色镇”、市级“乡村振兴示范乡镇”、县级“乡村振兴示范乡镇”“人居环境整治提升示范乡镇”。

【项目建设】 2019年，梅岭镇围绕乡村振兴、美丽乡村、人居环境整治工作，实施镇村建设项目113个、总投资额6.03亿元。高标准农田建设、江夏小学幼儿园教学综合楼、敬老院改造日间照料中心、梅岭港区至疏港公路等46个镇村项目完成建设，总投资4706万元。赤石湾中心渔港、田厝一级渔港2个省重点项目加快推进。下宫线梅岭段景观提升工程、滨海旅游公共服务站、大埕湾训练基地观礼台连接线等3个工程开工建设。

【招商引资】 2019年，梅岭镇与杭州、泉州、厦门等地有关企业达成初步投资意向。其中安邦公司意向投资1000万美元，建设水产罐头加工生产线；东欣公司意向投资5000万元，建设牡蛎壳及牡蛎深加工车间，两项目均已开展前期工作。

【人居环境建设】 2019年，梅岭镇15个建制村均被列为县农村人居环境整治试点村。全年建成公厕16座，实现村公厕全覆盖。垃圾清理实现“户分类、村收集、镇转运”。镇区主干道、田厝村、下河村等实现专业保洁公司常态化保洁。全镇22千米长的海岸线海漂垃圾由专业保洁公司进行清理。配备农业专用回收桶22个。村垃圾处理覆盖率超95%。全面清理农村“四大堆”，铺设管道19.51千米，新建三格化粪池5个和一体化污水处理设施2处，农村污水收集处理率达到91%。改造危旧裸房113户，整治房屋254栋，装饰外墙1200平方米。东门村、腊洲村、下河村被列为2019年市裸房整治示范村。“三线”整治实现全覆盖，共整治2680户。硬化道路19.85千米。亮化提升腊洲村、宫口村、南门村等主干道。植树2747株，绿化2.42万平方米，有5个村申报“绿盈乡村”，其中腊洲村申报高级版“绿盈乡村”。

梅岭镇腊洲村开展“党建+人居环境整治”活

动经验被漳州电视台拍成电教片《祥麟塔下党旗红》在全市推广。梅岭镇人居环境整治提升工作典型做法和成效分别在市、县人居环境整治推进会上做典型交流发言。镇人居环境整治提升工作做法被漳州乡村振兴简报专版报道，县委主要领导专门作批示要求在全县进行推广。福建日报漳州观察、福建日报新闻客户端、东南卫视对梅岭镇乡村治理做立体式宣传。

【新村建设】 2019 年，梅岭镇启动产业发展和五台山旅游配套区规划工作；启动石城村等 8 个建制村村庄规划重编或修编工作。腊洲村在全县率先引进台湾专业规划团队提供“陪护式”咨询服务；东门村、南门村 2 个村联编村庄规划，被纳入省自然资源厅“多规合一”村庄规划编制试点。下河村、田中央村、东门村、南门村等按照腊洲村新农村住宅小区建设模式推进建设“一户一宅”示范点工作。

【平安建设】 2019 年，梅岭镇组建“乡村 110”辅警队伍对全镇进行网格化巡逻、宣传。镇平安建设领导小组全年访谈“平安家庭”600 多户，办结信访件 15 件，其中化解土地纠纷 9 起。开展抗旱防洪防涝设施、道路交通、“三合一”（指居家、生产和经营）场所、大型人员密集场所、危险化学品、渔业生产等安全隐患的摸排工作。疏浚排洪沟 1.4 千米、清除海堤两侧杂物 3.07 千米、抢修堤身渗漏 1 处、维修水闸 2 处。整改道路交通安全隐患 12 处，整改“三合一”场所安全隐患 85 项，开展渔业安全生产检查 38 次，整治打击休渔期非法捕捞船舶 6 艘。

【慰问帮扶】 2019 年，梅岭镇组慰问挂钩贫困户 41 户、计生特殊家庭 2 户、计生困难户 7 户、困难残疾户和残疾青少年 13 人次，发放残疾人“两项补贴”资金 72.36 万元。

【技术培训】 2019 年，梅岭镇组织船管员、养殖户参与水产品技术培训 5 次；引导船员参与船员证培训，培训船员 15 班次 1242 人、发证 1105 份；承办省妇联“专家快车农村行”诏安海产品养殖技术培训班。帮助种植户申建钢化大棚种植作物 13.33 公顷。

【民生事业】 2019 年，梅岭镇完成各建制村的资产清产核资工作，新确认产权制度改革成员 3.41 万人；完成各建制村的土地确权权属调查和村集体与农户的土地承包合同签订工作，有 14 个村进入发证阶段；录入退伍军人及其他优抚对象信息，悬挂光荣牌；通过进驻便民服务中心窗口，实现城乡居民基本医疗保险、养老保险“一站式”服务。

【文化事业】 2019 年，梅岭镇组投资 98 万元，建成全镇 15 个建制村规范化的党群活动中心、民兵连部和反邪教基地。弘扬优秀文化，筹备成立诏安梅岭港历史文化研究会，建成黄开泰孝廉文化教育基地、诏安梅岭港海丝文化馆和 6 个村级文化服务中心等文化阵地。加快陈汶辉孝廉文化教育基地、东门乡村振兴展示馆建设。为镇内 20 支健身队发放广场舞牌子。2 月，承接“春至诏安”全国油画名家乙亥正月书画艺术之乡采风写生、“庆祝中华人民共和国成立 70 周年——我和我的祖国”漳州市文艺团体公益巡演、诏安县 2019 年文化、科技、卫生“三下乡”等活动。

（梅岭镇　供稿）

金星乡

【概况】 金星乡地处县东北部，东至四都镇，东南接梅岭镇，西南与桥东镇接壤，西连西潭镇，西北与红星乡为邻，东与云霄县交界。辖区面积 84.36 平方千米，耕地面积 11.24 平方千米，下辖 3 个社区和 8 个建制村。2019 年，全乡户籍人口 5065 户 2.06 万人。

2019 年，金星乡全年实现固定资产投资额 5135 万元；规模工业 1 家，全部工业上缴税收 155 万元；社会消费品零售总额 3.23 亿元，其中限额以上消费品零售额 9376 万元；税收收入 576 万元。

【农业经济】 2019年，金星乡农业以粮食作物以及园林水果种植为主，农作物播种面积900.4公顷，水果86.73公顷。农村电子商务持续发展，陈老师网红芭乐为中央、省、市、县等媒体报道。农村改革持续深化，有8个建制村完成经营性资产股权量化改革，实现村级经济合作社全覆盖。

【重点项目建设】 2019年，金星乡实施“大抓工业、抓大工业”战略，深入开展招商活动，引进洽谈项目7个，涉及纸制品加工、玩具加工和文化旅游项目等；4个基础设施项目完成投资额4833万元；9个省市县重点项目全部开工，完成投资额4.42亿元。

【乡村整治】 2019年，金星乡有4个试点村完善新村规划编制，规划投入新村建设资金4000万元，新村用地4.93万平方米，建设新村住户196户。整治提升铁路沿线环境，打造旅游文化窗口，设计改造“平改坡”125宗，整治危旧裸房134处。黎明村、院前村、蟳寮村、邱城村、田朴村等5个人居环境试点村和湖内村共新建公厕10个；硬化道路7条，总长度5.6千米；清理生活垃圾30余吨。湖内村岩仔头农民公园建成。辖区内的“诏安县歪嘴寨闽粤边区乌山游击队指挥部旧址”入选第八批全国重点文物保护单位，为县唯一全国重点文物保护单位。

【生态环境建设】 2019年，金星乡落实河长制，加强河湖清理整治，投资500万元建设金星乡公子店溪下游河道清淤疏浚工程。整治后公子店溪流域由长期劣Ⅴ类水质提升至Ⅴ类水质。开展“四场整治”专项集中行动，拆除牛蛙场4家、养鹅场8家，去功能化养猪场2家，整治面积约1万平方米，降低畜禽养殖污染，优化生态环境。开展海漂垃圾处理专项整治行动，出动保洁船3艘、垃圾收集运转车3辆，保洁人员90人次，发放海洋环保倡议书1200份，清理海域面积200公顷，清理渔港水域垃圾6吨，治理海漂垃圾。“百路千村治理”和“十镇百村绿化”共拆除违章建筑85处，拆除两违面积1700平方米。种植香樟、菩提树、火焰木、重阳木等绿化苗木2425棵。

【民生事业】 2019年，金星乡投入资金460万元建成田朴幼儿园教学楼并投入使用，补齐基础教育短板。全乡2019年小学考上一中12名，创历史新高。8个建制村都建成村级公办村卫生所并投入使用。取消不符合低保条件3户8人，新增低保户48户77人。小额救助210户，发放小额救助资金12.6万元。

【社会事业】 2019年，金星乡计生、残联、民政、建设、国土等相关部门进驻乡便民服务中心集中办公，建立起“统一受理、按责转办、限时办结、统一督办、评价反馈”五位一体的大厅服务办理机制。全年受理办件2237件，受理群众诉求事项23件，均按时办结，办结率100%。全乡578名残疾人的信息库更新录入。投入资金20万元建成乡人武部办公场所、物资储备库。完成2019年兵役登记任务，为部队输送“双合格”兵员，其中大学生学历兵员占84%。以村（社区）为单位每周至少开展一次安全隐患大巡查，发现安全隐患14个，全部整改到位。启动“乡村110”，成立乡治安巡防大队、11个村（社区）巡逻分队、义务护村队，健全治安防控体系，持续保持社会安定稳定。

（金星乡　供稿）

四都镇

【概况】 四都镇地处县东部沿海，东连梅洲乡，南临诏安湾与东山县隔海相望，西连金星乡，北与云霄县交界。是全国重点乡镇、全国生态乡镇、福建省重点工业卫星城镇、省商贸重镇、省级文明乡镇、省农村宣传思想文化工作示范乡镇、省级园林式乡镇。辖区面积103.26平方千米，耕地面积25.72平方千米。辖20个建制村和1个社区。2019年户籍人口1.48万户5.86万人。

2019年，四都镇实现工农业总产值127亿元；固定资产投资额6.75亿元；社会消费品零售总额16.59亿元，其中限额以上消费品零售额10.69亿元；法人单位零售额4.4亿元；个体零售额4.83

亿元；税收收入1101.02万元。

【农业经济】 2019年，四都镇山海并举，农林牧副渔全面发展。园林水果种植面积656.8公顷，产量2.6万吨，主要种植荔枝、青枣、龙眼、李子、芭乐等。水产养殖形成泥蚶、红鳟、对虾、花蛤四大养殖基地。后港青壳荔枝、盐仓青枣、林头珠蚶为拳头农产品。“后港青壳荔枝”“林头珠蚶”“大梧蚝”等商标先后获得国家地理标志和漳州市知名商标认证。现代农业基础设施进一步完善，田美村38.96公顷、西峤村84公顷高标准农田改造项目顺利通过验收。

【工业建设】 2019年，四都镇工业投资额4.3亿元。新签约漳州远高信息科技有限公司和福建嘉康饲料有限公司等2个项目，合计注册资本7777万元，协议总投资额3.8亿元。推进水产品冷冻加工业、玩具制造业、土壤调理剂、水产饲料生产等科技型企业改革创新，培育铭兴食品公司、富海水产有限公司等5家省级龙头企业、“铭海及图”等4个省级著名商标。铭兴食品公司的“铭海及图”注册商标被认定为中国驰名商标，实现诏安县企业持有全国驰名商标零的突破。加快铭兴、富海等水产品加工企业的污水支管建设，接入城东污水厂主干网；配合金都工业集中区做好城东污水处理厂提标升级达标排放；解决沿海片区企业用水不足问题，提高承载大项目能力。

【生态环境建设】 2019年，四都镇落实河长管理长效机制，强化村民爱河护河意识。全年疏浚河道25千米，清理水上漂浮物206吨。四都流域水质达到Ⅳ、Ⅲ类标准。开展“四场整治”专项集中行动，拆除养猪场49处、养鹅场53处、牛蛙养殖场40处。投入资金43万元，开展海漂垃圾清理，出动保洁船8艘、垃圾收集运转车8辆、保洁人员150人次，清理渔港水域垃圾20吨、淤泥25立方米、海漂垃圾228吨。海岸线环境整洁。

【“两违”治理】 2019年，四都镇推动“百路千村两违综合治理”，整治国、省道两侧及镇区违章搭盖、占道经营、乱堆乱放等行为，拆除违章建筑381处，整治乱堆放268处、占道经营71处，违规摆放广告灯箱108个。依托“十镇百村绿化造林行动”，种植黄花风铃木、香樟、重阳木等树种5505棵，并对原省道S309线进行补植插绿，打造绿色生态样板公路。

【基础设施建设】 2019年，四都镇开展创建省级卫生乡镇活动，以垃圾处理和污水治理为重点，投入资金1000多万元，铺设污水管网60多公里，各村污水收集率达80%以上，实现21个村（居）垃圾常态化管理。投入资金5105万元，建设海防执勤道路和县乡村道路，总长12.98千米。打造省级乡村振兴试点村西梧村、四都村，推进乡村振兴战略。实施玛塔生态科技二期建设工程、福建融牧农业综合开发生态养殖二期项目、姑婆妈海堤除险加固工程等11个重大项目，完成投资额3.4亿元，完成年度计划投资额125.9%。

【人居环境建设】 2019年，四都镇实施人居环境试点村建设，创建7个人居环境试点村。新建、改造公厕23座，户厕改造1200间，新建住房三格化粪池普及率100%，全镇无害化户厕普及率90%以上。西梧村垃圾中转站建成并投入使用。整治危旧裸房232处，清理残垣断壁345处，实施农房“平改坡”76宗，有效改善人居环境。组织编制四都、西梧等7个人居环境试点村新村建设规划，规划总投资7900万元，新村用地35万平方米，建设户数779户。11月，田美村尚美新村、山后村霞埔新村成功入选福建省第21批村镇住宅小区建设试点；西梧村第二期新村点20栋民房封顶。

【平安建设】 2019年，四都镇出动1000多人次对建筑施工、道路交通、烟花爆竹等重点行业领域进行检查整治，排查整改安全隐患35处。组织安全专项知识测试1场，印制张贴宣传海报840份、发放宣传资料3000张，提供有价值线索12条，开展扫黑除恶专项斗争。启动“乡村110”建设，加强群防群治，健全治安防控体系。建立信访评理会，打击制假活动，每周开展安全隐患大巡查1次，形成高压态势。

【民生工程】 2019 年，四都镇投入资金 1220 万元，新建林墘村幸福院、港口小学、四都中心公办幼儿园等，补齐老龄事业和基础教育短板。开展扶贫济困活动，为 27 户贫困户 99 人发放废柴燃料补贴和慰问金 5.1 万元；为 12 户低保贫困户提供低保兜底，确保不出现返贫现象；为 5 户贫困户提供产业扶贫资金 1.5 万元，帮助其发展生产。全镇城乡居民社会养老保险新增参保对象 5250 人。贫困户、精神病患者参加城乡居民社会养老保险率 100%。

全年在便民服务中心网上办理事项 115 项，其中“最多跑一趟”52 项，“一趟不用跑”63 项，事项网上办结率 100%。全年受理办件 5611 件，按时办结件 5611 件；借调电子证件照 773 个，按时办结率 100%。

（四都镇　供稿）

梅洲乡

【概况】 梅洲乡地处县东部，东与云霄县接壤，南、西与四都镇相邻，北与常山华侨经济开发区毗邻。辖区总面积 49.38 平方千米，耕地面积 11.35 平方千米。下辖 7 个建制村和 1 个华侨农场 4 个作业区。2019 年，户籍人口 5625 户 2.04 万人（其中华侨农场归难侨 1360 人）。

2019 年，梅洲乡固定资产投资额 1.45 亿元；社会消费品零售总额 3.48 亿元，其中限额以上消费品零售额 1.97 亿元；税收收入 544 万元。

【农业经济】 2019 年，梅洲乡粮食作物播种面积 348.6 公顷，油料作物播种面积 23.73 公顷，水果播种面积 20.6 公顷，蔬菜播种面积 470.2 公顷，茶园面积 10.67 公顷，果园面积 168.93 公顷。全年生猪出栏 2.80 万头，家禽出栏 200.98 万羽。新增注册农业生产企业 1 家，培育家庭农场养殖户 9 家。通过抓示范引导，发展富硒蛋鸡养殖和八仙茶种植。实施科技兴农，开展技术培训，邀请九里山牧业和天之萌辣木等企业参与帮扶。利用企业的种植空地，引进蛋鸡养殖，成立扶贫合作社，探索建立“支部+合作社+贫困户”的运作模式，实现村集体、合作社与贫困户“三赢共富”。

【工业经济】 2019 年，梅洲乡新增规模工业企业 1 家，规模以上工业企业累计 3 家，实现规模以上工业产值 2.29 亿元。全部工业上缴税收 405 万元，其中规模工业企业上缴税收 44 万元。

【项目建设】 2019 年，梅洲乡投资 400 多万元的超大现代农业基地至仙陂生态公路、投资 170 多万元的梅西村石厝底旅游公路和投资 100 多万元的七贤庵文物修复工程等项目均完工并投入使用。总投资 2200 多万元的梅洲溪安全生态水系项目主体工程开工，2019 年完成投资额 750 万元。梅洲乡公办幼儿园项目开工建设，梅洲中学塑胶跑道建设工程完成招投标。梅西村荷花公园完成木栈道铺设。梅洲村松仔埔旧村改造路灯工程、梅山村老人活动中心修缮工程及村内道路硬化项目、梅溪村桥头居民区三级化粪池项目和梅南村文化交流综合大楼等项目均完工并投入使用。旧市场提升改造、梅山村农林蓄水池（2 期）工程等项目有序推进。

【生态环境建设】 2019 年，梅洲乡梅洲乡加强土地资源管理和“两违”综合治理，全年共拆除“两违”建筑 154 宗面积 3.65 万平方米，立“两违”案件 3 件，制止违法占地 12 宗。清淤疏浚河道 5 千米，十二浚清淤整治和梅溪小支流清淤整治完工；落实河长制，提升梅洲溪流域水质；11 月份抽验结果显示，梅洲溪水质达三类水质标准。开展乡村环境整治，共清理杂物垃圾 1300 多吨；清理池塘、沟渠约 8000 立方米；清理村主干道两侧杂草杂物 1500 米；清理“四场”10 个，去功能化 61 家。

【民生事业】 2019 年，梅洲乡新农合参与率达 98%，扶贫户的医保社保由政府全部兜底；全年新增低保对象 46 户 68 人，新增特困人员 2 户 2 人，累计低保户 361 户 659 人，特困户 50 户 50 人；农村低保、五保、大病救助等资金及时足额发放；全年走访慰问贫困户 600 户，发放慰问资金 22 万元；危房改造11户，解决温饱及住房问题。乡组织人员走访计划生育家庭300多人次；村级标准化卫生室实现全覆盖。乡卫生院建设前期工作加速推进。

【平安建设】 2019年，梅洲乡加强对境内学校、工矿企业、水库坝塘、道路交通、易燃易爆物品等监管，严厉打击私挖乱采行为，消除安全隐患。对学校、农村开展消防安全大检查，发放宣传资料6300多份，悬挂标语90幅。加大对“三合一”场所的排查和整治力度，排查“三合一”场所131家，下发整改通知书41家，全部完成整改。加快“四好农村路”建设进度，投入资金30多万元完成3处交通安全隐患点的整改工作。全面加强食品药品安全监管，用“四个最严”确保群众安全，乡域内未发生食品药品安全事故。推进重点领域安全治理，加强对辖区内铁路沿线环境整治、巡防，保障辖区内铁路安全运行。落实乡主要领导公开接访制度，畅通信访渠道；全乡全年共排查调处矛盾纠纷130起，调处成功130起，调解成功率达100%；接待信访127人次，信访件办理率100%，未发生“民转刑”案件。

（梅洲乡　供稿）

深桥镇

【概况】 深桥镇地处县西南部，东临南诏镇，东南临东溪与桥东镇相对，西连白洋乡，南与广东省饶平县接壤，北接西潭镇，为首批省级开发区诏安工业园区所在地，是福建省的南大门。辖区面积67.75平方千米，耕地面积19.19平方千米，镇区规划面积5平方千米。镇下辖31个建制村。2019年户籍人口1.75万户7.52万人。其中港头村属畲族村，畲族人口544户2193人。

2019年，深桥镇实现固定资产投资额7.25亿元；规模工业产值1.96亿元；社会消费品零售总额15.01亿元，其中限额以上消费品零售额8.92亿元；税收收入8004万元。

深桥镇地势平坦，区位优越，交通便捷。国道228线贯穿全境，漳诏高速公路诏安南互通口位于镇境内，通过境内的连站大道直通诏安动车站。旅游资源丰富，有南山寺、河山寺、水吼樱花园等景点。旅游观光景点、现代观光农业、农家乐园等基础设施日趋完善。岸屿村狮头海岛盛产海蚌，闻名遐迩。

【农业经济】 2019年，深桥镇通过发展农业专业合作社、家庭农场等发展现代农业，推进土地流转和农业规模化经营；探索休闲观光农业经营模式，建成水吼樱花观光园、华韵兰花观光园、鲜美自主采摘观光园、瑞凯林下种养观光园；兰花中端产业链基本形成；举办乡村振兴课堂，融入兰花培育、中药材种植等特色现代农业为宣讲重要内容，推进富美乡村建设。

全镇全年农作物总播种面积2136.8公顷，粮食总产量8914吨；蔬菜种植面积623公顷，总产量1.74万吨；肉类总产量1930吨；水果种植面积1148.47公顷，年总产量6465吨（其中荔枝446.93公顷，产量1887吨；龙眼532.8公顷，产量3384吨；青梅、李子、桃子等其他水果种植面积241.2公顷，产量1985吨）。

【工业建设】 2019年，深桥镇党委政府贯彻市、县“大抓工业、抓大工业”的决策部署，以发展工业扩大内需供求，促进三次产业协调发展；多次召开工业发展现场协调会，为工业发展办实事、解难题；年内，新开工的漳州市翠林物流有限公司物流园完工并交付使用；续建中农批·诏安农产品电商物流园（供销农旅城）、诏安新长发玩具、诏安筑兴装配材料生产等3个规模工业企业；实行三级联动工作机制，大抓土地征迁工作，为项目建设用地提供保障，先后完成5A汽车城、八仙茶博物馆、加油站储备用地等项目的净地交付。

【生态环境建设】 2019年，深桥镇统筹推进农村“厕所革命”，新建镇级公厕1座；实施农户无害化卫生厕所改造1.69万户，普及率94.2%；建立岸屿、大美等16个生活垃圾治理常态化机制示范村，实现垃圾“村收集、镇清运、县处理”；以国务院人居环境检查组发现径尾村环境问题的整改为契机，彻查清除各村生活垃圾死角，建立卫生常态化机制；投资130万元，种植香樟、黄花风铃木等观赏性树木3214棵，人工造林面积140公顷，抚育森林面积80.2公顷，提高人居环境品位。

【乡村建设与整治】 2019年，深桥镇完成深桥村等5个人居环境试点村的新村建设规划编制，规划用地面积7.6万平方米，建设户数430户，配套水、电、路、通讯等基础设施项目；投入资金950万元，新建凤寮、树美等8个村级党群活动中心；投入资金450万元，实施深桥中学至雨亭道班公路、城亭路柳厝埭路段两侧雨污管道建设和县道X546白梅线白厝村至平屿村路段路面修复、乡道Y479雨樟线雨亭路至白厝村路段路面修复。

开展“百路千村”路段整治，拆除“两违”建筑1072户、面积8.90万平方米；加强国土资源动态巡查执法，制止滥建违建行为；全年审批农户建房270户（其中旧房改建165户，新建105户），占地面积2.42万平方米、建筑面积6.91万平方米；排查房屋2.46万栋，查出重大危险房屋97栋，分类处置97栋，其中封房48栋，加固13栋，拆除36栋；完成重大危险房屋的系统数据录入工作。

【“河长制”落实】 2019年，深桥镇成立1支镇级、22支村级“百镇千村”民间护河队，配齐23条河道专管员，建立河道巡防常态化机制，全年投入资金87.68万元，清理河段24.5千米，清理水葫芦面积24.76万平方米、河岸垃圾6100立方米；西溪支流清淤13千米、挖填土方2.05万立方米；清理河道周边牛蛙养殖场17家，面积9500平方米、养鹅场8家，面积5000平方米。建成27个村级三格化污水处理池并投入使用。

【民生事业】 2019年，深桥镇合理转移失地农村劳动力，通过联系辖区内和临近乡镇企业、组织家政服务、餐饮业培训等，提供就业岗位700余个，公益性岗位31个，解决农民工的就业创业；争取小额贴息贷款274万元扶持78户种植业、养殖业发展；实施精准扶贫，通过审核安排30名精准扶贫对象为村环境卫生保洁员；发放贫困户燃料补助资金19.28万元，受益292户964人；发放低保金481.45万元、特困人口供养金49.49万元、小额临时救助金31.7万元；发放慈善分会救助金11万元，救助54人。实施“雨露计划”，资助学生22名，资助金额6.6万元；做好退役军人服务工作，安抚走访退役军人特困对象，完成退役士兵信息采集和悬挂光荣牌任务；投资280万元，新建深桥村、凤寮村、溪园村3家幸福院，占地面积共470平方米；投资165万元改建水溪村、郭寮村2家幸福院，占地共410平方米；投资29.9万元，完善镇敬老院消防设施建设。

【平安建设】 2019年，深桥镇开展全方位巡回宣传综治平安建设、扫黑除恶专项斗争、反对邪教等活动；受理行政案件158起，严厉打击违法犯罪活动，维护社会安定稳定；开展安全生产大排查，排查工贸行业企业22家、危化品企业（加油站）7家、烟花爆竹企业1家，整改隐患10项；镇村两级开展交通安全隐患排查723次，排查新旧国道、诏平线、连站大道等隐患路段32处；镇村两级开展道路安全劝导1192次，劝导4211人。新建郭寮村标准化劝导站和6个村级劝导站，组建25支村级道路安全劝导队。组织召开维稳应急培训会，培训应急分队民兵50名，学习维稳知识并开展防汛抗洪演练。

2019年，深桥镇严把食品安全关，严查18个生猪肉销售点，让群众吃上放心肉。对升级改造合格的养猪场存栏生猪进行排查并免疫。加强野外巡逻以及流通环节动物产品监管。上营村和后岭村2个省级非洲猪瘟临时检查站严格落实24小时值班制度，严格阻断未经过非洲猪瘟检疫的生猪及其肉产品进入县境内。

（深桥镇　供稿）

西潭镇

【概况】 西潭镇位于县西南部，距离县城约7千米，东与金星乡、桥东镇、南诏镇接壤，南连深桥镇，西邻白洋乡，北接建设乡、红星乡。全镇面积

66.36平方千米，耕地面积19.63平方千米，下辖17个建制村32个自然村，其中美营村为少数民族畲族聚居地。2019年，户籍人口1.24万户5.10万人。

2019年，西潭镇实现固定资产投资额1.73亿元；社会消费品零售总额8.13亿元，其中限额以上消费品零售总额3.52亿元；税收收入602万元。

厦深铁路诏安站位于镇境内。省道东东线、县道金白线穿境而过。是县城对接山区的乡镇。

【农业经济】 2019年，西潭镇立足农业大镇，深化农业供给侧结构性改革，推进农业现代化；鼓励蔬菜规模化种植，培养蔬菜种植大户，新增申报腊理蔬菜种植等4家家庭农场为市级示范家庭农场（合作社）；大力发展富硒茶叶产业，成功申报深硒茶叶发展有限公司为县级龙头企业；积极探索“公司+基地+农户”“基地+农户+合作社”的合作模式，依托西潭农业核心示范园及嘉禾百利智慧农业项目，推广高产优质新品种种植、推广全程农业机械化耕作，创建无公害绿色品牌，实现农业增效。

【工业经济】 2019年，西潭镇营造全员招商的良好氛围，发挥入驻企业的示范引导和推介作用，组织人员到厦门、广东招商，与汕头山河机械制造有限公司、广东中南开关有限公司、厦门惠尔康有限公司3家企业达成投资意向；新增规模工业企业1家，累计规模工业企业3家；全年工业投资额1.12亿元，实现规模工业总产值3.2亿元，全部工业上缴税收122万元。

【旅游产业建设】 2019年，西潭镇挖掘自然景观，发挥特色文化资源优势，抓好旅游线路的布局，做好“国家级传统古村落”和“省级历史文化名村”山河村的规划、保护、修复和建设，将山河村、斗山岩、亚湖水库、福兴村硕兴寨谢瑄樵故居、美营畲族民俗风情等特色旅游资源，融入“九侯·乌山”旅游景区整体开发；加快东溪河岸景观、东溪现代农业观光走廊、斗山岩风景区休闲旅游项目建设，完善旅游配套设施；县恒大农牧集团投资西潭镇斗山岩旅游康养综合体项目征地工作有序推进。旅游产业成为西潭镇经济的新的增长点。

【基础设施建设】 2019年，西潭镇村级道路建设提速，建设青山村至江滨道路和沈寨村环村路，拓宽改造上陈村至岑头村道路；建设安全生态水系，实施新春洋墩前闸清淤除障，加快赤水溪流域水土流失综合治理和东溪流域东湖防洪堤及护岸加固工程建设；助力“生态+”建设，新建成镇区污水处理氧化池，三格化粪净化池村村全覆盖。

【生态环境建设】 2019年，西潭镇完成赤水溪6.5千米河道清淤除障，清除东溪、湖内溪、赤水溪等流域水葫芦，并强化各流域周边的“四场”整治；拆除、关闭牛蛙养殖场13家，面积1.95公顷、养鹅场10家，面积1300平方米；拆除返潮回弹生猪养殖场26家，面积2859.14平方米。拆除铁路沿线乱搭盖3处，对福兴村的31间“平改坡”实施改造。

围绕“生态+”，以岑头村、后陈村人居环境提升试点村为示范，整治违法建筑64户，违法占地面积1.6万平方米，推进美丽乡村建设，推动乡村振兴战略。

【民生事业】 2019年，西潭镇新农保发放养老金530.9万元，受益老人7729人；新增低保21户、五保5户，发放低保、五保、优抚金等780多万元；慈善救助22人，发放救助金6.5万元；农村重大疾病救助46人；为残疾人办理生活、护理补贴721余人；实现残疾人居家托养21人、机构托养3人；解决残疾人就业创业10人；入住“阳光家园”4人；残疾人无障碍改造10人；残疾儿童学前入学补助3人。

（西潭镇　供稿）

白洋乡

【概况】 白洋乡地处县西南部，东临西潭镇，南接深桥镇，西与广东省饶平县交界，北连建设乡。

辖区面积 53.54 平方千米，耕地面积 18.26 平方千米，辖 15 个建制村（其中汀洋、深湖村畲族聚居地）。2019 年，户籍人口 8335 户 3.3 万人。

2019 年，白洋乡全年实现工农业总产值 127 亿元；固定资产投资额 1.13 亿元；社会消费品零售总额 9.76 亿元，其中法人单位零售额完成 6.1 亿元；税收收入 552 万元。

2019 年，白洋乡获评“漳州市 2014—2018 年度安全生产先进集体”。乡武装部获漳州市征兵领导小组授予“征兵工作先进单位”荣誉，被县武装部评为先进基层武装部。

【农业经济】 2019 年，白洋乡整合农业生态旅游观光园、岫铧富硒生态茶园及蕉柑生态基地三大农业生态特色产业资源，打造八仙茶产业带、塘西洋大棚蔬菜种植带和旧宙蕉柑种植带，促进农业产业转型升级；全乡种植八仙茶 187.6 公顷，产量 3096.5 吨、种植大棚蔬菜 626 公顷，产量 70425 吨、种植蕉柑 79.53 公顷，产量 2982.5 吨；三大生态特色产业年产值 1.8 亿元；全乡农业增收且带动 189 户贫困户脱贫。

【工业发展】 2019 年，白洋乡大抓工业，积极引导辖区内一批工业企业增资扩改建，扩大生产规模；抽调人员 16 名，组建一支专门从事土地征迁、服务企业发展用地的工作队，解决企业发展的用地需求。年初，在完成 8 家企业的征地扫尾工作后，工作队继续为本年度新增加的 2 家企业所需用地开展征地工作，共征得土地 76660 平方米，为企业发展提供用地保障；全年实现规模工业总产值 7.33 亿元，比上年增长 11.23%；新增漳州市丰盈纺织有限公司招商项目 1 个，占地面积 1.96 公顷，意向总投资额 1 亿元。

【旅游专线打造】 2019 年，白洋乡立足本地特色，以上蕴村古村落的保护和开发为契机，弘扬上蕴村优秀历史文化，挖掘玉楼村党建公园、家风堂等资源，结合塘西——阳山现代农业生态观光采摘园，形成一条文物保护与乡村旅游相结合的文化旅游精品线；弘扬知青精神，打造知青文化园；开发台湾高优水果园及洋陶坑水库的水上休闲活动；推出八闽独一无二的亭阁式寺庙“廻澜亭”及具有畲族特色的古村落建筑群汀厝寨特色文化旅游线路。

【人居环境】 2019 年，白洋乡确定玉楼村为省级乡村振兴试点村，旧宙村、汀洋村为县级乡村振兴试点村；加快上蕴古村落修复工程的建设；健全垃圾清理及转运机制，开展污水治理、厕所革命，建成公厕 23 座，旱厕全部整改为水冲式厕所；创建阳山、玉楼、兰里 3 个农村人居环境整治试点村，全乡人居环境品位提升。

【基础设施建设】 2019 年，白洋乡开工建设白洋乡段赤水溪右岸防洪堤及护岸工程，总投资 2888 万元；改造塘阳线（塘西村至阳山村）路面工程，长 3.886 千米，总投资 600 多万元；实施县道 X546 白梅线湖美村至阳山村段生态示范路建设工程，长 5.385 千米，总投资 180 万元；旧宙村富美乡村停车场及绿化工程完成投资额 19 万元；旧宙老人文体活动中心完成投资额 44 万元；汀洋村茶叶市场建设完成投资额 102 万元。

【民生事业】 2019 年，白洋乡续建白洋卫生院主体工程，完成总投资额 1000 万元；白洋乡敬老院一期工程综合楼完工；建成汀洋村、搭桥村、上蕴村 3 家幸福院；新建立兴学校、白石幼儿园完工并投入使用；创建下径、玉楼、旧宙等 3 个农家书屋示范点；建设阳山、塘西等 7 个村基层综合性文化服务中心。

全乡新农保续保人数 6778 人；实施农村居民最低生活保障制度，全乡 658 人纳入低保，发放低保金 301.58 万元；有 34 人纳入五保供养对象，发放生活费及护理费 39.20 万元；开展拥军优属、优抚安置，发放各类优抚对象生活补助金 218.54 万元；发放 15 个村农户土地确权证 6668 本，在全县率先完成土地确权工作。

【平安建设】 2019 年，白洋乡推进“乡村 110”建设，成立白洋乡综合执法队，配合全国汽车拉力赛白洋乡赛段赛事筹备并完成安保工作；中华人民共和国成立 70 周年期间加强动车站安保维稳，保障白洋乡路段运营安全；开展“百日行动”“安全生产月”“安全生产大检查”等整治活动。

（白洋乡　供稿）

建设乡

【概况】　建设乡位于县中部偏西，东北与红星乡接壤，南连西潭镇，西邻广东省饶平县，西南连白洋乡。辖区面积47.13平方千米。下辖1个国有农场、8个村民委员会、5个居民委员会。2019年，户籍人口3747户1.30万人。

2019年，建设乡规模工业总产值5.48亿元；固定资产投资额1.82亿元；社会消费品零售总额3.81亿元，其中限额以上消费品零售总额2.69亿元；税收收入352万元。

【农业经济】　2019年，建设乡投入资金50万元，实施马头农田灌溉渠修复工程，改善农业生产条件；补充耕地8公顷，建设高标准农田32.8公顷；续2017年度土地复垦0.84公顷；全年农作物播种面积683.07公顷，其中粮食作物播种面积217.87公顷，产粮1503吨；茶叶、水果为主要经济作物，产茶486吨，产果2.42万吨；新增设施大棚作物种植20公顷，主要种植蔬菜；新增农民专业合作社1家、家庭农场25家；源田家庭农场、少忠家庭农场和考溪家庭农场3家农场获评省级家庭农场示范场。

【项目建设】　2019年，建设乡着力打造印尼民俗特色风情园、月港红色革命遗址和万石溪富硒绿色八仙茶园等“三色”别具一格的生态特色旅游景点；恒大康养旅游项目落户江亩坑村，完成一期征地工作，抓紧第二期土地征迁工作；投入资金150万元，将“月港事件”纪念馆创建为红色主题教育现场教学点，年内县机关团体、单位组织前往参观、接受教育53场次，人数达1590人，累计吸引游客3000多人。

【生态环境建设】　2019年，建设乡通过“智慧河长”平台管理新机制，落实河长制，全乡投入资金110万元，实施赤水溪流域整治；治理赤水溪沿岸村庄牛蛙、畜禽污染养殖，赤水溪消灭劣Ⅴ类水质，拆除反弹养殖33家；投入资金200万元，新建镇区氧化池和污水处理设施，净化镇区生活污水；新建、改造村生态公厕4座，建成三格式化粪池209户，改善农村生态环境；拆除“两违”62宗，拆除面积2.22万平方米；投入资金200万元，开展月港村考溪自然村和三林村铁路沿线环境整治，提升厦深高铁广东入闽第一站环境质量。

【民生事业】　2019年，建设乡投入资金550万元建设江坪公路错车道工程、镇区主干道路网工程和江亩坑村、马头村、万石溪村部分路段拓宽、硬化、亮化等工程，改善农村交通条件；投入250万元，建设长埔村和建光社区等5个村（社区）的党群活动中心，实现乡村、社区党群活动中心全覆盖；投入资金50万元，改造提升乡敬老院，增加24个床位；投入资金40万元，修缮改造马头、月港2个村幸福院；完成8个建制村公办卫生所达标建设。

全乡建档立卡贫困户224户508人实现脱贫；投建马头、坪路2个村的温氏养殖小区，每年增加村财收入5万元，并带动贫困户56户165人每年人均增收2000元；建设建华福果百香果园基地，带动贫困户14户39人年人均增收8000元；全乡共有9名贫困户子女享受“雨露计划”教育补助资金；建档立卡贫困户享受免费参加城乡居民医疗保险、家庭医生签约服务、医疗叠加保险、兜底保障综合保险等政策；有贫困户99户184人享受低保补助。

（建设乡　供稿）

太平镇

【概况】　太平镇位于县中西部，东接红星乡，西邻广东省饶平县，南连建设乡，北接霞葛镇，距县城25千米，是农业农村部、财政部首批农业产业强镇。辖区总面积148.78平方千米，耕地面积

14.85 平方千米。下辖 19 个建制村。2019 年户籍人口 1.36 万户 5.61 万人。

2019 年，太平镇实现固定资产投资额 2.3 亿元，社会消费品零售总额 12.12 亿元（其中限额以上消费品零售总额 6.90 亿元），税收收入 2723 万元。

2019 年，太平镇被农业农村部认定为全国“一村一品”示范村镇。

【农业经济】 2019 年，太平镇主要经济作物为茶叶和水果，茶叶总产量 3012 吨，青梅总产量 17121 吨；投资 8600 万元建设高标准农田、机耕路和水利等基础设施，加强国家级农业产业示范强镇建设；规范发展青梅、八仙茶和富硒蛋鸡产业，促进提质增效，新增青梅种植面积 11.67 公顷，新增青梅示范基地 1 个，面积 186.67 公顷；新建茶叶加工厂 4 家；争取到扶持青梅工业补助资金 277 万元，对八仙茶种植加工企业补助资金 110 万元；年内推荐茶叶加工企业参加八仙茶茶王赛，获得金奖 1 名、优质奖 2 名。

【工业经济】 2019 年，太平镇工业总产值 15.8 亿元，新增规模工业企业 1 家，累计规模工业企业 10 家。荣华、华达威等为太平镇龙头企业；青梅加工、玩具制造为特色产业；全镇 10 家规模工业企业全部通过环评；华达威和凯龙等 2 家企业新建危废物处理设施完工并投入使用；走马工业小区污水处理厂完成初步设计，概算投资 5000 万元；荣华、荣祺等青梅加工企业以及华达威、优硕等玩具车模加工企业进行扩建和技术革新，青梅产品和合金车模玩具产品畅销国内外。

【生态旅游建设】 2019 年，太平镇整合点灯山风景区、海西福文文化园、太平之风纪念馆、点灯山瀑布等旅游资源，打造“一区两馆三园”文旅格局，实现生态、文化、旅游协同发展；投入资金 1800 多万元，推进点灯山风景区旅游基础设施建设，将明灯寺及点灯山瀑布群打造成周边宗教朝圣旅游网红点；走马村青梅品种观光园投资 400 多万元，引进全国 56 种青梅品种，种植面积 2.33 公顷；2019 年 1 月 17 日成功举办“太平梅满、硒望无限，走马观花、点灯逐梦”青梅产业推介活动，通过大型户外徒步运动、特色产品展示、美食展、摄影展及书画笔会等系列活动，大力推介太平的青梅及生态文化旅游，文化旅游产业取得新的突破。

【人居环境建设】 2019 年，太平镇清理生活垃圾 2012 吨、村内沟渠 19 千米、水塘 26 口、淤泥 60 吨以及门前搭盖、旱厕、猪圈等；完成购买第三方服务对全镇范围内的垃圾从前端保洁、收集、清运到垃圾处理厂集中处理，实行一站式管理模式预算；榕城村、科下村、太平村、新联村、走马村等 5 个村组织实施“一革命四行动”，以点带面、全面铺开，推进全镇人居环境整治工作；走马青梅品种观光园、新联环村路、榕城环境整治及各村公厕、污水三格化处理池等近百个项目相继开工建设，大部分项目完工并投入使用，人居环境不断优化。

【基础设施建设】 2019 年，太平镇投入资金 570 万元，用于卫生院门诊综合楼、榕城村幸福院、雪里村文化健身中心、文山村综合文化服务中心等 12 个项目建设；引入县协和医院，在全县率先开展“医养结合”养老模式，吸引 27 名孤寡老人入住幸福院，提升群众的获得感和幸福感；太平中学教学楼和宿舍楼，元中小学梅子坝教学点教学楼竣工投入使用；新营幼儿园建设、景安幼儿园及白叶幼儿园征地正在进行中。

【民生事业】 2019 年，太平镇发放优抚、五保、低保、小额救助及慈善救助等资金 610 万元，惠及 1710 人；开展危房排查工作，共排查房屋 1.83 万间，上报危房改造 30 间；为各类特殊家庭送温暖，精准扶贫，实现“两不愁三保障”（贫困人口不愁吃、不愁穿，保障其义务教育、基本医疗、住房安全）。

【平安建设】 2019 年，太平镇开展扫黑除恶专项斗争，镇与村、镇直有关单位签订扫黑除恶责任状 29 份，组建“乡村 110”，创建平安边界；开展打击制售假冒卷烟、盗采河砂专项行动；组织镇村干部走访群众1800多人次，受理群众诉求45件，排查各类矛盾纠纷67起；投入资金200余万元，整治各类安全隐患，开展安全巡逻68次，组织召开座谈会6场次，发放宣传手册1.5万份；全年没有发生集体上访、群体性事件和重大责任安全事故。

（太平镇　供稿）

红星乡

【概况】 红星乡位于县中北部，东南临金星乡，南连西潭镇、建设乡，西接太平镇，北界官陂镇。距县城约26千米，面积129.65平方千米，耕地面积5.24平方千米，下辖8个建制村7个社区。2019年，户籍人口5091户1.76万人。

2019年，红星乡实现固定资产投资额8332万元；规模以上工业企业4家，实现规模工业产值8.42亿元；社会消费品零售总额2.85亿元，其中限额以上消费品零售额1.05亿元；税收收入514万元。

【农业经济】 2019年，红星乡经济以农业为主，基本形成青梅、茶叶为主的农业产业结构（其中青梅种植和深加工为红星的支柱产业）；全年青梅产量1.8万吨，产值6000多万元，青梅加工业年创造产值近2亿元，青梅加工由粗加工逐步向精深加工发展；强化生态农业建设，建设进水村富硒茶叶和水果基地农业灌溉设施，修建田间道路；投资金溪墟农贸市场建设，提升青梅贸易档次；凸显“富硒+”特色，建设六洞村野生食用菌示范点，打造金溪竹笋、细叶韭菜等富硒品牌，并培育乌山观音串、伸筋藤等中药材；利用全乡3000公顷青梅园，探索发展富硒蛋禽等林下特色种养殖产业。

【旅游产业建设】 2019年，红星乡以休闲度假、红色文化及生态旅游为主发展旅游业，是县中北部生态文化旅游轴上的重要节点；依托“一山一水一梅”自然生态优势，做足青梅文章，挖掘富硒潜力；发挥旅游资源禀赋，依托乌山红色旅游景区景点、乌山国家森林公园、红星梅园、梅庄、西埔硒梅文化园、下河梅花观赏基地、哈溪漂流、进水古村落、六洞峡谷、县委县政府旧址等旅游景点，逐步打造“春踏青，夏游溪，秋登高，冬赏梅，吃硒餐，常来长寿”的红星旅游产业发展链条。

【基础设施建设】 2019年，红星乡实施进水村樟树科滑坡地质灾害点治理、楼仔村及石楼村的危桥改造、楼仔村机耕路硬化、石楼村及新林村内道路提升、圆林村环村路、进水新厝自然村道路硬化等项目；实施云太线朱厝至进水段塌方修复工程和亮化工程；实施西埔大桥通庙兜村路段弯道改直工程；实施六建线红星段道路交通安全隐患整治等项目；新建许石公路，进一步提升交通运输能力，方便群众生产生活。

【民生事业】 2019年，红星乡提升学校基础设施硬件水平，加快红星中学运动场及配套设施建设，实施诏安县圆林小学教学综合楼建设项目前期工作；加快推进红星乡卫生院标准化建设和门诊综合楼及配套设施建设，完善各村标准化卫生室建设。开展雨露计划，落实职业教育学生补助工作，补助职专、中专在校生18名，金额5.4万元；对2018年度雨露计划开展回头看，核实符合追补条件的学生共6名。落实非柴燃料补贴100户329人，发放补贴资金6.58万元；组织70人参加开展致富带头人帮扶贫困户科技培训。补助193户贫困人口生产性资金50万元；开展产业扶贫保险工作，率先完成全乡254户贫困户产业保险办理工作；培育壮大村集体经济，6个贫困村每年经营性收入达10万元以上。

【平安建设】 2019年，红星乡开展扫黑除恶专项斗争，鼓励群众检举揭发黑恶势力线索，消除境内安全隐患，营造和谐稳定社会环境；严厉打击制售假冒卷烟及过境运假行为，杜绝境内制假行为，捣毁北蔗、赤竹坪、火烧龙3个制假卷烟窝点。

（红星乡　供稿）

霞葛镇

【概况】　霞葛镇位于县西北部，东与官陂镇接壤，南连太平镇，北接秀篆镇，东南邻红星乡，西南邻广东省饶平县。辖区总面积80.7平方千米，其中山地面积48平方千米，耕地面积9.59平方千米。下辖10个建制村。2019年，户籍人口1.00万户4.58万人。

2019年，霞葛镇实现固定资产投资额3.87亿元；全部规模工业企业3家，规模工业产值4.76亿元；社会消费品零售总额10.79亿元，其中限额以上消费品零售总额7.16亿元；税收收入498万元。

【项目建设】　2019年，霞葛镇实施县级以上重点项目13个，其中镇生态富硒产业园、硒来乐生态农业有限公司（三期）、县檀芳檀艺红木加工等3个建设项目年度计划投资额3.01亿元，全年完成投资3.56亿元；参加全市“三抓三比、十项竞赛”项目19个，其中镇小流域治理、司下村村庄公厕建设等2个项目年度计划投资额1.56亿元，全年完成投资额2.28亿元；参加县乡村振兴“345”示范工程项目6个，其中华河村公厕和排污排水及配套工程建设、天桥村下楼自然村幸福院建设等2个项目总投资1480万元，全年完成投资额1520万元。以上项目全部完工并通过验收。

【村镇建设】　2019年，霞葛镇按照“高起点规划，高标准建设，高水平管理”的要求，发挥小城镇的集聚效应，提高服务功能和承载能力，科学合理规划集镇建设发展；推进以五通宫、夫人陂、镇龙庵、文圃学堂、龙山书社、金环宝塔、霞隐寺、塔荇山荔枝生态园、司下富硒生态产业园、富硒现代农业园为主线的文化长廊建设；投资1760万元，实施司下村生态富硒茶园道路硬化三期工程、镇小流域治理工程、镇区污水管网工程、虎坝陂拦水坝及灌溉渠道修复工程、东溪干流及其支流河道清淤整治工程；2个高标准农田建设项目、塔荇山农业生态园主干道和部分基础设施建设、溪林村龙狮新村地灾搬迁点护坡建设、南陂山下至厚安下园道路硬化工程等4个工程顺利完工。基础设施得到完善，村庄的整体面貌得到改变，实现从落后村向富美村的蜕变。

【生态环境建设】　2019年，霞葛镇投入资金500多万元，以司下村和溪东村为试点，全面推进农村人居环境综合整治工作，实施农村“厕所革命”、农村垃圾治理、农村污水治理、农房整治、村容村貌提升等工程；司下村、溪东村全面实施“硬化、绿化、亮化、净化”工程，村容村貌日新月异。相继建成天桥村绍兴楼秋千公园、庵下村农民休闲公园等农民公园；整修五通宫、镇龙庵、龙山岩、文圃学堂等文物单位。

【“河长制”落实】　2019年，霞葛镇落实河长制，明确河道治理责任主体，按属地管理原则责任到人；沿河道各村配备河道专管员，负责河道日常巡查管理工作；对辖区河道淤堵段进行疏通、除障和清淤，确保河道通畅；对接入河道的排污口进行监测，定期进行排污口水质检验，防止河水污染。

【民生事业】　2019年，霞葛镇总投资600多万元的霞葛镇中心小学、幼儿园建设工程完工并投入使用；组织举办乡贤教育恳谈会，就霞葛中学扩建事宜发出捐资兴学的倡议，得到乡贤大力支持，募集资金200万元，其中80万元定向用于霞葛中学基础设施建设，该项目基本完成征地工作；全镇尊师重教氛围浓厚，教育教学质量大幅提升，高考达本科线33人，其中不乏985、211等院校；中考达一中线60人；霞葛中学获评2019年度“诏安县高中教育教学质量达标教学点”、2019年度“初中教育教学质量达标学校”、2019年度“初中教育教学质量先进校”称号。

成功开展庆“三八”国际妇女节、“最美孝顺媳妇”评选、三好“孝德家庭”评选、“五四”青年节活动等。公益文化、群众性文体活动得到进一步推动和发展。

【平安建设】　2019年，霞葛镇深入开展扫黑险恶专项斗争，加大对黑恶势力和违法犯罪行为的打击力度；做好全国和省市“两会”、“一带一路高峰论坛”、“庆祝中华人民共和国成立70周年”等重大活动期间的安全维稳工作；扎实推进镇综治中心和各村综治中心标准化建设，选齐配强综治队伍和群防群治力量，于8月底前在全县率先启动“乡村110”联动工作，组建平安建设队伍5支人员78名，做到治安问题有人管、矛盾纠纷有人调、管理服务有人抓；11月，霞葛镇与诏安县人民法院联合在便民服务中心创新设立“诉讼服务站”，全年共调处各类矛盾纠纷126起，调处率100%，成功率为98%，无矛盾激化，无民转刑案件；建立安全隐患排查治理常态化机制，强化监管，组织开展安全生产大排查、大检查、大整治和道路安全综合整治专项活动，有效遏制交通事故发生；落实天然气、烟花爆竹等特殊行业安全责任制，对“三合一”“多合一”场所经营的汽油、液化气、烟花爆竹等易燃易爆危险化学品开展消防安全大排查、大整治，没有重特大安全责任事故发生。全年没有发生影响社会政治安全稳定的事件。

（霞葛镇　供稿）

官陂镇

【概况】　官陂镇位于县西北部，东与云霄县和平乡接壤，南连红星乡、太平镇，西邻霞葛镇，北接秀篆镇、平和县大溪镇。距离县城50千米，总面积149.20平方千米，其中耕地面积9.88平方千米。下辖17个建制村。2019年户籍人口1.33万户6.48万人，讲客家话。

2019年，官陂镇实现固定资产投资额2.62亿元；有规模工业企业3家，规模工业总产值4.55亿元；社会消费品零售总额8.56亿元，其中限额以上消费品零售总额2.55亿元；税收收入553万元。

官陂镇是台胞的祖籍地之一，在台的官陂人后裔有20余万人。旅游资源丰富，土楼文化绚丽多彩，有土楼152座。其中大边村的在田楼被誉为“世界上最大的超级土楼”。乌石龙风景区兼具客家文化和对台文化内涵。地热资源储量巨大，旅游开发潜能大。“官陂荔枝”获得国家工商总局的商标认证。

【产业经济】　2019年，官陂镇的产业经济主要为富硒青梅、八仙茶、温泉旅游以及“红色文化+”等；农业生产以种植荔枝、青梅、茶叶为主；依托公田、地凹、大边等村万亩无公害绿色茶园的优势，借助汉森富硒农业产业园、公田岽、硒龙等4家茶叶生产加工基地产销效应，促成一批本土茶叶加工企业发展；彩霞、新径、光坪、吴坑等村的青梅种植业积极探索市场发展模式，利用大丰田果蔬专业合作社、金平家庭农场、龙树岗青梅专业合作社拓展品牌效益；宣传中共闽粤边特委机关遗址、四十八团团部遗址等红色文化，推进红色旅游；挖掘地热资源和土楼资源，推进古建筑保护，传承优秀民俗文化，大力发展服务业提升官陂经济总量。

【人居环境建设】　2019年，官陂镇有14个建制村建成公共厕所，厕所具备粪污处理功能，全镇农户实现无害化户厕1.07万户，无害化户厕普及率达98%。建立垃圾“村收集—镇中转”运行机制，探索村庄垃圾处理模式。建成12个建制村及镇区污水氧化池，污水管网总长28千米。对破残空心房、废弃住房、裸房、危旧房进行统一整治。

【民生工程】　2019年，官陂镇投资1700万元用于建设C334公路、汤头桥和镇敬老院等民生工程；C334公路工程及地凹尾矿库闭库工程完工，镇敬老院、Y411公路拓宽改造及汤头桥建设进度加快；17个村的道路、绿化、亮化、排污、水利和幸福院等82个工程项目完成招投标，意向总投资2300万元；投入资金3100万元，建设官陂镇中心幼儿园、光坪小学教学楼、官陂中学教学综合楼等；全镇11个贫困村建档立卡贫困户1098户4245人（不含稳定脱贫）全部脱贫，贫困村全部摘帽。

【社会事业】　2019年，官陂镇开展移风易俗树文明乡风活动，遏制丧葬歌舞表演的旧俗风气，年节省丧葬费近2000万元；挖掘盘活村集体闲置资源，发展壮大村集体经济，贫困村经营性收入均超5万元；发挥资源优势，做大做强温泉、旅游、茶蔬和养殖四大产业，确保脱贫对象持续增收不返贫；河长制工作有序推进，落实巡河常态化机制，持续清理河道、河岸垃圾，改善河道及其周围的环境卫生。全镇交接新增断面监测河道水质持续保持Ⅲ类水质。

（官陂镇　供稿）

秀篆镇

【概况】　秀篆镇位于县西北部，北与平和县九峰镇接壤，西与广东省饶平县交界，东南与官陂镇、霞葛镇毗邻，是台胞祖籍地重点乡镇、省定革命老区乡镇。全镇总面积138.07平方千米，其中耕地面积13.19平方千米。下辖17个建制村。2019年，户籍人口1.20万户5.43万人。讲客家话。

2019年，秀篆镇实现固定资产投资额9750万元；有规模工业企业5家，实现规模工业总产值5.89亿元，比上年增长24.79%；社会消费品零售总额5.72亿元，其中限额以上消费品零售总额1.98亿元；税收收入203万元。

【农业经济】　2019年，秀篆镇推进实施“龙头带动、精品串联”行动，利用生态资源，打造富硒金钅长花、富硒八仙茶、富硒中药材等特色农业；全镇茶园面积1066.67公顷，主要品种单丛茶、八仙茶、梅占茶、鸭屎香等，有茶叶加工企业6家（其中规模企业1家，市级龙头企业1家）；礤岭村为县内最大的茶叶产业村，其富硒生态茶叶产业园荣获2019年度“中国美丽茶园”称号；裕健龙公司是全国养生示范单位，公司建有裕健龙山苦瓜、金银花种植基地和龙伞岽生态休闲养生基地；裕健龙公司、犁头岽公司的单丛茶荣获2019年“第四届亚太茶茗大奖金奖”；裕健龙公司的八仙茶和犁头岽公司的单丛茶、八仙茶以及福黎峰公司选送的单丛茶在2019年“张天福杯暨第十六届闽茶杯”春季乌龙茶评审中获一等奖；元勋公司的野生清明茶荣获第二十一届海峡两岸花卉博览会暨中国（福建）花卉精品展金奖。

【工业经济】　2019年，秀篆镇强化招商引资工作，新引进工业企业2家。其中福建和乐园茶业有限公司为茶叶生产加工的企业，公司注册资金2000万元，意向投资额5000万元；漳州浩昌食品有限公司为水果、蔬菜、肉制品及农副产品加工的工业企业，公司注册资金2000万元，意向投资额5000万元。

【基础设施建设】　2019年，秀篆镇投入资金700万元，实施河凤线河美桥及连接线改建工程；投入资金800万元，实施河凤线隔背段改建工程；投入资金800万元，实施河凤线青龙山段改建工程，方便镇东部片区的交通，活跃秀篆、官陂2个山区乡镇的交流；霞秀线公路被纳入省道320线管理；投入资金250万元建设镇区污水处理设施；投入资金900万元实施镇小流域综合治理工程建设；投入600万元实施礤头地质灾害搬迁安置点的护坡及排水排污工程。

【人居环境建设】　2019年，秀篆镇推进主干道立面改造，开展“十镇百村绿化美化”行动，投入资金113万元种植绿化景观树4480株；积极对接县广网公司、移动公司等部门加快推进“三线”整治工作；陈龙、顶安、隔背3个县级乡村振兴试点村全年投入人居环境整治资金共1920.92万元，完成年度计划较好，位列全县试点村16强。

全镇新建公厕10座，在建公厕12座，建设无害化户厕6972户，无害化户厕普及率98%；启动垃圾收集清运工作，通过公开招标确定科晖公司承担全镇垃圾转运工作，确保生活垃圾日产日清；对畜禽养殖、牛蛙养殖等逐一摸排造册，对违规养殖场通知其限期整改或予以取缔，推进农村污水治理，督促指导各村分期分批完成污水管网建设，污水处理覆盖率达95%。

【社会事业】　2019年，秀篆镇巩固脱贫攻坚成果，及时解决贫困户生产生活困难，向116名农村特困人员发放生活补助资金10.48万元；向442户991人发放城乡低保金350.10万元；向239个残疾人发放生活补贴2.87万元，向475个重度残疾人发放补贴5.74万元；向上争取公益性岗位70个，安排贫困户劳动力就业，贫困户年增加工资性收入74.3万元，实现贫困村、贫困户全部脱贫，年内顺利通过省委省政府委托的第三方评估检查和实地考核验收；完成危房改造58户，发放生产性补助资金60万元。

【民生事业】 2019年，秀篆镇加大教育基础设施投入，投入资金750万元，建设青龙中学综合楼；投入资金120多万元，完善中心幼儿园配套设施，完成幼儿园挡土墙建设；投入资金350万元，拓宽改造幼儿园道路、完善防护设施。所有项目全部完工。

2019年，秀篆镇为5位优秀的秀篆籍大一新生每人奖助1万元；为高考上本一、本二以及中考、初考取得优异成绩的学生发放奖学金共计22万多元。

2019年，秀篆镇投入资金750多万元实施公办卫生院综合楼建设；投入资金450万元，实施敬老院建设；卫生、养老等民生事业全面发展。

（秀篆镇　供稿）

梅州华侨农场

【概况】 国有福建省诏安梅州华侨农场于1978年7月为安置归国的越南印支难民而创建，属正科级事业单位，隶属于福建省侨务部门领导。全场总面积约7.8平方千米，其中可耕作土地约5.67平方千米，下辖千钧、东径、胶东、农工4个作业区。2019年，全场人口1346人，其中归侨侨眷1182人，归难侨大部分来自越南。全场职工766人，其中在职437人，退休退职干部职工329人。

【产业经营】 2019年，梅州华侨农场全场生产用地及专业承包地共564.53公顷，全年实现农业产值730万元。其中：茶树种植面积17.87公顷（金观音品种），茶青产量49吨，产值110万元；果树种植面积313.33公顷，产量950吨，产值290万元；经济林面积233.33公顷，采伐林木1.2万立方米，产值330万元。场内有初制茶厂3家，精制茶厂、罐头厂各1家。厂房公开招标租赁。

【设施建设】 2019年，梅州华侨农场农工新村实施路面硬化工程，总面积3081平方米，投资额49万元；从场部三角圆环处到东径岩处实施东侨线Y465错车道增设工程，建设17个错车道，总面积850平方米，投资额17.5万元，改善居民生产生活条件。

【民生事业】 2019年，梅州华侨农场在职职工和退休职工全部纳入社保、医保，居住在场内人员新农保、新农合参保率100%；农场道路两侧安装路灯且种植绿化树，做好农场环境保洁，完善体育健身器材，增添健身设施，营造宜居宜业环境。

（梅州华侨农场　供稿）

附　录

政府工作报告（节选）

2019年是新中国成立70周年，是决胜全面建成小康社会、坚持高质量发展落实赶超的关键之年。过去一年，在习近平新时代中国特色社会主义思想的科学指引下，在市委、市政府和县委的正确领导下，全县上下全面贯彻党的十九大和十九届二中、三中、四中全会精神，深入学习贯彻落实习近平总书记在参加十三届全国人大二次会议福建代表团审议时的重要讲话精神，坚持高质量发展落实赶超，旗帜鲜明“大抓工业、抓大工业”，持续深化“三抓三比、十项竞赛”，全县经济社会发展取得新成效。荣获首张国际名片，成为全国第九个、福建首个联合国老龄所认证的“世界长寿乡”；正式退出省级扶贫开发重点县名单，成功实现脱贫摘帽。

2019年，全县预计完成地区生产总值301.15亿元，增长5%；第三产业增加值118亿元，增长5%；农林牧渔业总产值90.3亿元，增长5.5%；规模工业总产值380亿元，增长9.6%，其中规模工业增加值110.2亿元，增长9.3%；固定资产投资（不含农户）65亿元；公共财政总收入9.7亿元，其中地方公共财政收入5.9亿元；实际利用外资（验资）2.2亿元，增长4%；出口总值34.1亿元，增长4%；社会消费品零售总额136.9亿元，增长11.5%；城镇居民人均可支配收入34500元，增长8.7%；农村居民人均可支配收入17863元，增长10%。主要工作和成效是：

坚定不移大抓工业，实体经济稳步发展。深入实施“大抓工业、抓大工业”发展战略，工业经济稳步发展，新增东裕食品、楠宝湾食品等规模工业企业10家，规模企业达到156家。51个工业项目完成投资24.3亿元，麦凯智造二期、培基渔具等42个项目开工，能裕食品、德武玩具等30个项目投产。创新招商引资方式，聘请71名招商专员，拓展招商资源，促成嘉康水产、威昭卫浴等19个工业项目正式签约，总投资23.67亿元。持续优化营商环境，制定出台加快工业发展、促进民营企业加快发展、加强招商引资工作等惠企文件。全力破解企业发展难题，促成8家银行与35家企业融资签约5.26亿元，全面完成22个工业项目征地扫尾工作，为工业企业补办不动产权权属登记证54宗。电子商务持续发展，电子商务交易额18.9亿元，增长23%；网络零售额15.4亿元，增长21%。旅游业发展加快，预计共接待国内外游客185万人次，增长15.5%；旅游总收入22.5亿元，增长22.7%。

着力打造宜居城市，生态品质持续提升。持续深化省级文明县城创建工作，城市功能品质不断改善。改造提升城市路网，全面完成江滨公园、梅峰公园及中兴大道、江滨路等九条市政主干道景观提升工程，推进丹诏大道、旧国道诏安大桥至诏安东高速入口段绿化景观提升改造，完成梅园北路、中山西路等五条道路“白改黑”。市政配套设施不断完善，实施31个市政公共配套项目，县城区新建改造完成29座公厕。启动“城市双修”工作，实施纵一路、横一路等道路及配套管网工程，完成县城区污水处理厂扩建工程，南湖、北门塘、南门塘黑臭水体得到有效整治。在全市首推“双街长”制，城区各主干道“门前三包”治理水平得到提升。生态环境质量持续改善，全力抓好中央生态环境保护督察反馈问题及信访件整改，全面开展污染源排查整治工作，出台《诏安县污染源整治实施方案》及九大方面源头治理方案，强化“一源一策”治理，完成污染源整治629个，环境空气质量保持在全市前列。全面开展全流域水质提升综合整治行动，东溪水质稳定在三类标准，赤水溪、公子店溪、梅洲溪等流域水质逐步改善，水流域环境得到提升。

实施乡村振兴战略，“三农”发展取得实效。出台《诏安县乡村振兴战略规划（2019—2022年）》，编制梅洲乡梅西村、四都镇田美村等14个村新村规划。被列为乡村振兴省级挂钩联系重点县，太平镇、梅岭镇被列为全省乡村振兴特色乡镇，深桥镇树美村、西潭镇山河村等14个村被列为全省乡村振兴试点村，霞葛镇司下村被省农业农村厅推荐为全国“乡风文明建设优秀典型案例”。筛选70个村作为农村人居环境整治试点村，探索出“党建+人居环境整治”“3456”建房模式等经验做法，四都镇西梧村入选全省人居环境提升示范名单。开展“十镇百村”绿化美化行动，种植绿化苗木3.65万株。实施“百路千村”“两违”综合治理专项行动，建成“四好农村路”20公里，拆除“两违”面积95.3万平方米。持续深化农村改革，基本完成经营性资产股权量化改革，实现村级经济合作社全覆盖。信息进村入户试点工作走在全省前列，建设174个益农信息社。特色产业加快发展，优化扶持青梅、八仙茶、富硒蛋鸡产业发展政策，青梅全产业链产值48亿元，增长9%；八仙茶全产业链产值12.5亿元，增长11%；富硒蛋鸡产业产值1.26亿元，增长55%；设施蔬菜产值4亿元，增长10%。诏安八仙茶等24项农业品牌在各项产业展评和竞赛中获奖，硒来乐乡约茶园项目荣获第三届全国创业创新大赛总决赛优胜奖。太平镇（青梅）被农业农村部列为第九批全国“一村一品”示范村镇，秀篆镇礤岭富硒生态茶叶观光园入选“2019年中国美丽茶园”，建设乡福果百香果基地被定为省农科院院士工作站。全面巩固脱贫攻坚成果，排查“两不愁三保障”突出问题13.4万户59.8万人，解决905户2673个贫困人口安全饮水问题。金都工业集中区获得全省山海协作共建产业园区考评第二名。

有效落实为民举措，民生福祉不断增进。行政服务中心业务用房等10个为民办实事项目完成投资4.43亿元。教育基础设施持续完善，20个中小学、幼儿园补短板项目全部开工建设，南诏镇中心小学完成搬迁，诏安职校新址、阳光特校新校区（一期）基本完工。教育质量稳步提升，75名高考生被“985”“211”等重点院校录取，获评“漳州市高中教育教学质量达标县”。“翰墨薪传”政策持续开花结果，137名学生被本科艺术院校录取，其中7名学生被清华美院、中国美院等知名美术院校录取，人数创历史新高。医疗资源持续扩容，白洋乡卫生院门诊综合楼基本完工，四都镇、红星乡、太平镇、秀篆镇卫生院门诊综合楼建成投用，新增医疗床位330张，新增卫技人员199名。全面深化医药卫生体制改革，完成县总医院整合和总体搬迁工作，被列入县域紧密型医共体全国试点县。养老补短板稳步推进，县福利中心投入运营，建成40家农村幸福院。推动社保卡办理提速，在全市率先采取统一批量办卡模式，有效解决“办卡难”问题。成功举办“春至诏安

—全国油画名家诏安写生展览活动”，支持高继文等诏籍书画名家外出办展，持续扩大书画品牌影响力。首部数字电影《青梅之恋》成功上映。金星乡歪嘴寨闽粤边区乌山游击队指挥部旧址入选第八批全国重点文物保护单位，实现零的突破。成功举办环东山湾·中国汽车拉力锦标赛诏安赛区赛事。推进基层武装机构规范化建设试点工作，全面完成基干民兵分队整组任务。严格落实安全生产责任制，安全生产形势平稳向好。纵深推进扫黑除恶专项斗争，打掉黑社会性质组织、恶势力犯罪集团、恶势力团伙共 9 个，破获案件 115 起，社会大局安定稳定。

坚持忠诚担当清廉，自身建设得到加强。扎实开展“不忘初心、牢记使命”主题教育，严格落实全面从严治党主体责任，加强党风廉政建设和反腐败工作，强化意识形态工作责任制。高标准做好省委巡视“后半篇文章”，深入推进案后整改，全面开展警示教育，工作质量水平持续提升。健全县政府党组理论学习中心组学习制度，制定县政府工作规则，政府运行更加规范高效。持续深化“放管服”改革，成立企业服务中心，优化投资项目审批流程和服务质量。提升“互联网+政务服务”水平，建成“一端全办”服务平台，推动全县所有审批服务事项网上办理，更快更好方便企业和群众办事创业。加强效能问责力度，坚决整治“庸懒散拖”行为，效能问责处理 8 名党员干部。自觉接受人大、政协和社会监督，办理人大代表建议 49 件，政协委员提案 65 件，满意率 100%。全面推进依法行政，行政监督、审计监督得到加强。

此外，人事编制、妇女儿童、青少年、广播电视、外事侨台、海防口岸、国防教育、防震减灾、统计审计、工商物价、老龄老干、退役军人事务、双拥共建、人民武装、老区建设、民族宗教、档案保密、地方志、残疾人、气象、红十字会、工会、慈善事业等各项工作都取得明显成效。

2019 年是我县近十年来经济下行压力最强，遇到困难最大、面临挑战最多的一年，虽然我们的发展与市委市政府和广大群众的期盼仍有差距，但在困难和挑战交织的情况下，能够取得如此的成绩实属不易。这是市委、市政府高度重视、亲切关怀的结果，是县委坚强领导、科学决策的结果，是县人大、县政协和社会各界关心支持、倾力帮助的结果，更是全县人民迎难而上、敢于斗争的结果。在此，我谨代表县人民政府，向全县人民，向辛勤工作在各条战线的同志们，向全力支持政府工作的人大代表、政协委员、离退休老同志，向各人民团体，向驻诏单位、驻诏部队、武警官兵、公安干警，向所有关心、支持诏安发展的各界人士，表示衷心的感谢！并致以崇高的敬意！

在总结成绩的同时，我们也清醒地认识到，诏安发展中仍存在一些突出问题，主要有：一是发展不平衡不充分，经济总量小，结构不优，质量不高，与高质量发展落实赶超要求仍有差距。二是大项目、好项目引入不多，项目签约落地率不高。三是实体经济发展困难，财政税源不足，收支矛盾突出。四是城乡基础设施建设较为滞后，教育、医疗卫生、养老等基础设施短板依然存在。五是政府自身建设还需加强，一些公职人员思想观念、担当精神还不适应新时代发展要求，“慢作为、不作为”现象依然存在，营商环境、行政效能仍需提升改善。这些问题，我们必须高度重视，在今后工作中不断加以解决。

尽管我们面临较大困难和挑战，但只要全县上下同心同德、负重拼搏，诏安一定能够赶上高质量发展落实赶超的重要战略机遇期。我们要坚持用辩证思维看待形势发展变化，增强必胜信心，善于把外部压力转化为推动诏安更好更快发展的强大动力。当前，在县委的坚强领导下，全县政治生态日趋好转，干事创业氛围愈加浓厚，跨越发展信心更加坚定，营造出风清气正的新气象；经过多年的发展，产业培育初显成效，城乡面貌日新月异，民生福祉不断改善，呈现出加快发展的新局面。我们要发扬斗争精神，凝聚攻坚合力，推动全县经济社会发展迈上新台阶。

（注：上述资料摘自诏安县代县长李亚容在 2020 年 1 月 18 日诏安县第十七届人民代表大会第四次会议上的政府工作报告）

2019 年诏安县四套领导班子成员名表

表 5

	职务	姓名	备注
中共诏安县委常委会	县委书记	陈文聪	2019 年 9 月任职
	县委副书记	窦希铭	—
	县委常委	陈　斌	—
		沈义东	—
		蓝文华	—
		罗云生	—
		曾小玲（女）	—
		林同池	2019 年 8 月任职
		张宸珲	—
		周兴鑫	—
诏安县人民代表大会常务委员会	主任	沈义和	—
	副主任	许秋平	—
		林伍妹（女）	—
		沈东生	—
		陈应华	—
诏安县人民政府	副县长	林同池	2019 年 8 月任职
		蔡溪根	—
		林惠溪	—
		陈龙跃	—
		叶　芳（女）	—
		洪耀荣	2019 年 1 月挂职
		林向阳	2019 年 8 月任职
	县政府党组成员	林培利	2019 年 10 月任职
	县政府党组成员	康德坤	—
	县政府党组成员、诏安工业园区管委会主任	杨俊乾	—
		许秀彬（女）	—

续表 5

中国人民政治协商会议诏安县委员会	主　席	陈一森	—
	副主席	陈细勇	—
		钟雪英（女）	—
		陈炎林	—
		李毅军	—

说明：本表县领导成员以 2019 年 12 月 31 日在职为准

2019 年诏安县获地厅级及以上单位表彰的先进单位名表

表 6

获奖单位	奖励名称	授奖单位	颁奖时间
四都镇上湖村	2019 年度全国综合减灾示范社区	应急管理部	2019 年
四都镇西梧村	福建省乡村振兴示范村	福建省人民政府	2019 年
县委老干部局	2019 年全省老干部信息工作突出单位	中共福建省委老干部局	2020 年 1 月
县交警大队车管所	五一先锋号	福建省总工会	2019 年 4 月
县人民法院诉讼服务中心	省级巾帼文明岗	福建省妇女联合会	2019 年 9 月
县双澜蔬菜专业合作社	省级巾帼示范基地	福建省妇女联合会	2019 年 11 月
县广播电视台	2018 年度全省供稿工作十强县级台	福建省广播影视集团	2019 年 7 月
梅岭镇南门村	2018 年度福建省森林村庄	福建省绿化委员会福建省林业局	2019 年 3 月
梅洲乡梅西村	2019 年度福建省森林村庄	福建省绿化委员会福建省林业局	2019 年 12 月
梅岭镇人民政府	福建省乡村振兴特色乡镇	中共福建省委实施乡村振兴战略领导小组	2019 年 10 月
梅岭镇腊州村	福建省乡村振兴试点村	中共福建省委实施乡村振兴战略领导小组	2019 年 10 月
梅岭镇田厝村	福建省乡村振兴试点村	中共福建省委实施乡村振兴战略领导小组	2019 年 10 月
梅岭镇东门村	福建省乡村振兴试点村	中共福建省委实施乡村振兴战略领导小组	2019 年 10 月
县公安局森林分局	全省林业系统先进集体	福建省人力资源和社会保障厅福建省林业局	2020 年 1 月
县煌炜家庭农场	2019 年省级家庭农场示范场	福建省农业农村厅、福建省财政厅	2019 年 12 月
县刘有聪家庭农场	2019 年省级家庭农场示范场	福建省农业农村厅、福建省财政厅	2019 年 12 月
县傅细绢家庭农场	2019 年省级家庭农场示范场	福建省农业农村厅、福建省财政厅	2019 年 12 月

续表 6

获奖单位	奖励名称	授奖单位	颁奖时间
县怀勇家庭农场	2019 年省级家庭农场示范场	福建省农业农村厅、福建省财政厅	2019 年 8 月
漳州市顺兴达食品有限公司	2019 年福建省农业产业化省级重点龙头企业	福建省农业农村厅	2019 年
福建玛塔农业发展有限公司	福建省 2019 年第六批入库科技型中小企业	福建省科学技术厅	2019 年
福建玛塔农业发展有限公司	2019 年福建省“专精特新”中小企业	福建省工业和信息化厅福建省财政厅	2019 年
县委宣传部	漳州市 2016—2018 年度脱贫攻坚先进集体	中共漳州市委、漳州市人民政府	2020 年 1 月
白洋乡人民政府	漳州市 2014—2018 年度安全生产先进集体	中共漳州市委、漳州市人民政府	2019 年 11 月
南诏镇华峰社区党支部	先进基层党组织	中共漳州市委	2019 年 6 月
霞葛镇人民政府	漳州市 2016—2018 年度脱贫攻坚先进集体	中共漳州市委	2020 年 1 月
霞葛镇司下村党支部	先进基层党组织	中共漳州市委	2019 年 6 月
四都镇西梧村	漳州市乡村振兴示范村	漳州市人民政府	2019 年
白洋乡武装部	漳州市征兵先进单位	漳州市征兵领导小组	2019 年 4 月
县人民法院	2018 年度构建“四项靠前服务机制”优化营商环境先进集体	漳州市中级人民法院	2019 年 3 月
县人民法院	2018 年度全市法院全面质效提升行动信息工作先进集体	漳州市中级人民法院	2019 年 3 月
县人民法院执行局	2018 年度全市法院全面质效提升行动基本解决执行难先进集体	漳州市中级人民法院	2019 年 3 月
县人民法院行政庭	2018 年度全市法院全面质效提升行动审判质效先进集体	漳州市中级人民法院	2019 年 3 月
县人民法院第四党支部	2018 年度全市法院全面质效提升行动党建工作先进集体	漳州市中级人民法院	2019 年 3 月
建行诏安支行	自助渠道服务先锋团队	中国建设银行股份有限公司渠道与运营管理部	2020 年 3 月

（各乡镇、工业园区、金都工业集中区，县直相关单位供稿）

2019 年诏安县获地厅级及以上单位表彰的先进个人名表

表 7

姓名	工作单位	奖励名称	颁奖单位	颁奖时间
黄妙龄	漳州诏安正禾有机农业有限公司总经理	全国巾帼建功标兵	全国妇联	2019 年 3 月
沈耀明	县收藏学会	第三届全国“书香之家”称号	国家新闻出版署	2019 年 6 月
沈育艺	农行诏安支行	2018 年县域青年英才开发工程先进工作者	农业银行总行	2019 年 3 月
陈淑贞	县行政服务中心管理委员会	省五一劳动奖章	福建省总工会	2019 年 4 月
陈志洁	县社会科学界联合会	2018 年度舆情信息工作先进个人	中共福建省委宣传部	2019 年 10 月
林淑群	县委老干部局	2019 年全省老干部信息工作突出个人	中共福建省委老干部局	2020 年 1 月
沈冠伟	县公安局刑事侦查大队	个人二等功	福建省公安厅	2019 年 10 月
李翔宙	县林业局	先进工作者	福建省人力资源和社会保障厅、福建省林业局	2020 年 1 月
黄妙龄	漳州诏安正禾有机农业有限公司总经理	省三八红旗手	福建省妇联	2019 年 2 月
张威邦、张阿岭家庭	官陂镇龙岗村	省最美家庭	福建省妇联	2019 年 8 月
沈大柄、高剑珠家庭	南诏镇东城社区	省最美家庭	福建省妇联	2019 年 8 月
林燕林	霞葛镇人民政府	全省计划生育协会先进个人	福建省计生协会	2019 年 9 月
吴俊光	县农业农村局	2017—2018 年神农福建农业科技科技奖科学研究成果二等奖	福建省农学会	2019 年 1 月
沈贵顺	县人民法院	荣誉天平奖章	福建省高级人民法院	2019 年 1 月
张上游	县人民法院	荣誉天平奖章	福建省高级人民法院	2019 年 1 月
沈荣辉	县人民法院	全省法院先进个人（个人三等功）	福建省高级人民法院	2019 年 1 月

续表 7

姓名	工作单位	奖励名称	颁奖单位	颁奖时间
郭毅伟	建行诏安支行	十佳党课	中国建设银行股份有限公司福建省分行	2019 年 9 月
王锦凤	建行诏安支行	青年岗位能手	中国建设银行股份有限公司福建省分行	2019 年 3 月
王锦凤	建行诏安支行	网络金融先进个人	中国建设银行股份有限公司福建省分行	2019 年 4 月
王锦凤	建行诏安支行	“直营建模 · 我最强” 建模竞赛三等奖	中国建设银行股份有限公司福建省分行	2019 年 5 月
王锦凤	建行诏安支行	新行员优秀导师	中国建设银行股份有限公司福建省分行	2019 年 12 月
林火平	县梅岭中学	2019 年度实事助学基金杰出教师	实事助学基金会、福建省教育厅	2019 年 8 月
邱小洪	县边城中学	2019 年度实事助学基金杰出教师	实事助学基金会、福建省教育厅	2019 年 8 月
沈秋恋	县桥东中学	2019 年度实事助学基金杰出教师	实事助学基金会、福建省教育厅	2019 年 8 月
沈小清	县深桥镇中心小学	2019 年度实事助学基金杰出教师	实事助学基金会、福建省教育厅	2019 年 8 月
何文辉	县建设乡中心小学	2019 年度实事助学基金杰出教师	实事助学基金会、福建省教育厅	2019 年 8 月
陈凤华	县官陂中学	2019 年漳州市优秀教师	中共漳州市委、漳州市人民政府	2019 年 9 月
黄福裕	县霞葛中学	2019 年漳州市优秀教师	中共漳州市委、漳州市人民政府	2019 年 9 月
沈瑞华	县怀恩中学	2019 年漳州市优秀教师	中共漳州市委、漳州市人民政府	2019 年 9 月
吴姚芳	县庄溪小学	2019 年漳州市优秀教师	中共漳州市委、漳州市人民政府	2019 年 9 月
张　嘉	县官陂镇中心小学	2019 年漳州市优秀教师	中共漳州市委、漳州市人民政府	2019 年 9 月
沈松盛	县英达实验小学	2019 年漳州市优秀教师	中共漳州市委、漳州市人民政府	2019 年 9 月
钟榕惠	县实验小学	2019 年漳州市优秀教师	中共漳州市委、漳州市人民政府	2019 年 9 月

续表 7

姓名	工作单位	奖励名称	颁奖单位	颁奖时间
江雪燕	县南诏镇中心小学	2019 年漳州市优秀教师	中共漳州市委、漳州市人民政府	2019 年 9 月
吴少荣	白洋乡党委组织办	优秀党务工作者	中共漳州市委	2019 年 6 月
张文培	霞葛镇人民政府	漳州市 2016—2018 年度脱贫攻坚先进个人	中共漳州市委	2020 年 1 月
孙锐东	梅岭镇人民政府	2018 年度“三抓三比　十项竞赛”活动三等功	漳州市人民政府	2019 年 10 月
吴妙松	梅洲乡梅溪村	2019 年度漳州市征兵工作先进个人	漳州市征兵领导小组	2020 年 1 月
林浩杰	县人民法院	2018 年度全市法院全面质效提升行动基本解决执行难先进个人	漳州市中级人民法院	2019 年 3 月
沈绮峰	县人民法院	2018 年度全市法院全面质效提升行动审判质效先进个人	漳州市中级人民法院	2019 年 3 月
王群芳	县人民法院	2018 年度全市法院全面质效提升行动审判质效党建工作先进个人	漳州市中级人民法院	2019 年 3 月
林　佑	县人民法院	2018 年度全市法院全面质效提升行动文明创建活动先进个人	漳州市中级人民法院	2019 年 3 月
许炜坡	县人民检察院	“不忘初心跟党走，共创检察新时代”庆祝中华人民共和国成立 70 周年演讲比赛三等奖	漳州市人民检察院	2019 年 3 月
沈雯悦	县人民检察院	“不忘初心跟党走，共创检察新时代”庆祝中华人民共和国成立 70 周年“学习强国”知识竞赛三等奖	漳州市人民检察院	2019 年 9 月
吴小燕	县人民检察院	“不忘初心跟党走，共创检察新时代”庆祝中华人民共和国成立 70 周年“学习强国”知识竞赛三等奖	漳州市人民检察院	2019 年 9 月
陈　元	县人民检察院	“不忘初心跟党走，共创检察新时代”庆祝中华人民共和国成立 70 周年“学习强国”知识竞赛三等奖	漳州市人民检察院	2019 年 9 月

（各乡镇、工业园区、金都工业集中区，县直相关单位供稿）

2019 年诏安县获评高级职称人员名表

表 8

姓　名	工作单位	专业	职称	取得时间
张伟骎	诏安县霞葛小学	语文	高级教师	2019 年 2 月
吕秀维	诏安县南陂小学	语文	高级教师	2019 年 2 月
沈延寿	诏安县明宪小学	语文	高级教师	2019 年 2 月
吴建珠	诏安县上梅塘小学	语文	高级教师	2019 年 2 月
沈小玲	诏安县城内小学	语文	高级教师	2019 年 2 月
沈炎生	诏安县仕江小学	语文	高级教师	2019 年 2 月
李胜山	诏安县寨坪小学	语文	高级教师	2019 年 2 月
沈耀坤	诏安县阳山小学	语文	高级教师	2019 年 2 月
沈红亮	诏安县仙塘小学	语文	高级教师	2019 年 2 月
吴奋真	诏安县西潭小学	语文	高级教师	2019 年 2 月
叶晓东	诏安县上营小学	语文	高级教师	2019 年 2 月
陈春生	诏安县平屿小学	语文	高级教师	2019 年 2 月
黄素睦	诏安县霞葛小学	数学	高级教师	2019 年 2 月
陈金福	诏安县凤寮小学	数学	高级教师	2019 年 2 月
王象仁	诏安县北坑小学	数学	高级教师	2019 年 2 月
白建武	诏安县悬钟城小学	数学	高级教师	2019 年 2 月
翁新丽	诏安县桥园小学	数学	高级教师	2019 年 2 月
沈钦龙	诏安县水产技术推广站	水产养殖	高级工程师	2019 年 11 月
张远天	诏安县疾病预防控制中心	地方病控制	主任医师	2019 年 11 月
陈建平	诏安县中医院	口腔修复	副主任医师	2019 年 11 月
何随绿	诏安县医院	妇产科	副主任医师	2019 年 12 月
沈俊贤	诏安县医院	内科护理	副主任护师	2019 年 12 月
许克水	诏安县梅岭镇卫生院	普通外科	副主任医师	2019 年 12 月
张加勇	诏安县四都中心卫生院	小儿内科	副主任医师	2019 年 12 月
吴培琴	诏安县四都中心卫生院	外科护理	副主任护师	2019 年 12 月
叶丽妖	诏安县西潭中心卫生院	妇产科护理	副主任护师	2019 年 12 月

（县人社局供稿）

2019 年诏安县百岁老人名表

表 9

姓名	性别	民族	出生年月	居住地
沈鸾仔	女	汉族	1910 年 9 月	南诏镇东城社区
许秀梅	女	汉族	1911 年 10 月	桥东镇村中村
吴天乐	男	汉族	1912 年 2 月	西潭镇潭光村
张阿雅	女	汉族	1912 年 2 月	太平镇榕城村
余秀粧	女	汉族	1914 年 9 月	南诏镇南关社区
杨楚清	女	汉族	1915 年 2 月	南诏镇南关社区
杨幼莲	女	汉族	1915 年 2 月	深桥镇仕江村
杨羊母	女	汉族	1915 年 4 月	桥东镇仙塘村
林思福	男	汉族	1915 年 9 月	西潭镇龙坑村
许凤珍	女	汉族	1915 年 9 月	西潭镇沈寨村
陈月明	女	汉族	1915 年 12 月	南诏镇南关社区
陈赛芹	女	汉族	1916 年 1 月	深桥镇上营村
许养塘	女	汉族	1916 年 5 月	桥东镇甲洲村
沈月香	女	汉族	1916 年 6 月	金星乡邱城村
钟美珍	女	汉族	1916 年 9 月	西潭镇美营村
胡素云	女	汉族	1916 年 11 月	四都镇西张村
钟秀锦	女	汉族	1916 年 11 月	红星乡六洞村
傅月珍	女	汉族	1917 年 2 月	桥东镇西山村
翁碧卿	女	汉族	1917 年 3 月	南诏镇北关社区
刘瑞娇	女	汉族	1917 年 3 月	白洋乡塘西村
黄赛茶	女	汉族	1917 年 4 月	桥东镇甲洲村
何素凤	女	汉族	1917 年 6 月	桥东镇林家村
余丽君	女	汉族	1917 年 7 月	南诏镇东城社区

续表 9

姓名	性别	民族	出生年月	居住地
周如淑	女	汉族	1917 年 8 月	南诏镇东关社区
涂扁头	女	汉族	1917 年 9 月	桥东镇仙塘村
许陈荷	女	汉族	1917 年 9 月	深桥镇上营村
林锦凤	女	汉族	1917 年 10 月	桥东镇西沈村
徐城内	女	汉族	1917 年 10 月	桥东镇村西村
李　仔	女	汉族	1917 年 11 月	梅洲乡梅西村
王崩妹	女	汉族	1917 年 11 月	太平镇走马村
林　添	女	汉族	1917 年 11 月	官陂镇大边村
何数叶	女	汉族	1917 年 12 月	桥东镇西沈村
林芙蓉	女	汉族	1917 年 12 月	西潭镇军寮村
沈亚枝	女	汉族	1918 年 1 月	梅岭镇南门村
沈玉英	女	汉族	1918 年 1 月	深桥镇西坑村
许赛贤	女	汉族	1918 年 2 月	西潭镇福兴村
许三妹	女	汉族	1918 年 4 月	梅洲乡梅州侨场
林随香	女	汉族	1918 年 4 月	四都镇城楼村
李金莲	女	汉族	1918 年 6 月	四都镇东梧村
黄刘花	女	汉族	1918 年 6 年	桥东镇甲洲村
陈茶凤	女	汉族	1918 年 6 月	桥东镇甲洲村
杨锦珍	女	汉族	1918 年 6 月	南诏镇南关社区
许两桂	女	汉族	1918 年 7 月	红星乡下河村
林情春	女	汉族	1918 年 8 月	桥东镇桥园村
刘幼茶	女	汉族	1918 年 8 月	深桥镇岸屿村
李乌扎	女	汉族	1918 年 10 月	梅洲乡梅洲村
陈志其	女	汉族	1918 年 11 月	南诏镇东门社区

续表 9

姓名	性别	民族	出生年月	居住地
张亚调	女	汉族	1918 年 11 月	太平镇新营村
黄香茶	女	汉族	1918 年 12 月	梅岭镇林厝村
张瑞花	女	汉族	1918 年 12 月	太平镇走马村
田建义	男	汉族	1919 年 1 月	深桥镇郭寮村
林幼娇	女	汉族	1919 年 2 月	桥东镇村中村
黄蚜仔	女	汉族	1919 年 2 月	深桥镇溪南村
吴碧凤	女	汉族	1919 年 3 月	四都镇西张村
叶赛英	女	汉族	1919 年 4 月	深桥镇考湖村
吴　带	女	汉族	1919 年 4 月	霞葛镇南陂村
陈　针	女	汉族	1919 年 5 月	官陂镇大边村
沈荣真	女	汉族	1919 年 6 月	西潭镇美营村
张亚另	女	汉族	1919 年 7 月	太平镇新营村
沈锦娇	女	汉族	1919 年 8 月	白洋乡下径村
沈再花	女	汉族	1919 年 8 月	太平镇林塘村
黄阿听	女	汉族	1919 年 8 月	官陂镇龙磜村
黄惜金	女	汉族	1919 年 9 月	四都镇林头村
胡进林	男	汉族	1919 年 9 月	建设乡长埔村
张月绸	女	汉族	1919 年 10 月	四都镇上湖村
许爱贤	女	汉族	1919 年 10 月	白洋乡阳山村
沈月琴	女	汉族	1919 年 11 月	深桥镇仕江村
钟春付	男	畲	1919 年 11 月	白洋乡汀洋村
许青兰	女	汉族	1919 年 11 月	建设乡万石溪村
黄软骨	女	汉族	1919 年 12 月	深桥镇仕江村

（县老龄委供稿）